国家卫生健康委员会"十四五"规划教材

全国高等学校教材

供基础、临床、预防、口腔医学类专业用

新形态教材

U0658864

体 育
Physical Education

第 7 版

主　编｜程　鹏

副 主 编｜孙　晓　国　伟

数字主编｜程　鹏

数字副主编｜王大伟　汪　伟

人民卫生出版社

·北京·

图书在版编目（CIP）数据

体育 / 程鹏主编. -- 7 版. -- 北京：人民卫生出版社，2024. 11. --（全国高等学校五年制本科临床医学专业第十轮规划教材）. -- ISBN 978-7-117-37174-2

Ⅰ. G807.4

中国国家版本馆 CIP 数据核字第 2024JM8819 号

人卫智网	www.ipmph.com	医学教育、学术、考试、健康，购书智慧智能综合服务平台
人卫官网	www.pmph.com	人卫官方资讯发布平台

体　育

Tiyu

第 7 版

主　　编：程　鹏

出版发行：人民卫生出版社（中继线 010-59780011）

地　　址：北京市朝阳区潘家园南里 19 号

邮　　编：100021

E - mail：pmph @ pmph.com

购书热线：010-59787592　010-59787584　010-65264830

印　　刷：河北新华第一印刷有限责任公司

经　　销：新华书店

开　　本：850×1168　1/16　　印张：15

字　　数：444 千字

版　　次：1998 年 8 月第 1 版　　2024 年 11 月第 7 版

印　　次：2024 年 11 月第 1 次印刷

标准书号：ISBN 978-7-117-37174-2

定　　价：56.00 元

编委名单

新形态教材使用说明

新形态教材是充分利用多种形式的数字资源及现代信息技术，通过二维码将纸书内容与数字资源进行深度融合的教材。本套教材全部以新形态教材形式出版，每本教材均配有特色的数字资源和电子教材，读者阅读纸书时可以扫描二维码，获取数字资源、电子教材。

电子教材是纸质教材的电子阅读版本，其内容及排版与纸质教材保持一致，支持手机、平板及电脑等多终端浏览，具有目录导航、全文检索功能，方便与纸质教材配合使用，进行随时随地阅读。

获取数字资源与电子教材的步骤

1 扫描封底红标二维码，获取图书"使用说明"。

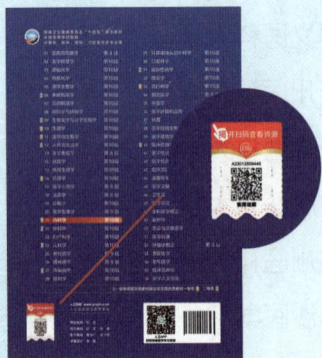

2 揭开红标，扫描绿标激活码，注册/登录人卫账号获取数字资源与电子教材。

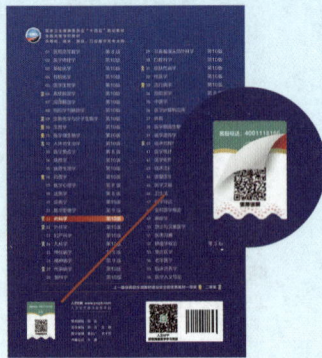

3 扫描书内二维码或封底绿标激活码，随时查看数字资源和电子教材。

数字资源　电子教材

电子教材操作演示

4 登录 zengzhi.ipmph.com 或下载应用体验更多功能和服务。

扫描下载应用

客户服务热线 400-111-8166

读者信息反馈方式

人卫e教
medu.pmph.com

欢迎登录"人卫e教"平台官网"medu.pmph.com"，在首页注册登录后，即可通过输入书名、书号或主编姓名等关键字，查询我社已出版教材，并可对该教材进行读者反馈、图书纠错、撰写书评以及分享资源等。

序言

百年大计,教育为本。教育立德树人,教材培根铸魂。

过去几年,面对突如其来的新冠疫情,以习近平同志为核心的党中央坚持人民至上、生命至上,团结带领全党全国各族人民同心抗疫,取得疫情防控重大决定性胜利。在这场抗疫战中,我国广大医务工作者为最大限度保护人民生命安全和身体健康发挥了至关重要的作用。事实证明,我国的医学教育培养出了一代代优秀的医务工作者,我国的医学教材体系发挥了重要的支撑作用。

党的二十大报告提出到 2035 年建成教育强国、健康中国的奋斗目标。我们必须深刻领会党的二十大精神,深刻理解新时代、新征程赋予医学教育的重大使命,立足基本国情,尊重医学教育规律,不断改革创新,加快建设更高质量的医学教育体系,全面提高医学人才培养质量。

尺寸教材,国家事权,国之大者。面对新时代对医学教育改革和医学人才培养的新要求,第十轮教材的修订工作落实习近平总书记的重要指示精神,用心打造培根铸魂、启智增慧、适应时代需求的精品教材,主要体现了以下特点。

1. 进一步落实立德树人根本任务。遵循《习近平新时代中国特色社会主义思想进课程教材指南》要求,努力发掘专业课程蕴含的思想政治教育资源,将课程思政贯穿于医学人才培养过程之中。注重加强医学人文精神培养,在医学院校普遍开设医学伦理学、卫生法以及医患沟通课程基础上,新增蕴含医学温度的《医学人文导论》,培养情系人民、服务人民、医德高尚、医术精湛的仁心医者。

2. 落实"大健康"理念。将保障人民全生命周期健康体现在医学教材中,聚焦人民健康服务需求,努力实现"以治病为中心"转向"以健康为中心",推动医学教育创新发展。为弥合临床与预防的裂痕作出积极探索,梳理临床医学教材体系中公共卫生与预防医学相关课程,建立更为系统的预防医学知识结构。进一步优化重组《流行病学》《预防医学》等教材内容,撤销内容重复的《卫生学》,推进医防协同、医防融合。

3. 守正创新。传承我国几代医学教育家探索形成的具有中国特色的高等医学教育教材体系和人才培养模式,准确反映学科新进展,把握跟进医学教育改革新趋势新要求,推进医科与理科、工科、文科等学科交叉融合,有机衔接毕业后教育和继续教育,着力提升医学生实践能力和创新能力。

4. 坚持新形态教材的纸数一体化设计。数字内容建设与教材知识内容契合,有效服务于教学应用,拓展教学内容和学习过程;充分体现"人工智能+"在我国医学教育数字化转型升级、融合发展中的促进和引领作用。打造融合新技术、新形式和优质资源的新形态教材,推动重塑医学教育教学新生态。

5. 积极适应社会发展,增设一批新教材。包括:聚焦老年医疗、健康服务需求,新增《老年医学》,维护老年健康和生命尊严,与原有的《妇产科学》《儿科学》等形成较为完整的重点人群医学教材体系;重视营养的基础与一线治疗作用,新增《临床营养学》,更新营养治疗理念,规范营养治疗路径,提升营养治疗技能和全民营养素养;以满足重大疾病临床需求为导向,新增《重症医学》,强化重症医学人才的规范化培养,推进实现重症管理关口前移,提升应对突发重大公共卫生事件的能力。

我相信,第十轮教材的修订,能够传承老一辈医学教育家、医学科学家胸怀祖国、服务人民的爱国精神,勇攀高峰、敢为人先的创新精神,追求真理、严谨治学的求实精神,淡泊名利、潜心研究的奉献精神,集智攻关、团结协作的协同精神。在人民卫生出版社与全体编者的共同努力下,新修订教材将全面体现教材的思想性、科学性、先进性、启发性和适用性,以全套新形态教材的崭新面貌,以数字赋能医学教育现代化、培养医学领域时代新人的强劲动力,为推动健康中国建设作出积极贡献。

教育部医学教育专家委员会主任委员
教育部原副部长

林蕙青

2024 年 5 月

全国高等学校五年制本科临床医学专业
第十轮　规划教材修订说明

　　全国高等学校五年制本科临床医学专业国家卫生健康委员会规划教材自 1978 年第一轮出版至今已有 46 年的历史。近半个世纪以来，在教育部、国家卫生健康委员会的领导和支持下，以吴阶平、裘法祖、吴孟超、陈灏珠等院士为代表的几代德高望重、有丰富的临床和教学经验、有高度责任感和敬业精神的国内外著名院士、专家、医学家、教育家参与了本套教材的创建和每一轮教材的修订工作，使我国的五年制本科临床医学教材从无到有、从少到多、从多到精，不断丰富、完善与创新，形成了课程门类齐全、学科系统优化、内容衔接合理、结构体系科学的由纸质教材与数字教材、在线课程、专业题库、虚拟仿真和人工智能等深度融合的立体化教材格局。这套教材为我国千百万医学生的培养和成才提供了根本保障，为我国培养了一代又一代高水平、高素质的合格医学人才，为推动我国医疗卫生事业的改革和发展作出了历史性巨大贡献，并通过教材的创新建设和高质量发展，推动了我国高等医学本科教育的改革和发展，促进了我国医药学相关学科或领域的教材建设和教育发展，走出了一条适合中国医药学教育和卫生事业发展实际的具有中国特色医药学教材建设和发展的道路，创建了中国特色医药学教育教材建设模式。老一辈医学教育家和科学家们亲切地称这套教材是中国医学教育的"干细胞"教材。

　　本套第十轮教材修订启动之时，正是全党上下深入学习贯彻党的二十大精神之际。党的二十大报告首次提出要"加强教材建设和管理"，表明了教材建设是国家事权的重要属性，体现了以习近平同志为核心的党中央对教材工作的高度重视和对"尺寸课本、国之大者"的殷切期望。第十轮教材的修订始终坚持将贯彻落实习近平新时代中国特色社会主义思想和党的二十大精神进教材作为首要任务。同时以高度的政治责任感、使命感和紧迫感，与全体教材编者共同把打造精品落实到每一本教材、每一幅插图、每一个知识点，与全国院校共同将教材审核把关贯穿到编、审、出、修、选、用的每一个环节。

　　本轮教材修订全面贯彻党的教育方针，全面贯彻落实全国高校思想政治工作会议精神、全国医学教育改革发展工作会议精神、首届全国教材工作会议精神，以及《国务院办公厅关于深化医教协同进一步推进医学教育改革与发展的意见》(国办发〔2017〕63 号)与《国务院办公厅关于加快医学教育创新发展的指导意见》(国办发〔2020〕34 号)对深化医学教育机制体制改革的要求。认真贯彻执行《普通高等学校教材管理办法》，加强教材建设和管理，推进教育数字化，通过第十轮规划教材的全面修订，打造新一轮高质量新形态教材，不断拓展新领域、建设新赛道、激发新动能、形成新优势。

其修订和编写特点如下：

1. **坚持教材立德树人课程思政**　认真贯彻落实教育部《高等学校课程思政建设指导纲要》，以教材思政明确培养什么人、怎样培养人、为谁培养人的根本问题，落实立德树人的根本任务，积极推进习近平新时代中国特色社会主义思想进教材进课堂进头脑，坚持不懈用习近平新时代中国特色社会主义思想铸魂育人。在医学教材中注重加强医德医风教育，着力培养学生"敬佑生命、救死扶伤、甘于奉献、大爱无疆"的医者精神，注重加强医者仁心教育，在培养精湛医术的同时，教育引导学生始终把人民群众生命安全和身体健康放在首位，提升综合素养和人文修养，做党和人民信赖的好医生。

2. **坚持教材守正创新提质增效**　为了更好地适应新时代卫生健康改革及人才培养需求，进一步优化、完善教材品种。新增《重症医学》《老年医学》《临床营养学》《医学人文导论》，以顺应人民健康迫切需求，提高医学生积极应对突发重大公共卫生事件及人口老龄化的能力，提升医学生营养治疗技能，培养医学生传承中华优秀传统文化、厚植大医精诚医者仁心的人文素养。同时，不再修订第9版《卫生学》，将其内容有机融入《预防医学》《医学统计学》等教材，减轻学生课程负担。教材品种的调整，凸显了教材建设顺应新时代自我革新精神的要求。

3. **坚持教材精品质量铸就经典**　教材编写修订工作是在教育部、国家卫生健康委员会的领导和支持下，由全国高等医药教材建设学组规划，临床医学专业教材评审委员会审定，院士专家把关，全国各医学院校知名专家教授编写，人民卫生出版社高质量出版。在首届全国教材建设奖评选过程中，五年制本科临床医学专业第九轮规划教材共有13种教材获奖，其中一等奖5种、二等奖8种，先进个人7人，并助力人卫社荣获先进集体。在全国医学教材中获奖数量与比例之高，独树一帜，足以证明本套教材的精品质量，再造了本套教材经典传承的又一重要里程碑。

4. **坚持教材"三基""五性"编写原则**　教材编写立足临床医学专业五年制本科教育，牢牢坚持教材"三基"（基础理论、基本知识、基本技能）和"五性"（思想性、科学性、先进性、启发性、适用性）编写原则。严格控制纸质教材编写字数，主动响应广大师生坚决反对教材"越编越厚"的强烈呼声；提升全套教材印刷质量，在双色印制基础上，全彩教材调整纸张类型，便于书写、不反光。努力为院校提供最优质的内容、最准确的知识、最生动的载体、最满意的体验。

5. **坚持教材数字赋能开辟新赛道**　为了进一步满足教育数字化需求，实现教材系统化、立体化建设，同步建设了与纸质教材配套的电子教材、数字资源及在线课程。数字资源在延续第九轮教材的教学课件、案例、视频、动画、英文索引词读音、AR互动等内容基础上，创新提供基于虚拟现实和人工智能等技术打造的数字人案例和三维模型，并在教材中融入思维导图、目标测试、思考题解题思路，拓展数字切片、DICOM等图像内容。力争以教材的数字化开发与使用，全方位服务院校教学，持续推动教育数字化转型。

第十轮教材共有56种，均为国家卫生健康委员会"十四五"规划教材。全套教材将于2024年秋季出版发行，数字内容和电子教材也将同步上线。希望全国广大院校在使用过程中能够多提供宝贵意见，反馈使用信息，以逐步修改和完善教材内容，提高教材质量，为第十一轮教材的修订工作建言献策。

主编简介

程　鹏

　　1963 年 7 月生于辽宁省锦州市。教授,现任锦州医科大学医疗学院体育教研室主任。曾任中国体育科学学会学校体育分会第五届委员会委员、辽宁省普通高等学校体育教学指导委员会委员、锦州医科大学体育教研部主任。2012—2017 年连续六年被辽宁省人力资源和社会保障厅及省教育厅聘为辽宁省高职、中专系列高级职称评审专家。

　　从教 37 年,主要致力于高校体育教学研究,发表论文多篇,主要代表作:《北京奥运会对大中小学生体育观念和行为的影响研究》。主持、参与课题多项,主要参与:全国教育科学"十五"规划教育部重点课题"2008 年北京奥运会与中国学校体育发展";科技部 2015 年国家科技基础性工作专项研究课题"中国各民族体质人类学表型特征调查"。主持课题:2014 年辽宁省教育厅课题"运动康复专业悬吊训练技术资源引入与运行模式的研究与实践"。担任全国高等学校五年制本科临床医学专业规划教材《体育》第 5 版、第 6 版副主编。

孙 晓

1964 年 8 月生于辽宁省沈阳市。教授,现任中国医科大学体育教研部主任。中国高等教育学会医学教育专业委员会体育学组副理事长,沈阳市高等学校体育指导委员会副主任。

从事体育教学工作 30 余年,致力于体育教学和学生体质健康研究。发表多篇论文,主持国家级、省级课题 2 项。主持国家"十五"学校体育卫生科研规划课题"辽宁省高等学校体育教学改革实验研究"子课题"高等学校体育教学改革实验研究";主持辽宁省教育厅课题"昼夜节律改变对小鼠垂体 - 肾上腺轴激素水平的影响研究";担任全国高等学校五年制本科临床医学专业规划教材《体育》第 6 版副主编。

国 伟

1963 年 7 月生于吉林省通榆县。三级教授,贵州医科大学体育学科带头人,原贵州医科大学运动与健康学院院长,硕士研究生导师,兼任苏州大学硕士研究生导师。

从教 38 年,两次获得"全国群众体育先进个人"称号,现任中国高等教育学会医学教育专业委员会体育学部秘书长,教育部急救教育专家,中国登山协会救援专业委员会副主任,国家登山户外救援科研训练基地主任,贵州省登山运动协会会长,贵州省体育科学学会副理事长,贵州省灾难医学会委员。全国高等学校五年制本科临床医学专业规划教材《体育》第 6 版编委。致力于户外教育、运动训练、救援救护和山地旅游等领域研究,培养了各级各类攀岩、滑板比赛冠军。

前言

2023年，全国高等学校五年制本科临床医学专业第十轮规划教材启动了修订工作，新一轮教材将全面贯彻党的教育方针，落实立德树人的根本任务，坚持"人民至上、生命至上"，推进教育数字化。

《体育》第7版修订延续了"三基""五性""三特定"的原则和要求，在传承了前六版经典内容的基础上，坚持"健康第一"的指导思想，加强体育课程思政建设，推动学生文化学习和体育锻炼协调发展，帮助学生在体育锻炼中享受乐趣、增强体质、健全人格、锤炼意志，培养德智体美劳全面发展的社会主义建设者和接班人。

本教材遵循五年制本科临床医学专业培养目标，注意体现素质教育、创新能力与实践能力的培养，为学生知识、能力、素质协调发展创造条件。体现出体育与健康知识、运动技术与战术的深度与难度，有效整合运动参与、运动技能、身体健康、心理健康和社会适应的内容。《体育》第7版最大的变化是突出了医学院校体育的特点，增加了体育与医学结合的紧密度，使学生掌握医体结合的知识，与未来工作的实际需求相吻合。

本教材共10章。"户外休闲运动"内容在前六版基础上进行了拓展。增加了运动健身、娱乐休闲、极限运动、体育旅游等内容，使学生了解目前户外休闲运动发展情况和趋势，了解户外休闲运动医疗救援的需求。新增了"运动与健康促进"内容，医学和体育紧密联系，共同承载着促进人类健康的任务。将"医体结合"知识贯穿于体育教育中，使体育与医学能互为补充、相互融合，发挥体育在医疗保健和健康促进中的重要作用，是高等医学院校运动与医学结合的双技能复合新型人才培养及体育教育改革的重要发展趋势。

参与编写的人员均是活跃在高等医学院校的体育专家学者。本教材前六版，在全国高等医学院校广泛使用，因此，本版编委们更深知责任重大，使命光荣。在编写过程中，各位编委竭尽全力、一丝不苟，突出精品意识，强调基本知识要素，力图使教材贴近教学、贴近学生、贴近生活。

在本教材的编写过程中，自始至终得到了各位编委所在单位的关心与支持，在此一并表示诚挚感谢！

由于编写时间有限，书中难免有不足之处，诚请各位读者在使用过程中提出宝贵意见，使之日臻完善。

程 鹏

2024年6月

目录

第一章　大学体育 1

第一节　健康理念的形成 1
　一、"健康第一"思想的树立 1
　二、人格的塑造 2
　三、科学锻炼身体 4
第二节　医学与体育 5
　一、古代医学与体育的关系 6
　二、现代医学与体育的关系 7
　三、现代体育与医学的关系 8
第三节　高等医学院校体育 9
　一、树立终身体育思想 11
　二、教学目标与职业特点 11
　三、加强体育课程思政建设 12
　四、建立"医体结合"的体育教学模式 13

第二章　奥林匹克运动 14

第一节　奥林匹克运动概述 14
　一、现代竞技运动的兴起 14
　二、顾拜旦的伟大贡献 15
　三、奥林匹克运动委员会 15
　四、奥林匹克运动发展历程 17
第二节　奥林匹克运动文化概述 18
　一、奥林匹克运动文化概念 18
　二、奥林匹克运动文化内涵 19
　三、奥林匹克运动文化的象征 20
第三节　中国奥林匹克运动的发展 22
　一、中国早期的奥林匹克运动 22
　二、中华人民共和国成立之后的奥林匹克运动 23
　三、北京成功举办奥运会 24

第三章　大学生体育锻炼标准检测与评价 28

第一节　形态测量与评价 28
　一、测定的意义 28
　二、身高测量 28

三、体重测量 ···································· 28

第二节　身体成分的测定与评价 ···························· **30**
　　一、测定的意义 ···································· 30
　　二、测定的指标与评价 ···································· 31

第三节　功能测定与评价 ···································· **33**
　　一、测定的意义 ···································· 33
　　二、测定的指标与评价 ···································· 33
　　三、提高肺活量的锻炼方法 ···································· 34

第四节　身体素质测定与评价 ···························· **34**
　　一、测定的意义 ···································· 34
　　二、速度测定 ···································· 34
　　三、力量测定 ···································· 35
　　四、柔韧测试 ···································· 37
　　五、耐力测定 ···································· 38
　　六、身体素质测定项目练习方法 ···································· 38

第五节　健康评估 ···································· **40**
　　一、自测健康 ···································· 41
　　二、心理健康的自我评估 ···································· 44
　　三、健康饮食自我评估 ···································· 46

第四章　运动处方　47

第一节　运动处方的概述 ···································· **47**
　　一、运动处方在健身、康复、治疗、预防中的作用 ···································· 47
　　二、运动处方的分类 ···································· 48

第二节　运动前健康筛查 ···································· **49**
　　一、运动前健康筛查的目的和意义 ···································· 49
　　二、常规医学检查 ···································· 49

第三节　运动处方的实施原则 ···································· **50**
　　一、个体化原则 ···································· 50
　　二、以全身为基础原则 ···································· 51
　　三、有效运动强度原则 ···································· 51
　　四、运动的特异性原则 ···································· 51
　　五、及时调整原则 ···································· 51

第四节　运动处方的主要内容 ···································· **51**
　　一、锻炼目标 ···································· 51
　　二、锻炼内容 ···································· 52
　　三、运动负荷与运动量 ···································· 52
　　四、注意事项 ···································· 52

第五节　运动处方的制订 ···································· **53**
　　一、运动处方的程序 ···································· 53
　　二、耐力素质 ···································· 53
　　三、耐力运动处方的应用 ···································· 54

四、耐力运动处方的实施 ……………………… 54

五、发展肌肉力量的运动处方 ………………… 55

六、发展柔韧性的运动处方 …………………… 56

第六节　常见心血管及代谢性疾病人群运动处方 ……… **56**

一、冠心病 …………………………………… 56

二、高血压 …………………………………… 59

三、糖尿病 …………………………………… 60

四、超重和肥胖 ……………………………… 63

五、特殊环境中的运动处方 …………………… 65

第五章　体育运动与竞赛组织　72

第一节　体育运动的概述 …………………………… **72**

一、体育运动的概念 …………………………… 72

二、体育运动的内容 …………………………… 72

三、体育运动的分类 …………………………… 73

四、体育运动的特点 …………………………… 75

五、体育运动的新模式 ………………………… 75

第二节　田径 ……………………………………… **76**

一、田径运动概述 ……………………………… 76

二、跑 ………………………………………… 77

三、跳跃 ……………………………………… 78

四、投掷 ……………………………………… 80

第三节　球类运动 ………………………………… **82**

一、足球 ……………………………………… 82

二、篮球 ……………………………………… 84

三、排球 ……………………………………… 91

四、乒乓球 …………………………………… 96

五、羽毛球 …………………………………… 99

六、网球 ……………………………………… 102

第四节　啦啦操运动 ……………………………… **105**

一、啦啦操概述 ……………………………… 105

二、啦啦操基本动作 …………………………… 106

三、啦啦操的基本套路与编排 ………………… 109

第五节　体育竞赛组织及实施 …………………… **110**

一、体育竞赛 ………………………………… 110

二、竞赛前的工作 ……………………………… 111

三、竞赛进行中的工作 ………………………… 113

四、竞赛结束的工作 …………………………… 114

第六节　体育竞赛方法 …………………………… **114**

一、测量类竞赛项目 …………………………… 114

二、球类项目、制胜类项目竞赛方法 ………… 116

三、球类项目循环赛排定名次方法 …………… 121

第六章　户外休闲运动　123

第一节　户外休闲运动的起源与发展 123
一、户外休闲运动的定义 123
二、户外休闲运动的特点 124
三、户外休闲运动基本属性 124
四、户外休闲运动的分类 124
五、户外休闲运动的发展 125

第二节　娱乐与健身项目 125
一、漂流 126
二、大众登山与徒步露营 127

第三节　户外休闲运动项目 129
一、高山探险（登山运动） 130
二、攀岩运动 130
三、滑雪运动 131
四、桨板运动 132
五、洞穴探险运动 132

第四节　极限运动项目 134
一、帆伞运动 134
二、速降 134
三、翼装飞行运动 134
四、潜水运动 134

第五节　山地旅游 135
一、山地旅游项目特点 135
二、山地旅游项目 135
三、山地旅游的发展目前面临的几个问题 135

第七章　传统体育与养生　136

第一节　传统养生概述 136
一、中国传统养生 136
二、中国传统养生理论的基础 137
三、中国传统养生的学派 138
四、传统养生的特点与基本原则 139

第二节　传统体育养生方法 141
一、太极拳 141
二、八段锦 146
三、五禽戏 151
四、保健按摩 156

第八章　运动中的医务监督　164

第一节　概述 164

一、运动中医务监督的主要内容 ………………………………………… 164

二、运动中医务监督的一般方法 ………………………………………… 164

第二节　运动中的营养与配餐 **166**

一、青少年运动中的营养与配餐 ………………………………………… 166

二、中老年人运动中的营养与配餐 ……………………………………… 169

三、慢性疾病患者运动中的营养与配餐 ………………………………… 169

四、运动员竞赛期间的营养与配餐 ……………………………………… 171

第三节　运动过程中的疲劳与恢复 **172**

一、运动性疲劳产生的原因和表现 ……………………………………… 172

二、运动性疲劳恢复过程的一般规律 …………………………………… 173

三、运动性疲劳的恢复途径 ……………………………………………… 174

第四节　运动场地器材的卫生监督 **176**

一、运动场地器材的安全风险 …………………………………………… 176

二、运动场地器材安全防护措施 ………………………………………… 177

第九章　常见运动损伤的预防与处理　179

第一节　运动损伤的概念与性质 **179**

一、运动损伤的概念 ……………………………………………………… 179

二、运动损伤的性质 ……………………………………………………… 179

第二节　运动损伤的直接原因 **179**

一、思想上不够重视 ……………………………………………………… 179

二、缺乏合理的准备活动 ………………………………………………… 180

三、技术动作错误 ………………………………………………………… 180

四、运动负荷过大 ………………………………………………………… 180

五、身体功能和心理状态不良 …………………………………………… 181

六、组织方法不当 ………………………………………………………… 181

七、动作粗野或违反规则 ………………………………………………… 182

八、场地设备的缺陷 ……………………………………………………… 182

九、不良气象的影响 ……………………………………………………… 182

第三节　损伤的发病规律和潜在原因 **182**

一、发病规律 ……………………………………………………………… 182

二、潜在原因 ……………………………………………………………… 182

第四节　运动损伤的预防 **183**

一、预防运动损伤的意义 ………………………………………………… 183

二、运动损伤的预防原则 ………………………………………………… 184

第五节　运动损伤的急救 **184**

一、急救的概述 …………………………………………………………… 184

二、出血的急救 …………………………………………………………… 185

三、急救包扎的方法 ……………………………………………………… 186

四、骨折的急救（固定） ………………………………………………… 187

五、关节脱位的急救 ……………………………………………………… 188

六、心肺复苏 ……………………………………………………………… 189

　　　　七、搬运伤员的方法 ···································· 190
　　　　八、休克的急救 ·· 191
　　　　九、运动损伤的处理原则 ···························· 192
　　第六节　常见运动损伤及防治 ·························· **193**
　　　　一、运动猝死及猝死的预防 ························· 193
　　　　二、软组织损伤 ······································ 193
　　　　三、肌肉拉伤 ·· 194
　　　　四、肩关节脱位 ······································ 194
　　　　五、肘关节后脱位 ···································· 195
　　　　六、腰部扭伤 ·· 195
　　　　七、膝关节损伤 ······································ 195
　　　　八、踝关节扭伤 ······································ 196

第十章　运动与健康促进　　　　　　　　　　　　　197

　　第一节　运动促进健康 ································· **197**
　　　　一、运动促进健康理念的产生及发展 ·············· 197
　　　　二、运动是良医项目 ································· 198
　　　　三、运动与健康促进的相关概念 ··················· 199
　　　　四、运动康复的基本原则 ··························· 200
　　　　五、运动康复的风险与预防 ························· 201
　　第二节　运动康复治疗技术 ·························· **201**
　　　　一、运动康复治疗技术概述 ························· 201
　　　　二、具体运动康复治疗技术 ························· 202
　　第三节　常见运动系统疾病的运动康复 ·············· **211**
　　　　一、颈痛的运动康复 ································· 211
　　　　二、腰痛的运动康复 ································· 212
　　　　三、膝痛的运动康复 ································· 214
　　　　四、肩痛的运动康复 ································· 215
　　第四节　常见心理与精神疾病的运动康复 ············ **217**
　　　　一、抑郁症的运动康复 ····························· 217
　　　　二、紧张型头痛的运动康复 ························· 219
　　　　三、慢性失眠的运动康复 ··························· 220

推荐阅读　　　　　　　　　　　　　　　　　　222

第一章 | 大学体育

第一节 | 健康理念的形成

一、"健康第一"思想的树立

健康是责任,健身是任务。无论是对于个人、家庭,还是对于国家、民族,奔跑于追梦之路,都需要以健康为前提。保持健康、远离疾病,不仅是对自己负责,也是对家庭负责、对社会和国家负责,每个人都是自己健康的第一责任人。要想保持健康,就需要坚持不懈地锻炼身体,养成科学健身的良好习惯,培养终身运动的生活方式。世界卫生组织研究发现,影响健康的因素中,行为和生活方式占比达到60%。每个人都应将健康的责任落实到个体,将健身的任务贯彻到每一天,推动体育运动成为大众生活方式,从而使"体育强国"建设有更坚实的托举,"健康中国"建设有更有力的支持。

"生命在于运动"绝对不是一句空话,运动是人生命存在的表征,更是生命活力的源泉。作为身体的主人,我们都要保护身体、照顾身体,因此要进行必要的体育锻炼。研究表明,定期参与体育锻炼确实有降低慢性病发生风险、对抗衰老、延长寿命、提高生存质量的重要作用。对我们来说,体育锻炼是促进和维护身体健康最经济、最实用的手段。"体育强国"与"健康中国"的提出,进一步肯定了健康不再仅仅依赖于医疗条件,也可以通过体育运动实现提前干预。体育运动可以增强体质,提高免疫力。体育锻炼可以磨炼意志、品质,完善心智,陶冶性情。

人民群众对健康的重视,承载着对美好生活的向往和追求。如今,"生活要小康、身体要健康""每天锻炼一小时、健康工作每一天、幸福生活一辈子"等观念已深入人心。体育运动不断激发出"文明其精神,野蛮其体魄"的强大正能量。主动健身、科学健身已成为越来越多民众的自觉选择,全民健身正在成为全社会的共识和行动。世界卫生组织提出了关于人体健康的10个标准:①精力充沛,能从容不迫地应对日常生活和工作的压力;②处事乐观,态度积极,乐于承担任务,不挑剔事务的巨细;③善于休息,睡眠良好;④应变能力强,能适应各种环境的变化;⑤对一般感冒和传染病有一定的抵抗力;⑥体重得当,身体均匀,站立时,头、肩、臂位置协调;⑦眼睛明亮,反应敏捷,眼睑不发炎;⑧牙齿清洁,无缺损,无痛感,齿龈颜色正常,无出血;⑨头发有光泽,无头屑;⑩肌肉、皮肤有弹性,走路轻松。达到此标准则可以认为达到了高水平健康。

我国近代思想家、政治家、教育家梁启超先生,曾发表过一篇著名文章《少年中国说》,其"少年智则国智,少年富则国富,少年强则国强,少年独立则国独立,少年自由则国自由,少年进步则国进步,少年胜于欧洲则国胜于欧洲,少年雄于地球则国雄于地球"的豪言壮语,至今读来仍让人内心激昂澎湃、荡气回肠。

青少年学生是国家的未来,肩负着国家建设、复兴的重任。学生体质健康一直是我国推进素质教育的重要组成部分,时代呼唤新的学校体育教学理念,"健康第一"就是在这种时代需求下应运而生的,其优势在于进一步促进学生体质健康的发展,培养学生积极锻炼理念,并确立学生终身体育的意识。

1999年,中共中央、国务院《关于深化教育改革,全面推进素质教育的决定》明确提出"学校教育要树立健康第一"的指导思想,学校体育教学有了清晰明确、可遵循的大方向;21世纪,"健康第一"指导思想有了更深刻的内涵和变化,即"以人为本",强调授课对象的主体地位;党的十八大后,"健康第一"理念有了更大外延,即全民族健康理念,不论从政策上还是具体实施上都已经把"健康第一"

上升到全民维度,不仅仅重视青少年的健康体魄,同样也重视全国人民的健康状况。社会的文明进步和发展使人们对健康有了更深层次的认识,在学校体育教学中,"健康第一"就是要把"健康"放在首位,给予高度重视。"健康第一"的体育教学理念使学生在体育课堂上不仅能掌握基本体育技能,还能获得更多的健康知识、健身方法及健康的心理。

为贯彻落实习近平总书记关于体育强国建设的重要指示和全国教育大会精神,培养德智体美劳全面发展的社会主义建设者和接班人,2020 年 9 月,《体育总局　教育部关于深化体教融合 促进青少年健康发展的意见》正式出台,其目的是促进青少年健康发展,并要树立健康第一的教育理念,重点是推动青少年文化学习和体育锻炼协调发展,加强学校体育工作,帮助学生在体育锻炼中享受乐趣、增强体质、健全人格、锤炼意志,在培养德智体美劳全面发展的社会主义建设者和接班人的过程中凸显了体育的重要作用。2020 年 10 月 15 日,中共中央、国务院发布《关于全面加强和改进新时代学校体育工作的意见》,2021 年 6 月 23 日,教育部制定了《〈体育与健康〉教学改革指导纲要(试行)》,提出以习近平新时代中国特色社会主义思想为指导,全面贯彻党的教育方针,落实立德树人根本任务,树立"健康第一"教育理念,深化体育教学改革,强化"教会、勤练、常赛",构建科学、有效的体育与健康课程教学新模式,帮助学生掌握 1 至 2 项运动技能,促进中小学生运动能力、健康行为、体育品德等核心素养的形成,为实现"健康中国""体育强国"作出体育学科的贡献。学校体育教育进入一个新的发展时期。

有数据显示,2016—2020 年,大学生体质健康不及格率约为 25%～30%,尽管人们期望大学生在没有了升学压力的情况下,有更多的时间进行体育锻炼或参加各种活动,以提升综合素质。可实际情况是,一方面,仅大学一、二年级开设体育课;另一方面,大学里学生的生活更加丰富多彩,很多人会更多地受到学业或其他事情吸引,而体育锻炼、体育竞赛活动参与非常少。这可能是到了大学之后,体质健康水平反而进一步下滑的原因。

没有全民健康,就没有全面小康。习近平总书记指出:"全民健身是全体人民增强体魄、健康生活的基础和保障,人民身体健康是全面建成小康社会的重要内涵,是每一个人成长和实现幸福生活的重要基础。"从"把体育锻炼作为促进青少年身心健康成长的重要方式"到"带动三亿人参与冰雪运动",从"持之以恒开展群众体育"到"倡导健康文明的生活方式",习近平总书记的体育理念及其在实践中的具体体现,充分展示了国家对全民健身和体育事业的高度重视和坚定决心。这些理念和举措不仅有助于提升国民整体素质,也为实现中华民族伟大复兴的中国梦奠定了坚实基础。

二、人格的塑造

长期以来,很多人只是将体育作为锻炼身体的一种手段。实际上,体育对人格的塑造是体育的功能之一。正如教育家蔡元培先生所说,"夫完全人格,首在体育"。因此,我们不仅要重视体育强身健体的作用,更要发掘和弘扬体育的育人功能。大学阶段是个体发展的重要阶段,是人格完善并定型的关键时期,此时的学校体育教育应成为大学生塑造健康人格的重要手段,不能缺位。

人格是个体在行为方面的内部倾向,它表现为个体适应环境时的能力、情绪、需要、动机、兴趣、态度、价值观、气质、性格和体质等方面的整合,也是我们通常所说的人的品格操守,它是人的本质特征的综合反映,其内涵丰富,性质独特,且具有稳定性、功能性及统合性等特征。一个具有健全人格的人在对社会方面持开放的态度,愿意吸收各类知识及经验;在与他人交往过程中能实现关系融洽;在对待生活目标方面能以正面的态度应对;在面对困难与挫折时能积极乐观,具有良好的情绪状态。

人格教育旨在塑造健全人格,包括促进与意识倾向相联系的气质、性格、爱好、品德、观点、态度等人格因素健康发展的各方面的教育。塑造健全人格是教育目标之一,也是构建文明健康社会的必要条件。人格发展与家庭、学校和社会影响密切关联。学校的教育教学内容、方式、方法,校风,教师的人格等方面均对学生的人格培养具有一定的作用。

我国著名的体育教育家马约翰先生有一句名言:"体育是培养健全人格的最好工具。"中国奥林匹克运动的先驱张伯苓也曾说:"教育里没有了体育,教育就不完全。"他们都在强调体育的作用,体育以其独特的魅力感染了无数人,人们慢慢明白,体育不仅仅能强身健体,还能塑造健全的人格和锤炼坚强的意志。同时,体育也受到越来越多人的重视,越来越多的人主动参与体育活动。

(一) 体育对塑造人格、锤炼意志的影响

英国伊顿公学有句名言:"运动第一,学习第二。"在西方的精英教育中,体育占据非常重要的位置,可以说体育是教育的核心内容。同时,伊顿公学认为体育的本质就是人格的教育,体育的核心就是人格的塑造。在体育中,应该学会赢,也要学会输;要学会超越自己的极限,也要学会做团队的一员。

日本学者认为,体育就是最好的人格教育。在日本,小学体育课程是受到高度重视的,其中最有名的就是"冬季耐寒训练"。每年一进入冬季,学校会让学生利用课余时间去操场上跑步训练耐力,尽管在寒冷的冬天,也要让学生坚持训练,塑造其健全的人格,锤炼其坚强的意志。

中国伟大的教育家蔡元培先生曾经说过:"个性十足,体育优先。"蔡元培先生在北京大学任校长的时候,常常鼓励学生参与体育活动。他希望学生能够通过体育锻炼,对思想、人格、德育、智育的培养发挥积极作用。

(二) 体育对品格塑造的价值体现

运动不仅能强健体魄,还能培养青少年形成良好的品格。研究表明,体育成绩好的学生会有一个好心情,有强烈的自信心、上课专心、记得快、学得好,并有较强的阅读和理解能力。而且,体育运动是一种积极的"挫折教育",可以为青少年创造吃苦和体验失败的机会,当他们通过坚持与努力,在运动中不断克服困难、超越自我时,这种永不言弃的精神会对其一生大有裨益。

运动场上,除了身体上的疲惫和坚持,还蕴含着很多的人生道理。比如,如何面对输赢?如何面对不公平?如何在输掉比赛之后调整心态?如何坚持?如何保持自信?如何用积极的方式面对结果?

体育使人学会独立坚强,遇到困难不气馁,使人内心变得强大,也会让人变得充满斗志,不会总是怨天尤人。运动本身可以培养出一些优秀的品质,例如,勇敢顽强、吃苦耐劳、坚持不懈、克服困难、机智灵活、沉着果断、谦虚谨慎、团结友爱等,使人保持健康向上的心理状态,还可以培养集体主义精神和爱国主义精神。

体育具有全面育人、塑造健全人格的特征。我们的教育,原本就是生命的教育,即生命的生存、发育、发展的教育,而生命与运动有不解之缘,没有体育的教育是残缺的教育。生命教育既是人全面发展的需要,也是学生健康成长的迫切需要。作为体育教育而言,有义务去加强学生的生命教育,引导学生善待自己的生命,善待他人的生命;提高学生的身体素质,加强生存技能教育,提高应对紧急危险的能力。

每一项体育活动,都有其规则,只有学生适应了这些规则,才能够保证体育活动公平、公正和合理地进行。如果不遵守这些规则,将会因此受到惩罚。在体育活动中,教给人们如何按照规则取胜,赢得有光彩,也教给人们面对失败,输得有尊严,有"胜不骄败不馁"的心态和不服输的情怀,就会有赢的可能。在这个过程中,通过总结经验教训,攻坚克难,砥砺前行,不断磨砺,调整心态,逐步形成健全的人格。

1990 年,世界卫生组织(WHO)对健康的阐述是:一个人在躯体健康、心理健康、社会适应良好和道德健康四个方面皆健全。体育活动有健身功能、教育功能、情感功能、美育功能、娱乐功能和竞技功能等,主要从生理和心理两个维度来影响大学生的人格塑造。一是增强大学生的体魄,为其人格发展奠定良好的基础;二是为完善和定型大学生的性格、气质、能力、价值观和道德观服务。

体育是什么?体育是强身健体,体育是精神意志,体育是与智商、情商一起构成现代人完整人格的动商。有人说:这是一个"大数据时代";有人说:这是一个"创业时代";而我们想说:这同样是一个真正的"体育时代",而且永远不会过时。因为体育会赋予你十二种最优秀的品质:①能吃苦;②有目标;③重过程;④知礼仪;⑤懂传承;⑥善合作、有责任;⑦明善恶;⑧守规则;⑨有成就;⑩重感情;⑪不服输;⑫敢胜利。体育具有改变世界的力量,体育具有改变人生的能力;以体育之力增强身体素质,收获强健"体格";以体育之美感染处世为人,拥有健康"性格";以体育之魂塑造坚韧、勇敢,成就完美"人格"。"健全人格,首在体育",这就是体育的价值。

三、科学锻炼身体

强健的体魄绝不是"一动不动"得来的,"生命在于运动"也绝非一句空谈。运动是人生命存在的表征,更是生命活力的源泉。作为身体的主人,我们都应该锻炼身体、照顾身体,让身体更有效地服务于人生目的。

"健康中国"理念一经提出,体育运动愈发炙手可热。国家将体育发展与"健康中国"建设互促互融。一方面让体育发展直接服从和服务于"健康中国"建设,另一方面"健康中国"建设为体育发展开拓出更广阔的发展空间。

体育运动作为医疗救助的重要辅助手段,被医学界广泛推荐。"最美逆行者"钟南山院士就是体育运动的最佳代言人——2020年,84岁的他身体硬朗,风采依然。2003年,他奋战在抗击"非典"第一线;2019年突发新型冠状病毒感染,他又奔赴武汉,再战防疫最前线,已是耄耋之年的他,身体状态不减当年。对此,他表示:"运动对我保持身体健康起到了关键作用。"

随着大家对健康认识的提高,运动健身已被大多数人所接受。但体育锻炼是讲究科学的。科学锻炼方法是指根据运动科学的原理和方法,合理地安排运动的内容、强度、时间、频率等,以达到提高身体素质、预防疾病、增进健康的目的。

(一) 科学锻炼的原则

1. 自觉性原则　是指锻炼者应有明确的锻炼目的,确信"生命在于运动"的科学道理,要有"善其身者无过于体育"的思想认识,自觉积极地进行体育锻炼。毛泽东同志在《体育之研究》一文中指出:"欲图体育之有效,非动其主观、促其对于体育之自觉不可。"也就是说,要想达到体育锻炼的预期效果,必须以主动积极的态度,自觉地坚持锻炼才行。体育锻炼是一个自我锻炼、自我完善的过程,需要克服自身的惰性,战胜各种困难才能达到预想的结果。

2. 超负荷原则　超负荷原则是指在进行体育锻炼时身体或特定的肌肉所受到的刺激强于不锻炼时。负荷通常包括负荷量与负荷强度。负荷量通常是以练习的次数、时间、距离、重量来表示;负荷强度一般是以速度、负重量、密度、难度的练习占总练习的百分比来表示,负荷量和负荷强度二者相互影响、相互制约。在负荷强度最大时,负荷量肯定是最小的;如果负荷量很大,负荷强度也不可能达到最高。一般来说,当负荷强度在90%~100%时,负荷量最小;当负荷强度达到75%~89%时(次最大强度),负荷量能达到中等;当负荷强度在50%~74%时,负荷量一般来说能达到较大的量。相反,当负荷量最大时,负荷强度也只能是最小强度,即30%~50%的负荷强度。

负荷的增加必须考虑到锻炼者的体能水平。负荷过大或过小都不利,但负荷过大比负荷过小的害处更大。负荷过大容易造成运动疲劳和运动损伤;负荷过小,机体得不到必要的刺激,也就达不到理想的锻炼效果。

3. 循序渐进原则　循序渐进原则是指体育锻炼的内容、方法和运动负荷等,必须根据人对事物的认识规律、动作技能形成规律和生理功能的负荷规律,由小到大、由易到难、由简到繁、由低级到高级逐步进行。例如,没有体育锻炼基础的人,如果一开始就参加时间长、强度大的运动训练,身体就会出现头晕、恶心、四肢发软、呼吸困难等不适应的感觉。这就说明身体各器官系统还不适应上述的运动负荷,无益于身体健康,同时也不利于兴趣的培养。

那么,如何在体育锻炼中贯彻循序渐进的原则?

(1) 体育锻炼切忌急于求成,必须根据锻炼者自身的实际情况确定运动负荷的大小,做到量力而行,尤其要注意锻炼后疲劳感的适度。

(2) 运动负荷应由小到大,逐步提高。开始从事体育锻炼时,强度宜小,时间宜短,密度适宜。

(3) 注意提高人体已经适应的运动负荷,使体能保持不断增强的趋势。一般应在逐步提高"量"的基础上,再逐渐增大运动强度,使之适应,感到胜任的愉快,然后做相应的调整。

4. 专门性原则　专门性原则是指锻炼时针对身体的某一部位或某一功能进行反复的练习。例如，经过 10 周的举重练习后，手臂肌肉力量会加强。对某个特殊肌肉群的锻炼被称为神经肌肉专门化锻炼，对某个供能系统的锻炼被称为能量代谢专门化锻炼。

如果锻炼的主要目的是提高自己的有氧运动能力，那么就可以选择慢跑、步行、自行车、有氧操及远距离游泳等运动项目进行锻炼。锻炼的专门性原则同样也适用于肌肉的不同类型。例如，力量练习能增强肌肉的力量，但无法更大程度地提高肌肉的耐力水平，因此，力量练习对增强肌肉力量是专门性的。

5. **全面性原则**　全面性原则是指身体锻炼应全面发展身体的各个部位、各器官、各系统的功能及各种身体素质和活动能力，追求身心的和谐发展。

对大多数锻炼者来说，进行体育锻炼并不是单纯发展某一种运动能力或身体某一器官的生理功能，而是通过运动使整体功能水平得到全面、协调发展。如果长期从事力量训练，心肺系统的功能和耐力素质就得不到提高；反之，长期只从事长跑锻炼，虽然耐力素质会有较大的提高，但是速度、力量素质的发展会受到一定影响。因此，锻炼内容的单一化，使得机体不能获得良好的整体效应。

6. **持之以恒原则**　持之以恒原则是指体育锻炼必须经常性进行，使之成为日常生活中的重要内容。运动技术的形成和提高，人体各组织系统功能的改善，是肌肉活动反复多次强化积累的结果，因此，体育锻炼贵在坚持。

7. **锻炼效果的可逆性原则**　锻炼效果的可逆性是指由于停止锻炼而引起体能水平的下降。俗话说："用进废退"。尽管锻炼之间的休息对获得最大锻炼效果至关重要，但休息时间过长（几天或几周）则会降低体能水平，保持体能水平需要通过有规律的锻炼。

如果停止锻炼，体能水平下降会有多快呢？例如，当停止力量练习后，肌肉力量下降相对较慢。相比之下，当你停止耐力练习后，肌肉耐力水平的下降就较快。研究表明，停止力量练习 8 周后，肌肉力量下降 10%，但停止耐力练习 8 周后，肌肉耐力水平下降 30%～40%。

（二）科学锻炼注意事项

1. 根据个人的年龄、性别、体质、健康状况和运动目标，选择适合自己的运动项目和方式。一般来说，运动项目可以分为有氧运动和无氧运动，有氧运动主要是指能持续较长时间、强度适中、全身参与的运动，如跑步、游泳、骑自行车等；无氧运动主要是指短时间内、强度较大、局部肌肉参与的运动，如举重、跳高、跳远等。有氧运动可以提高心肺功能和耐力，无氧运动可以增强肌肉力量和爆发力。不同的运动项目对身体的影响和效果也不同，因此应根据自己的需要和喜好进行选择。

2. 控制运动的强度和时间，避免过量或过少。运动强度是指运动时身体所承受的负荷或压力，一般用心率来衡量。运动时心率应保持在最大心率的 60%～80%，这样才能达到最佳的锻炼效果。最大心率可以用公式"220- 年龄"来估算。例如，一个 30 岁的人，他的最大心率大约是 190 次/min，那么他运动时的心率应该在 114～152 次/min。运动时间是指每次运动持续的时间，一般建议每次运动不少于 30 分钟，每周至少进行 3 次。如果时间不够，可以分成几个小段进行，但每段时间不应低于 10 分钟。

3. 坚持规律和持久的运动习惯，避免间断或突然停止。规律和持久的运动可以使身体逐渐适应和改善，从而提高基础代谢率和免疫力，防止肥胖和慢性病。间断或突然停止运动会导致身体功能下降和体重反弹现象，增加受伤和生病的风险。在每次运动前后做好准备活动和放松活动。

4. 结合合理的饮食和生活方式，避免不良习惯和影响因素。饮食方面，应该注意摄入足够的水分、蛋白质、碳水化合物、维生素和矿物质，控制油脂、盐分和糖分的摄入，避免暴饮暴食和饥饿节食。生活方式方面，应该注意保持良好的睡眠质量和时间，避免吸烟、酗酒和过度压力。同时，还应该根据季节、天气、空气质量等因素，科学地选择运动的时间、地点和方式。

第二节 ｜ 医学与体育

体育与医学之间的关系十分密切（图 1-2-1），医学是体育健身运动的理论基础，是体育教育者必须懂得的基本理论，体育运动同时也为医学目标的实现提供方法和手段。在人类维持生命的过程中，必须有体育活动和医学的介入。积极地处理好两者的发展方向和关系,对维持人体健康、提高生命质量和拥有美好的生命历程都有着极其重要的意义。

　　体育活动不仅可强身健体,更是一个放松自我的途径。而医学教育则担负着培养优秀的医生救死扶伤,为患者的身体健康保驾护航的重要责任。医务工作人员的健康水平既影响个人的生活和工作,又会影响病人的救治工作,甚至会造成不可挽回的后果。医学教育是体育教育重要的理论基础,体育教育在医学教育中直接影响着未来医生的体质状态和健康水平,因此体育教育应着眼未来,结合医学教育和体育教育自身的特点大胆改革,才能更好地为培养新一代具有开拓精神、渊博知识和强健身体的医学人才服务。

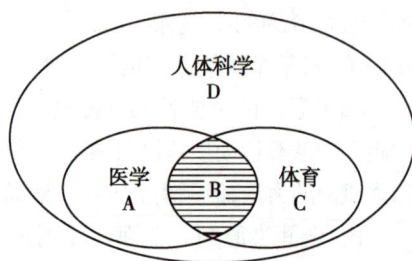

图 1-2-1　医学与体育关系示意图
A. 维护健康、防治疾病;B. 整合部分:增强体质、发展健康素质;C. 锻炼意志、增进人际关系;D. 共同的学科理论基础。

一、古代医学与体育的关系

　　在中国,医学与体育有着非常古老的历史渊源。在古代,无论是华佗的"五禽戏"、阴康氏的"消肿舞",还是"太极拳"及导引术、气功等,都是把强身、祛病、治病有机地结合在一起,为人类的健康作出了杰出的贡献。

　　我国古代劳动人民及知识分子结合自身的生活实践,对健康的生活方式和饮食习惯、情绪调节、工作休息等进行了系统的总结,其总体上要求遵循三个原则:①遵循"顺应天时地利、练养结合"的原则;②坚持"防患于未然"的预防原则;③遵循"刚柔相济、动静结合"的活动原则。这些原则都是中华民族劳动人民智慧的结晶。

　　中国古代的健身观念主要是以养生为核心,一方面追求自然与生命的和谐统一;另一方面讲究养神为主、长生久视。中国古代的健身术经过上千年的发展,已经成为中华文化的重要组成部分,并具有鲜明的民族特色。宋代的健身术提倡"动易养生"的思想,苏轼的《教战守策》中提到,农夫小民很少生病的原因是他们经常劳动,不畏困苦。苏轼的《上张安道养生诀论》也提倡以气功和淡食相结合的健身方法。同时,在宋代还出现了一套练身体操——八段锦,其包括文武各八段,强调动静结合。中国古代的健身术强调应树立良好的预防思想,做到"防患于未然",且在健身过程中要做到"顺其自然,天人合一",主张保持人与自然环境的和谐统一。

　　在中国思想史上,"天人合一"是一个基本的信念。季羡林先生对其解释为:天,就是大自然;人,就是人类;合,就是互相理解,结成友谊。我国的古圣先贤告诫我们,人类只是天地万物中的一部分,人与自然是息息相通的。这种"天人合一"的思想无处不在。

　　中国最早的医学典籍《黄帝内经》主张"天人合一",其具体表现为"天人相应"学说。《黄帝内经》强调人"与天地相应,与四时相副,人参天地"(《灵枢·刺节真邪》)、"人与天地相参也"(《灵枢·岁露论》)、"与天地如一"(《素问·脉要精微论》)。认为作为独立于人的精神意识之外的客观存在的"天"与作为具有精神意识主体的"人"有着统一的本原、属性、结构和规律。因此,"天人合一"是《黄帝内经》的重要组成部分,也是其天道观的核心体现。《黄帝内经》"天人相应"学说,可以从两方面来探讨:一是从大的生态环境,即天地(大宇宙)的本质与现象来看"天人合一"的内涵;一是从生命(小宇宙)的本质与现象来看"天人合一"的内涵。

　　《黄帝内经》天地人系统中的人与天相通的总原则是:同气相求,同类相应。顺则为利,逆则为害。《淮南子·精神训》曰:"天地运而相通,万物总而为一。""运而相通"指运动过程中的相通关系,而不是静态空间里的结构联系。"总而为一"指运动方式的同气相求,而不是物质结构的等量齐观。

　　综上所述,天人合一的医学内涵主要是指人作为"小宇宙"是如何与天地这个"大宇宙"相应的,其中,"人天同构"是《黄帝内经》天人合一观的最粗浅的层次,"人天同象与同类"则是中医取象比类思想的具体体现，"人天同数"则是人与天气运数理的相应。总之，是将生命过程及其运动方式与自然规律进行类比，是以自然法则为基质、以人事法则为归宿的系统理论。

战国末期著名思想家、文学家、政治家荀子作为儒家的代表人物之一，坚持唯物主义世界观，强调以动健身的体育思想。荀子的体育思想主要体现在形神兼具、以动养生，学以致用、技贵于精，公平竞赛、广招贤才几个方面。

老子的道家思想对中国古代武术的发展产生了深远的影响。从"熊经鸟伸"的动物模仿到"象形武术"的发展，《少林拳术秘诀》中的"养生""炼气"，都蕴涵了道家"道法自然"的思想精髓。

由此可见，在中国古代的医学与体育之间存在着非常紧密的同源性和相异性特征。《周易》是中国文化源头的经典之一，对中国传统文化的影响是极其深远的，在体育方面的影响也是巨大的。从太极思想到太极拳的产生、从周易八卦到八卦掌的产生、从中医五行学说理论到形意五行拳的产生，我们清楚地看到阴阳对立统一规律在古代体育中的运用和影响，以及在防病、治病、调心、养性方面的积极效果，即从心理健康、身体健康、身体康复到疾病预防，形成一个完整的有机整体，并且内容上既有理论依托，又有实际动作；既可自身练习，又可传授指导他人。所以，中国古代医学与体育有着目标一致、手段不同、相互借鉴、相互依托的关系。

中国古代的中医、气功，是古人进行健康干预的主要手段，也是人们健身、强体、预防疾病的有效途径。这些都是从人体的整体入手进行调理、调动人体自身的免疫功能以抵御疾病；适度地发挥人体各器官功能，以增强体质，拓展、挖掘、发展人类的各种潜能。

早在战国时期，《行气铭》就有关于行气方法的详细记录，"行气，深则蓄，蓄则伸，伸则下，下则定，定则固，固则萌，萌则长，长则退，退则天。天机春在上，地机春在下。顺则生，逆则死。"阐释了深呼吸时行气的一个完整过程，在进行吸气的时候，吸气较深则量多，而量多则可以向下伸，这样就可以使气固定于丹田，整个过程之后将气缓慢地呼出，犹如草木要发芽，往上生长，与吸入时恰恰相反是向上退，退到极致。天机在上动，地机在下动，由此得生机勃发，如果反逆之则必死。这种由上而下，又由下而上的行气方法，被称为"小周天"，是比较有功效的行气方法。这个方法在当时被雕刻在杖首的玉上，由此可见其盛行及重要性。表明在战国时期，行气不仅是养生、强身健体的方法，同时也被广泛应用到军事训练、武术练习中。

五禽戏又称中国古代的医疗体操，共包括五种类型锻炼动作，其作用也各不相同。通常情况下，练习虎的动作能让人体的肌腱及骨骼功能增强，使人精力充沛；练习鹿的动作能够使人舒筋活络，增强行走能力；练习熊的姿势能增强人体脾胃功能，且能增强人的体能；练习猿的动作能增强腰部和上肢的力量；练习鹤的姿势能够增强人体的呼吸功能及平衡能力。五禽戏的运动量非常大，不仅有助于保健，而且还有利于治疗疾病。可见，在两千年以前中国就有人知道仿效自然界的动物来达到舒筋活络的健身效果。在长沙马王堆出土的西汉帛画《导引图》就刻画有一些人模仿动物的姿态进行健身的画面。

中国古代养生体育从先秦时期的起源到隋唐时期的发展，以及后世的发扬光大，无不体现了其博大精深。中国古代养生体育是中国医学宝库中的一个瑰宝，它的产生和发展与中国医学的产生和发展是基本一致的，由于中国古代哲学和自然科学的介入，中国传统养生理论不断被充实和完善，具有鲜明的中华民族特色。

古代中医、气功理论源于古代朴素哲学。中国著名的阴阳五行图生动地反映了中国古人对世界的理解，对矛盾统一、平衡、动静、和谐、变化、发展的认识与把握。

二、现代医学与体育的关系

现代医学的发展，不仅在诊断水平、治疗手段上有了飞速的发展，而且在医疗保健、预防疾病方面也有了长足的进步；同时在认识运动机制、保障运动安全方面也有了令人瞩目的发展。现代医学与现代体育有着更加广泛更加深入的结合。1990年，世界卫生组织将道德健康纳入到健康的概念中，新的健康概念包含了"身体健康、心理健康、社会适应良好和道德健康"四个方面的内容，即四维健康概念;与此同时,现代的医学研究也不断地揭示出环境、饮食、情绪、运动与人类健康的紧密关系。

体育是以促进健康、强身健体为目标;医学是以维护健康、防治疾病为宗旨,医学和体育紧密联系、共同承载着促进人类健康的任务,"医体结合"势在必行。关于"医体结合"的含义,学术界目前尚无统一。它主要强调医学知识技能与体育知识技能的结合,侧重卫生医疗功能与体育健身功能的交叉,是一种优化体育保健与医疗康复手段,促进人类体质健康的新型模式。"医体结合"是现代体育和现代医学发展的重要特征,其主要内容通常包括利用医学知识和体育手段来促进健康、预防和治疗疾病等,其最大的特点在于它实现了医学和体育学的有机融合,一定程度上满足人类对健康和运动的需求,进而推动人类保持健康的生活方式。

现今,国内外"医体结合"的发展已不仅仅局限于运动损伤的预防和治疗,而是更多地延伸到对运动者实现运动目标过程的监控、指导及一些慢性病的预防和治疗上。随着全民健身上升为我国社会发展的国家战略,国民健康需要增强体质,树立保健预防为主、医学治疗为辅的全民健康原则,这就使得医学生们在具备治疗疾病和增强自身体质能力的同时,还应承担起全民健康的监督职责,具备指导大众促进健康、预防疾病、科学运动、合理营养饮食、建立健康生活方式的能力。因此,医学生需要具备良好的实践应用能力和公共服务能力,医学院校在制定"医体结合"人才培养目标时,必须始终将培养协调发展的复合型医学人才作为体育教学改革的出发点和落脚点,使医学生得以正确认识体育对人体健康的重要性,进而增强医学生的体育运动意识和技能,培养医学生成为"医体结合"复合型医学专门人才,从而为社会公众健康提供更优质的服务。

"医体结合"涵盖了运动医学、体育保健、健康评估、运动康复等方面内容,其主要是指在提升全民健康的前提下,把医学知识和体育知识、体育技术有效结合起来,提高人民群众对日常医学与体育知识的掌握程度。"医体结合"是对各种年龄从事体育锻炼的男女身体功能、健康状况和心理状态等方面的作用和影响,以及缺乏运动给身体造成的危害,为提高运动成绩,治疗、促进健康、预防和康复服务的医学。它的应用性和实践性较强,在体育教育、运动训练、竞赛、医疗保健和健康促进中发挥着重要的作用。主要包含以下几方面:①运动周期的医务监督,又称医疗保健。其包含了运动周期的体格检查,科学制订各运动项目的运动时间、运动负荷、频率等运动计划,以及卫生保健、竞赛服务等方面内容。目的是达到保护运动者在运动前后的身体健康和安全,增强体质、增进健康、提高运动能力或运动成绩等。②合理的运动营养调控,根据运动者的需求对其运动前后的营养作出调配,在数量上保证运动时的消耗,在质量上保证全面的营养配比,平衡膳食使运动者能保持适宜的体重和体脂。③运动创伤的防治,主要是研究创伤产生的机制和规律,针对运动者进行运动前的防护、运动后的体能康复,以及对运动中的损伤和缺乏运动产生的骨与关节疾病的防治。④体疗康复,根据对患者机体的生理功能、体能状态、心理及潜在能力进行测评,并诊断患者当前的身体功能状况后,制订运动康复治疗计划,运用运动处方减轻和消除机体的功能障碍,重建功能缺损,改善和提高人体各方面的功能,主要目的是对伤病及慢性病的预防、健康促进和康复。

在现代竞技体育中,追求体能发挥最大化、技术最优化、训练最佳化,现代医学为此提供充分的保障和支撑作用。例如在运动员疲劳恢复、训练中、比赛中的合理营养搭配,运动外伤的预防与康复,运动过程中的兴奋剂的检测,身体锻炼的安全保障等方面发挥着重要作用。同时,在制定科学的运动处方、对非传染性疾病的运动康复和辅助治疗等方面,也都有非常积极的作用。

三、现代体育与医学的关系

现代体育不仅是现代人类的高雅的娱乐和欣赏,更是广大人群保持健康、战胜疾病、放松身心、良好社交等不可替代的手段。体育运动带来的这种不可替代的作用被越来越多的人接纳和采用,"体医融合"逐渐成为热点话题。所谓"体医融合",就是通过运动手段促进身体健康,在"医疗"的概念中加入了体育元素。

2016年10月,中共中央、国务院印发的《"健康中国2030"规划纲要》,把全民健身上升为国家战略,是健康中国的有力支撑。以往人们关注自己是否有疾病,是定期到医院进行体检。随着全民健身活动的开展,人们的健身意识增强,迫切需要定期了解自己的体质情况,进行慢性病的风险评估,寻求科学的健身指导,预防疾病的发生。单纯的临床医学检查已经不能满足人们的需求,"体医融合"成为健身指导的新模式。随着全民健身与全民健康的深度融合,医学院校的体育教学面临着新机遇与挑战。为了适应"体医融合"的社会需求,实现"健康中国2030",医学院校的体育教学培养模式也应进行相应改革。2017年4月11日,体医融合促进与创新研究中心在国家体育总局体育科学研究所(以下简称体科所)成立。《"健康中国2030"规划纲要》绘制了"健康中国"国家战略的发展蓝图,明确了体育作为推进"健康中国"的重要内容,深化了对体育功能和作用的认识。为了落实《"健康中国2030"规划纲要》,主动适应人民健康需求,体科所成立了"体医融合促进与创新研究中心",加强体医融合和非医疗健康干预的研究与实践,促进全民健身与全民健康深度融合。该中心的主要任务是围绕"健康中国"主题,开展体育与医学融合相关的政策、理论和技术的创新性研究,加强成果转化,进行模式示范,推动体育产业与健康产业对接。汇聚国内外一流的体育科学专家和临床医学、公共卫生专家,通过共建平台、联合攻关等方式,合力推动体育和医学多维度、深层次的融合。通过加强体医融合推动非医疗健康干预方法、路径的研究与实践,促进全民健身与全民健康深度融合。将"体医融合"融入健康中国的内涵,就是服务于全体人民"健康身体、健康环境、健康经济、健康社会"在内的四位一体的大健康,就是服务于人的生命全历程、服务于人的健康全过程,构建"体医融合"这一新模式对于服务人的全面健康具有重要意义。

体医融合的目的是要解决体育界和医疗界各自都没有办法单独解决的三个问题:①运动的安全性。包括血糖安全、心脏安全、伤病安全。②运动的有效性。运动之后能否预防各种疾病,而这个有效性又分为近期效果和远期效果。③运动的可持续性。没有效果的运动是没有必要持续的,而有效果的运动也需要通过快乐感的获得才能得以持续。

体医融合的核心思想是以解决健康问题、以医疗问题为导向,组织人们进行科学锻炼;体医之间互相启发,互相引导,重新认识健康、认识疾病;同时还要特别注重发展健康运动技能,以区别传统的运动技能。另外,在融合的维度上包括技术融合、资源融合和话语权的融合。①技术融合层面。竞技体育这些年的发展形成了一整套的科学备战体系,奥运会的冠军绝不是单纯靠意志品质就能拿到的,其背后需要大量的科学理论和技术的支撑。这些竞技体育的科技成果可以与临床技术的发展融合起来。②资源融合方面,大量的社会体育指导员、健身指导站在某些特殊时期也能克服医院人员和场地短缺的问题。③话语权融合层面,体育、医疗界需要共同来宣传体育锻炼对健康的重要性,医生的一句医嘱有时往往比其他人的建议要管用得多。

健康中国建设是实现人力资本强国,实现小康社会的重要保障,是实现"两个一百年"目标的必然要求。习近平总书记提出"体育是提高人民健康水平的重要手段,也是实现中国梦的重要内容",表明全民健身是健康中国建设的重要内容。从时间发展的维度来看,我国全民健身的发展要早于健康中国理念的提出,但全民健身战略促进健康中国战略发展是永恒的主题。

第三节 ｜ 高等医学院校体育

体育课程是大学生以身体练习为主要手段,通过合理的体育教育和科学的体育锻炼过程,达到增强体质、增进健康和提高体育素养为主要目标的公共必修课程;是学校课程体系的重要组成部分;是高等学校体育工作的中心环节。

体育课程是将身心和谐发展、思想品德教育、文化科学教育、生活与体育技能教育融入身体活动中,并有机结合的教育过程;是实施素质教育和培养全面发展的人才的重要途径。

为贯彻落实习近平总书记关于教育、体育的重要论述和全国教育大会精神,把学校体育工作摆在更加突出的位置,构建德智体美劳全面培养的教育体系,中共中央、国务院印发了《关于全面加强和改进新时代学校体育工作的意见》,强调学校体育是实现立德树人根本任务、提升学生综合素质的基础性

NOTES

工程,是加快推进教育现代化、建设教育强国和体育强国的重要工作,对于弘扬社会主义核心价值观、培养学生爱国主义、集体主义、社会主义精神和奋发向上、顽强拼搏的意志品质,实现以体育智、以体育心具有独特功能。要以习近平新时代中国特色社会主义思想为指导,全面贯彻党的教育方针,坚持社会主义办学方向,以立德树人为根本,以社会主义核心价值观为引领,以服务学生全面发展、增强综合素质为目标,坚持健康第一的教育理念,推动青少年文化学习和体育锻炼协调发展,帮助学生在体育锻炼中享受乐趣、增强体质、健全人格、锤炼意志,培养德智体美劳全面发展的社会主义建设者和接班人。

教育部制定了《〈体育与健康〉教学改革指导纲要(试行)》,通过深化体育教学改革,转变教学观念,全面把握"教会、勤练、常赛"的内涵与要求,使其成为常态化、规范化、系统化的教学组织模式。打造高质量体育课堂,使学生在"知识、能力、行为、健康"诸方面得到全面提升。

(1)享受乐趣。在体育教学活动中注重增加游戏与比赛等竞争要素,让学生在体育锻炼中享受竞争与表现的乐趣,实现从激发兴趣到形成志趣、享受乐趣的层层深入。

(2)增强体质。重视在体育教学中强化锻炼、增强学生体质,要加强"勤练",在基本运动技能的锻炼中不断发展学生的速度、力量、耐力、柔韧、灵敏、协调、平衡等身体素质。

(3)健全人格。通过在体育教学过程中渗透社会主义核心价值观教育,培养学生的爱国情怀、社会责任感和良好的个人品质。全面把握体育的"育体、育智、育心"综合育人的价值。

(4)锤炼意志。通过体育课、体育训练和体育竞赛活动培养学生不畏困难、不怕吃苦、不惧失败的意志品质。精心设计有一定强度、一定难度的运动技能学习,培养学生吃苦耐劳、坚持不懈等优良品质。

全面落实《全国普通高等学校体育课程教学指导纲要》,实现体育课程基本目标和发展目标。

1. 基本目标　是根据大多数学生的基本要求而确定的,分为五个领域目标。

(1)运动参与目标:积极参与各种体育活动并基本形成自觉锻炼的习惯,基本形成终身体育的意识,能够编制可行的个人锻炼计划,具有一定的体育文化欣赏能力。

(2)运动技能目标:熟练掌握两项以上健身运动的基本方法和技能;能科学地进行体育锻炼,提高自己的运动能力;掌握常见运动创伤的处置方法。

(3)身体健康目标:能测试和评价体质健康状况,掌握有效提高身体素质、全面发展体能的知识与方法;能合理选择人体需要的健康营养食品;养成良好的行为习惯,形成健康的生活方式;具有健康的体魄。

(4)心理健康目标:根据自己的能力设置体育学习目标;自觉通过体育活动改善心理状态、克服心理障碍,养成积极乐观的生活态度;运用适宜的方法调节自己的情绪;在运动中体验运动的乐趣和成功的感觉。

(5)社会适应目标:表现出良好的体育道德和合作精神;正确处理竞争与合作的关系。

2. 发展目标　是针对部分学有所长和有余力的学生确定的,也可作为大多数学生的努力目标,分为五个领域目标。

(1)运动参与目标:形成良好的体育锻炼习惯;能独立制订适用于自身需要的健身运动处方;具有较高的体育文化素养和观赏水平。

(2)运动技能目标:积极提高运动技术水平,发展自己的运动才能,在某个运动项目上达到或相当于国家等级运动员水平;能参加有挑战性的野外活动和运动竞赛。

(3)身体健康目标:能选择良好的运动环境,全面发展体能,提高自身科学锻炼的能力,练就强健的体魄。

(4)心理健康目标:在具有挑战性的运动环境中表现出勇敢顽强的意志品质。

(5)社会适应目标:形成良好的行为习惯,主动关心、积极参加社区体育事务。

认真贯彻落实《高等学校体育工作基本标准》精神,深入推进课程改革,合理安排教学内容,开设不少于15门的体育项目。每节体育课须保证一定的运动强度,其中提高学生心肺功能的锻炼内容不得少于30%;要将反映学生心肺功能的素质锻炼项目作为考试内容,考试分数的权重不得少于30%。加强校园体育文化建设,促进中华优秀体育文化传承创新。学校成立不少于20个学生体育社团,采取鼓励和支持措施定期开展活动,形成良好的校园体育传统和特色。

全面实施《国家学生体质健康标准》,建立学生体质健康测试中心,安排专门人员负责,完善工作条件,每年对所有学生进行体质健康测试,测试成绩向学生反馈,并将测试结果经教育部门审核后上报国家学生体质健康标准数据管理系统,形成本校学生体质健康年度报告。及时在校内公布学生体质健康测试总体结果。建立健全《国家学生体质健康标准》管理制度,学生测试成绩列入学生档案,作为对学生评优、评先的重要依据。毕业时,学生测试成绩达不到 50 分者按结业处理(因病或残疾学生,凭医院证明向学校提出申请并经审核通过后可准予毕业)。毕业年级学生测试成绩及格率须达 95% 以上。

一、树立终身体育思想

(一) 终身体育思想的由来

早在 20 世纪 90 年代,就有学者提出"终身体育"的思想,它是体育改革和发展中的一个新的概念,源于法国著名成人教育家保罗·朗格朗在 1965 年提出的终身教育。一般认为,终身体育是指人们在一生中所进行的身体锻炼和所受到的体育教育的总和。也就是从人的出生到生命终止,都要从适应环境与个人的需要,进行身体锻炼,以取得生存、生活、学习与工作的物质基础或条件。

实际上,从幼儿体育到研究生体育,我国的体育教育一直贯穿在学校学习的全过程,"增强体质、增进健康"是我国学校体育的长期目标;在 1995 年 6 月,国务院颁布《全民健身计划纲要》,这是新中国体育发展史上的一个具有里程碑意义的重大事件,也是我国进入社会主义现代化新时期体育改革与社会发展相适应的必然产物。至此,从国家层面上我国已经完成了对国民的"终身体育"教育导向和行为。

(二) 终身体育是青年大学生所肩负的历史使命

在 1997 年,我国对体育人口的基本标准作出了规定,是指每周参加体育活动不低于 3 次,每次不低于 30 分钟,进行自身体质与所参加体育项目相适应的中等或中等以上强度的人。这个标准与欧美一些发达国家的体育人口标准相一致。目前,我国体育人口在数量上还不及欧美发达国家,在结构构成上还以在校学生和武装力量等"当然体育人口"为主,在数量上还存在城乡、地区、职业分工等不平衡的现象。要改变这一现状的根本方法就应该是思想观念的改变,即我们不应该用"解决温饱的时代观点"享受小康社会的幸福,要在思想和行动上树立终身体育的理念,而改变这一现状的责任重担就在当代青年大学生的肩上。

"青年一代有理想、有本领、有担当,国家就有前途,民族就有希望"。国民体质是一个民族、一个国家兴旺发达的基础,因此,作为青年的当代大学生,为把中华民族伟大复兴的中国梦变为现实,就要从我做起,积极锻炼身体,树立终身体育观念,营造良好体育氛围,形成良好体育坏境,塑造良好运动形象,并且感染身边的人参与到体育锻炼中来。

二、教学目标与职业特点

高等医学院校体育既有普通高校的共性,也有医学专业的特殊性。体育既是医学生的健身教育、健康教育,又是医学专业的业务教育组成部分。体育教育的主要目标是增进学生健康素质,提高健康水平和劳动效率,延长工作年限,使之健康生活,延年益寿,而这也是医学的终极目标。

作为高等医学院校,体育教学必须体现自身的职业特点。高等医学院校的人才培养目标是培养适应现代社会所需要的医学复合型人才。要求高等医学人才必须具备治疗疾病的能力,还应具备自我强身健体的能力、指导他人预防疾病的能力和健康水平监督的能力。作为未来的医务工作者,医学生应认识到体育和医学的互通关系,认识到医疗体育在未来疾病的治疗和预防方面的重要作用。高等医学院校作为培养医学专门人才的园地,应确保医学生在校期间提高对体育教学的认识,启发、激励学生的自觉健身意识,系统学习医疗体育知识,合理掌握体育锻炼对于疾病预防和治疗方面的方法手段,为医学生就业方向拓展渠道。

医学与体育虽是两门独立学科,但在对人体恢复健康与促进健康方面有着千丝万缕的联系,它们研究的主体都是人。不同的是,医学主要研究人体疾病的预防和治疗的规律和方法,而体育是研究人体发展和健康素质发展的规律和方法。它们都是研究人的生命运动,同属于人体科学范围。医学与体育教育学有共同的学科基础和专业知识结构。体育教育学和医学这种相互关联、相辅相成的关系,决定了两者在发展过程中不断地相互结合,以利共发展,并不断派生出一些新学科——运动医学、医疗体育、健美美容医学、体育健康学等。我国传统医学早有以预防为主的优良传统,历来主张"不治已病治未病",不但将体育锻炼运用于健身防病上,而且作为一类医疗方法运用于治疗疾病方面,并取得了满意效果。东汉末年著名医学家华佗,他不仅是位医术高明的外科医学家,而且是位闻名遐迩的杰出的体育家。他为广大劳苦大众解除病痛、增进健康,首创了医疗体育,他创立的"五禽戏"医疗保健操,至今还在广大民众中传学,他被后世尊为"医疗体育奠基人"。

如今,人类生产力高度发展、物质文明和精神文明相应提高,医学的重点必然由研究临床治疗为主,逐步转变为以研究预防疾病、防治结合为主,这是历史的必然。基于上述原因,为了培养新世纪合格医生,就应该努力学好体育,这不仅是成为健康医学生的需要,而且是成为新型医生,为祖国医疗事业作出更大贡献的需要。

三、加强体育课程思政建设

培养什么人、怎样培养人、为谁培养人是教育的根本问题,立德树人成效是检验高校一切工作的根本标准。落实立德树人根本任务,必须将价值塑造、知识传授和能力培养三者融为一体、不可割裂。全面推进课程思政建设,就是要寓价值观引导于知识传授和能力培养之中,帮助学生塑造正确的世界观、人生观、价值观,这是人才培养的应有之义,更是必备内容。这一战略举措,影响甚至决定着接班人的问题,影响甚至决定着国家的长治久安,影响甚至决定着民族复兴和国家崛起。要牢牢抓住教师队伍"主力军"、课程建设"主战场"、课堂教学"主渠道",让所有高校、所有教师、所有课程都承担好育人责任,守好一段渠、种好责任田,使各类课程与思政课程同向同行,将显性教育和隐性教育相统一,形成协同效应,构建全员、全程、全方位育人的大格局。

课程思政是我国新时代中国特色社会主义制度要求下教育发展的必然方向,是指一种新的教育理念,它强调全员、全程、全课程的模式,不同的课程和思政课同向而行,产生协同效应,以"道德品质的形成"为基本教育目标。将理论知识、价值观念及精神追求等思想政治教育要素融入各门课程,以"健康中国2030"为指导,把发展大学生身体素质、提高大学生运动技能、增强大学生意志品质和拼搏精神作为教学目标,并对学生的思想意识和行为产生潜移默化的影响。

体育课程思政是指将马克思主义思想和中国特色社会主义理论体系融入体育课程教学中,使体育教育具有思想政治教育的功能。具体来说,体育课程思政强调在体育教学中贯彻党的教育方针,培养学生正确的世界观、人生观和价值观,提高学生的思想道德素质和综合素质。其核心目标包括培养学生的爱国主义情感、集体主义精神和社会主义核心价值观。通过体育课程的组织和实施,学生可以感受到团结协作、竞争拼搏、顽强拼搏的精神,培养自信、坚强和勇敢面对困难的品质。体育课程思政不仅关注学生的身体健康,还注重培养学生的政治素质和思想道德素质,旨在培养德智体美全面发展的社会主义建设者和接班人。

大学体育课程不仅局限于强身健体,更要重视人格和品质培养,重视集体建设和团队建设,对促进大学生的全面发展有着非常重要的作用。医学院校作为我国特色专业人才的重要培养基地,不仅承担着培养医科学生职业技能的责任,也承担着学生体能、身心发展、社交能力、职业胜任力的培养任务;培养学生"敬佑生命、救死扶伤、甘于奉献、大爱无疆"的医者精神,以及社会适应力等多个层面的能力;在培养精湛医术的同时,注重加强医者仁心教育,引导学生始终把人民群众生命安全和身体健康放在首位,尊重患者,善于沟通,提升综合素养和人文修养,提升依法应对重大突发公共卫生事件能力,做党和人民信赖的好医生。这就决定了医学院校体育课程思政的教学内容、教学手段、教学实施途径和教学评价手段要具有特性和个性,把学生真正培养成为德智体美劳全面发展的社会主义建设者和接班人。

体育是前期预防,医学是后期治病救人,两者都着眼于人的身体健康,是对于生命的尊重和呵护。为此,在医学院校体育课程中融入生命教育,开展课程思政,有很强的契合性和新时代的历史意义。作为医学院校,体育课承载了更为重要的锻炼心理素质、磨炼优良品格的平台功能,同时,体育教学是理想的道德行为实践平台,在身体的行动与体验中,感悟且落实思政教育,帮助医学生建立正确的职业责任、生活志向和自我认同。

体育课程思政教学中不可缺少爱国主义和中华体育精神的内容,爱国主义又是中华民族精神的核心,通过参与体育运动和竞技活动,培养学生团结协作、顽强拼搏、公平竞争、正确胜负观等思想品德,锤炼学生的意志品质和心理素质,增强学生对中华民族自强不息的伟大民族精神的感悟。中华体育精神是中华民族精神和体育精神共同的结晶,是中华民族传统精神在体育方面的展现和浓缩,是中国人民在体育实践活动中形成的以爱国奉献、拼搏自强、公平竞争、团结协作、快乐健康为主要内容的思想观念和价值观念。中华体育精神的核心是为祖国荣誉而战的爱国主义精神,体现了中华儿女"天下兴亡,匹夫有责"的忧患意识和爱国奉献的思想价值。中华体育精神的表现是不怕挫折、勇于拼搏、敢于胜利的英雄主义精神,体现了体育运动超越自我、追求卓越、拼搏自强的精神价值。中华体育精神所追求的自尊自信、快乐开朗的人本精神,体现了参加体育运动的人追求活力、优美、健康、快乐的运动价值。中华体育精神蕴含的求实创新的公平竞争精神,体现了体育竞赛追求公开、公平、公正的竞争环境及自由、平等、规范的目标价值。中华体育精神倡导信任宽容、协作互助的团队精神,既注重个体的独特价值,又追求团队成员间的相互团结与密切合作价值。

体育精神诞生于体育运动,且是体育的灵魂所在,体育精神高于体育运动本身,其中不仅蕴含着友谊、团结、公正、尊重等重要的精神,也是强化学生道德素质、促进社会文明发展的重要途径。因此,在体育教学中应以体育锻炼为核心,将体育精神深化至体育教学的各个方面。

四、建立"医体结合"的体育教学模式

随着我国社会经济的高速发展,人们的生活节奏和生活方式发生了很大的变化,很多人由于生活方式不当或生活压力过大,呈现出了亚健康的身体状态,容易引发神经衰弱等多种病症。对于很多老年人来说,由于体能和体质的降低,疏于锻炼,在饮食的营养结构上也不够合理,身体素质不断下降,也容易引发多种疾病。根据相关部门的研究发现,我国很多人都存在着亚健康的现象,高端人才"英年早逝"的事件屡见不鲜。如何减少这种现象的发生,关注这些"有病"的正常人,不仅要依靠社会的舆论关注和支持,还要靠专业的医疗和体育锻炼等健康手段来维系,而这也正是医学生所独有的优势。

根据医学和体育学的相关研究表明,适当的体育运动有利于身体的健康,可以有效解决目前很多人面临的亚健康问题。科学地进行体育锻炼,可以提高运动器官的功能,也能够对整个身体起到积极的作用。适当的体育锻炼可以让人们放松身心,有效缓解工作压力和神经紧张等问题,对人们的心理有正向的引导作用。除此之外,要注意饮食健康和营养搭配,为人们的体质、体能提供物质基础,使人们保持良好的身体状态。因此,为了让人们摆脱亚健康的困扰,提高生活质量和身体素质,要加强医学与体育学二者之间的结合,培养出更多的既有体育学专业知识又具备医学素养的综合型人才,更好地为人们的身体健康服务。"医体结合"复合型人才培养不仅推动体育教育和医学教育的发展,而且还可以促进社会体育和社会医学的发展。在"医体结合"人才培养模式中,学生参与社会体育活动和社会医疗活动将会越来越多,这对全民健身运动的促进、预防疾病的发生有着非常重要的意义和深远的影响。因为"医体结合"教学模式的建立,对健康的促进是全方位的,是防治生活方式疾病的新载体,"医体结合"这种人才培养模式是建立在科学的理论基础之上的,并且也经过了实践的证明。通过这种培养模式,可以充分结合医学和体育学二者之间的优势,实现相互渗透、相互融合,共同为提高人们的身体健康服务。

总之,作为当代的医学生,不仅需要在大学阶段养成健康的生活方式和良好的体育运动习惯,有一个健康的身体,而且还要培养终身体育的意识,在"医体结合"教学模式培养下,做一名合格的运动与健康知识的传播者。

(程　鹏　汪　伟　朱红伟)

第二章 | 奥林匹克运动

第一节 | 奥林匹克运动概述

早在古希腊文明兴起之前约 800 年,爱琴海地区就孕育了灿烂的克里特文明和迈锡尼文明。大约在公元前 1125—公元前 1000 年,多利亚人的入侵毁灭了迈锡尼文明,希腊历史进入所谓"黑暗时代"。因为对这一时期的了解主要来自《荷马史诗》,所以又称"荷马时代"。古希腊人使用腓尼基字母创造了自己的文字,并于公元前 776 年召开了第一次奥林匹克运动会。奥林匹克运动会的召开也标志着古希腊文明进入了兴盛时期。古代奥运会在古希腊人的生活中占据了很重要的地位。来自各地的参赛者参与角逐,目标就是获得奖赏:一个橄榄花圈和"英雄"般的返乡。除了胜利的光荣,奥林匹克价值本身赋予了奥运会特殊的意义:崇尚竞争,把身体、意志和精神平衡地结合于一体。古代奥运会虽然消亡了,但给人类社会留下了一笔宝贵的文化财富,古代奥运会创造的竞技运动组织模式与奥林匹克理想和精神,对现代体育产生了深远的影响。

一、现代竞技运动的兴起

近代,欧洲文艺复兴时期意大利人文主义者最早提出了以培养上流社会精英为目标的"绅士教育"理论。英国著名教育家约翰·洛克在 1693 年发表的《教育漫话》使这种身心和谐发展的"绅士教育"理念得到广泛肯定,"文雅的风度""勇敢的精神""健康的体魄"成为年轻绅士追求的目标,身心并重的绅士教育模式遂成为英国和后来欧洲各国贵族教育的主流和范本,这些贵族绅士将骑马、打猎、击剑、跳舞、网球等作为必备修养和能力。欧洲贵族绅士所倡导的生活方式和精神追求在欧洲文化、教育、体育等方面的发展起到了重要作用。

19 世纪 70 年代至 20 世纪初第二次科技革命后,其将"户外运动"塑造成一种新的生活方式的重要内容。以英国户外体育活动为代表的现代竞技运动逐渐取代了德国体操和瑞典体操,成为现代体育教育的主要内容。英国绅士最先发起成立的运动俱乐部对现代竞技运动的形成和发展具有重要作用,成为以后体育组织的雏形。为保证公平公正,运动俱乐部开始制定需共同遵守的运动规则,并在业余与职业运动的问题上进行了讨论,最终决定遵循"业余运动"的原则,同时制定了运动场地和器材的标准,使竞技运动走向规范化,并使欧洲和其他一些地区的民间竞技性传统体育通过制定规则得到创新发展,被纳入竞技比赛的轨道,完成了向现代竞技运动项目的转变。其中最重要的贡献是确立了现代竞技运动的公平原则和规则精神,就是公平竞争,遵守游戏规则、游戏原则,在尊重自己的同时要尊重他人,维系社会的共同契约。规则精神和公平竞争是现代社会的核心价值,也是现代竞技运动发展的前提条件,并最初在运动俱乐部得到实施,从此,竞技比赛成为现代体育运动的主要方式。在竞技运动突破欧洲扩展到北美等地区后,在比赛中建立的"运动员—运动俱乐部—观众"的商业模式也被复制到足球、篮球等更多的运动项目上,构成了以后欧美各国运动俱乐部发展的范本,促进了国际体育组织的发展和现代职业运动的兴起。同时,促使了高尔夫、台球、马术、击剑等运动项目的日益流行,而且刺激了与"户外运动"相关的体育建筑、运动服装、运动装备等各种相关产业的兴起,形成了现代体育产业的雏形。英国户外运动构成了近现代竞技运动的基础内容。

随着学校体育、职业运动、大众体育的兴起和全球传播,在近现代体育科学的基础上,体育自然科学、体育人文社会科学、体育管理营销学也发展起来,近现代体育形成了完整的体系,并发展成为一种具有相对独立性的社会现象,促进了现代奥林匹克运动的诞生。

二、顾拜旦的伟大贡献

15世纪开始,教育家们开始提倡幸福和健康的生活方式。17世纪,英国人约翰·洛克的"绅士教育"提出绅士应受体育、德育、智育等方面的教育;18世纪,法国人让-雅克·卢梭建议通过游戏来学习。公元1776年,英国考古学家在勘察中发现了古代奥运会遗址。1875—1881年,德国库蒂乌斯人在奥林匹亚遗址发掘了出土文物,引起了全世界的兴趣。1858年,希腊发布了《奥林匹克令》,并于1859年10月1日在雅典举办了第一届泛希腊奥林匹克运动会。

1889年,法国体育运动协会联盟(USFSA)成立,顾拜旦担任该组织的秘书长。1890年,法国政府委托顾拜旦调查、研究学校的体育工作,顾拜旦接触到诸多国内外体育人士,并发放了问卷了解国内外的体育状况。同年,顾拜旦还受法国教育部的委派,前往美国和加拿大考察体育,并在波士顿出席了体育大会(Congress of Physical Training),这使他对各国体育状况有了进一步了解。

1892年,顾拜旦遍访欧洲,宣传奥林匹克理念。同年11月,法国田径运动协会联盟在巴黎索邦大学举行庆贺成立五周年的活动,顾拜旦在发表演讲时首次提出"复兴奥林匹克运动"。为了让奥林匹克运动会更受欢迎,顾拜旦决定将其国际化(图2-1-1)。

1893年,顾拜旦在巴黎召开了一次国际性体育协调会议,团结国际体育人士,商讨共办奥运会的问题。次年,他还将自己的倡议写成公开信寄给许多国家的体育组织,得到不少体育俱乐部的支持。在顾拜旦的不懈努力和国际上各种因素的促进下,创办奥林匹克运动的各种准备已经就绪。

1894年6月16—24日,来自美国、英国、法国、希腊等12个国家、49个体育组织,共计79人参加了在巴黎索邦神院召开的体育运动代表大会。本次大会,顾拜旦起草了第一部"奥林匹克章程"。章程确定了国际奥林匹克委员会的宗旨、职能和制度,规定每隔四年在某个国家的大城市举行一次奥运会。章程还阐述了奥林匹克运动的哲学基础、教育和美学意义,奠定了奥林匹克运动的理论基础,使奥林匹克运动发展成为持久的体育与和平运动,确定了奥运会的比赛项目为田径、水上运动(包括帆船划船、游泳)、击剑、摔跤、拳击、马术、射击、体操、球类运动等。不仅如此,顾拜旦还把奥运会有关的条例和组织等做了详尽的规划,为以后奥运会的发展提供了整体框架,并设计了奥运会会徽、奥运会会旗,并倡议燃放奥林匹克火焰。在大会上还成立了国际奥林匹克委员会(IOC),国际奥委会的成立,标志着现代奥林匹克运动的诞生,由于顾拜旦为现代奥林匹克运动的诞生和发展所作出的卓越贡献,他被称为"现代奥林匹克之父"。萨马兰奇曾这样评价顾拜旦:"顾拜旦和一些现代奥林匹克奠基人坚信,根据一定原则组织起来的体育活动,有益于年轻人和整个人类,不仅是对体质有好处,尤其是有益于提高道德水准。"通过商讨,大会决定在1896年召开首届现代奥运会,希腊的历史名城雅典获得主办权。截至2024年的巴黎奥运会,夏季奥运会的竞赛项目由9个大项增加到32个大项,329个小项。

图2-1-1　顾拜旦像

三、奥林匹克运动委员会

现代奥林匹克运动之所以能够发展到现在的规模,奥林匹克运动的思想体系能够得到贯彻,各种活动能够付诸实施,是因为奥林匹克运动有一个结构完备、功能齐全的组织体系。它主要由国际奥委会、国际单项体育联合会和各个国家或地区的奥委会三部分组成。这三者通常被称为奥林匹克运动的三大支柱,它们与奥运会组委会等其他体育组织互相配合,相辅相成,保证着奥林匹克运动的正常运行。

(一) 国际奥林匹克委员会

国际奥林匹克委员会简称国际奥委会(International Olympic Committee,IOC),于 1894 年 6 月 23 日成立,是现代奥林匹克的最高权力机构,是一个国际性的、非政府的、非营利的组织,是领导奥林匹克运动和决定一切奥林匹克有关问题的权力机构。国际奥委会按照《奥林匹克宪章》领导奥林匹克运动,总部设在瑞士洛桑。国际奥委会的宗旨是:鼓励组织、发展体育运动和组织竞赛;在奥林匹克理想的指导下,鼓舞和领导体育运动,从而促进和加强各国运动员之间的友谊;保证按期举办奥林匹克运动会;使奥林匹克运动会无愧于顾拜旦及其同事们恢复起来的奥林匹克运动会的光荣历史和崇高理想。

1. 国际奥委会的法律地位 国际奥委会是奥林匹克运动的最高权力机构。它是一个国际性的、非政府的、非营利的、无限期的组织,是奥林匹克运动的指导者、捍卫者和仲裁人。

国际奥委会具有法人地位,它的任务是按照《奥林匹克宪章》领导奥林匹克运动。它根据《奥林匹克宪章》所做出的决定是最终决定。

2. 国际奥委会的组织结构 国际奥委会的组织结构包括国际奥委会全体会议、执行委员会、总部和专门委员会。

3. 国际奥委会成员 国际奥委会主席:主席是国际奥委会的法人代表,主持国际奥委会的全部活动。国际奥委会全会以无记名投票方式从其委员中选举主席 1 人,任期 8 年,可连选连任,连任每届任期 4 年。

从 1894 年至今已有 9 任主席,他们是:希腊的维凯拉斯(1835—1908)、法国的顾拜旦(1863—1937)、比利时的巴耶-拉图尔(1876—1942)、瑞典的埃德斯特隆(1870—1964)、美国的布伦戴奇(1887—1975)、爱尔兰的基拉宁(1914—1999)、西班牙的萨马兰奇(1920—2010)(图 2-1-2)、比利时的罗格(1942—2021)和德国的巴赫(1953—)。

国际奥委会委员:随着时代的发展,国际奥委会委员逐渐增多,从 1894 年的 5 名委员,到 1914 年的 49 名、1974 年的 78 名、1992 年的 95 名、1998 年的 115 名,到 2024 年国际奥委会的委员人数为 111 名。

图 2-1-2 胡安·安东尼奥·萨马兰奇像

(二) 国际单项体育联合会

国际单项体育联合会简称国际单项体联,指的是在世界范围内管辖一项或几项运动项目,并接纳若干管辖这些项目的国家和地区级团体的非官方的国际组织。国际单项体育联合会由各个国家或地区的单项协会组成,其最高权力机构是定期召开的代表大会。大多数单项体联是在国际奥委会诞生后出现的,有的是在奥运会期间成立的,如国际业余田径联合会(1912 年),由此可以看出奥林匹克运动同时也促进了各单项体育组织机构的发展。目前,得到国际奥委会承认的国际单项体育联合会共有 62 个,其中列入奥运会项目的有 35 个。

1. 国际单项体育联合会在奥林匹克运动中的作用 根据《奥林匹克宪章》的规定,国际单项体育联合会在奥林匹克运动中的主要任务是负责它所管辖的运动项目的技术和行政管理方面的工作。其具体作用是,制订并推行本运动项目的规则并保证该项目在全世界的开展;制定奥运会参赛标准;负责本项目的技术监督和指导。

2. 奥林匹克项目国际单项体育联合会的状况 到 2017 年,有 35 个国际单项体育联合会管辖的运动项目被列入了奥林匹克运动项目。其中,管辖夏季奥林匹克运动项目的国际单项体育联合会共有 28 个;管辖冬季奥林匹克运动项目的国际单项体育联合会共有 7 个。

（三）国家奥林匹克委员会

国家或地区奥林匹克委员会简称国家奥委会（NOC），国家奥委会是按照《奥林匹克宪章》的规定建立起来，并得到国际奥委会承认的负责在一个国家或地区开展奥林匹克运动的组织。国家奥委会是奥林匹克运动的基本功能单位。国际奥委会组织的各种奥林匹克活动，最终都要由国家奥委会来承担、执行和完成。

国家奥委会担负着《奥林匹克宪章》在各自国家或地区发展和维护奥林匹克运动的重大任务，其具体职能是：宣传奥林匹克主义的基本原则；保证《奥林匹克宪章》在本地得到遵守；促进运动技术水平及群众体育的发展；培训体育管理人员，保证这些培训有助于传播奥林匹克主义的基本原则；维护体育道德；选定适于举办奥运会的城市，组织和领导各自代表团参加奥运会和国际奥委会赞助的地区、洲或世界性的综合运动会。

到 2017 年初，被国际奥委会承认的国家和地区奥委会已达 206 个，遍及全世界，它们在奥林匹克运动中起着重要作用。

现代奥林匹克运动是在奥林匹克主义指导下，以体育运动和四年一度的奥林匹克运动会庆典为主要活动内容，促进人的生理、心理和社会道德全面发展，促进各国人民之间的相互了解，在全世界普及奥林匹克主义，维护世界和平的国际社会运动。

奥林匹克运动包括以奥林匹克主义为核心的思想体系，以国际奥委会、各国奥委会为骨干的组织体系和以奥运会为周期的活动体系。

1894 年 6 月 23 日，顾拜旦与 12 个国家的 79 名代表共同决定成立国际奥委会，开创现代奥林匹克运动。而在百余年后的今天，奥运会已成为普天同庆的节日，奥林匹克运动也吸引了 200 多个国家和地区的积极参与。

四、奥林匹克运动发展历程

1. **组织体系基本确立阶段（1894—1914 年）**　遵循着一定时间周期在世界各地举办大型综合性国际运动会，让体育运动服务于各国人民，服务于世界和平，这种做法在 19 世纪末遇到的困难是今天的人们难以想象的。当时快速发展的工业革命，在给社会带来巨大进步的同时，各种矛盾也随之激化。那时的人们大多还难以理解奥林匹克思想，对接受奥运会这种国际性的文化还缺乏必要的思想准备。

1908 年伦敦奥运会是奥运发展史上的一个重要里程碑，出现了脍炙人口的奥林匹克名言："重要的不是取胜，而是参与。"英国是当时世界上竞技运动组织化程度最高的国家。

第五届奥运会于 1912 年在斯德哥尔摩举行，其参赛成员国的数量比第一届翻了一番，运动员人数增长了 5 倍，现代奥林匹克运动得到了发展和巩固。同时，奥林匹克五环标志和会旗于 1914 年经第六届奥林匹克大会批准而被正式采用（图 2-1-3）。

图 2-1-3　奥林匹克会旗

2. **运行机制逐步健全阶段（1914—1945 年）**　第一次世界大战使原定于 1916 年在柏林举办的第六届奥运会被迫取消。第二次世界大战导致 1940 年和 1944 年两届奥运会停办。奥林匹克运动抓住了两次大战之间相对和平的时期，经过 5 届夏季奥运会和 4 届冬季奥运会，初步确立了奥运会的基本框架和运行机制。

这一时期，奥林匹克组织发展迅速，国家奥委会成员数量从第一次世界大战前的 29 个增至 60 个，国际单项体育联合会达到 24 个。1926 年国际奥委会建立了由各国际单项体育联合会代表组成的技术委员会。奥林匹克运动形成了三大支柱互相配合的组织体系。

1920 年出现的奥林匹克格言"更快、更高、更强",是这一时期奥林匹克思想的重要进展,它与"重在参与"相辅相成,鼓励人们以积极进取的精神参与到奥林匹克运动中来。

奥运会与科学技术的相互结合也取得重要进展,先进技术得以运用。如 1912 年斯德哥尔摩奥运会第一次使用电动计时和终点摄影仪;1932 年洛杉矶奥运会采用双镜头照相机进行终点摄影;1948 年伦敦奥运会运动会场首次设置大屏幕记分牌等。从 1936 年柏林奥运会开始,组委会采用电影这一形式对奥运会进行完整的记录,首次奥运闭路电视转播也在此时开始。

3. **动荡发展阶段**(1945—1980 年)　第二次世界大战之后出现了复杂多变的国际局势,世界的新格局既促进了奥林匹克运动的发展,也给它设置了重重障碍。

这个阶段,奥林匹克运动出现了一系列新变化。奥运会规模不断扩大,项目剧增,参赛国家和运动员数量也明显增多。同时,竞技运动的水平快速提高,出现了体操运动员纳迪亚·科马内奇、田径运动员埃德温·摩西、田径运动员鲍勃·比蒙等一批超级明星和 8.90 米这样令人难以置信的跳远纪录。1960 年埃塞俄比亚的阿贝贝·比基拉赤足获得马拉松比赛冠军,标志着发展中国家开始在奥运体坛显示力量。奥运会举办地也不再局限于欧洲和美洲。

同时,国际奥委会的保守与僵化加剧了它与国际单项体育联合会和国家奥委会的矛盾,为了凝聚力量,国际单项体育联合会于 1967 年成立了国际单项体育联合会总会,各个国家的国家奥委会也于 1979 年成立了国家奥委会协会。

4. **全新发展阶段**(1980 年以来)　1980 年西班牙人萨马兰奇出任国际奥委会主席。萨马兰奇审时度势,开始了全面的改革。这场改革的核心内容是变封闭为开放,使奥林匹克运动跟上社会前进的步伐。国际奥委会一反过去视商业化为洪水猛兽的陈腐观点,充分肯定它对体育运动的积极作用,大胆引进市场经济机制,积极而有控制地对奥运会进行多种商业开发,为奥林匹克运动建立了一个坚实的经济基础。

1984 年洛杉矶奥运会的组委会对举办奥运会的经济运作机制进行了大胆改革,变沉重的包袱为可观的经济效益。国际奥委会敏锐地觉察到这一事件的重大意义,对洛杉矶的经验进行认真总结,设计出一整套规范而有效的经营奥运会的做法,如"奥林匹克全球赞助计划"(TOP 计划)等,从而为奥林匹克运动提供了坚实的物质基础。1992 年国际奥委会已拥有资产 125 亿美元,1993 年至 1996 年整个奥林匹克运动从商业开发中获得 20 多亿美元的总收入。肯定商业化积极意义的一个直接结果就是废除了参赛者业余身份的限制。20 世纪 80 年代的改革彻底取消了这一限制,宣布奥运会向世界上一切最优秀的运动员开放,这也保证了奥运会的比赛具有最高的竞争水平和观赏价值。

进入 21 世纪,奥林匹克运动也进入新的发展阶段。在前国际奥委会主席罗格的倡议下,国际奥委会创立了专门为 14～18 岁青少年设计的综合运动会——青年奥林匹克运动会(简称青奥会)。青奥会每四年举办一届,分为冬季青奥会和夏季青奥会。2010 年首届夏季青奥会在新加坡举行,2012 年首届冬季青奥会在奥地利因斯布鲁克举行,2014 年我国南京承办了第二届夏季青奥会。

奥林匹克运动为世界体育的发展和人类社会的进步作出了巨大贡献,未来尽管它可能还会遇到各种困难和挫折,但是它一定会在困难和挫折中走出自己的发展之路,继续以其独特的方式,促进人类社会的和平、友谊和进步。

第二节 │ 奥林匹克运动文化概述

一、奥林匹克运动文化概念

奥林匹克文化是一个非常宽泛的概念,它是指奥林匹克运动的全部思想和活动内容,也可以解释为从古代奥运到现代奥运为人类创造的一切精神财富。

以奥林匹克文化为代表的西方体育文化源于以古希腊为代表的文化形态。古希腊三面环海、气候温和、耕地较少,温和的气候让古希腊人偏爱郊外活动,耕地较少就使得古希腊人不能从土地里获取足够多的生活物资,因而必须向大海索取,由此形成了古希腊人喜欢户外运动的习惯和崇尚自然的审美情趣,养成了古希腊人心胸开阔、勇于开拓和进取的精神,以及敢于向大自然挑战的民族性格。

近代西方的体育文化是在商品经济和资本主义工业革命的社会背景下产生的,是在资本主义历史条件下产生的以城市为中心、以竞技为主要特征的一种文化,是建立在追求个人解放、弘扬个性、反对中世纪神学的基础上的。尤其在文艺复兴运动时期,新兴的资产阶级更明确地提出了以个人为中心的人文主义教育思想,主张人的全面和谐发展,强调个人才能和奋斗。这种文化体系强调人的自我价值的实现,崇尚竞争、冒险和不断地超越自我,非常重视人的外在形体健美,强调体格和肌肉的强健,形成了在竞争中实现个体外在超越的价值,主张人人相对、人人有别的生命观和竞争、超越、对抗的运动观。欧洲历史是一个融合多民族和国家文化的发展历史,不同文化和民族的人们融合在一起,同时也把各民族丰富多彩的体育运动汇集在了一起,慢慢形成了奥林匹克体育运动的完整体系,在这种体系下形成的奥林匹克文化价值体系反映在体育思维、体育思想、体育价值观等各个方面。

二、奥林匹克运动文化内涵

奥林匹克文化的内涵非常丰富,也可以把奥林匹克文化分成狭义和广义两大部分。狭义的内涵主要是指构成奥林匹克运动的精神文化及与之相适应的奥林匹克传统,而广义的奥林匹克文化,包括奥林匹克运动的全部思想体系和活动内容,是奥林匹克运动在实践过程中所创造的物质与精神财富的总和。物质财富即物质文化,主要指奥林匹克运动对人体技能的改造、发展,以及所采用的各类场馆、器材等物质文化设施和由此产生的文化形态。精神财富即精神文化,主要指奥林匹克运动对人的内心世界、社会行为的影响,以及与之相关的各项文化艺术活动。古代及现代的奥林匹克运动都蕴藏着丰富的物质与精神文化。

奥林匹克文化是体育与文化的结合。奥林匹克文化以体育为载体,以奥林匹克精神为核心并结合多种文化形式,共同构成奥林匹克文化的丰富内涵。古代奥林匹克运动有形体、圣火、演讲、雕塑等文化艺术活动参与,现代奥林匹克运动继承和发展了这一传统。奥林匹克的各项文化艺术活动与体育运动结合,既提高了体育的品位,也促进了文化艺术的发展。

概括说,奥林匹克文化是体育运动与文化教育相融合的产物。奥林匹克文化是以体育为载体的文化、是以教育为核心的文化、是催人向上的世界先进文化。

(一)奥林匹克主义

奥林匹克主义是将身体、心理和精神方面的各种品质均衡地结合起来,并使之得到提高的一种人生哲学,它将体育运动与文化教育融为一体。奥林匹克主义所建立的生活方式是以奋斗中所体验到的乐趣、以优秀榜样的教育价值和对伦理基本原则的推崇为基础的。

根据这一表述,人们把奥林匹克主义的基本内容归纳为以下几方面。

1. 奥林匹克主义的中心思想是人的和谐发展。
2. 体育运动是实现人的和谐发展的重要途径。
3. 体育运动必须与教育、文化相结合。

(二)奥林匹克运动宗旨

《奥林匹克宪章》以明确的语言表述了这一运动的宗旨:"通过没有任何歧视、具有奥林匹克精神——以友谊、团结和公平精神互相了解的体育活动来教育青年,从而为建立一个和平的更美好的世界作出贡献。"

(三)奥林匹克精神

《奥林匹克宪章》对奥林匹克精神做出了权威的表述:奥林匹克精神就是互相了解、友谊、团结和公平竞争的精神。奥林匹克精神强调友谊、团结、互相了解,其目的就在于它为奥林匹克运动提供了一种必不可少的文化氛围和精神境界。各国运动员只有在公平竞争的基础上竞技才有意义,才能保持和加强团结、友谊的关系,奥林匹克运动才能实现其神圣的目标。

(四) 奥林匹克格言

奥林匹克格言是"更快、更高、更强——更团结",这句话充分体现了奥林匹克运动不断进取、永不满足和人类社会在困难时期团结一致的奋斗精神。它既指在竞技场上,面对强手时,应发扬大无畏的精神,敢于斗争,敢于胜利;同时也是指对自我永不满足,不断战胜自己,向新的极限冲击。不仅如此,这些格言还鼓励人们应该在自己生活的各个方面不断地超越自我,不断地更新,永远保持蓬勃的朝气。

三、奥林匹克运动文化的象征

顾拜旦说:"奥林匹克运动是一个伟大的象征。"为了表达和宣扬奥林匹克的崇高原则和理想,在现代奥林匹克创始之初,顾拜旦亲自设置了许多标志和仪式,这些标志和仪式随着奥林匹克运动的不断发展,日益完善定型,逐渐形成了奥林匹克运动和奥林匹克精神的一种象征,它们集中体现了奥林匹克文化的各种特征,是奥林匹克文化最有特点、最具魅力的部分,这些物化的艺术形式充分表达了奥林匹克丰富的文化内涵,成为人类文明的标志。

(一) 奥林匹克标志

奥林匹克五环标志图案是 1913 年由顾拜旦设计,于 1914 年第六届奥林匹克代表大会批准而被正式采用的。图案形成一个上大下小的规则梯形,由五个不同颜色互相套接的圆环组成,颜色规定为蓝黄黑绿红。上面从左至右分别为蓝黑红,下面分别为黄和绿。

顾拜旦设计的用意是:代表全世界的五大洲连接在一起,共同为推进现代奥林匹克的发展不懈努力,代表着奥林匹克友谊的精神及全世界运动员之间的平等;六种颜色(加上白底),则代表着当时全世界各国国旗的颜色。五环颜色分别代表欧洲(蓝色)、非洲(黑色)、亚洲(黄色)、大洋洲(绿色)、美洲(红色)。

根据《奥林匹克宪章》解释,五环图案的含义是:代表着全世界的运动员都聚集在奥林匹克运动会上,共同参与体育竞技,促进世界和平与理解。

今天,奥林匹克五环标志在世界上已成为最广泛的识别标志。奥林匹克五环已经成为世界和平、民族团结的象征。如在 1992 年巴塞罗那奥运会开幕式上,一面 105m 长、75m 宽的奥运五环大旗在主会场上展开,覆盖了出席开幕式的所有国家运动员,就是这种象征意义的生动体现。

(二) 奥林匹克徽记

奥林匹克徽记是指由奥林匹克五环旗和其他特殊图案共同组成的图样。各国和各地区使用必须经国际奥委会批准,而且被批准后 6 个月在本国内注册,否则奥委会将撤销批准。中国的奥委会会徽是由奥林匹克五环和其上方的五星红旗组成。

(三) 奥林匹克运动会会旗

奥林匹克运动会会旗白底无边,中央绘制五环,蓝色靠近旗杆左上方。原始五环旗 1913 年由顾拜旦设计,长 3m,宽 2m,制作于顾拜旦出生地的一家商店,现悬挂在瑞士洛桑国际奥委会总部大厅中。1914 年复兴奥林匹克 20 周年,国际奥委会在法国召开第十七届年会及第六届奥林匹克代表大会,首次升起了奥林匹克运动会会旗。1920 年第七届奥运会,比利时利用此旗为会旗,会后赠给国际奥委会,国际奥委会正式会旗自此诞生。

以后历届会旗交接仪式,由上届主办城市代表交给国际奥委会主席,主席再交给该届主办城市的市长。旗帜在该市政府保存 4 年,再交下届主办城市。在奥运会主体运动场升起的会旗是正式旗帜的复制品,规格比正式旗帜大。

(四) 奥运会会标(会徽)

奥运会会徽是当今世界最为人注目的主题标志,它是国际奥林匹克运动最有价值的无形资产,同时也是一届奥运会市场开发工作的基础和形象景观工作的核心。历届奥运会会徽的图案虽然千差万别,但都有一个共同的标志,既相互套接的奥林匹克五环,同时衬以表现奥运城市和东道国的历史、地理、民族文化传统等特点的主题图案。例如,中国 2008 年奥运会徽标"中国印,舞动的北京",是北京奥组委从 1 985 份应征作品中甄选出来的。它将中国的印章、文字和奥运五环有机地结合起来。金石印章,是中国人民对于奥林匹克的敬重与真诚,当我们郑重地印下这方"中国印"之时,就意味着 2008 年的中国北京将为全世界展现一幅"和平、友谊、进步"的壮丽图画,将为全人类奏响"更快、更高、更强"的激情乐章。它的图案似印非印,似"京"非"京",巧妙地幻化成一个向前奔奥、舞动着迎接胜利的运动人形,表达北京热情地张开双臂欢迎世界各国朋友加入奥林匹克"和平、友谊、进步"的盛典。

(五) 奥林匹克会歌

奥林匹克会歌是一首希腊古典乐曲,原名为《萨马拉斯颂歌》,现名为《奥林匹克颂歌》。由希腊人萨马拉斯作曲,帕拉马斯作词,曾在第一届奥运会开幕式上演奏。

当时许多人认为它并不理想,因为会歌需要和五环旗、圣火等互相配合,才能产生庄严神圣的气氛,激励全世界的运动员。而当时这些标志和仪式尚未产生,为此一直争论不休。1958 年以前,各奥运会承办国根据对奥林匹克精神的理解、民族文化差异和欣赏角度等,自由挑选曲目。因此,奥运历史上曾出现过好几首会歌。但经尝试,其效果均不如《萨马拉斯颂歌》,1958 年在东京召开的第五十五届年会上,正式确定首届奥运会上演奏的这首《萨马拉斯颂歌》为"奥林匹克运动会会歌"。

(六) 奥运会吉祥物

吉祥物是每届奥运会有趣而有代表意义的纪念品,最早出现在 1968 年法国格勒诺布尔举行的第十届冬奥会上。1972 年在德国慕尼黑举行的第二十届奥运会上,出现了一只取名为"瓦尔迪"的小猎狗。从此后,各届奥运会主办国都仿效德国人的做法,将自己本国人民珍爱的,世界绝大多数人民喜爱的珍稀动物,精选一个(或几个)为吉祥物,例如雅典奥运会 2 个,悉尼奥运会 3 个,长野冬奥会 4 个,北京奥运会 5 个。以示奥运会吉祥如意,表达主办国祝福奥运会圆满成功,祝愿选手取得好成绩的美好愿望。如北京奥运会吉祥物,它们是福娃贝贝、晶晶、欢欢、迎迎、妮妮,分别代表鱼、大熊猫、圣火、藏羚羊、燕子,同时代表了奥林匹克五环的颜色,蓝、黑、红、黄、绿。每个娃娃都代表着一个美好的祝愿:繁荣、欢乐、激情、健康、幸运。

(七) 奥林匹克圣火

根据顾拜旦的建议,国际奥委会于 1934 年雅典会议决定:奥运会期间,在主运动场燃烧奥林匹克圣火,火种必须来自奥林匹亚,用火炬接力的形式传送到主运动场。这一决定自 1936 年第十一届奥运会开始施行,自此以后,它便成为奥运会的一项固定节目。具体程序:在希腊女神赫拉神殿祭坛旁,由穿着民族服装的希腊少女用聚光镜聚集太阳光点燃火炬,然后按预定路线接力传递。火炬所经城市要举行欢迎仪式。在不便行走的地方,则用飞机、轮船运送。火炬在开幕前传送到主办城市。开幕式上,由东道国组委会主席将火炬交给东道国的著名运动员,绕场慢跑一周后,登上运动场的火炬塔,点燃安置在那里的巨型火炬,一直燃烧到大会闭幕。

(八) 奥运会奖章

授予奥运会优秀选手以象征荣誉的纪念物做法源于古代奥运会。

现代奥运会授予各项比赛的前三名奖章和奖状。金、银、铜三种,圆形,直径不少于 60mm,厚 3mm,金牌为银质镀金,重 95g,表面镀不少于 6g 的纯金;银牌重 89g,铜牌重 76g。北京奥运会奖牌直径 70mm,厚 6mm,奖牌正面为国际奥委会统一规定的图案——插上翅膀站立的希腊胜利女神和希腊潘纳辛纳科竞技场,奖牌背面镶嵌着中国古代龙纹的玉璧,正中的金属图形上雕刻着北京奥运会会徽。整个奖牌珍贵典雅,中国特色浓郁,既体现了对胜利者的礼赞,也形象地诠释了中华民族自古以来以"玉"比"德"的价值观,是中华文明与奥林匹克精神在北京奥运会形象景观工程中的又一次"中西合璧"。

第三节 ｜ 中国奥林匹克运动的发展

一、中国早期的奥林匹克运动

1908 年第四届伦敦奥运会前夕,中国天津一份基督教青年会的刊物《天津青年》发表了一篇署名文章,向苦难深重的中国人提出三个问题:

中国何时才能派一位选手参加奥运会?

中国何时才能派一支队伍参加奥运会?

中国何时才能举办奥运会?

中国人民用了整整 100 年的时间寻求这三个问题的答案:在这 100 年中,中国人民以自身的解放为前提,以多少代人的鲜血和生命为代价,以水滴石穿的忍耐和精卫填海的毅力,终于在 2001 年 7 月以北京申办奥运会成功而赢得了一个悲壮而圆满的结局。2008 年 8 月我国成功举办了第二十九届夏季奥运会。

中国与奥林匹克运动的联系最早可以追溯到 1894 年。当时,中国清政府曾经接到了希腊王储和现代奥运会创始人皮埃尔·德·顾拜旦代表国际奥委会发出的邀请书。但由于昏庸的清政府不知“体育”为何物而未作答复。

1904 年,我国的报纸曾对第三届奥运会进行过报道,虽然这篇报道在当时影响甚微,但却在我国播下了奥运的火种。1907 年 10 月 24 日著名教育家中国奥委会第一任主席王正廷先生在天津第五届学校联合运动会颁奖仪式上,以《雅典的奥运会》为题发表了著名的演说。他指出,虽然许多欧洲国家获奖机会甚微,但仍然派出选手参加奥运会。他提出中国应立即成立一个奥林匹克运动代表团。

1908 年伦敦奥运会后,天津一家报纸再次介绍了奥林匹克运动的历史,还提出要争取这一盛会在中国举行。天津体育界人士用幻灯展示了伦敦奥运会的盛况,举办了奥林匹克专题演讲会。

1913 年开始举办的远东运动会(最初名为“远东奥林匹克运动会”),是奥林匹克运动在亚洲的先驱,中国是发起者之一。在远东运动会上中国运动员取得了较好的成绩,表现出了良好的体育道德。

1915 年国际奥委会致电远东运动会组委会,承认了远东体协,并邀请中国参加下届奥运会和奥委会会议。

1922 年,我国的王正廷当选为国际奥委会委员。

1928 年第九届奥运会上,我国派观察员宋如海参加,并进行了考察工作。

1931 年,当时的中华全国体育协进会被国际奥委会承认为“中国奥林匹克委员会”。中国正式参加奥运会的历史由此开始。

1932 年,第十届奥运会在美国洛杉矶举行。国民党政府决定,刘长春、于希渭作为运动员,宋君复为教练员,沈嗣良为领队,代表中国参加奥运会。在开幕式上,刘长春执旗前导,沈嗣良、宋君复及中国留学生和美籍华人刘雪松、申国权、托平等 6 人组成了中国代表团。刘长春在 100m、200m 预赛中位于小组的第五、六名,未能取得决赛权,但他以我国第一位参加奥运会的选手而留名于中国奥运会史(图 2-3-1)。

1936 年,第十一届奥运会在德国柏林举行。中国派出了 140 人组成的代表团,其中运动员 69 人,参加篮球、足球、游泳、田径、举重、拳击、自行车等 7 个项目的比赛。另外,还有 11 人的武术表演队和 34 人组成的体育考察团。

图 2-3-1　单刀赴会的刘长春

1945 年抗日战争胜利后,中国第一位国际奥委会委员王正延和体育家袁敦礼、董守义等人提出请求申办第十五届奥运会,但最终付诸东流。

1948 年,第十四届奥运会在英国伦敦举行。我国派出了 33 名男运动员参加了篮球、足球、田径、游泳和自行车 5 个项目的比赛,但无人进入决赛。

二、中华人民共和国成立之后的奥林匹克运动

中华人民共和国成立后,各项事业百废待兴,但党和国家领导人并没有放弃体育事业的发展。

1952 年,第十五届奥运会在芬兰的赫尔辛基举行。中国正式接受邀请较晚,只派出了 40 人的代表团,可当代表团到达赫尔辛基时,比赛已接近尾声,只有吴传玉参加了百米仰泳比赛。

1954 年在雅典举行的国际奥委会第五十届全会上,国际奥委会以 23 票赞成 21 票反对通过决议,接受中国奥委会,中华人民共和国在国际奥委会中的合法地位得到承认。

1955 年 9 月,当时的中华全国体育总会副主席和秘书长荣高棠在国际奥运会执委会与各国奥委会联席会议上,正式向国际奥委会提出,不允许台湾“体协”在国际奥委会中拥有合法地位,这是在搞“两个中国”,这是违法的,但是布伦戴奇却以“这是政治问题”为由,没有对中国的抗议进行任何表态。为了维护中国领土的统一和完整,中国奥委会于 1958 年 8 月 19 日宣布断绝与国际奥委会的关系,并从 1958 年 6 月至 8 月间,先后退出了 15 个国际单项体育组织。当时的中国国际奥委会委员董守义毅然辞去了国际奥委会委员的职务。

1956 年到 1979 年间,中国奥委会没有派代表参加奥运会。但是中国台北选手杨传广在 1960 年罗马奥运会上夺取十项全能比赛的银牌。他是第一位获得奥运会奖牌的中国运动员。1968 年墨西哥城奥运会上,中国台北女选手纪政获 80m 栏铜牌,她是第一位获得奥运会奖牌的中国女子运动员。

在此期间,中国团结第三世界的体育力量,开始了漫长的破冰之路。第一个突破是在 1962 年夏天,印度尼西亚举办第四届亚运会,拒绝了台湾以中华奥委会的名义参加。为此,一些国际单项体育联合会取消了印度尼西亚的会员资格,禁止其参加奥运会。面对这样的现实,印度尼西亚总统苏加诺提议,举办新兴力量运动会。第一届新兴力量运动会于 1963 年 11 月在雅加达举行,来自亚洲、非洲、拉丁美洲和欧洲的 48 个国家和地区的两千多名运动员参加比赛,中国派出了一支新中国历史上最大的体育代表团参加比赛,并在本次运动会上,创造了几项世界纪录。之后,中国也承办了几个单项的新兴力量运动会。

第二个突破口是被广为流传的“乒乓外交”,中国与美国的关系也在逐步改善。第三十一届世界乒乓球锦标赛于 1971 年 3 月 28 日至 4 月 7 日在日本名古屋举行,3 月 11 日,由周恩来总理亲自主持,外交部和国家体育运动委员会代表出席的特别会议举行,会议上指出,中方派出代表团参加比赛。在名古屋,美国乒乓球运动员与中国运动员互相交换纪念品,而双方官员之间更是进行了充分的沟通。美国运动员表示,非常希望能够访问中国。这一些情况都直接反馈给了毛泽东主席,毛泽东主席决定立即邀请美国乒乓球队来北京访问。4 月 17 日,周恩来总理亲自在人民大会堂接见了来自美国、加拿大、哥伦比亚和尼日利亚的乒乓球运动员。就这样,乒乓球和体育为中美建交拉开了序幕,也为中国重返奥运会大家庭打下了基础。

作为“乒乓外交”的硕果,1972 年中国恢复了在联合国中的合法席位。同年,国际奥委会迎来了一位新主席——爱尔兰人基拉宁。国际奥委会意识到,要尽快恢复中华人民共和国国际奥委会的合法地位,就必须解决台湾问题。基拉宁和国际奥委会副主席萨马兰奇在 1977 年 9 月和 1978 年 4 月两次访问中国,加深了对中国政府的了解。1979 年,中国奥委会向国际奥委会正式提出关于解决中国合法席位的建议。这一建议得到了包括国际奥委会主席基拉宁在内的大多数人的赞同。同年 11 月,国际奥委会通过了国际奥委会执委会于 10 月 25 日在日本名古屋做出的有关恢复中华人民共和国在国际奥委会合法席位的决议。这一著名的“名古屋决议”指出:代表中国奥林匹克运动的是中华人民共和国奥委会,正式名称为“中国奥林匹克委员会”,会址在北京,中国奥委会在参加奥运会时

使用中华人民共和国的国旗和国歌,同时允许台湾作为我国的一个地方性组织在国际体育组织中占有席位,以"中国台北奥林匹克委员会"出现。

从此,中国奥委会与国际奥委会建立了良好的、密切的合作关系。

1984 年,第二十三届奥运会在美国洛杉矶举行。中国有史以来第一次派出大型代表团参加这项体坛盛事。开赛第一天,射击选手许海峰在男子自选手枪慢射比赛中勇夺冠军,从而实现了中国在奥运会历史上金牌零的突破(图 2-3-2)。

在 2002 年盐湖城冬奥会上,中国女选手杨扬为中国队实现了在冬季奥运会上金牌零的突破。回顾中国运动员参加奥运会的故事,细看他们的突破和取得的成绩,无疑是我国竞技体育的实力和水平的最好证明。

图 2-3-2　许海峰为中国夺得第一枚奥运会金牌

1993 年,北京申请举办 2000 年夏季奥林匹克运动会,但在最后一轮的投票中以 2 票之差败于澳大利亚悉尼。

2001 年 7 月 13 日,在莫斯科举行的国际奥委会第 112 次全会上,国际奥委会投票选定北京获得 2008 年奥运会主办权。随后,国际奥委会主席萨马兰奇先生在莫斯科宣布,北京成为 2008 年奥运会主办城市。

第二十九届奥林匹克运动会,又称为北京奥运会,于 2008 年 8 月 8 日至 24 日在我国首都北京举行。此届奥运会是中国首次举办夏季奥运会,亦是继 1964 年东京奥运会和 1988 年汉城奥运会后,夏季奥运会第 3 次在亚洲国家举办。

中国体育健儿在奥运会赛场取得辉煌成绩的同时,有多名中国人先后当选了国际奥委会委员。1981 年何振梁当选为国际奥委会委员,并于 1989—1993 年担任国际奥委会副主席,并多次担任执委。目前在国际奥委会中,中国有 5 名国际奥委会委员,他们是中国活跃在国际奥委会舞台上的中坚力量。

三、北京成功举办奥运会

(一) 北京夏季奥运会

在中国举办奥运会是中国人在相当长时期内的一个期望和梦想,1999 年 9 月 6 日,北京 2008 年奥林匹克运动会申办委员会(简称北京奥申委)在北京成立。2000 年 6 月 20 日,北京奥申委秘书长王伟在瑞士洛桑向国际奥委会正式提交了申请报告,并陈述了关于筹办奥运会的计划和构想。2001 年 7 月 13 日,在经过激烈的角逐后,北京在五个城市中脱颖而出,获得了 2008 年奥运会的举办权。北京举办 2008 年奥运会,是中国在提高国际地位方面的一座里程碑,是中华民族伟大复兴历程中的一大盛事(图 2-3-3)。

第 29 届夏季奥林匹克运动会,又称 2008 年北京奥运会,于 2008 年 8 月 8 日晚上 8 时在首都北京开幕。此次奥运会主办城市是北京,上海、天津、沈阳、秦皇岛、青岛为协办城市,香港承办马术项目。北京奥运会共有参赛国家及地区 204 个,参赛运动员 11 438 人,设 302 项(28 种)运动,共有 60 000 多名运动员、教练员和官员参加。

北京奥运会共创造 43 项新的世界纪录及 132 项新的奥运会纪录,共有 87 个国家和地区在赛事中取得奖牌,中国以 51 枚金牌位居金牌榜首名,是奥运会历史上首个登上金牌榜首的亚洲国家。北京奥运会圆了中国的百年梦想,使中国更加自信、更加开放、更加进步。北京奥运会后的中国,更加致力于和平的发展、开放的发展、合作的发展,致力于同世界各国人民一道,建设持久和平、共同繁荣的和谐世界。

1. 北京奥运会的三大理念:绿色奥运、科技奥运、人文奥运

(1)绿色奥运:用保护环境、保护资源、保护生态平衡的可持续发展思想筹办奥运会,广泛开展环

图 2-3-3　中国国家体育场——鸟巢

境保护的宣传教育活动,促进北京和中国环保基础设施的建设和生态环境的改善,倡导绿色健康的生活方式和消费方式。

（2）科技奥运:紧密结合国内外科技最新进展,集成全国科技创新成果,举办一届高科技含量的体育盛会;提高北京科技创新能力,推进高新技术成果的产业化和在人民生活中的广泛应用,使北京奥运会成为展示新技术成果和创新实力的窗口。

（3）人文奥运:传播现代奥林匹克思想,展示中华民族的灿烂文化,展现北京历史文化名城风貌和市民的良好精神风貌,推动中外文化的交流,加深各国人民之间的了解与友谊;促进人与自然、个人与社会、人的精神与体魄之间的和谐发展;突出"以人为本"的思想,以运动员为中心,提供优质服务,努力建设使奥运会参与者满意的自然和人文环境。

2. 北京奥运会的口号:"同一个世界,同一个梦想"　"同一个世界,同一个梦想",集中体现了奥林匹克精神的实质和普遍价值观——团结、友谊、进步、和谐、参与和梦想,表达了全世界在奥林匹克精神的感召下,追求人类美好未来的共同愿望。尽管人类肤色不同、语言不同、种族不同,但我们共同分享奥林匹克的魅力与欢乐,共同追求着人类和平的理想,我们同属一个世界,我们拥有同样的希望和梦想。

"同一个世界,同一个梦想",深刻反映了北京奥运会的核心理念,体现了作为"绿色奥运、科技奥运、人文奥运"三大理念的核心和灵魂的人文奥运所蕴含的和谐价值观。建设和谐社会、实现和谐发展是我们的梦想和追求。"天人合一""以和为贵"是中国人民自古以来对人与自然、人与人和谐关系的理想与追求。我们相信,和平进步、和谐发展、和睦相处、合作共赢和美好生活是全世界的共同理想。

"同一个世界,同一个梦想"（one world,one dream）,文简意深。口号表达了中国人民与世界各国人民共有美好家园,同享文明成果,携手共创未来的崇高理想;表达了一个拥有五千年文明,正在大步走向现代化的伟人民族致力于和平发展、社会和谐、人民幸福的坚定信念;表达了 13 亿中国人民为建立一个和平而更美好的世界作出贡献的心声。

3. 北京奥运会会徽:中国印·舞动的北京　北京奥运会会徽将中国特色、北京特点和奥林匹克元素巧妙地结合起来,以印章为主体表现形式,将中国传统的印章和书法等艺术形式与运动结合起来,通过艺术手法夸张变形,巧妙地幻化成一个向前奔跑、舞动着迎接胜利的运动的人形。

（二）北京夏季残疾人奥运会

北京夏季残疾人奥运会是第十三届残疾人奥林匹克运动会,于 2008 年 9 月 6 日至 9 月 17 日在首都北京举行。2008 年北京残奥会是中国首次举办残疾人奥林匹克运动会,也使得中国成为继 1964 年东京残奥会、1988 年汉城残奥会后,第三个举办残奥会的亚洲国家。本次残奥会共有 150 个国家和地区的 4 000 多名运动员参赛,共设置了 20 个大项、471 个小项,即射箭、田径、硬地滚球、自行车、马术、5 人制足球、7 人制足球、盲人门球、盲人柔道、举重、赛艇、帆船、射击、游泳、乒乓球、坐式排球、轮椅击剑、轮椅篮球、轮椅橄榄球和轮椅网球。其中,赛艇首次入选残奥会竞赛项目。2008 年 9 月 6 日,北京残奥会开幕式在国家体育场举行,经过 11 个比赛日的角逐,于 9 月 17 日顺利闭幕。最终,中国体育代表团以 89 枚金牌、70 枚银牌、52 枚铜牌共计 211 枚奖牌的成绩,位列金牌榜、奖牌榜首位。

2008 年北京残奥会吉祥物是福牛乐乐。福牛乐乐是以牛为形象创作的,它具有浓郁的中华民族风格和文化特色,诠释了丰富的奥林匹克精神,蕴含着残疾人运动员自强不息和顽强拼搏的精神,体现出人与自然和谐共处的理念。

(三) 北京冬季奥林匹克运动会

2013 年 11 月 3 日,中国奥委会正式致函国际奥委会,提名北京市为 2022 年冬奥会的申办城市,北京赛区承办所有冰上项目;北京延庆赛区承办雪车、雪橇及高山滑雪项目;张家口崇礼赛区承办除雪车、雪橇及高山滑雪之外的所有雪上项目。2015 年 7 月 31 日,在马来西亚首都吉隆坡举行第一百二十八届国际奥委会全体会议上北京以 44 票获得举办权。北京也就此成为全球唯一一座既举办夏季奥运会、又举办冬奥会的城市,成为名副其实的双奥之城。

2022 年 2 月 4 日晚,第二十四届冬季奥林匹克运动会开幕式在国家体育场举行。北京冬奥会共有参赛国家和地区 91 个,参赛运动员人数为 2 892 人,提高女性运动员的参赛比例成为赛会一大亮点,女性运动员占比达到了 45.44%。

北京冬奥会共设 109 个小项,决出 109 枚金牌,均为历届最多,共有 2 项世界纪录、17 项奥运会纪录先后被打破,收视率也是历届最高。共有 27 个代表团获得奖牌,其中中国代表团取得 1980 年首次参加冬奥会以来的最好成绩,共获得 9 金、4 银、2 铜,位列奖牌榜第三位。

正如习近平总书记指出:"通过北京冬奥会,中国 3 亿多人参与冰雪运动,为建设健康中国、促进人民福祉注入新动力。"曾经,冰雪运动"不进山海关"。伴随着冬奥筹办的脚步,冰雪运动"南展西扩东进",从关外走向全国、从冬季走向四季、从小众走向大众,中国也为世界冰雪运动提供了新的发展机遇,开启了全球冰雪运动的新时代。

1. 北京冬奥会的四大理念:绿色、共享、开放、廉洁

(1) 绿色办奥:充分体现了中国保护环境、防治污染的决心。要把生态放在第一位,要全面提升社会环保意识,加强环境治理和污染防治,将中国最美的一面展现给全世界。其中 5G 基站的共建共享,利用 5G 技术全面打造智能化的运营平台,大量采用风能、太阳能等绿色电力直供北京冬奥会等措施就是绿色办奥的集中体现。

(2) 共享办奥:坚持共同参与和努力、共同享有成果。要积极调动全社会的力量参与进来,让每一个人都能为冬奥会添砖加瓦。借着此次盛会的举办,提高城市的管理水平,加快冰雪运动发展和普及,提高全民健身的热度,留下的奥运设施和奥运精神将长久地让广大人民群众受益。

(3) 开放办奥:坚持面向世界、面向未来。我们应该积极借鉴自己和其他国家的办赛经验,推动东西方文明的交融,本着全面开放的态度与全世界相互交流和学习。

(4) 廉洁办奥:继续发扬我们中华民族的优秀传统,要勤俭节约、要全面提高工作效率。要严格控制预算管理,做好监督,同时对兴奋剂问题零容忍。

2. 北京冬奥会的口号:"一起向未来"

"一起(together)"展现了人类在面对困境时的坚强姿态,指明了战胜困难、开创未来的成功之道。"向未来(for a shared future)"表达了人类对美好明天的憧憬,传递了信心和希望;"一起向未来(together for a shared future)"是态度、是倡议,更是行动方案,倡导追求团结、和平、进步、包容的共同目标,是更快、更高、更强、更团结奥林匹克精神的中国宣扬,表达了世界需要携手走向美好未来的共同愿望。

"一起向未来",中国向世界发出的诚挚邀约,传递出 14 亿中国人民的美好期待:在奥林匹克精神

的感召下,与世界人民携手共进、守望相助、共创美好未来。

3. 北京冬奥会会徽:"冬梦"　2022 北京冬奥会会徽以汉字"冬"为灵感来源,运用中国书法的艺术形态,将厚重的东方文化底蕴与国际化的现代风格融为一体,呈现出新时代的中国新形象、新梦想,传递出新时代中国为办好北京冬奥会,圆冬奥之梦,实现"三亿人参与冰雪运动"目标,圆体育强国之梦,推动世界冰雪运动发展,体现了为国际奥林匹克运动作出新贡献的不懈努力和美好追求。会徽图形上半部分展现滑冰运动员的造型,下半部分表现滑雪运动员的英姿。中间舞动的线条流畅且充满韵律,代表举办地起伏的山峦、赛场、冰雪滑道和节日飘舞的丝带,为会徽增添了节日喜庆的视觉感受,也象征着北京冬奥会将在中国春节期间举行。会徽以蓝色为主色调,寓意梦想与未来,以及冰雪的明亮纯洁。红黄两色源自中国国旗,代表运动的激情、青春与活力。在"BEIJING 2022"字体的形态上汲取了中国书法与剪纸的特点,增强了字体的文化内涵和表现力,也体现了与会徽图形的整体感和统一性。

由篆刻与汉字相互融合的体育图标,透过刀锋所体现出的书法笔意与方寸间的高妙布白,不但气象万千,更与北京 2008 年奥运会会徽"中国印"遥相呼应,成为北京这座"双奥之城"留给世界独特的文化印记。通过这套图标,我们能生动地感受到冬季运动的形与神、中华文化的根与魂。

4. 北京冬奥会吉祥物:冰墩墩　2019 年 9 月 17 日晚,2022 年北京冬奥会和冬残奥会吉祥物在北京市石景山区首钢园区国家冬季运动训练中心冰球馆揭开神秘面纱。北京冬奥会吉祥物名为"冰墩墩",形象来源于国宝大熊猫。

大熊猫是世界公认的中国国宝,形象友好可爱、憨态可掬,深受各国人民尤其是青少年的喜爱。北京冬奥会吉祥物"冰墩墩"以熊猫为原型进行设计创作。将熊猫形象与富有超能量的冰晶外壳相结合,体现了冬季冰雪运动和现代科技特点。头部外壳造型取自冰雪运动头盔,装饰彩色光环,其灵感源自北京冬奥会的国家速滑馆——"冰丝带",流动的明亮色彩线条象征着冰雪运动的赛道和 5G 高科技;左手掌心的心形图案,代表着主办国对全世界朋友的热情欢迎。整体形象酷似航天员,寓意创造非凡、探索未来,体现了追求卓越、引领时代,以及面向未来的无限可能。

(四) 北京冬季残疾人奥林匹克运动会

2015 年 7 月 31 日,托马斯·巴赫宣布 2022 年冬季奥运会及冬季残奥会的主办城市是北京。北京申办成功后,2022 年北京冬残奥会吉祥物"雪容融"于 2019 年 9 月 17 日正式发布。"雪容融"形象来源于灯笼。灯笼具有鲜明的中国文化特色,有着 2 000 多年的悠久历史,是世界公认的"中国符号"。"雪容融"是欢乐喜庆节日气氛和"瑞雪兆丰年"美好寓意的完美结合,表达了共同参与、共同努力、共同享有的办奥理念。

北京成为残奥史上第一个举办过夏季残疾人奥林匹克运动会和冬季残疾人奥林匹克运动会的城市。北京冬残奥会共设 6 个大项、78 个小项;6 个大项分别是残奥高山滑雪、残奥冬季两项、残奥越野滑雪、残奥单板滑雪、残奥冰球和轮椅冰壶;共计有 736 名残奥选手参赛。中国体育代表团共夺得 18 枚金牌、20 枚银牌、23 枚铜牌,共计 61 枚奖牌的优异成绩,历史上首次位列冬残奥会金牌榜和奖牌榜榜首,实现了历史性跨越。

(刘晓海　程　鹏)

第三章 | 大学生体育锻炼标准检测与评价

第一节 | 形态测量与评价

一、测定的意义

身体形态是指人体外部的形状特征,反映了人体的生长发育水平、体质水平以及营养状况。身体形态测量是根据人体解剖学的定义、标准说明人体的状态。身体形态测量包括人体测量(体格测量)、体形测量、身体成分测量和身体姿势的测量等,来观察人的形态特征、变异和发展规律,对把握体质状况、健康教育、姿态矫正、运动员选材,都有十分重要的意义。主要测量指标有身高、坐高、体重、胸围、肩宽、骨盆宽、四肢围度等,身高和体重为基本指标,其他指标根据需要和具体条件选用。

二、身高测量

身高是指人体站立时,支撑面至头顶正中线上最高点的最大垂直距离。它主要反映骨骼的发育状况,同时也反映人体纵向发育水平。影响身高的主要因素为遗传、种族、营养、体育运动等。

1. **测试目的** 身高测试与体重测试相配合,评定身体匀称度,评价生长发育及营养状况的水平。
2. **器材** 身高测量计。使用前应校对到 0 点,以钢尺测量基准板平面至立柱前面红色刻线的高度应为 10.0cm,误差不得大于 0.1cm。同时应检查立柱是否垂直、连接处是否紧密、有无晃动、零件有无松脱等情况,并及时加以纠正。
3. **测试方法** 受试者赤足,以立正姿势站在身高计的底板上(上肢自然下垂,足跟并拢,足尖分开约成 60° 角),足跟、骶骨部及两肩胛区与立柱相接触,躯干自然挺直,头部正直,耳屏上缘与眼眶下缘呈水平位,测试人员站在受试者右侧,将水平压板轻轻沿立柱下滑,轻压于受试者头顶。测试人员读数时双眼应与压板水平面等高,然后进行读数。记录员复述身高数字后进行记录。以厘米为单位,精确到小数点后一位。测试误差不得超过 0.5cm。

三、体重测量

体重是描述人体横向发育的指标,反映了人体骨骼、肌肉、皮下脂肪和内脏器官的综合发育状况。体重与身高的比例,可以辅助说明营养状况,是反映人体围度、宽度、厚度及发育状况的整体指标。体重受遗传影响,同时,体重还受地区、生活环境和营养等因素影响。

1. **测试目的** 测试体重应与身高测试相配合,评定身体匀称度,评价生长发育的水平及营养状况。
2. **场地器材** 杠杆秤或电子体重计。使用前需检查其准确度和灵敏度。准确度要求误差不超过 0.1%,即每 100kg 误差小于 0.1kg。准确度的检验方法是:以备用的 10kg、20kg、30kg 标准砝码分别进行称量,检查指标读数与标准砝码误差是否在允许范围。灵敏度的检验方法是:置重量为 100g 的砝码,观察刻度尺变化,如果刻度抬高了 3mm 或游标向远移动 0.1kg 而刻度尺维持水平时,则达到了标准要求。
3. **测试方法** 测试时杠杆秤放在平坦的面上,调整 0 点至刻度尺水平位。受试者赤足,男性受试者身着短裤,女性受试者身着短裤、短袖衫,站在秤台中央,测试人员放置适当的砝码并移动游标至刻度尺平衡,读数以千克为单位,精确到小数点后一位。测试误差不超过 0.1kg。

成人标准体重可参照:

$$男性标准体重(kg)=身高(cm)-105$$
$$女性标准体重(kg)=身高(cm)-100$$

此标准 ±10% 均属正常范围。见表 3-1-1 和表 3-1-2。

表 3-1-1　男大学生身高标准体重

身高/cm	营养不良体重/kg 7分	较低体重/kg 9分	正常体重/kg 15分	超重体重/kg 9分	肥胖体重/kg 7分
160.0～160.9	<43.1	43.1～52.5	52.6～60.0	60.1～62.5	≥62.6
161.0～161.9	<43.8	43.8～53.3	53.4～60.8	60.9～63.3	≥63.4
162.0～162.9	<44.5	44.5～54.0	54.1～61.5	61.6～64.0	≥64.1
163.0～163.9	<45.3	45.3～54.8	54.9～62.5	62.6～65.0	≥65.1
164.0～164.9	<45.9	45.9～55.5	55.6～63.2	63.3～65.7	≥65.8
165.0～165.9	<46.5	46.5～56.3	56.4～64.0	64.1～66.5	≥66.6
166.0～166.9	<47.1	47.1～57.0	57.1～64.7	64.8～67.2	≥67.3
167.0～167.9	<48.0	48.0～57.8	57.9～65.6	65.7～68.2	≥68.3
168.0～168.9	<48.7	48.7～58.5	58.6～66.3	66.4～68.9	≥69.0
169.0～169.9	<49.3	49.3～59.2	59.3～67.0	67.1～69.6	≥69.7
170.0～170.9	<50.1	50.1～60.0	60.1～67.8	67.9～70.4	≥70.5
171.0～171.9	<50.7	50.7～60.6	60.7～68.8	68.9～71.2	≥71.3
172.0～172.9	<51.4	51.4～61.5	61.6～69.5	69.6～72.1	≥72.2
173.0～173.9	<52.1	52.1～62.2	62.3～70.3	70.4～73.0	≥73.1
174.0～174.9	<52.9	52.9～63.0	63.1～71.3	71.4～74.0	≥74.1
175.0～175.9	<53.7	53.7～63.8	63.9～72.2	72.3～75.0	≥75.1
176.0～176.9	<54.4	54.4～64.5	64.6～73.1	73.2～75.9	≥76.0
177.0～177.9	<55.2	55.2～65.2	65.3～73.9	74.0～76.8	≥76.9
178.0～178.9	<55.7	55.7～66.0	66.1～74.9	75.0～77.8	≥77.9
179.0～179.9	<56.4	56.4～66.7	66.8～75.7	75.8～78.7	≥78.8
180.0～180.9	<57.1	57.1～67.4	67.5～76.4	76.5～79.4	≥79.5
181.0～181.9	<57.7	57.7～68.1	68.2～77.4	77.5～80.6	≥80.7
182.0～182.9	<58.5	58.5～68.9	69.0～78.5	78.6～81.7	≥81.8
183.0～183.9	<59.2	59.2～69.6	69.7～79.4	79.5～82.6	≥82.7
184.0～184.9	<60.0	60.0～70.4	70.5～80.3	80.4～83.6	≥83.7
185.0～185.9	<60.8	60.8～71.2	71.3～81.3	81.4～84.6	≥84.7
186.0～186.9	<61.5	61.5～72.0	72.1～82.2	82.3～85.6	≥85.7
187.0～187.9	<62.3	62.3～72.9	73.0～83.3	83.4～86.7	≥86.8
188.0～188.9	<63.0	63.0～73.7	73.8～84.2	84.3～87.7	≥87.8
189.0～189.9	<63.9	63.9～74.5	74.6～85.0	85.1～88.5	≥88.6
190.0～190.9	<64.6	64.6～75.4	75.5～86.2	86.3～89.8	≥89.9

表3-1-2　女大学生身高标准体重

身高/cm	营养不良体重/kg 7分	较低体重/kg 9分	正常体重/kg 15分	超重体重/kg 9分	肥胖体重/kg 7分
150.0～150.9	＜39.9	39.9～46.6	46.7～56.2	56.3～59.3	≥59.4
151.0～151.9	＜40.3	40.3～47.1	47.2～56.7	56.8～59.8	≥59.9
152.0～152.9	＜40.8	40.8～47.6	47.7～57.4	57.5～60.5	≥60.6
153.0～153.9	＜41.4	41.4～48.2	48.3～57.9	58.0～61.1	≥61.2
154.0～154.9	＜41.9	41.9～48.8	48.9～58.6	58.7～61.9	≥62.0
155.0～155.9	＜42.3	42.3～49.1	49.2～59.1	59.2～62.4	≥62.5
156.0～156.9	＜42.9	42.9～49.7	49.8～59.7	59.8～63.0	≥63.1
157.0～157.9	＜43.5	43.5～50.3	50.4～60.4	60.5～63.6	≥63.7
158.0～158.9	＜44.0	44.0～50.8	50.9～61.2	61.3～64.5	≥64.6
159.0～159.9	＜44.5	44.5～51.4	51.5～61.7	61.8～65.1	≥65.2
160.0～160.9	＜45.0	45.0～52.1	52.2～62.3	62.4～65.6	≥65.7
161.0～161.9	＜45.4	45.4～52.5	52.6～62.8	62.9～66.2	≥66.3
162.0～162.9	＜45.9	45.9～53.1	53.2～63.4	63.5～66.8	≥66.9
163.0～163.9	＜46.4	46.4～53.6	53.7～63.9	64.0～67.3	≥67.4
164.0～164.9	＜46.8	46.8～54.2	54.3～64.5	64.6～67.9	≥68.0
165.0～165.9	＜47.4	47.4～54.8	54.9～65.0	65.1～68.3	≥68.4
166.0～166.9	＜48.0	48.0～55.4	55.5～65.5	65.6～68.9	≥69.0
167.0～167.9	＜48.5	48.5～56.0	56.1～66.2	66.3～69.5	≥69.6
168.0～168.9	＜49.0	49.0～56.4	56.5～66.7	66.8～70.1	≥70.2
169.0～169.9	＜49.4	49.4～56.8	56.9～67.3	67.4～70.7	≥70.8
170.0～170.9	＜49.9	49.9～57.3	57.4～67.9	68.0～71.4	≥71.5
171.0～171.9	＜50.2	50.2～57.8	57.9～68.5	68.6～72.1	≥72.2
172.0～172.9	＜50.7	50.7～58.4	58.5～69.1	69.2～72.7	≥72.8
173.0～173.9	＜51.0	51.0～58.8	58.9～69.6	69.7～73.1	≥73.2
174.0～174.9	＜51.3	51.3～59.3	59.4～70.2	70.3～73.6	≥73.7
175.0～175.9	＜51.9	51.9～59.9	60.0～70.8	70.9～74.4	≥74.5
176.0～176.9	＜52.4	52.4～60.4	60.5～71.5	71.6～75.1	≥75.2
177.0～177.9	＜52.8	52.8～61.0	61.1～72.1	72.2～75.7	≥75.8
178.0～178.9	＜53.2	53.2～61.5	61.6～72.6	72.7～76.2	≥76.3
179.0～179.9	＜53.6	53.6～62.0	62.1～73.2	73.3～76.7	≥76.8
180.0～180.9	＜54.1	54.1～62.5	62.6～73.7	73.8～77.0	≥77.1

第二节 ｜ 身体成分的测定与评价

一、测定的意义

身体成分的测量,可以准确地评价人体的胖瘦程度。同样体重的人,由于身体肌肉、脂肪的含量不同,肥胖程度是不同的。体重的大小并不能真正反映一个人是否肥胖。身体脂肪所占的百分比,是评价一个人是否真正肥胖的主要依据。身体成分的测定结果,将成为确定是否需要减肥的依据。

二、测定的指标与评价

(一)身体质量指数

身体质量指数(body mass index,BMI),又称体重指数,是以相对于身高的体重,是衡量体重是否超重的常用指标。在一般情况下,与体脂率有一定关系,但并不能真正反映人体内的脂肪含量占体重的百分数。在没有条件测量体脂率的情况下,身体质量指数可作为评价是否肥胖的参考。计算公式为:体重指数(BMI)=体重(kg)/身高^2(m^2)。

BMI是目前国际上常用的衡量人体胖瘦程度及是否健康的一个标准,是学生体质健康中身体形态的主要评价指标,同时也是评价人体发育水平、营养状况及身体匀称度的重要指标。BMI简单实用,可反映全身性超重和肥胖的情况,在测量身体因超重而面临心脏病、高血压等风险时,比单纯的以体重来认定更具有准确性。大学生体重指数(BMI)单项指标评分表。见表3-2-1。

表3-2-1　大学生体重指数(BMI)单项评分表

等级	单项得分/分	男生/(kg·m^{-2})	女生/(kg·m^{-2})
正常	100	17.9～23.9	17.2～23.9
低体重	80	≤17.8	≤17.1
超重		24.0～27.9	24.0～27.9
肥胖	60	≥28.0	≥28.0

(二)体脂率

体脂率(body fat rate,BFR)是评价身体成分的主要指标,测试体脂率需要用专用的仪器设备,测定技术也比较复杂。体脂率是指人体内脂肪重量在人体总体重中所占的比例,又称体脂百分数或体脂百分比,它反映人体内脂肪含量的多少。计算公式为:体脂率=脂肪重/体重×100%。

1. 测量方法　体脂率的测定方法有很多种,目前主要有水下称重法、皮褶厚度测量法、生物电阻抗法、红外线感应法、X射线吸光测定法及MRI/CT扫描法等。在健康体质的测定中,切实可行的测定方法有皮褶厚度测量法、生物电阻抗法。

通常认为,正常成年人的体脂率男性为10%～18%、女性为20%～30%。体脂率应保持在正常范围,若体脂率过高,体重超过正常值20%就视为肥胖;若体脂率过低,达到体脂含量的安全下限,即男性低于5%、女性低于15%,则可引起功能失调。

(1)皮褶厚度测量法:皮褶厚度测量法是通过对身体某些部位的皮褶厚度进行测量,将所测结果代入公式,再计算体脂率的一种方法。主要测量部位有两个:肱三头肌、肩胛下角。

测量时需要用皮褶厚度计。

肱三头肌测量方法:上肢自然下垂,于肩峰与尺骨鹰嘴突连线中点处,与上肢长袖平行,垂直捏起皮下脂肪,用皮褶厚度计测量其厚度。

肩胛下角测量方法:在肩胛下角下方1cm处,外斜45°角捏起皮下脂肪,用皮褶厚度计测量其厚度。

详细的测量要求,可参考仪器使用说明。

体脂率的计算公式为:体脂率=(4.57÷D-4.142)×100%,其中D代表身体密度,计算公式见表3-2-2。

如果测量方法正确,皮褶厚度测量法测得的体脂率结果,与水下称重法测得结果之间有较高的相

表 3-2-2　身体密度计算公式

年龄	男性	女性
9～11 岁	$D=1.0879-0.0015X$	$D=1.079-0.00142X$
12～14 岁	$D=1.0868-0.00133X$	$D=1.0888-0.00153X$
15～18 岁	$D=1.0977-0.00146X$	$D=1.0931-0.00160X$
成人	$D=1.0913-0.00116X$	$D=1.0897-0.00133X$

注:X=上臂部皮褶厚度(mm)+肩胛下角皮褶厚度(mm)。

关性($r=0.70\sim0.90$)。皮褶厚度测量法所需仪器、测试方法虽简单,但是需要有良好技巧才可准确量度。皮褶厚度测量法不适合过胖的人士,因皮下脂肪太厚,有可能降低准确度,因此,在适用人群上也会有一定限制。

(2)生物电阻抗法:生物电阻抗法是一种简单、安全、无创性地测量身体成分的方法。其测量原理是将微量电流通入人体内,通过测量电流阻抗的情况来推算身体内各种组织的含量。体内的水分大部分存在于肌肉中,因此,体内去脂组织是良导电体,而脂肪组织的导电性能较差。因此,根据电阻抗情况就可以计算出体内总的水分含量,从而可以计算出去脂体重和脂肪的百分比。

随着科技的发展,近年来一些大医院及研究院所均采用生物电阻抗法来测量身体成分。其操作简便,被测者只需赤脚站在仪器上,手握电极,仪器就会自动打印出多项指标,如体脂率、体重、肥胖程度等。目前,国内常用的生物电阻抗法设备为身体成分分析仪。

2. 评价标准　不同测试方法、不同测试仪器的测试结果,具体的评价标准会有一定差异。根据国内外的资料,理想体脂率的标准很不一致,理想体脂百分比范围很大,男性为10%～18%、女性为20%～30%。但对于确定肥胖的标准,意见基本相同,男性为25%、女性为30%。在确定运动处方锻炼目标时,可以此为依据。体脂率评价的参考标准见表3-2-3。

表 3-2-3　体脂率评价标准　　　　　　　　　　　　　　　单位:%

评定	男	女
体脂很低	7.0～9.9	14.0～16.9
低体脂	10.0～12.9	17.0～19.9
一般,正常体脂	13.0～16.9	20.0～23.9
高于正常体脂	17.0～19.9	24.0～26.9
体脂很高	20.0～24.9	27.0～29.9
肥胖	>25	>30

(三) 身体成分分析

身体成分分析可使用人体成分分析仪,以生物电阻抗为测量方法,使用方便、可靠、安全,能够无创伤准确测量人体细胞内外水分、肌肉量、脂肪含量、骨矿物质含量等,同时可得到受试者的去脂体重、骨骼肌含量,然后得出肌肉控制量,能全面地评价受试者的营养状况。人体健康需要体脂率在合理的范围之内,这种适宜的状态即为理想身体成分。人体理想身体成分状态有年龄和性别的差异。

体内脂肪储存的数量,特别是储存脂肪堆积的部位,是影响人体健康的重要因素。总脂肪量相同的肥胖者,若脂肪堆积在腰腹部,即腹部皮下脂肪、网膜和系膜脂肪及腹膜后脂肪过多,其患心血管疾病、高血脂、高血压、2 型糖尿病和脑卒中的危险性高于脂肪堆积在臀部和大腿部的肥胖者。

体脂过少也会危害身体健康,如因长期节食、营养不良、厌食症及其他疾病造成体脂过少时,身体会出现代谢紊乱、身体功能失调(如闭经),严重者可导致死亡。

第三节 ｜ 功能测定与评价

身体功能水平,即机体新陈代谢的功能及各器官、系统的工作效能。身体功能测评的内容很多,包括静息心率、血压、肺活量、定量负荷测试等,其中肺活量是大学生体质健康测试的必测项目,因此本节只介绍肺活量的测定和评价方法。

一、测定的意义

肺活量是指受试者一次全力吸气后所呼出的最大气体量,测试人体呼吸的最大通气能力,是一种常用的反映呼吸系统功能的指标,它的大小反映了肺的容积和肺的扩张能力,是评价人体体质状况的一项常用功能指标。肺活量和身高、体重、胸围呈正相关。

二、测定的指标与评价

1. 测试方法 使用肺活量计测试。测试时,受试者站立,头部略向后仰,尽力深吸气,对准吹嘴尽力均匀深呼气,中途不要停顿,直至呼尽为止。测试两次,取最大值,记录以毫升为单位。

2. 注意事项 呼气不可过猛,防止漏气;不得二次吸气;肺活量吹嘴口应严格消毒,现在使用一次性吹嘴。

3. 评价标准 大学男、女生肺活量单项评分标准见表3-3-1。

表 3-3-1　男、女大学生肺活量单项评分表

等级	得分/分	男生肺活量/ml		女生肺活量/ml	
		大一 大二	大三 大四	大一 大二	大三 大四
优秀	100	5 040	5 140	3 400	3 450
	95	4 920	5 020	3 350	3 400
	90	4 800	4 900	3 300	3 350
良好	85	4 550	4 650	3 150	3 200
	80	4 300	4 400	3 000	3 050
及格	78	4 180	4 280	2 900	2 950
	76	4 060	4 160	2 800	2 850
	74	3 940	4 040	2 700	2 750
	72	3 820	3 920	2 600	2 650
	70	3 700	3 800	2 500	2 550
	68	3 580	3 680	2 400	2 450
	66	3 460	3 560	2 300	2 350
	64	3 340	3 440	2 200	2 250
	62	3 220	3 320	2 100	2 150
	60	3 100	3 200	2 000	2 050
不及格	50	2 940	3 030	1 960	2 010
	40	2 780	2 860	1 920	1 970
	30	2 620	2 690	1 880	1 930
	20	2 460	2 520	1 840	1 890
	10	2 300	2 350	1 800	1 850

三、提高肺活量的锻炼方法

练习一：深呼吸法。保持抬头、挺胸、直腰的姿势,尽力而缓慢地吸气与呼气。课间是此项练习的最佳时期。吹气球、吹羽毛、唱歌、练声,可以作为此种练习的补充形式。

练习二：运动呼吸法。在行走或是慢跑中主动加大呼吸量,慢吸快呼,每天可进行多组练习。

练习三：抗阻训练法。通过诸如双杠、双臂屈伸、单杠引体向上、俯卧撑、仰卧起坐,以及各种器械组合动作等。力量练习可以增强呼吸肌及辅助肌群的肌肉力量。

练习四：有氧训练法。有氧运动的特点就是强度的持续时间较长。运动过程中,心率一般保持在每分钟 150 次以下。每次锻炼的时间不要少于 30 分钟,每周坚持 3～5 次。可以根据自己的兴趣选择耐久跑、长距离快走、游泳、自行车、篮排、足球类等各类健身运动。

第四节 ｜ 身体素质测定与评价

人体在运动、生产劳动、生理活动中所表现出来的力量、速度、耐力、灵敏度、平衡性和柔韧性等功能能力统称为身体素质,是人的体能状态的反映。《国家学生体质健康标准》对大学生身体素质测试的项目为 50m 跑、1 000m 跑(男)、800m 跑(女)、引体向上(男)、1 分钟仰卧起坐(女)、立定跳远、坐位体前屈,这些也是大学生体质健康测试要求大学各年级学生的必测项目。近年来,随着我国的经济水平日益提高,国民生活水平愈加提升,体育教学工作更加完善,我国大学生的营养状况明显改善,身体发育水平一直都在提升,但是大学生身体素质下降的问题仍然存在,必须得到重视。

一、测定的意义

身体素质不仅是掌握运动技术、提高运动成绩的基础,也是体质的重要组成部分。身体素质的好与差,是反映体质是否健康的标志之一,可间接地反映出体质在某阶段时期的好坏,身体素质好能促进体质的健康。《国家学生体质健康标准》和《国家体育锻炼标准》测试的内容,就是为了提高身体素质,增进体质健康。

二、速度测定

1. **测试方法**　速度素质是指以最短的时间间隔完成动作的能力,属于运动中的重要素质之一,包括反应速度、完成动作的速度、动作频率。50m 跑是测量听到信号后的反应与跑速。测试时,测试者两人一组,听发令后跑出(起跑方式不定)。

2. **评价标准**　男、女大学生 50m 跑单项评分标准见表 3-4-1。

表 3-4-1　男、女大学生 50m 跑单项评分表

等级	单项得分/分	男 50m 跑时间/s		女 50m 跑时间/s	
		大一 大二	大三 大四	大一 大二	大三 大四
优秀	100	6.7	6.6	7.5	7.4
	95	6.8	6.7	7.6	7.5
	90	6.9	6.8	7.7	7.6
良好	85	7.0	6.9	8.0	7.9
	80	7.1	7.0	8.3	8.2

续表

等级	单项得分/分	男 50m 跑时间/s		女 50m 跑时间/s	
		大一 大二	大三 大四	大一 大二	大三 大四
及格	78	7.3	7.2	8.5	8.4
	76	7.5	7.4	8.7	8.6
	74	7.7	7.6	8.9	8.8
	72	7.9	7.8	9.1	9.0
	70	8.1	8.0	9.3	9.2
	68	8.3	8.2	9.5	9.4
	66	8.5	8.4	9.7	9.6
	64	8.7	8.6	9.9	9.8
	62	8.9	8.8	10.1	10.0
	60	9.1	9.0	10.3	10.2
不及格	50	9.3	9.2	10.5	10.4
	40	9.5	9.4	10.7	10.6
	30	9.7	9.6	10.9	10.8
	20	9.9	9.8	11.1	11.0
	10	10.1	10.0	11.3	11.2

三、力量测定

1. **测试方法**　力量是肌肉紧张或收缩时所产生的,它是人体运动时的首要素质,也是发展其他素质的基础。根据肌肉收缩的形式,力量可分为静力性力量和动力性力量,静力性力量是静止状态下的用力形式,动力性力量是运动状态下的用力形式。力量又可分为一般力量、速度力量(爆发力)、力量耐力。一般力量是速度力量和力量耐力的基础,发展一般力量能促进爆发力和力量耐力的提高,但是力量耐力和爆发力之间却互相产生消极的影响。《国家学生体质健康标准》对大学生力量素质测试项目为引体向上、立定跳远、仰卧起坐等。

（1）引体向上测试方法:引体向上用于测量肩带及两臂的肌肉耐力。受试者双手正手握杠,调整双手与肩同宽,呈直臂悬垂姿势;静止后,双臂同时用力上拉身体,至下颚超过横杠上缘为完成一次;每上引一次要让身体徐徐下降,回复至双臂伸直的悬垂姿势;反复进行,至力竭为止,计正确完成动作的次数。

（2）仰卧起坐测试方法:仰卧起坐用于测量腹肌耐力。受试者全身仰卧于垫上,腿稍分开并插进脚部固定器里以固定下肢,双腿屈膝呈90°角,两手指交叉贴于脑后,仰卧时两肩胛必须触垫;主机发出"开始测试"指令的同时开始计时,记录1分钟内完成次数。到1分钟时,主机会发出结束指令,计时计数同时结束。

（3）立定跳远测试方法:立定跳远是测试爆发力的项目。采用丈量尺在沙面与地面平齐的沙坑或土质松软的平坦地面上进行测试。起跳地面要平坦,不得有凹陷,起跳线至沙坑近端距离不得小于30cm。受试者两脚自然分开,站在起跳线后,屈膝摆臂,双脚原地同时起跳,尽量用力向前跳,双足落地。丈量起跳线后缘至最近着地点后缘之间的垂直距离。测试3次,记录最好成绩,以1cm为单位,保留1位小数。

2. **评价标准**　男大学生引体向上单项评分标准见表3-4-2。女大学生1分钟仰卧起坐单项评分标准见表3-4-3。男、女大学生立定跳远单项评分标准见表3-4-4。

表 3-4-2　男大学生引体向上单项评分表

等级	单项得分/分	引体向上次数/次	
		大一 大二	大三 大四
优秀	100	19	20
	95	18	19
	90	17	18
良好	85	16	17
	80	15	16
及格	78		
	76	14	15
	74		
	72	13	14
	70		
	68	12	13
	66		
	64	11	12
	62		
	60	10	11
不及格	50	9	10
	40	8	9
	30	7	8
	20	6	7
	10	5	6

表 3-4-3　女大学生 1 分钟仰卧起坐单项评分表

等级	单项得分/分	1 分钟仰卧起坐次数/次	
		大一 大二	大三 大四
优秀	100	56	57
	95	54	55
	90	52	53
良好	85	49	50
	80	46	47
及格	78	44	45
	76	42	43
	74	40	41
	72	38	39
	70	36	37
	68	34	35
	66	32	33
	64	30	31
	62	28	29
	60	26	27
不及格	50	24	25
	40	22	23
	30	20	21
	20	18	19
	10	16	17

表 3-4-4　男、女大学生立定跳远单项评分表

等级	单项得分/分	男立定跳远距离/cm		女立定跳远距离/cm	
		大一 大二	大三 大四	大一 大二	大三 大四
优秀	100	273	275	207	208
	95	268	270	201	202
	90	263	265	195	196
良好	85	256	258	188	189
	80	248	250	181	182
及格	78	244	246	178	179
	76	240	242	175	176
	74	236	238	172	173
	72	232	234	169	170
	70	228	230	166	167
	68	224	226	163	164
	66	220	222	160	161

续表

等级	单项得分/分	男立定跳远距离/cm		女立定跳远距离/cm	
		大一 大二	大三 大四	大一 大二	大三 大四
及格	64	216	218	157	158
	62	212	214	154	155
	60	208	210	151	152
不及格	50	203	205	146	147
	40	198	200	141	142
	30	193	195	136	137
	20	188	190	131	132
	10	183	185	126	127

四、柔韧测试

1. **测试方法** 坐位体前屈是测量人体在静止状态下的躯干、腰、髋等关节可能达到的活动幅度,主要反映这些关节、韧带和肌肉的伸展性和弹性,反映身体柔韧素质的发展水平。采用坐位体前屈测试仪与软垫进行测试。测试前,将坐位体前屈测试仪与软垫放置在平坦的地面上。使用电子测试仪时,测试人员打开电源开关。将游标推到导轨的近侧端,当显示屏上显示出"-20.0cm"或以下数值时,表明该仪器进入工作状态。受试者面向仪器,坐在软垫上,两腿向前伸直;两足跟并拢,蹬在测试仪的挡板上,脚尖自然分开10~15cm;双手并拢,掌心向下平伸,膝关节伸直,身体前屈,用双手中指指尖匀速推动游标平滑前行,直到不能推动为止。使用电子测试仪时,受试者按照要求推动游标,显示屏显示测试数值。

2. **评价标准** 男、女大学生坐位体前屈单项评分标准见表3-4-5。

表3-4-5 男、女大学生坐位体前屈单项评分表

等级	单项得分/分	男坐位体前屈测试结果/cm		女坐位体前屈测试结果/cm	
		大一 大二	大三 大四	大一 大二	大三 大四
优秀	100	24.9	25.1	25.8	26.3
	95	23.1	23.3	24.0	24.4
	90	21.3	21.5	22.2	22.5
良好	85	19.5	19.9	20.6	21.0
	80	17.7	18.2	19.0	19.5
及格	78	16.3	16.8	17.7	18.2
	76	14.9	15.4	16.4	16.9
	74	13.5	14.0	15.1	15.6
	72	12.1	12.6	13.8	14.3
	70	10.7	11.2	12.5	13.0
	68	9.3	9.8	11.2	11.7
	66	7.9	8.4	9.9	10.4
	64	6.5	7.0	8.6	9.1
	62	5.1	5.6	7.3	7.8
	60	3.7	4.2	6.0	6.5

续表

等级	单项得分/分	男坐位体前屈测试结果/cm		女坐位体前屈测试结果/cm	
		大一 大二	大三 大四	大一 大二	大三 大四
不及格	50	2.7	3.2	5.2	5.7
	40	1.7	2.2	4.4	4.9
	30	0.7	1.2	3.6	4.1
	20	−0.3	0.2	2.8	3.3
	10	−1.3	−0.8	2.0	2.5

五、耐力测定

1. **测试目的**　测试学生耐力素质的发展水平,特别是心血管呼吸系统的功能及肌肉耐力。《国家学生体质健康标准》对大学生的测试项目为男子1 000m跑、女子800m跑。

2. **场地器材**　400m标准田径场跑道,发令旗一面,口哨一个,智能型800m、1 000m测试仪,备用手计时秒表若干块。

3. **测试方法**　受试者至少两人一组进行,必须佩戴号码布,站立式起跑。当听到"跑"的口令后开始起跑。计时员看到旗动开表计时,当受试者的躯干部抵达终点线垂直平面后沿停表。以分、秒为单位记录测试成绩,不计小数。遇小数则进1,如3分51秒23按照3分52秒计取。

4. **注意事项**

(1)受试者不得穿皮鞋、塑料凉鞋、钉鞋参加测试。

(2)长跑前做好热身运动,调整呼吸,心态放平,跑后注意不能立刻休息,拉伸韧带,绕操场走一圈,有助于恢复体力,增加肺活量。

(3)测试人员应告知受试者在跑完后应做好放松和整理活动,不要立刻坐下,以免发生意外。

(4)因身体原因,如残疾、心脏病、哮喘等,不能参加测试的学生,需办理免测手续。

5. **评价标准**　男大学生1 000m跑单项评分标准见表3-4-6。女大学生800m跑单项评分标准见表3-4-7。

六、身体素质测定项目练习方法

1. 50m跑锻炼方法

练习一:高抬腿。要求上体正直稍前倾,大腿高抬与上体约90°直角,小腿放松与大腿自然折叠蹬地,支撑腿的髋、膝、踝关节充分蹬直,髋部前送落地时大腿积极下压,用前脚掌着地,两臂前后摆动,身体的重心提起,目视正前方,逐渐加快抬腿的频率。做这个动作的时候,频率要尽量加快。

练习二:小步跑。躯干正直,两眼平视前方,肩和双臂放松,提起脚跟,保持高重心,一腿伸膝蹬地,一腿屈膝前摆,大腿积极下压,膝关节放松,小腿自然向下方伸出,接着前脚掌迅速向下方着地。着地要积极富有弹性,双臂屈肘前后摆动,步幅小,频率且快,整个动作配合协调连贯。

练习三:后踢腿跑。体会前脚掌扒地的动作,发展跑的频率。上体正直或稍前倾,两臂前后自然摆动,足前脚掌着地并积极扒地,离地后小腿顺势向后踢,与大腿折叠,膝关节放松,足跟接近臀部。

练习四:后蹬跑。上体正直或稍前倾,两臂前后有力摆动。蹬地时充分伸展髋关节,膝、踝关节蹬伸在后,后蹬力量大,重心前移,身体较放松。前跨时摆动腿积极向前上方摆动至水平或接近水平部位时,带动同侧髋充分前送,同时膝关节放松,大腿积极下压。后拉时小腿前送至足前掌着地,缓冲,迅速转入后蹬。

表 3-4-6 　男大学生 1 000m 跑单项评分表

等级	单项得分/分	男大学生 1 000m 跑测试结果	
		大一 大二	大三 大四
优秀	100	3min17s	3min15s
	95	3min22s	3min20s
	90	3min27s	3min25s
良好	85	3min34s	3min32s
	80	3min42s	3min40s
及格	78	3min47s	3min45s
	76	3min52s	3min50s
	74	3min57s	3min55s
	72	4min2s	4min0s
	70	4min7s	4min5s
	68	4min12s	4min10s
	66	4min17s	4min15s
	64	4min22s	4min20s
	62	4min27s	4min25s
	60	4min32s	4min30s
不及格	50	4min52s	4min50s
	40	5min12s	5min10s
	30	5min32s	5min30s
	20	5min52s	5min50s
	10	6min12s	6min10s

表 3-4-7 　女大学生 800m 跑单项评分表

等级	单项得分/分	女大学生 800m 跑测试结果	
		大一 大二	大三 大四
优秀	100	3min18s	3min16s
	95	3min24s	3min22s
	90	3min30s	3min28s
良好	85	3min37s	3min35s
	80	3min44s	3min42s
及格	78	3min49s	3min47s
	76	3min54s	3min52s
	74	3min59s	3min57s
	72	4min4s	4min2s
	70	4min9s	4min7s
	68	4min14s	4min12s
	66	4min19s	4min17s
	64	4min24s	4min22s
	62	4min29s	4min27s
	60	4min34s	4min32s
不及格	50	4min44s	4min42s
	40	4min54s	4min52s
	30	5min4s	5min2s
	20	5min14s	5min12s
	10	5min24s	5min22s

2. 引体向上练习方法

练习一：斜身引体。正握杠，两腿、两手分开，与肩同宽，斜身两脚着地，保持两臂与躯干成 90°，做屈臂引体。当下颌能触到或超过横杠时，伸臂复原为完成一次。

练习二：低杠屈腿引体向上。脚掌触地做悬垂姿势，练习时，脚部助力，同时，双臂顺势上拉过杠，稍停还原。

练习三：屈臂悬垂。正握横杠，两手与肩同宽，使横杠位于颚下。然后双脚离地做静止悬垂姿势。

练习四：辅助引体向上。练习者握杠悬垂屈腿，他人在背后用双手扶持练习者的踝关节或脚背部位，双臂上拉发力时小腿和踝关节下压，借助他人的辅助力，使引体向上做到标准部位。他人也可根据练习者的情况，在腰部辅助发力，帮助练习者完成引体向上。

3. 仰卧起坐练习方法

练习一：平板支撑。脸朝下，趴在瑜伽垫上呈俯卧姿势，双脚微微打开，脚尖着地，与肩同宽，两手的手肘撑地，运用腹部、臀部、腿部的肌肉用力撑起身体。背部挺直，脸朝下看，使整个身体呈平板状。

练习二：仰卧卷腹。身体仰卧于地垫上，膝部屈成 90° 左右。双脚脚尖朝前，臀部、腰部、头部紧贴于地面，双手交叉于胸前，向上时用腹肌发力，坐起时呼气 2～3 秒，身体自然卷起，向下时吸气 2～4 秒。头部尽量不要贴于地垫，保持腹肌持续的收缩，放松背肌和脊柱，利用腹直肌收缩的力量，抬起上背，卷曲身体，下背部不离地。

练习三：仰卧抬腿。身体平躺，背部及臀部贴于地面，双手放于身体的两侧，双腿伸直，下腹收紧双腿,同时由地面向上快速地抬起,抬高至与身体呈 90° 左右,然后将两腿慢慢地向下放回到地面,特别是小于 45° 角以后,双腿下落的速度越慢越好,主要是利用腹肌的拉力控制双腿下落的速度。做此动作,要注意快速举腿、慢速放腿。

练习四:仰卧直腿两头起。平躺在瑜伽垫上,双腿并拢伸直,双手向头后伸直,弯曲腰部将腿和手臂同时抬起并呼气。抬起过程中,双腿伸直,抬与地面成 35°～45° 即可。上身要离开地面,直至手臂摸到小腿,然后慢慢将腿和手臂放回起始位置,同时吸气。

4. 立定跳远练习方法

练习一:蹲跳。可发展腿部肌肉力量和踝关节肌肉力量。双脚左右开立,脚尖平行,屈膝向下深蹲或半蹲,两臂自然后摆,然后两腿迅速蹬身,使髋、膝、踝三个关节充分伸直,同时两臂迅速有力向前上摆,用脚尖蹬离地面向上跳起,落地时用前脚掌着地屈膝缓冲,接着再跳起。

练习二:交叉步跳。可发展小腿、脚掌和踝关节力量。双手自然下垂放于身体两侧,右或左腿向前跨出一大步弯曲,使大腿与地面平行,小腿与地面呈 90°,腰背挺直,自然呼吸,重心放在臀部,然后用力蹬地跳起,双臂随着弓步跳规律摆动。跳时最大限度用力,然后换脚,保持平衡,再次准备好,继续跳。

练习三:原地收腹跳。可发展腰腹肌力量和腿部力量。两脚打开与肩同宽,然后原地起跳,起跳后上体前倾,同时收腹举腿,身体呈卷曲形。标准动作是收腹时膝盖能碰到胸部,然后身体打开落地。

练习四:单脚或双脚跳台阶。可发展腿部力量和踝关节力量。单腿或双腿屈膝,用前脚掌力量做连续跳台阶动作。

5. 坐位体前屈练习方法

练习一:单腿坐位体前屈。坐于地面,左腿在体前伸直,右腿弯曲,脚跟接触伸展腿的内侧,并尽可能靠近于骨盆区域,与左腿组成了三角形,背部挺直向左腿下压,双手抓住右脚脚尖,左腿膝部保持伸直,拉伸到自己最大承受点。保持这个姿势 15 秒,然后交换腿进行拉伸。

练习二:分腿坐位体前屈。坐于地面,双腿膝部伸直向外分开,双手体前伏于地面,背部挺直向前下压,保持双手向长、向远伸直,拉伸到自己最大承受点。保持这个姿势 30 秒,每次拉伸 3～5 组。

练习三:站位体前屈。双腿平行站立于地面,两脚合并或分开大于肩宽,上体保持直立,向前下压,双臂伸直,尽可能触摸地面。身体重心保持在两腿之间,当拉伸到最大承受点,保持这个姿势 15 秒,每次拉伸 3～5 组。

练习四:站位前后分腿体前屈。站于地面,右脚位于左脚前方适当的位置。保持双脚趾趾尖向前,双膝伸直,上体向前腿方向下压,双手处于地面,身体重心保持在两腿之间。拉伸到最大承受点,保持这个姿势 15 秒,对另一条腿重复此拉伸动作,每条腿每次拉伸 3～5 组。

6. 男子 1 000m 跑、女子 800m 跑练习方法

练习一:跑量增加训练,因为突然增加的跑量会引起身体不适。

练习二:3 000～5 000m 跑。

练习三:300m×3 小组 ×3 大组。小组间歇 3～4 分钟,大组间歇 10～20 分钟(最大乳酸训练法和乳酸耐受力训练法)。

练习四:一周至少有 3 次计时跑。

第五节 ｜ 健康评估

健康是伴随人类发展的永恒的主题,随着人类社会的快速发展,人类的健康问题越来越受到关注。体质是健康的前提和基础,失去了良好的体质,健康就是无源之水,无本之木。健康是良好体质的归宿和最终目标。我们通过多种手段增强体质,最终是为了增进健康,享受生活。体质是健康的主要外在表现,生物属性和社会属性和谐统一的内在健康在很多情况下是通过良好的体质表现出来的。体质与健康呈现出一定的相关性,但两者并非线性关系。体质的状况在一定程度上能反映出健康水平,如果

一个人有良好的体质,就表示他有良好健康的物质基础,或者说他可能会有较高的健康水平,因为较高的健康水平是建立在良好的体质基础上的,但有良好的体质却未必就有健康,健康与体质并不呈正相关。

一、自测健康

自测健康是个体对其健康状况的主观评价和期望,是目前国际上比较通用的健康测量方法之一。通过自测健康评定量表(SRHMS)进行自我健康评估,其由自测生理健康、心理健康和社会健康三个评定子量表组成,用于 14 岁以上各类人群(尤其是普通人群)的健康测量;它从定量化的角度,较为直观、全面、准确地反映了个体的健康状况,且易于管理和操作。自测健康评定量表见表 3-5-1。

表 3-5-1　自测健康评定量表(SRHMS)(self-rated health measurement scale version1.0)

本量表让您从生理、心理和社会适应能力三个方面对自己的健康状况进行定量化测量,以便能够及时、全面、准确地了解自身的健康信息,为自己的健康保护提供帮助!

填表要求:本量表由 48 个问题组成,问的都是您过去 4 周内的有关情况。每个问题下面有一个划分为 10 个刻度的标尺,请逐条在您认为适当的位置以"×"号在标尺上做出标记。(请注意每个标尺上只能画上一个"×"号。)

例如:您的睡眠怎么样?

非常差 0-----1-----2-----3-----4-----5-×-----6-----7-----8-----9-----10 非常好

0 表示睡眠非常差;10 表示睡眠非常好;在 0～10 间,越靠近 0 表示睡眠越差,越靠近 10 表明睡眠越好。

1. 您的视力怎么样?
非常差 0-----1-----2-----3-----4-----5-----6-----7-----8-----9-----10 非常好

2. 您的听力怎么样?
非常差 0-----1-----2-----3-----4-----5-----6-----7-----8-----9-----10 非常好

3. 您的食欲怎么样?
非常差 0-----1-----2-----3-----4-----5-----6-----7-----8-----9-----10 非常好

4. 您的胃肠部经常不适(如腹胀、腹泻、便秘等)吗?
一直有 0-----1-----2-----3-----4-----5-----6-----7-----8-----9-----10 从来没有

5. 您容易感到累吗?
非常容易 0-----1-----2-----3-----4-----5-----6-----7-----8-----9-----10 非常不容易

6. 您的睡眠怎么样?
非常差 0-----1-----2-----3-----4-----5-----6-----7-----8-----9-----10 非常好

7. 您的身体有不同程度的疼痛吗?
非常疼痛 0-----1-----2-----3-----4-----5-----6-----7-----8-----9-----10 根本不疼痛

8. 您自己穿衣服有困难吗?
根本不能 0-----1-----2-----3-----4-----5-----6-----7-----8-----9-----10 无任何困难

9. 您自己梳洗有困难吗?
根本不能 0-----1-----2-----3-----4-----5-----6-----7-----8-----9-----10 无任何困难

10. 您承担日常的家务劳动有困难吗?
根本不能 0-----1-----2-----3-----4-----5-----6-----7-----8-----9-----10 无任何困难

11. 您能独自上街购买一般物品吗?
根本不能 0-----1-----2-----3-----4-----5-----6-----7-----8-----9-----10 无任何困难

12. 您自己吃饭有困难吗?
根本不能 0-----1-----2-----3-----4-----5-----6-----7-----8-----9-----10 无任何困难

13. 您弯腰、屈膝有困难吗?
根本不能 0-----1-----2-----3-----4-----5-----6-----7-----8-----9-----10 无任何困难

14. 您上下楼梯(至少一层楼梯)有困难吗?
根本不能 0-----1-----2-----3-----4-----5-----6-----7-----8-----9-----10 无任何困难

15. 您步行半里(1 里 =500m,下文同)路有困难吗?
根本不能 0-----1-----2-----3-----4-----5-----6-----7-----8-----9-----10 无任何困难

16. 您步行三里路有困难吗?
根本不能 0-----1-----2-----3-----4-----5-----6-----7-----8-----9-----10 无任何困难

17. 您参加能量消耗较大的活动(如剧烈的体育锻炼、田间体力劳动、搬重物移动等)有困难吗?
根本不能 0-----1-----2-----3-----4-----5-----6-----7-----8-----9-----10 无任何困难

18. 与您的同龄人相比,从总体上说,您认为自己的身体健康状况如何?
非常差 0-----1-----2-----3-----4-----5-----6-----7-----8-----9-----10 非常好

19. 您对未来乐观吗?
非常不乐观 0-----1-----2-----3-----4-----5-----6-----7-----8-----9-----10 非常乐观

20. 您对目前的生活状况满意吗?
非常不满意 0-----1-----2-----3-----4-----5-----6-----7-----8-----9-----10 非常满意

21. 您对自己有信心吗?
根本没信心 0-----1-----2-----3-----4-----5-----6-----7-----8-----9-----10 非常有信心

22. 您对自己的日常生活环境感到安全吗?
根本不安全 0-----1-----2-----3-----4-----5-----6-----7-----8-----9-----10 非常安全

23. 您有幸福的感觉吗?
从来没有 0-----1-----2-----3-----4-----5-----6-----7-----8-----9-----10 一直有

24. 您感到精神紧张吗?
非常紧张 0-----1-----2-----3-----4-----5-----6-----7-----8-----9-----10 根本不紧张

25. 您感到心情不好、情绪低落吗?
一直有 0-----1-----2-----3-----4-----5-----6-----7-----8-----9-----10 从来没有

26. 您会毫无理由地感到害怕吗?
一直有 0-----1-----2-----3-----4-----5-----6-----7-----8-----9-----10 从来没有

27. 您对做过的事情经反复确认才放心吗?
一直有 0-----1-----2-----3-----4-----5-----6-----7-----8-----9-----10 从来没有

28. 与别人在一起时,您也感到孤独吗?
一直有 0-----1-----2-----3-----4-----5-----6-----7-----8-----9-----10 从来没有

29. 您感到坐立不安、心神不定吗?
一直有 0-----1-----2-----3-----4-----5-----6-----7-----8-----9-----10 从来没有

30. 您感到空虚无聊或活着没有什么意义吗?
一直有 0-----1-----2-----3-----4-----5-----6-----7-----8-----9-----10 从来没有

31. 您的记忆力怎么样?
非常差 0-----1-----2-----3-----4-----5-----6-----7-----8-----9-----10 非常好

32. 您容易集中精力去做一件事吗?
非常不容易 0-----1-----2-----3-----4-----5-----6-----7-----8-----9-----10 非常容易

33. 您思考问题或处理问题的能力怎么样?
非常差 0-----1-----2-----3-----4-----5-----6-----7-----8-----9-----10 非常好

34. 从总体上来,您认为自己的心理健康状况如何?
非常差 0-----1-----2-----3-----4-----5-----6-----7-----8-----9-----10 非常好

35. 对于在生活、学习和工作中发生在自己身上的不愉快事情,您能够妥善地处理好吗?
完全不能 0-----1-----2-----3-----4-----5-----6-----7-----8-----9-----10 完全可以

36. 您能够较快地适应新的生活、学习和工作环境吗?
完全不能 0-----1-----2-----3-----4-----5-----6-----7-----8-----9-----10 完全可以

37. 您如何评价自己在工作、学习和生活中担当的角色?
非常不称职 0-----1-----2-----3-----4-----5-----6-----7-----8-----9-----10 非常称职

38. 您的家庭生活和睦吗?
非常不和睦 0-----1-----2-----3-----4-----5-----6-----7-----8-----9-----10 非常和睦

39. 与您关系密切的同事、同学、邻居、亲戚或伙伴多吗?
根本没有 0-----1-----2-----3-----4-----5-----6-----7-----8-----9-----10 非常多(10个以上)

40. 您有可以与您分享快乐和忧伤的朋友吗?
根本没有 0-----1-----2-----3-----4-----5-----6-----7-----8-----9-----10 非常多(10个以上)

41. 您与您的朋友或亲戚在一起谈论问题吗?
从来不谈 0-----1-----2-----3-----4-----5-----6-----7-----8-----9-----10 经常交谈

42. 您与亲朋好友经常保持联系(如互相探望、电话问候、通信等)吗?
从不联系 0-----1-----2-----3-----4-----5-----6-----7-----8-----9-----10 一直联系

43. 您经常参加一些社会、集体活动(如党团、工会、学生会、宗教、朋友聚会、体育比赛、文娱等)吗?
从不参加 0-----1-----2-----3-----4-----5-----6-----7-----8-----9-----10 一直参加

44. 在您需要帮助的时候,您在很大程度能够依靠家庭吗?
根本不能 0-----1-----2-----3-----4-----5-----6-----7-----8-----9-----10 完全可以

45. 在您需要帮助的时候,您在很大程度能够依靠朋友吗?
根本不能 0-----1-----2-----3-----4-----5-----6-----7-----8-----9-----10 完全可以

46. 在您遇到困难时,您主动去寻求他人的帮助吗?
从不主动 0-----1-----2-----3-----4-----5-----6-----7-----8-----9-----10 非常主动

47. 与您的同龄人相比,从总体上来说,您认为您的社会功能(如人际关系、社会交往等)如何?
非常差 0-----1-----2-----3-----4-----5-----6-----7-----8-----9-----10 非常好

48. 与您的同龄人相比,从总体上来说,您认为您的健康状况如何?
非常差 0-----1-----2-----3-----4-----5-----6-----7-----8-----9-----10 非常好

　　自测健康评定量表由10个维度,48个条目组成,涉及个体健康的生理、心理和社会三个方面,其中1～18条目组成自测生理健康评定子量表,19～34条目组成自测心理健康评定子量表,35～48条目组成自测社会健康评定子量表。自测健康评定量表的构成见表3-5-2。

表3-5-2　自测健康评定量表维度及其条目分布

维度	条目数/条	条目在自测健康评定量表中的分布
身体症状与器官功能	7	1,2,3,4,5,6,7
日常生活功能	5	8,9,10,11,12
身体活动功能	5	13,14,15,16,17
正向情绪	5	19,20,21,22,23
心理症状与负向情绪	7	24,25,26,27,28,29,30
认知功能	3	31,32,33
角色活动与社会适应	4	35,36,37,38
社会资源与社会接触	5	39,40,41,42,43
社会支持	3	44,45,46
健康总体自测	4	18,34,47,48

　　自测健康评定量表的48个条目评分采用模拟线性方式,各个条目原始分的回答是在一条有两个极端点的10cm线上画上标记(如画上"×"号)。48个条目中正向评分的条目有37条,反向评分的条目有11条。因为有反向评分的条目,需要对48个条目的原始分进行重新评分,正向评分条目的重新评分与原始分相同,反向评分条目的重新评分等于10减去原始分。自测健康评定量表的10个维度包括不同的条目,评分方法概括地说有三点:①有11个反向评分条目;②有37个正向评分条目;③健康总体自测维度即维度10中的4个条目不参与子量表分和总量表分的计算,将以分类变量的形式进行独立分析如效标关联效度研究等。维度分、子量表分、量表总分是基于48个条目的重新评分计算。每个条目的理论最高值是10,最小值为0;自测生理健康、自测心理健康、自测社会健康三个评定子量表分和自测健康评定量表总分的理论最高值分别为170、150、120、440;理论最小值均为0。

二、心理健康的自我评估

通过症状自评量表（SCL-90）对大学生进行心理健康评估，症状自评量表见表3-5-3。

表 3-5-3　症状自评量表

请您根据自身情况回答下列问题，选择答案从无、轻度、中度、相当重、严重，按序为1～5分的评分标准。总分即为90个项目的得分总和。总分160分为临床界限，超过160分说明测试人可能存在着某种心理障碍。在符合您实际情况的选项下打"√"。

问题	无	轻度	中度	相当重	严重
1. 头痛					
2. 神经过敏，心中不踏实					
3. 头脑中有不必要的想法或字句盘旋					
4. 头晕和昏倒					
5. 对异性的兴趣减退					
6. 对旁人责备求全					
7. 感到别人能控制您的思想					
8. 责怪别人制造麻烦					
9. 忘记性大					
10. 担心自己的衣饰整齐及仪态的端正					
11. 容易烦恼和激动					
12. 胸痛					
13. 害怕空旷的场所或街道					
14. 感到自己的精力下降，活动减慢					
15. 想结束自己的生命					
16. 听到旁人听不到的声音					
17. 发抖					
18. 感到大多数人都不可信任					
19. 胃口不好					
20. 容易哭泣					
21. 同异性相处时感到害羞不自在					
22. 感到受骗、中了圈套或有人想抓住您					
23. 无缘无故地突然感到害怕					
24. 自己不能控制地发脾气					
25. 怕单独出门					
26. 经常责怪自己					
27. 腰痛					
28. 感到难以完成任务					
29. 感到孤独					
30. 感到苦闷					
31. 过分担忧					
32. 对事物不感兴趣					
33. 感到害怕					
34. 您的感情容易受到伤害					
35. 旁人能知道您的私下想法					
36. 感到别人不理解您、不同情您					

续表

问题	无	轻度	中度	相当重	严重
37. 感到人们对您不友好，不喜欢您					
38. 做事必须做得很慢以保证做得正确					
39. 心跳得很厉害					
40. 恶心或胃部不舒服					
41. 感到比不上他人					
42. 肌肉酸痛					
43. 感到有人在监视您、谈论您					
44. 难以入睡					
45. 做事必须反复检查					
46. 难以作出决定					
47. 怕乘电车、公共汽车、地铁或火车					
48. 呼吸有困难					
49. 一阵阵发冷或发热					
50. 因为感到害怕而避开某些东西、场合或活动					
51. 脑子变空了					
52. 身体发麻或刺痛					
53. 喉咙有梗塞感					
54. 感到前途没有希望					
55. 不能集中注意					
56. 感到身体的某一部分软弱无力					
57. 感到紧张或容易紧张					
58. 感到手或脚发重					
59. 想到死亡的事					
60. 吃得太多					
61. 当别人看着您或谈论您时感到不自在					
62. 有一些不属于您自己的想法					
63. 有想打人或伤害他人的冲动					
64. 醒得太早					
65. 必须反复洗手、点数目或触摸某些东西					
66. 睡得不稳不深					
67. 有想摔坏或破坏东西的冲动					
68. 有一些别人没有的想法或念头					
69. 感到对别人神经过敏					
70. 在商店或电影院等人多的地方感到不自在					
71. 感到任何事情都很困难					
72. 一阵阵恐惧或惊恐					
73. 感到在公共场合吃东西很不舒服					
74. 经常与人争论					
75. 单独一个人时神经很紧张					
76. 别人对您的成绩没有作出恰当的评价					
77. 即使和别人在一起也感到孤单					
78. 感到坐立不安心神不定					

续表

问题	无	轻度	中度	相当重	严重
79. 感到自己没有什么价值					
80. 感到熟悉的东西变成陌生或不像是真的					
81. 大叫或摔东西					
82. 害怕会在公共场合昏倒					
83. 感到别人想占您的便宜					
84. 为一些有关"性"的想法而很苦恼					
85. 您认为应该因为自己的过错而受到惩罚					
86. 感到要赶快把事情做完					
87. 感到自己的身体有严重问题					
88. 从未感到和其他人很亲近					
89. 感到自己有罪					
90. 感到自己的脑子有毛病					

在大学生体育教学实践中发现,身体素质较好的学生与身体素质较差的学生在心理健康水平方面存在统计学差异。究其原因,可能是身体素质较差的学生由于先天身体形态和功能的原因,加之后天缺乏体育锻炼,面对大学紧张的学习生活时常常感到压力过大,精神过分紧张,主观上感觉身体不适,进而出现不安感、孤独感和急躁感等人格不完善和心理不成熟的特点,影响其心理健康。因此,在体育教学中,要正确运用运动生理学、体育心理学理论,遵循运动技能形成规律,结合人体运动过程中心理活动的变化规律去组织教学,时刻注意激发学生良好的学习动机,促进个性健康发展,培养学生顽强的意志品质,从而取得良好的心理学效果。

三、健康饮食自我评估

对大学生健康饮食的评估可以从饮食内容、早餐、饮酒等方面进行。其中,饮食内容:大米、面粉最佳每天 3～5 份,水果和蔬菜最佳每天 2～4 份,奶制品最佳每天 2～3 份,加糖食物(软饮料、甜食、果糖)每周少于 5 次。在最近 30 天内饮酒的次数:偶尔饮酒 1～2 次,中度饮酒 3～9 次,重度饮酒至少 10 次。健康饮食评价见表 3-5-4。

表 3-5-4 健康饮食评价表

回答下列问题,在答案 1～5 下打√。

问题	1	2	3	4	5
1. 通常每周吃水果和蔬菜次数	每周少于 3 次	每周 3～6 次	每天 1 次	每天 2～3 次	每天至少 4 次
2. 通常每周吃米、面粉制品次数	每周少于 3 次	每周 3～6 次	每天 1 次	每天 2～3 次	每天至少 4 次
3. 通常每周吃奶制品次数	每周少于 3 次	每周 3～6 次	每天 1 次	每天 2～3 次	每天至少 4 次
4. 通常每周吃加糖食物次数	每周少于 3 次	每周 3～6 次	每天 1 次	每天 2～3 次	每天至少 4 次
5. 通常每月吃早餐次数	0 次	1～4 次	5～9 次	10～19 次	至少 20 次
6. 通常每月饮酒次数	至少 10 次	6～9 次	3～5 次	1～2 次	0 次

以上检测,选择 1 计 0 分,选择 2 计 1 分,选择 3 计 2 分,选择 4 计 3 分,选择 5 计 4 分,把得分加起来计总分。结果分析:20～24 分,说明饮食非常合适,几乎不必作什么改进;12～19 分,说明饮食尚可,但某些方面需作改进;0～11 分,说明饮食不合适,需作相当大的改进。

(孙 晓)

第四章 运动处方

第一节 | 运动处方的概述

运动处方是指导人们有目的、有计划和科学地锻炼的一种方法。

现代运动处方最早是由美国生理学家卡波维奇在 20 世纪 50 年代提出的。20 世纪 60 年代以来，随着康复医学的发展及对冠心病等疾病的康复训练的开展，运动处方开始受到重视。1969 年世界卫生组织（WHO）开始使用运动处方术语，从而在国际上得到认可。运动处方的完整概念是：康复医师或体疗师，对从事体育锻炼者或患者，根据医学检查资料（包括运动试验和体力测验），按其健康、体力及心血管功能状况，用处方的形式规定运动种类、运动强度、运动时间及运动频率，提出运动中的注意事项。

人类应用运动治疗疾病已有 3 000 多年的历史。在过去的 200 多年里，西方国家对于心肌梗死患者是静养好还是运动好，一直争议不休，直到 20 世纪 40 年代运动疗法才占了上风。戈德华特应用有限制的定量运动，使 60%～70% 的心肌梗死患者的运动疗法发展成为运动处方的形式。其后，德国、美国及日本一些运动医学专家，对运动处方进行了许多理论研究和应用推广工作。

德国 Hollman 研究所从 1954 年起，对运动处方的理论和实践进行了大量研究工作，成绩卓越，制订出针对健康人、中老年人、运动员及高血压、心肌梗死、糖尿病、肥胖症患者等各类人群的运动处方，并向市民进行了运动处方的指导和咨询工作。

美国库珀用了 4 年时间进行健身与健康关系的研究，于 1968 年发表了《有氧代谢运动》《12 分钟跑体能测验》及《有氧运动得分制》等专著。其中影响最大的是《有氧代谢运动》，已被译成 25 种文字，发行几千万册，为世界许多国家所采用。

1960 年日本生理学家猪饲道夫教授首先使用了运动处方这一术语，1971 年在猪饲道夫教授倡导下，成立了运动处方研究委员会，以 9 名教授为核心在日本各地组成 20 多个研究小组，以增加体弱的中老年人的心肺功能和提高全身耐力水平为目的开展研究。他们先用三年时间研究基础理论，后用两年时间研究实践应用，到 1975 年制订出适用于各年龄组的运动处方方案，并出版了《日本健身运动处方》，以指导广大群众和学生进行科学锻炼。此外，日本文部省借修改保健体育指导要领的机会，从 1982 年开始，在高等学校讲授 "运动处方" 知识，扩大了运动处方的普及面，这对增进学生的健康有重要意义。

中国对运动处方研究推广和应用起步较晚，但是发展迅速。在过去的十余年里，我国翻译出版了日本及美国的运动处方专著；应用运动处方治疗冠心病、肥胖症、糖尿病等方面已有不少临床报道；在医学院校的运动医学与康复教学中，运动处方已列为基本内容；在向广大群众宣传普及运动处方知识、指导群众进行科学锻炼方面，做了大量的工作。例如，哈尔滨医科大学附属第一医院运动医学科于 1980 年开设了 "运动处方咨询门诊"，并编印了运动处方资料小册子，深受欢迎和好评。

一、运动处方在健身、康复、治疗、预防中的作用

运动处方的产生源于实践的需要。在竞技体育中，运动处方的目标是提高运动成绩，由教练员为不同的运动员制订的个别有针对性的训练计划；目的使运动员掌握、纠正、改善一定运动技术、技能，提高身体素质而进行的运动、营养、恢复甚至心理等诸多方面的有个性化区别的方法。学校体育教师

根据学生实际情况,按照教学计划、教学大纲制订的教案;健康教育机构根据不同时期出现的流行性疾病提出的"不要到人多的场合,避免吃生冷食物,加强体育锻炼……"等亦可称为运动处方。

康复医学的形成和发展,促进了运动处方运用领域的扩大,更多的疾病预防、术后康复,都运用运动疗法,需要针对不同个体情况、不同目标制订运动处方。

随着对运动的不断探索和认识,人们发现,运动处方在康复治疗中的作用是:科学地指导康复锻炼者进行锻炼,以便更有效地预防功能障碍的形成、减轻功能障碍的程度、尽快恢复正常的功能。实践证明,按照运动处方进行康复锻炼,可以使康复的效果比没有处方指导的"自由活动"明显提高。近年来,通过运动结合心理的治疗,对缓解压力、调节心情、改善睡眠等都有非常积极有效的作用。人们对运动在早期儿童抑郁和孤独症中的作用也有非常积极的探索和研究。

随着生活水平的提高,"城市生活病"(伴随着不良生活方式引起的疾病)增多,并且有老年病年轻化的趋势。科学、合理、有效的运动处方应运而生。它在以提高国民体质、增进健康、预防慢性疾病的健身活动中能正确指导健身者科学地进行锻炼,用较短的时间、以较轻的体力负荷,取得较大的锻炼效果,有非常大的需求空间和探索空间。

二、运动处方的分类

随着运动的普及发展,运动处方应用范围也不断扩大,运动处方应用的领域也不断增多,因此运动处方的分类也不断增多(表4-1-1)。根据对象类别运动处方可分为三大类:健身运动处方、竞技运动处方和康复治疗性运动处方。另外,针对健身运动处方,根据具体需要,又可分为:增强全身耐力处方、速度耐力处方、增加力量处方、增加大肌肉力量处方、增加小肌肉力量处方、柔韧性运动处方等。

表 4-1-1 运动处方按应用对象和目的分类

分类	应用对象	目的	内容举例
健身运动处方	一般健身锻炼者	以提高健康体适能,促进健康,预防疾病为目的	有氧适能运动处方,体适能运动处方,减肥运动处方等
竞技运动处方	运动员	以提高专业运动成绩为目的	发展爆发力运动处方,发展灵敏协调性运动处方等
康复治疗性运动处方	疾病患者或功能康复者等	以辅助治疗和康复为目的	糖尿病运动处方,小腿功能康复运动处方等

根据运动处方功能分为耐力运动处方、力量运动处方和柔韧性运动处方。

1. 耐力运动处方 耐力(区别于肌肉力量耐力)运动处方以提高心肺功能为主要目标。在机体能完全承受的强度和时间下,渐进地提升适应性,促进心血管功能改善,促进代谢水平提升,肌肉力量增长。耐力训练早期用于发展身体的耐力素质,提高运动员的训练水平。20世纪70年代以后,耐力运动处方运用在急性心肌梗死患者被抢救成功以后,或心脏搭桥术后的康复锻炼中,发挥了明显的作用,按照运动处方进行系统的锻炼,可以缩短患者住院时间,更快地恢复工作能力,故又被称为心脏康复运动处方。耐力训练是一个缓慢长期的过程,是一个需要睡眠、饮食、生活习惯紧密配合的项目。目前耐力运动处方除用于急性心肌梗死患者的康复之外,在国外已经广泛用于心血管系统慢性疾病(如冠心病、高血压)、代谢性疾病(糖尿病、肥胖症)、长期卧床引起心肺功能下降等疾病的预防、治疗和康复。另外,耐力运动处方更广泛地被用于科学地指导健身,目的是提高锻炼者的耐力素质、维持合理的身体成分、消除亚健康状态的症状,对预防冠心病、高血压、高脂血症、糖尿病等疾病的发生都有显著的积极作用。

2. 力量运动处方 力量运动处方的主要作用是提高肌肉的力量耐力。在康复医学中,通过运动疗法,即患者主动的肌力锻炼,使"失用性"萎缩的肌肉力量得到提高,肌肉横断面和体积加大,达到改善肢体运动功能的作用。力量运动处方可用于外伤/疾病导致肢体长期制动、长期卧床等引起的失

NOTES

用性肌萎缩的康复、身体发生畸形的矫正等。

在全民健身运动中,力量运动处方用于指导健身者科学地进行增强肌力的训练,以达到提高力量素质、减缓中年以后肌肉萎缩的速度、预防骨质疏松等作用。力量运动处方的出现晚于耐力运动处方,是在 20 世纪 80 年代以后逐步完善起来的。

3. 柔韧性运动处方　发展柔韧素质、提升身体的柔韧性是竞技运动与身体康复非常重要的素质。柔韧性运动处方的作用是通过提高肌肉的拉力,展示身体的柔软性素质。在康复医学中用“关节活动范围”(range of motion,ROM)来衡量柔韧性的好坏。康复医学中,通过各种主动、被动运动等,使因伤病而受累关节活动幅度尽量保持、增加或恢复到正常的范围,同样能起到改善肢体运动功能、提高身体的适应性和敏捷性的作用。

全民健身运动中,柔韧性运动处方用于指导健身者采用科学的方式和方法,提高身体的柔韧性素质,预防随年龄增长肌肉力量的下降而导致关节活动幅度的下降。耐力运动处方、力量运动处方、柔韧性运动处方对保持良好的健康体状态,保持身体的灵活性、敏捷性都可起到良好的作用。

第二节 ｜ 运动前健康筛查

一、运动前健康筛查的目的和意义

由于每个人的身体状态不同,在运动时可能会出现不同的健康问题。如具有隐匿性心血管疾病的个体,在进行较大强度运动时,运动相关心源性猝死、严重的心律失常和急性心肌梗死的发生风险明显上升。故运动前健康筛查是保证运动安全性和有效性的重要手段,通过健康筛查,可以了解个体的身体状态和运动风险,排除有运动禁忌证的人群,为制订运动处方提供依据。

运动前可根据运动者目前体征和症状、既往史、当前运动参与度和期望的运动强度来确定运动前健康筛查的建议。运动前健康筛查可以包括健康史、自我健康筛查、体格检查和运动负荷测试等。

二、常规医学检查

(一)心率

心率是指正常人安静状态下每分钟心跳的次数,也称为静息心率,一般为 60~100 次/min,可因年龄、性别或其他生理因素产生个体差异。一般来说,年龄越小,心率越快,老年人心跳比年轻人慢,女性的心率比同龄男性快,这些都是正常的生理现象。可通过触摸桡动脉搏动监测心率。监测静息和运动中的心率,以确定运动的安全性,评估运动中的心率变化。静息心率决定了个体预期运动表现和整体健康状况的关键因素,如果静息心率高或低则需要进一步评估。运动负荷测试时运动强度应高于安全运动强度水平,监测运动过程中和恢复后的心率反应,可以提供有关心脏功能的信息。

心率是运动负荷测试和运动处方的关键,可以监测心脏负担和对运动的反应。心率反应还可用于识别缺血阈值和变时功能不全。

(二)血压

血压是指血液在血管内流动时作用于单位面积血管壁的侧压力,它是推动血液在血管内流动的动力。常用血压计测量,如袖带加压法。正常成人安静状态下的血压范围较稳定,正常范围收缩压 90~140mmHg,舒张压 60~90mmHg,脉压 30~40mmHg。

血压对于确定是否可以安全运动很重要。如果血压>180/110mmHg,则不应开始运动训练。对于心血管功能障碍者,在每次运动时监测血压,以评估正常反应(心率/血压随强度增加)和异常迹象。如果在运动高峰或运动负荷测试时收缩压>250mmHg,则应终止运动测试。血压反应迟钝或过度可能表明存在异常。在运动后 10~15 分钟内血压应恢复到接近基线水平,恢复期间收缩压的延迟下降与严重冠脉疾病有关。

（三）心电图

心电图（ECG）是利用心电图机从体表记录心脏每一心动周期所产生的电活动变化图形的技术。心电图运动试验是心电图负荷试验中最常见的一种,故又称运动负荷试验,根据所选择的运动方案,仪器自动分级依次递增平板速度及坡度以调节负荷量,直到心率达到受检者的预期心率,分析运动前、中、后的心电图变化以判断结果。用于协助确诊冠心病,并对无症状者筛选有无隐匿性冠心病;也可用于测定冠心病患者心脏功能和运动耐量,以便客观地安排患者的活动范围和劳动强度,为康复锻炼提供可靠的依据。

（四）血脂

血脂是血浆中所含脂类的统称,血浆脂类含量虽只占全身脂类总量的极小一部分,但外源性和内源性脂类物质都需经血液运转于各组织之间。因此,血脂含量可以反映体内脂类代谢的情况。食用高脂肪膳食后,血浆脂类含量大幅度上升,但这是暂时的,通常在 3～6 小时后可逐渐趋于正常。检测血脂时,常在饭后 12～14 小时采血,这样才能较为可靠地反映血脂水平的真实情况。由于血浆胆固醇和甘油三酯水平的升高与动脉粥样硬化的发生有关,因此这两项成为血脂测定的重点项目。常用的检测项目主要有:总胆固醇（TC）、甘油三酯（TG）、高密度脂蛋白胆固醇（HDL-C）、低密度脂蛋白胆固醇（LDL-C）等。成人正常值为:

TC:<5.20mmol/L;

TG:<1.70mmol/L;

HDL-C:$1.03～2.07$mmol/L;

LDL-C:<3.4mmol/L。

高脂血症是指血脂水平过高,可直接引起一些严重危害人体健康的疾病,如动脉粥样硬化、冠心病、胰腺炎等。血脂异常者往往伴有多种心血管危险因素,心血管疾病的发生率和死亡率随着血清总胆固醇和 LDL-C 水平的降低而减少。

（五）血糖

血糖,即血中的葡萄糖,葡萄糖是人体的重要组成成分,也是能量的重要来源。正常人体每天需要很多的糖来提供能量,为各种组织、脏器的正常运作提供动力。所以血糖必须保持一定的水平才能维持体内各器官和组织的需要。正常人血糖的产生和利用处于动态平衡的状态,维持在一个相对稳定的水平。成人空腹血浆（清）葡萄糖参考区间为 3.9～6.1mmol/L。

高血糖更易诱发心脑血管疾病。高血糖会导致人体出现蛋白、脂肪的代谢障碍,部分患者还可能伴随水、盐代谢的失调,继而诱发冠心病。

第三节 ｜ 运动处方的实施原则

健身运动是在一定环境条件下,完成有目的的肌肉运动,消耗了能量,改变了内环境,引发了内脏器官生理功能的改变。可见运动对机体是一种应激原（刺激产生反应）。但如同用药一样,适量的运动可加强体力,提高机体的防病能力,预防和治疗疾病,反之也可产生不良影响。为此,在制订运动处方时,应注意遵循以下几项基本原则。

一、个体化原则

全面了解处方对象的体质和健康状况,可以通过口头询问、医学检查、体质测定等途径来进行了解。需要了解的内容有身体发育、疾病史、目前伤病情况、近期检查结果、身体素质等详细内容。根据个人不同健康状况和功能状态及客观条件,选择适合自己的处方内容和运动负荷。做到从实际出发,对症下药,因人而异。

二、以全身为基础原则

运动处方的制订,尽管有需要改进的局部环节,但是要以改善整体身体状态为基础。因为人是一个有机的整体,整体功能的改善,与每个环节都有密切的联系。耐力的关键在于氧,氧是人体消化食物产生热能所不可缺少的物质之一。一般来说,体力好即指全身耐力强,但它也是同全身所有器官系统的健康分不开的。力量素质、柔韧素质、动作姿势等都与耐力有不同程度的关联。因此,运动处方锻炼项目的安排,应以提高整个机体功能为目标,循序渐进地提高心肺等生理功能,达到力量、柔韧、协调、节奏感、放松等目标。

三、有效运动强度原则

运动处方的制订与实施,必须要注意实施运动强度的有效性,运动强度是直接给不同的身体部位实施干预、刺激的程度,直接关系到处方的有效性。运动强度过大,起不到改善、增强、适应的效果;运动量过小,也不会达到预定的目标。所以,根据每个人的功能能力不同,把握好运动强度,是实施运动处方的关键环节。为了提高全身耐力水平,必须达到改善心血管和呼吸功能的有效强度,这就是靶心率(THR)范围。超过上限可能出现危险,低于下限则会影响健身效果,这个运动强度称安全界限。

四、运动的特异性原则

运动的特异性原则主要针对竞技运动的较多。运动时身体的生理适应,根据运动种类和方法有所不同,称为运动效果的特异性。比如,增加足球场上的冲撞能力和抗冲撞能力,既要提高力量素质训练,又要提高速度素质训练,同时,还要加强平衡能力和协调能力的训练。运用运动处方健身,应明确自己的锻炼目的,知道用什么方法和手段训练身体的哪一部分,只有按科学的锻炼程序,才能产生有益的生理变化。

五、及时调整原则

及时调整的原则,是体育中最常见的原则。每项内容,针对不同的人的适应程度,变化速度都是不同的,再好的运动处方,也不一定适合所有人,一个安全有效的处方应该是结合自己实际情况制订的,在执行过程中,每个人都要根据自己的状况进行微调。一般情况下,开始的"坡度"一定要小,让身体有一个充分的适应过程,只有充分适应了,后面提升的高度、幅度才会越大。一般通过8周锻炼就能收到效果,如心脏功能能力提高,靶心率亦应提高,若再按原处方规定的运动强度锻炼,则效果不大。这时,必须履行及时调整的原则进行适当的调整。

第四节 | 运动处方的主要内容

一个完整的运动处方应包括锻炼目标、锻炼内容、运动量和注意事项等主要内容。其辅助配合内容包括特殊的饮食结构、良好生活习惯、适度的心理干预、必要的自我监测和反馈。

一、锻炼目标

制订运动处方之前,首先应当明确锻炼的目标,或称"近期目标"。

耐力处方的锻炼目标,可能是提高心肺功能、减肥、降血脂,或防治冠心病、高血压、糖尿病等。

力量和柔韧性处方的目标,应当具体到将要进行锻炼的部位,如加大某关节的活动幅度、增强某肌群的力量等。力量处方中还需要确定增强何种力量,如动力性力量还是静力性力量,向心力量还是离心力量,以便采用不同的练习法。在康复锻炼运动处方中,首先需要考虑康复锻炼的最终目标,或称"远目标"。如达到可使用轮椅进行活动、使用拐行走、恢复正常步态、恢复正常生活能力和劳动能力、恢复参加运动训练及比赛等。在近期目标中,应规定当前康复锻炼的具体目标,如提高某个或某些关节的活动幅度,增强某块肌肉、某组肌群的力量,需要增强何种肌肉力量等。

二、锻炼内容

锻炼内容即锻炼时应采用的手段和方法。为提高全身耐力,多选择有氧训练;肢体功能的锻炼,可采用力量练习、柔韧性练习、医疗体操和功能练习、水中运动等;偏瘫、截瘫和脑瘫患者需使用神经发育治疗方法,并且常常需要采用肢体伤残代偿功能训练、生物反馈训练等。

三、运动负荷与运动量

运动负荷是指运动时身体所承受的生理、心理负担量,运动负荷通常用运动量表示。运动量是指完成动作的时间、次数的总量。运动量的大小,取决于多种因素。以持续运动为主的耐力处方,与力量处方、柔韧性处方的运动负荷有所区别。运动负荷的大小决定因素,综合起来有以下几个方面。

(一) 运动强度

运动强度是单位时间内完成动作的运动量,即运动量是运动强度和运动时间的乘积。在有氧运动中,运动强度取决于走或跑的速度、蹬车的功率、爬山时的坡度等。在力量和柔韧性练习中,运动强度取决于给予助力或阻力的负荷重量。运动强度制订得是否恰当,关系到锻炼的效果及锻炼者的安全。应按照个人特点,规定锻炼时应达到的有效强度和安全界限。

运动强度=运动量/运动时间

运动量=运动强度×运动时间

在运动处方中,运动强度的选择是最主要的,如果设定出错误,即使所选择的运动种类适宜,也会使运动处方发生质的变化,这是非常危险的。

(二) 持续时间

耐力处方中,主要采取"持续训练法",应规定有氧运动应当持续的时间。力量处方和柔韧性处方中,则需要规定完成每个动作所需要的时间。

(三) 重复次数、完成组数及间隔

力量处方和柔韧性处方中,应规定每个练习需重复的次数(次/组)、一共完成几组,次与次、组与组之间间隔的时间。不同的锻炼方案将收到不同的锻炼效果。

(四) 运动频率

运动频率指每日及每周锻炼的次数。一般每日只需锻炼1次,每周锻炼3~4次,即隔日锻炼1次。有足够的休息时间,可使机体得到"超量恢复",收到更好的锻炼效果。

四、注意事项

为保证安全,可按健身者的个人特点,提出相应的注意事项。

1. 提出禁忌的运动项目和某些易发生危险的动作。

2. 提出运动中自我观察指标及出现指标异常时停止运动的标准。

3. 每次锻炼前后都要做好充分的准备活动和整理活动。

4. 靶心率(target heart rate,THR)是运动中获得最佳效果并能确保安全的运动心率,通常把心率作为指标设定的运动强度称为心率强度,以心率强度设定的心率数称为"靶心率"或"目标心率"。

计算有氧运动的靶心率(THR)可用下列方法:

$$靶心率(THR)=(最大心率-静息心率)\times(0.6\sim0.8)+静息心率$$

对于一般儿童、中老年人应采用最低运动心率:

$$靶心率(THR)=(最大心率-静息心率)\times0.5+静息心率$$

第五节 ｜ 运动处方的制订

一、运动处方的程序

1. **了解锻炼者基本情况**　包括姓名、性别、职业、疾病史、过去及现在身体锻炼状况。此外,还应了解锻炼者的食欲、睡眠和常用药物名称等。

2. **健康检查**　健康检查是对锻炼者健康程度的判断,是制订运动处方的重要依据之一。可采用直接的医学检查,也可以直接参考近期的身体检查证明。

3. **运动负荷制订**　是对锻炼者身体功能对运动的承受能力的检测和评定。一般进行安静和运动状态下生理功能的检测,主要测定心率、最大摄氧量等功能指标。

4. **体力测定**　主要是对锻炼者身体素质的检测,内容包括身体力量、速度、耐力、灵敏、柔韧等。为便于评价,可将测试指标与较大样本的同项指标对比,确定该项素质的优劣程度。

5. **制订运动处方**　根据以上调查、测定的结果和身体锻炼的原则、规律,为锻炼者提供包括锻炼内容、强度、时间等在内的锻炼方案。

6. **实施锻炼方案**　按运动处方的要求锻炼一个阶段后,应再次进行健康检查、运动负荷测定和体力测定,这样一方面可以评价运动处方锻炼效果,另一方面也可根据身体的变化,修改和调整新的运动处方,使处方具有针对性和实效性。

总之,制订运动处方需按一定的程序:①汇总每个参加者的个人资料;②对每个人进行医学检查以便全面地了解参加者的身体状况;③进行一定负荷的试验和体力测定,为制定运动处方中的运动强度提供依据;④根据上述情况,按照运动处方的格式制订运动处方,有针对性地指导锻炼(图 4-5-1)。

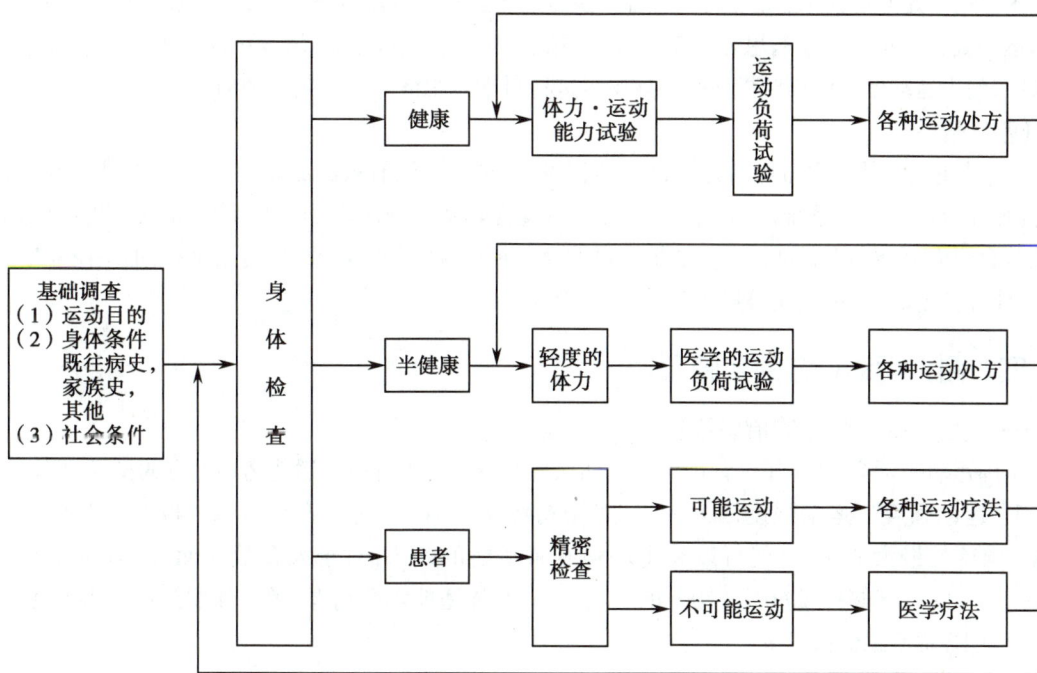

图 4-5-1　运动处方程序图解

二、耐力素质

耐力是指人体长时间进行肌肉工作(或对抗疲劳)的能力,是人体健康素质的一项重要指标。耐力素质也是我国青少年体质达标测试中的一项必测项目,耐力有不同的分类方法。制定"耐力运动处方"是为了提高锻炼者的心肺耐力素质。心肺耐力主要指有氧耐力,即人体长时间进行有氧工作的能力,在康复医学中又称为全身耐力。心肺耐力与人体的健康关系最为密切,也是其他身体素质的基础。

心肺耐力水平主要与机体的呼吸系统和心血管系统功能有关,反映了人体心肺功能的适应能力,是人体健康水平或体质强弱的重要标志。心肺耐力素质水平较低时,心血管系统疾病的发病危险性就会显著增加;提高心肺耐力,则可以提高人们的生活质量,提高劳动、运动能力,降低由于不良生活方式所导致的心脑血管系统疾病、代谢性疾病等的发病率。

三、耐力运动处方的应用

耐力运动处方的应用范围,可以概括为4个方面:健身、预防、治疗、康复。

(一) 健身

耐力运动处方可用于指导心肺耐力素质的锻炼,可为不同年龄和性别、不同身体健康状况,以及不同体适能水平的人提供科学的健身指导,使锻炼者可以更有效地提高心肺耐力素质。

2021年8月10日,体育总局发布关于认真贯彻落实《全民健身计划(2021-2025年)》的通知。通知指出,各级《实施计划》须在今年年底前全部出台。《实施计划》出台后,各地要做好任务分工,出台配套文件,推动完善政府主导、社会协同、公众参与、法治保障的全民健身工作机制。

(二) 预防

耐力运动处方是指导某些慢性疾病高发人群通过适当的有氧运动,预防某些疾病的最有效的方法,如冠心病、高血压、高脂血症、糖尿病、肥胖症等,这些疾病常常与不良的生活方式有关。老年人进行有氧健身锻炼,可起到延缓衰老的作用。

(三) 治疗

耐力运动处方是糖尿病的治疗三要素"胰岛素、运动和饮食三驾马车"之一,而且起着重要作用。耐力运动处方可指导糖尿病患者科学地进行锻炼。在通过饮食控制、增加运动两种手段的科学减肥方法中,耐力运动处方同样对指导肥胖症患者进行科学减肥锻炼有直接的影响。

(四) 康复

在康复医学领域,耐力运动处方是一项积极、简单、灵活、有效的康复手段。主要用于指导冠心病、高血压等心脑血管系统疾病,呼吸系统疾病(慢性阻塞性肺疾病),以及因伤病而长期制动或卧床导致全身耐力下降的患者进行康复锻炼。可明显缩短住院时间,减少医疗费用负担,加快恢复生活自理、工作和劳动能力,更快地回归社会。

四、耐力运动处方的实施

(一) 发展有氧耐力的指导原则

美国运动医学会1998年推荐用于发展和保持健康成年人有氧体适能运动处方的指导原则。

1. **运动强度**　运动强度因人而异,对于初级水平者,运动强度在40%~49%的心率储备或55%~64%的最大心率时,就可以获得增强有氧适能的效果;对于大多数人而言,运动强度应在60%~80%的心率储备或60%~70%的最大心率;对体适能水平高者,运动强度接近85%的心率储备,可以明显提高最大摄氧量。

2. **运动频率**　每周3~5天。

3. **运动持续时间**　一般是1天内持续20~45分钟运动。如采用间断的有氧运动每次最少10分钟,累积30分钟,也能达到健身运动的效果。运动持续时间取决于运动强度,因此,低强度运动每次必须30分钟以上,体适能水平高者在高强度运动时,至少持续20分钟或更长。

4. **运动方式**　最好的运动方式是运动者所喜欢的并能长期、有规律坚持的有氧运动。

（二）提高耐力运动处方示例

锻炼者:女大学生,有一定运动基础,但是属于初级水平。

运动目的:发展有氧能力。

运动强度:运动的靶心率 130～150 次/min。

运动频度:每周 3 次。

运动练习:

（1）准备活动（5 分钟）:①慢跑 1～2 分钟;②柔韧练习,拉伸徒手操（身体各部位的拉伸）或把杆练习（压肩、压腿、踢腿、涮腰等运动）;③跳步练习,并步跳、小跨跳或跑跳步组合。

（2）基本部分（30 分钟）:①走 50m 和慢跑 100m,交替 5 组;②快走 50m 和匀速跑 100m,交替 5 组;③快走 100m 和跑 200m,交替 5 组;④走 200m 和跑 800m,各 1 次。

（3）整理活动（5 分钟）:做全身肌肉拉伸放松练习。

注意事项:要注意循序渐进。初期,耐力项目练习,一定注意中间的间隔,让身体在负荷不大的情况下,给予恢复的时间,然后再给予负荷,再恢复。到机体完全动员起来后,实施一个相对距离较长,运动强度不大的运动量。给机体一个刺激。刺激的强度是以第二天能正常恢复为最佳。每个人的情况不同,但是基本原则都是循序渐进。

五、发展肌肉力量的运动处方

（一）发展力量练习的指导原则

美国运动医学会（ACSM）1998 年建议将抗阻练习纳入全面的体适能计划。抗阻练习的目标包括增加和保持肌力、肌肉耐力、去脂体重（瘦体重）及骨质密度,并对健康成人的肌力练习提出以下指导原则。

1. **运动形式**　静力性（等长）练习和动力性（等张或等动）练习都可以发展肌肉力量和耐力。但对大多数健康成年人来讲,建议采用动力性练习。每次练习至少完成 8～10 种改善主要肌群的练习（主要肌群指的是臂部、肩带、胸、腹、背、髋和腿等部位的肌肉）。

2. **运动强度**　一组练习完成次数 8～12 次（用于年龄小于 50 岁的人群）和完成次数 10～15 次（用于 50～60 岁或年龄更大的人群）。每次运动最少 1 组,一般建议 3 组。运动强度控制可参考表 4-5-1。

表 4-5-1　用于肌肉体适能训练的抗阻负荷强度*

参数	强度					
	很轻	轻	中等	重	很重	最大
最大随意用力百分比/%	<30	30～49	50～69	70～84	85～99	100

注:*该相对强度是根据 8～12 次重复（用于年龄低于 50 岁的人群）和 10～15 次重复（用于 50～60 岁或年龄更大的人群）确定。

3. **运动频率**　每周 2～3 次。

4. **训练指南**　较轻松地开始练习,最初使用的抗阻负荷要较轻,组数也要较少;在练习过程中,应交替地练习主要肌群,在　次练习课中,各组练习之间应留有足够的休息时间;发展不同肌力,在运动强度、组数、组间间隔、运动频率间有所差异,要做到合理组合（表 4-5-2）。

（二）增强肌力运动处方示例

锻炼者:男,18 岁学生。

运动目的:提高力量素质。

运动强度:平均心率 120～140 次/min。

运动频率:每周 3 次。

表 4-5-2　各种肌力训练的指导原则

肌力训练的目标	运动强度	组数/组	组间休息时间/min	频率/(次·周$^{-1}$)
健康体适能	8～12 次最大重复	3	2	2～3
最大肌力	1～6 次最大重复	3～6	3	2～3
肌耐力	10～30 次最大重复	3～6	2	3～6
健美	8～20 次最大重复	3～8	0～1	4～12

运动练习：

（1）准备活动（5～10 分钟）：做徒手操，拉伸韧带，活动各关节。

（2）基本部分（30 分钟）：立卧撑 20 次 ×3 组；单足跳（10～15）次 ×2 组（左右腿各 2 组）；仰卧起坐 20 次 ×4 组；俯卧两头起 30 次 ×4 组；引体向上或双杠双臂屈伸（3～5）次 ×（2～4）组。

（3）整理活动（5 分钟）：做拉伸操、慢跑等。

注意事项：认真做好充分的准备活动；练习时动作要准确到位；结束前应做放松练习，重视伸展活动。

六、发展柔韧性的运动处方

（一）发展柔韧性的指导原则

1. **运动类型**　采用静力性练习和本体感觉神经肌肉促进法（PNF 练习）。

2. **运动强度**　柔韧性练习的强度或伸展程度应该做到感觉有轻微的不舒适时就要停止下来。所有的伸展练习应在疼痛阈值范围内缓缓进行，当达到该点时，被伸展的肌肉部位应该尽量放松，完成伸展后再慢慢地恢复到起始姿势。在伸展运动时，若有过度疼痛的感觉，是负荷太大，可能会造成伤害。

3. **运动重复次数**　一般建议每个伸展动作重复 4～5 次，每次在最后位置停留 10～30 秒。

4. **运动持续时间**　静力性练习 10～30 秒；PNF 练习 10～30 秒的辅助伸展后，6 秒收缩。

5. **运动频率**　刚开始练习最好每周 5～6 次，持续 8 周后，每周 2～3 次。

（二）提高柔韧体适能运动处方示例

锻炼者：男、女学生。

运动频率：每周 3～5 次。

运动强度：主要反映在用力大小和负重大小上，但以练习者的主观感受为主。如感觉轻微酸痛时，保持强度和幅度；感觉胀时，可再坚持 5～10 秒；感觉麻痛时，应停止练习。

运动练习：

（1）准备活动（5～10 分钟）：慢跑，徒手操。

（2）基本部分（30 分钟）：①肩带柔韧练习。压肩、背向拉肩、两人侧体拉肩、肩绕环、肩的内收和外展各 6 个 8 拍。②腿部柔韧练习。正侧压腿、弓箭步压、屈腿拉小腿各 8 个 8 拍；纵叉与横叉各 5～10 次，难度根据个人情况而定。③髋关节柔韧练习。左右转髋、踢摆腿、跨栏坐、顶髋各 10 次。④腰部柔韧练习。站立体前屈 10～20 次，俯卧伸背 10～20 次，转体腰环绕 10～20 次。

（3）整理活动（5 分钟）：慢跑放松。

第六节 ｜ 常见心血管及代谢性疾病人群运动处方

一、冠心病

冠心病，即冠状动脉粥样硬化性心脏病，临床上可表现为心绞痛、心肌梗死及心源性猝死等。冠心病的康复可分为两个时期:住院期(急性期)和出院后康复期。冠心病患者如果在入院早期按照运动处方锻炼,控制饮食,可改善心血管功能,加快心脏功能的恢复,并可预防和减少并发症,提高患者对生活的信心,缩短住院时间,节省医疗费用,使更多的患者重返工作岗位。

(一)冠心病运动处方的适应证

住院期冠心病患者的康复,需要在医生密切监督指导下,按照专门的程序进行。下面介绍的冠心病运动处方原则,适用于出院后康复期患者的康复,重点是稳定期患者的康复锻炼。

(二)冠心病慢性期运动处方

1. **出院前低水平运动试验**(exercise test)　预计可以出院的患者,在出院之前,可进行低水平运动测试。测试一定要在有经验的心脏专科医师直接参与和严密的监护下进行,掌握终止试验标准应更保守一些。低水平运动试验中的运动终点为:在不出现异常症状的前提下,运动中最高心率在140次/min,或比安静时增加20次/min左右;收缩压低于160mmHg,或比安静时增加20~40mmHg。测试方案可以选择使用Naughton跑台测试方案,也可以选择使用心脏病康复测试试验方案(表4-6-1)。

表4-6-1　心脏病康复测试方案

级别	速度/(m·h⁻¹)	速度/(km·h⁻¹)	坡度/%	持续时间/min	强度 MET
1	1.2	1.9	0	2	1.9
2	1.5	2.4	0	2	2.1
3	2	3.2	0	2	2.5
4	2.5	4	0	2	2.9
5	2.5	4	2	2	3.6
6	2.5	4	4	2	4.3
7	2.5	4	6	2	5.0
8	2.5	4	8	2	5.7
9	2.5	4	10	2	6.4
10	2.5	4	12	2	7.0
11	2.5	4	14	2	7.7
12	2.5	4	16	2	8.4
13	2.5	4	18	2	9.1
14	2.5	4	20	2	9.8

注:MET 为代谢当量,表示相对能量代谢水平和运动强度的指标。

低水平负荷试验的作用是确定患者是否可以出院、为出院患者制订运动处方,以及发现患者是否有需要进一步诊断或进行其他治疗的情况。此外,低水平负荷试验还能减少患者对活动引起心肌梗死复发或猝死的恐惧心理。

2. **慢性期运动处方原则**　通讨低水平运动测试,患者的心脏功能(functinal capacity)达到3~5MET,或可以按正常节奏连续行走200m,或上下1~2层楼无症状和体征者,可以允许出院。

慢性期运动处方原则,可根据心脏功能(FC)测试结果,确定运动强度(EC)MET、EC 的范围和靶心率(THR),主观疲劳感觉(RPE)一般在11~13MET。活动内容中除如何锻炼外,应当对生活自理和家务劳动的内容也加以指导(表4-6-2)。

慢性期患者的康复锻炼,开始阶段应当前往康复门诊,在康复专业人员的指导和监测(运动中心电图、心率、血压监测)下,按照运动处方进行。随着心脏功能能力的提高,可逐渐减少在门诊锻炼的次数,患者在家中按照运动处方,自我监测靶心率(THR)进行锻炼。

表 4-6-2 日常生活活动 MET 值

活动内容	MET	备注	活动内容	MET	备注
睡眠	0.9		清洗餐具	2.3	站立位
静卧	0.9		打扫房间	2.5	扫地、倒垃圾
看电视	0.9	卧位	大扫除	3.5	
静坐	1.0		擦窗户	4.5	
坐车	1.0	小轿车	拖地板	4.5	
看电视	1.0	坐位	洗车	4.5	
听音乐	1.0	坐位	清理车库	4.5	
使用坐便	1.0		自行车打气	2.5	站立位
写字	1.0	坐靠背椅	换灯泡	2.5	站立位
谈话	1.0	坐靠背椅	关窗、锁门	3.0	准备外出
打电话	1.0	坐靠背椅	洗漱、化妆	2.5	站立位
阅读	1.0	坐靠背椅	洗浴	2.0	坐位
站立	1.2	排队	沐浴	4.0	站立位
谈话	2.0	站立位	穿脱衣服	2.5	站立位
烹饪	2.5	站立位	准备就寝	2.5	站立位
进食	1.5	坐位	缝纫	1.5	
进食	2.0	站立位	洗衣服	2.0	站立位
收拾餐具	2.3	站立位	整理衣物	2.3	站立位
采购	2.5	无需购物车	哄孩子玩	2.5	坐位
采购食品	3.5	需购物车	哄孩子玩	5.0	站立位
提物上楼	8.0		哄孩子玩	5.0	走、跑
开小轿车	2.0		护理儿童	3.5	坐位、穿衣
坐飞机	2.0		护理儿童	3.5	站立位
骑摩托车	2.5				

(三)冠心病稳定期运动处方

经过按照慢性期的运动处方进行锻炼,冠心病患者进入稳定期。心脏功能(FC)达到 6MET 或更高情况下,进行中等强度的活动危险性已经不大。这一阶段的康复锻炼可按照医生的运动处方,以自己锻炼为主。由于不必每次锻炼都用心电监测,锻炼的内容可更加多样化,除周期性有氧运动以外,可以增加一些负荷强度适当的其他活动项目,但不可超过规定的靶心率。

当心脏功能(FC)达到 8~10MET,为基本恢复正常。这个阶段的运动处方原则,与健身处方基本相同。但一定强调康复患者要严格执行处方的要求,并定期复查,及时调整运动处方。锻炼时一旦感觉不适(如胸闷、心前区痛等),应立即停止运动,及时就医。

(四)冠心病康复的柔韧性和力量练习处方

冠心病患者发病或手术后需卧床休息,为了保持关节的活动幅度,可做一些上、下肢的伸展练习,而搭桥手术后的患者只能进行下肢的伸展练习。美国体育医学会(ACSM)的指导说明提出,无并发症的心肌梗死和心脏搭桥手术后,甚至在 24~48 小时后即可开始做伸展练习,每天 1 组,每个练习重复 10~15 次。

心脏康复的传统观念是进行有氧运动锻炼,近年来提倡适当采用力量练习。力量练习可提高心脏病患者的肌肉力量,降低冠心病的危险因素,增强老年人的独立生活能力。进入冠心病的稳定期以后,方可进行力量练习。冠心病力量处方的原则,有别于传统力量训练处方(每组 8～12 次,3 组),可采用循环训练法。练习内容包括:卧推、颈后推、伸肘、屈肘、背伸、仰卧起坐、伸屈膝、提踵等主要大肌肉群练习,每周 2～3 次;患者采用低负荷,每组重复 10～15 次;冠心病患者每种练习做一组即可。练习时要注意心率不要超过靶心率(THR)范围,主观疲劳感觉(RPE)在 11～14MET(尚且轻松～有些吃力),注意观察血压的变化,避免上升过高。举起重物的速度要慢,放下重物的速度也要慢。转换练习时,有短时间休息。出现症状时,要立即停止。

二、高血压

高血压定义为未使用降压药物安静时动脉收缩压(SBP)≥140mmHg 和/或舒张压(DBP)≥90mmHg。高血压分为原发性高血压和继发性高血压。高血压会增加心血管疾病、脑卒中、心力衰竭、外周动脉疾病和慢性肾脏疾病等的发生风险。SBP 每增加 20mmHg,DBP 每增加 10mmHg,心脑血管疾病的风险就会加倍。

对于高血压患者,推荐的生活方式改变的主要内容包括戒烟、控制体重、降低钠摄入、减少酒精摄入、采用适宜的饮食、参加可以减轻体重的习惯性体力活动。许多有效的药物可用于高血压治疗,大部分患者可能需要至少两种药物才能达到血压控制的目标水平。

(一)运动测试

在测试前,根据高血压患者的血压水平、靶器官的损害情况,或心脑血管疾病的情况,推荐的运动测试包括以下几点。

1. 未达到有效控制的高血压患者(安静状态下收缩压 SBP≥140mmHg 和/或舒张压 DBP≥90mmHg)进行运动前,应先咨询医师。如果没有咨询医师,建议以小到中等强度(<50%VO_{2max})(VO_{2max} 为最大摄氧量)开始进行运动。

2. 属于高危人群的高血压患者在进行运动测试前应先进行医学评估。评估的内容根据要进行的运动强度和参加测试个体的临床情况不同而不同。

3. 属于高危人群或有器官损害(如左心室肥大、视网膜病变)的高血压患者在参加中等强度(40%～60%VO_{2max})到较大等强度(≥60%VO_{2max})的运动时,应该进行有医务人员监督的运动测试。

4. 安静时收缩压(SBP)>200mmHg 和/或舒张压(DBP)>110mmHg 属于运动测试的禁忌证。

5. 如果运动测试是为了非诊断性目的,患者可以在推荐的时间段服用药物。如果测试只是为了制订运动处方,患者可以跟往常一样服用抗高血压药物。但是,当测试是出于诊断性目的时,在医师许可下,患者应该在测试前停药。

6. 服用 β 受体拮抗剂的患者会有运动中心率减慢、最大运动能力下降的反应。服用利尿剂的患者会出现低钾血症、心律不齐或潜在的假阳性测试结果。

7. 运动测试时,如果出现收缩压 SBP>250mmHg 和/或舒张压 DBP>115mmHg 时,应该终止测试。

(二)运动处方

有氧运动可以使高血压患者安静血压降低 5～7mmHg。运动还可降低次大强度运动中的血压。有氧运动是应该强调的运动方式类型,但中等强度的抗阻运动也可以获得这些效果。柔韧性练习应该在全面热身后和放松阶段进行。对高血压患者推荐以下的运动处方。

1. 有氧运动和抗阻运动

(1)频率:一周几乎每天都应进行有氧运动,每周进行 2～3 天的抗阻运动。

(2)强度:中等强度的有氧运动,即 40%～60% 的 VO_{2max} 或心率储备(HRR),主观疲劳感觉(RPE)11～13MET,以 60%～80% 最大重复次数强度进行抗阻运动。

（3）时间：每天持续 30～60 分钟的持续性或间歇性有氧运动。如果选择间歇运动，每次至少10 分钟，累计每天 30～60 分钟。抗阻运动应该至少有 1 组，每组 8～12 次重复。

（4）方式：有氧运动是重点，如步行、慢跑、骑车和游泳。抗阻运动可使用器械或自由负重，作为有氧运动的补充。这些训练计划应包括 8～10 种涉及全身主要肌肉群的不同训练动作。

2. 进度 健康成年人的运动处方原则也适用于高血压患者，但应根据高血压患者的血压控制情况、抗高血压药物治疗情况、药物副作用、有无器官损害和/或其他并发症对运动处方进行相应调整。任何运动处方中的运动进度都应是循序渐进的，尤其是高血压患者更应注意这一点。

3. 注意事项

（1）严重或血压未得到有效控制的高血压患者，在医生评估后，才能确定是否在治疗计划中加入运动训练。

（2）明确诊断心脑血管疾病的患者，如缺血性心脏病、心力衰竭或脑卒中，最好在康复中心有医务人员监督的情况下开始进行较大强度的运动。

（3）如果患者安静时 SBP＞200mmHg 和/或 DBP＞110mmHg，则不能进行运动。要谨慎地将运动中血压维持在 SBP≤220mmHg 和/或 DBP≤105mmHg 范围内。

（4）β 受体拮抗剂和利尿剂可能对体温调节功能产生负面影响，特别是 β 受体拮抗剂还可能会导致特定易感个体出现低血糖（尤其是注射胰岛素和服用促胰岛素分泌剂的糖尿病患者）。在这种情况下，要告知患者热环境不耐受和低血糖的症状和体征，并采取预防措施避免这些情况。β 受体拮抗剂，尤其是非选择性的，可降低患者无心肌缺血情况下次大强度和最大强度的运动能力。降压药，如β 受体拮抗剂、钙通道阻滞剂，以及血管扩张剂会引起运动后的血压突然降低。在这些情况下要延长整理活动阶段并密切监控恢复过程。

（5）许多高血压患者都有超重或肥胖的问题。针对这些人的运动处方应该强调增加能量消耗和减少能量摄入来使体重下降。

（6）大部分老年人患有高血压，老年人和年轻人一样，运动可使血压下降，并且下降幅度与年轻人相似。有氧运动的降压效果是短暂的，这种生理反应称为运动后低血压。为了增强患者运动的依从性，要告知患者运动的短时降压效果。尽管证据有限，但已经有证据表明，关于运动的急性降压效果的教育可以改善患者对运动的依从性。

（7）对于运动中有心肌缺血表现的患者，运动中靶心率应该设定在心肌缺血的阈值以下。

（8）抗阻运动中要避免发力时的憋气（瓦尔萨尔瓦动作）。

重点提示：高血压患者不需要进行较大强度（≥60%VO_{2max}）的有氧运动，中等强度的有氧运动（即 40%～60% 的 VO_{2max}）就可以使高血压患者获得最佳的益处风险比。

三、糖尿病

糖尿病是由于胰岛素分泌减少或功能减弱引起的以空腹血糖水平升高（高血糖）为特征的一组代谢性疾病。持续升高的血糖水平使患者有不同程度的微血管疾病及神经系统风险（末梢神经和自主神经）。糖尿病有 1 型、2 型、妊娠期糖尿病（妊娠期被诊断出来）和其他特殊类型的糖尿病（如遗传缺陷和药物导致）等。绝大多数是 2 型糖尿病患者（占总糖尿病患病人数的 90%），1 型占总患病人数的5%～10%。

1 型糖尿病是因分泌胰岛素的胰岛 β 细胞自身免疫损伤所致，其中一些病例是先天性的。胰岛素绝对缺乏和酮症酸中毒高发是 1 型糖尿病的基本特点。2 型糖尿病是由于骨骼肌、脂肪组织和肝脏胰岛素抵抗伴随胰岛素分泌缺陷所致。2 型糖尿病的基本特征是身体脂肪在躯干部位堆积过多（腹部肥胖或向心性肥胖）。胰岛素抵抗和向心性肥胖通常会发展为糖尿病前期。

糖尿病和糖尿病前期的诊断标准见表 4-6-3。糖尿病前期是以碳水化合物餐后血糖升高（糖耐量减低，IGT）和/或空腹血糖升高（空腹血糖受损，IFG）（表 4-6-3）为特点的代谢状态。随着时间的推移,当胰岛 β 细胞胰岛素的高分泌状态减退无法抑制血糖升高时,糖尿病前期个体就有很高的风险发展为糖尿病。这也提升了对那些介于 1 型糖尿病和 2 型糖尿病之间的糖尿病患者的认识,特别是胰岛素分泌减少或缺乏,但是又没有出现针对产生胰岛素的 β 细胞抗体的患者。

表 4-6-3　糖尿病前期及糖尿病诊断标准

正常	糖尿病前期	糖尿病
空腹血糖＜100mg/dl（5.55mmol/L）	IFG:空腹血糖 100～125mg/dl（5.55～6.94mmol/L）	有症状伴随随机血糖≥200mg/dl（11.10mmol/L）
	IGT:OGTT 2 小时血糖 140～199mg/dl（7.77～11.04mmol/L）	空腹血糖≥126mg/dl（6.99mmol/L）
		OGTT 2 小时血糖≥200mg/dl（11.10mmol/L）

注:IFG 为空腹血糖受损(至少空腹 8 小时);IGT 为糖耐量减低;OGTT 为口服葡萄糖耐量试验。

糖尿病管理的基本目标是通过饮食、运动来控制血糖,在一些病例中还应使用药物,如胰岛素或口服降糖药控制血糖。控制血糖的强化治疗,能减少 1 型、2 型成年糖尿病患者发生并发症的风险。

糖化血红蛋白(HbA1c)可以反映过去 2～3 个月平均血糖水平,糖尿病患者的基本控制目标是 HbA1c＜7%。HbA1c 可作为一个附加的血液化学指标,为糖尿病患者提供长期血糖控制的信息。尽管美国糖尿病协会(ADA)和世界卫生组织(WHO)将 HbA1c＜6.5% 作为糖尿病的诊断标准,但是大多数诊断仍基于空腹血糖升高。

（一）运动测试

糖尿病人群运动测试的特殊要求如下。

1. 对于没有心血管疾病症状和低风险(10 年内患心血管疾病风险＜10%)的糖尿病或糖尿病前期个体开始进行中低强度运动(相当于明显增加心跳和呼吸的运动,如步行)之前不需要进行运动测试。

2. 未来 10 年发生心脏疾病的危险≥10% 的糖尿病患者或是想要开始较大强度运动项目($\geq 60\% VO_{2max}$,能够明显加快心率和呼吸)的糖尿病患者,应该在医务监督下进行有心电监护的递增运动负荷试验(exercise test)。

3. 对运动中非特异性心电图(ECG)改变,或者休息时非特异性 ST 和 T 波改变的个体,可以继续进行运动测试。一项无症状性心肌缺血(SMI)的糖尿病患者的试验研究,对 1 123 例 2 型糖尿病和无症状冠心病患者进行腺苷酸负荷心肌放射性核素灌流显像筛查,之后跟踪 4～8 年,发现罕有心血管事件发生者。

4. 糖尿病患者的无症状性心肌缺血常常不能被发现,因此健康管理人士对患者应该每年进行心血管疾病风险评估。

（二）运动处方

2 型糖尿病患者和糖尿病前期人群规律运动的好处包括改善糖耐量、提高胰岛素敏感性和降低糖化血红蛋白值。对于 1 型糖尿病患者和使用胰岛素的 2 型糖尿病患者,提高规律运动可以降低胰岛素需要量。1 型、2 型糖尿病患者运动的额外好处是,有改善心脑血管病的危险因素(血脂、血压、体重和功能能力)和身心状态的作用。参加有规律的运动也可以防止那些有高危险的人群(如糖尿病前期)发展成 2 型糖尿病。

推荐给普通成年人的运动处方适用于糖尿病患者。参与运动对于 1 型和 2 型糖尿病患者来说是很重要的,能够获得益处。运动带来的心血管健康及相关益处对于两种类型的糖尿病患者来说都有重要影响,对于 2 型糖尿病患者和糖尿病前期人群而言,运动可以提高胰岛素敏感性,提高细胞摄取血糖的能力,从而达到控制血糖的效果;对于 1 型糖尿病患者来说,增加的胰岛素敏感性虽然对于胰腺的功能影响不大,但是降低了外源性胰岛素的需求。健康降低体重和维持合理体重对于 2 型糖尿病患者和糖尿病前期人群是很重要的,同样地,1型糖尿病患者中也存在超重和脂肪过多的问题,运动可以起到较好的作用。

糖尿病人群的FITT(频率、强度、时间、类型)推荐如下。

1. 有氧运动、抗阻运动和柔韧性练习

(1)频率:每周3～7天。

(2)强度:40%～60%VO_{2max},相当于主观疲劳感觉(RPE)11～13。要达到好的血糖控制效果可能需要更高的运动强度($\geqslant 60\%VO_{2max}$),因此,参与规律运动的人群可考虑把运动强度提高到此水平。

(3)持续时间:2型糖尿病患者应该参加每周累计至少150分钟的中等或较大强度运动。有氧运动每次至少10分钟并贯穿整周。观察性研究发现,在所有人群中每周150分钟的中等强度运动与发病率/死亡率降低相关,每周累计300分钟或更多的中等到较大强度运动会获得更多益处。

(4)方式:强调动员大肌肉群,有节奏地、持续性运动,同时也应考虑个人兴趣和运动目标。

2. 进度　由于能量消耗最大化是最优先选择的目标,运动的时间(连续时间或累计时间)应逐渐增加。随着人体体适能水平的提高,需要提高体力活动强度和对抗厌倦情绪。

鼓励没有禁忌证、视网膜病变和近期激光治疗的糖尿病患者和糖尿病前期人群进行抗阻训练。给普通健康人群推荐的训练方案同样适用于糖尿病患者。对于具有禁忌证的人群需要对运动处方进行相应调整。

有证据显示,有氧运动和抗阻训练二者相结合对于控制血糖的效果优于单一运动方式。这种增加的益处是来自整体能量消耗的增多,还是来自有氧运动和抗阻训练二者结合的运动方式特异性,还尚未可知。

另外,每周不应超过连续两天的不活动状态。如果以提高心血管功能为主要目标,就要逐渐达到较大强度运动。如果像大多数2型糖尿病患者一样,以维持减体重为目标,应强调使用更大量的中等强度运动以达到能量消耗(energy expenditure,EE)$\geqslant 2\,000$kcal/周(每周超过7小时),包括日常运动在内。

3. 注意事项

(1)低血糖是参加运动的糖尿病患者面临的最严重的问题。糖尿病患者血糖水平<3.9mmol/L即定义为低血糖症。运动会导致急性血糖下降,即使在高血糖阶段,也可能引起患者出现症状反应。相反,血糖的快速下降也可能不出现明显的症状。低血糖症的常见症状包括颤抖、虚弱、异常出汗、神经质、焦虑、口和手发麻、饥饿。神经性低血糖症状包括头痛、视力障碍、反应迟钝、迷惑、遗忘、突然休克和昏迷。更重要的是,低血糖可能会在运动后12小时才出现。

(2)运动前和运动后要进行谨慎的血糖监测,尤其是刚开始和修订运动计划时。

(3)运动时要考虑患者是否注射胰岛素和口服降糖药这两个因素。对于注射胰岛素的患者,改变胰岛素注射时间、降低胰岛素剂量和/或增加碳水化合物摄取量都是预防运动中和运动后低血糖的有效措施。

(4)体力活动和口服降糖药物的潜在交互作用还缺乏有效研究,尚不清楚。磺脲、胰高血糖素样肽激动剂和其他可以增强胰岛素分泌的化合物很可能会增加低血糖症的风险,原因在于胰岛素和肌肉收缩使血糖摄取增加。几项关于双胍类(如二甲双胍)和噻嗪类药物的研究证明交互作用是复杂的,基于药物或运动的个体差异可能无法预测。在口服药物时开始规律运动,必须额外进行血糖监测来评估药物剂量是否需要调整。

(5)为了预防运动诱发的低血糖,运动前应根据血糖水平和运动强度调整碳水化合物的摄入量或药物胰岛素使用剂量。

(6)持续的血糖监测可以用来测定多天的血糖,评价运动即刻和持续效果。持续的血糖监测可以提供足够的信息用来调整胰岛素剂量、口服药物类型和碳水化合物摄入量。

(7)结伴运动或在医务人员监督下进行运动,可以减少低血糖相关问题的风险。

（8）由于1型糖尿病患者不能控制血糖,高血糖伴有或不伴有酮症是一个应注意的问题。高血糖症的相关症状是多尿、疲劳、虚弱、口渴感增加和丙酮呼吸。有高血糖症的患者如果感觉良好,并且尿酮体和血酮体阴性,可以进行运动,但是应避免大强度运动。

（9）多尿引起的脱水是高血糖症的常见问题,它可能导致体温调节紊乱。因此,当伴有高血糖症的患者中暑危险性增加时应进行治疗,并应更频繁地监测中暑相关症状和体征。

（10）糖尿病伴有视网膜病变的患者的视网膜脱离和玻璃体积血的危险与较大强度运动相关,但避免急速升高血压的活动可以将危险降到最低。所以有非增生型和增生型糖尿病性视网膜病变的患者,应该避免较大强度有氧运动和抗阻训练。

（11）在运动中,自主神经病变可能引起慢性不适应(即血压反应迟钝)、摄氧量变化削弱和无汗症(即水分丢失)。在这种情况下,需要考虑以下方面的问题:①由于患者不能识别低血糖症的体征和症状,应注意监测低血糖反应。另外,由于不能识别心绞痛,应注意监测无症状性心肌缺血的症状和体征,如不规则的呼吸困难或背部疼痛等。②注意监测运动前后的血压,以控制较大强度运动引起的高血压和低血压反应。③当不便监测运动中的血压和心率时,可以运用主观疲劳感觉分级来监控运动强度。④考虑到糖尿病患者在热环境和冷环境中体温调节机制可能受损,要确保有专门措施来应对中暑和寒冷性疾病。⑤对于伴有外周神经病变的糖尿病患者应采取正确的足部防护措施,预防足部溃疡。要采取特殊预防措施来防止脚部长水疱。脚要保持干燥,使用硅胶或空气夹层鞋垫,或者穿涤纶、混纺的袜子。⑥对有肾脏病变的患者,虽然运动后蛋白质排出量急剧增加,但没有证据证明较大强度运动会增加肾脏病变的严重程度。虽然目前对糖尿病肾脏病变患者的运动强度没有限制,但为了慎重起见,应推荐那些可耐受的运动项目,主要是可耐受的中等强度的运动项目。

重点提示:糖尿病患者和糖尿病前期人群进行规律运动可以获得的益处包括提高糖耐受能力和增加胰岛素敏感性。规律运动可以降低1型糖尿病患者的胰岛素需求。健康人群的有氧运动处方一般原则适用于糖尿病患者。对于糖尿病伴有视网膜病变或最近接受过激光手术的患者应避免抗阻训练。

四、超重和肥胖

超重和肥胖以体重过大为特征,通常用体重指数(BMI)来定义这些状态。超重和肥胖与很多慢性疾病有关,包括高血压、冠心病、糖尿病、各种恶性肿瘤和多种骨骼肌肉疾病。

体重的管理依赖于能量平衡,受能量摄入与能量消耗的影响。一个超重或肥胖个体要减重,其能量消耗必须超过能量摄入。体重减少5%~10%会提供明显健康益处,通过维持体重下降和坚持规律的运动均可获得这些益处。维持体重下降是一种挑战,因为在停止干预后1年内,体重会反弹增加最初减掉的重量的33%~50%。

通过运动和其他活动增加能量消耗的生活方式来干预降低体重,可以减少初始体重的9%~10%。但是,与减少能量摄入相比,运动在减体重方面似乎影响较小。在能量摄入小于基础代谢时,运动的减重效果减弱。因此,应把适当减少能量摄入和足够强度的运动结合起来,这对超重和肥胖人群最大限度地减重是很必要的。运动可以防止体重反弹,但是还缺乏设计严谨的随机对照试验支持和明确运动的能量消耗和能量平衡的测试,因此不能提供足够的证据证明运动防止体重反弹的量效关系。基于科学数据和临床实践指南,ACSM针对超重及肥胖症患者的运动测试和训练给出如下的推荐。

（一）运动测试

并发症(如血脂异常、高血压、高胰岛素血症和高血糖等)的出现,会增加超重和肥胖症患者运动的风险,因此测试前的医学检查和测试中的医务人员监督都是必要的。

应该考虑治疗并发症所使用药物的时间与运动测试的关系。如果有肌肉骨骼损伤或者使用矫形器具的情况,则应调整运动测试方案,可能会用到上肢或下肢功率车。

超重和肥胖人群通常只有较低的运动能力,因此需要采用低起始负荷(2~3MET),每级以较小负荷（0.5～1.0MET）递增的方案。

考虑到便于健康管理人士、运动专家或患者进行测试管理,可以使用功率车(有超大座椅的)来代替跑台。

出于安全和标准化的目的,运动设备必须满足超重和肥胖人群特殊体重的要求。

超重和肥胖的成年人一般很难达到最大运动测试要求的标准,所以常规使用的终止测试标准也不适合这些人。

为了准确地测量血压,对超重和肥胖人群应特别注意袖带的大小是否合适。

(二) 运动处方

1. 有氧运动、抗阻运动和柔韧性练习

(1)频率:至少每周 5 次,使能量消耗最大化。

(2)强度:推荐中等强度至较大强度运动。起始运动训练强度应该保持在中等强度(即 40%～60%VO_{2max}/HRR),强调延长运动时间及增加运动频率,最后增加到较大运动强度(≥60%VO_{2max}/HRR)运动,这样效果更佳。

(3)时间:每天 30 分钟,每周共 150 分钟,逐渐增加至每天 60 分钟每周 300 分钟的中等强度。增加更多的较大强度运动可以获得额外益处,但是参与者应该能够并愿意参加较大强度运动,因为可能会造成更多的损伤。每次至少 10 分钟的间歇运动也是一种有效的运动方式,对于运动初期可能效果更明显。

(4)方式:主要是大肌肉群参与的有氧运动,辅以抗阻运动和柔韧性练习。

2. 注意事项 阻止体重反弹需要的运动量大小还缺乏研究来证明,但有文献认为防止体重反弹所需的运动为保持健康所推荐的每周 150 分钟,或者在每周大多数日子中进行 30 分钟中等强度运动量。

以下事项需特别注意:

(1)超重或肥胖人群可能会受益于逐渐增加运动时间直至每周大于 250 分钟,因为这种体力活动能够较好地长期保持体重。对某些人来说,为了提高或保持降体重的效果,每日训练时间逐渐增至 60～90 分钟是必要的。

(2)应该保证足够的体力活动,每周应运动 5～7 天。

(3)为了长期控制体重,应该保证至少每天 30 分钟的中等至较大强度运动,逐渐增加至每周大于 250 分钟。

(4)超重或肥胖的成年人可以通过累计若干段、每段至少 10 分钟的体力活动达到这种运动量,或以其他形式的中等强度运动和生活中的体力活动来实现。另外,这些策略可以增强运动的适应性和持续性。

(5)辅助的抗阻运动引起的能量限制不能阻止去脂体重和安静代谢率的下降。但是,抗阻运动能加强超重和肥胖人群的肌肉力量和身体功能。而且,此人群参加抗阻运动能增强身体健康益处,如减少心血管疾病、糖尿病和其他慢性疾病的危险因素。

3. 推荐的减重计划 目标是在 3～6 个月内至少减轻体重的 5%～10%。在减重的最初阶段,要为患有肥胖症或超重的人群与健康管理专业人士、营养师、运动专家等提供机会进行信息交流。

改变饮食目标和运动习惯,能保持这两个行为的改变就会获得显著的、长期的减重效果。每日减少 500～1 000kcal(1kcal=4 186J)能量摄入,直至达到体重减轻的目标。超重和肥胖人群每周的体力活动量应逐渐增加至 150 分钟的中等强度,以获得最大限度的健康体适能益处。在适应此活动量的基础上,活动量逐渐增加至每周大于 250 分钟的中等到大强度,以促进长期控制体重。将抗阻运动作为有氧运动的辅助方法,适量地减少能量摄入,以减轻体重。结合行为干预策略促进人们对设计的行为改变的适应和保持。

4. 减肥手术 降体重手术适用于 BMI 指数超过 40kg/m^2 或 BMI 指数超过 30kg/m^2 且伴有并发

症的人群。外科治疗仅用于重度肥胖、减重失败而有严重并发症的患者。运动可以帮助患者在手术后达到和保持能量平衡。严重肥胖的个体没有进行大运动量的运动,而且像普通人群一样,其运动量与体重呈负相关。达到每周至少 150 分钟的运动量可以促进术后 6 个月至 1 年内的减重。一旦患者术后经医师证明可以进行运动,应遵循健康成人运动处方原则进行循序渐进的运动。由于关节负荷大和运动能力低下,患者在运动起始阶段可选择间歇性运动或非承重性运动。然后,主要进行持续性运动和承重性运动,如步行。手术后运动的目的是防止体重反弹,ACSM 推荐每周进行至少 250 分钟的中等到较大强度运动。

重点提示:体重管理在于改变能量摄入与能量消耗的差值,或称"能量平衡"。为了达到降体重的效果,每日应减少 500～1 000kcal 能量摄入,每周的体力活动量应逐渐增加为至少 150 分钟的中等强度体力活动,以最大限度获得健康体适能的益处。

五、特殊环境中的运动处方

(一)热环境中的运动

热环境中的运动应注意对抗脱水、运动性中暑。肌肉收缩产生的代谢热通过活动肌肉到达血液带到身体的核心部位,随后体温升高引起皮肤血流增加和汗液分泌增多等散热反应,汗液蒸发将热散发到环境中。因此,心血管系统在体温调节中发挥着非常重要的作用。通过出汗完成皮肤和环境之间的热交换,通过周围环境温度、湿度、空气流动、天空和地面的辐射、衣着等相关的生物物理特性完成干燥环境的热交换。然而,当机体代谢时的产热量超过散热量时,就会产生高热(即体内温度的升高)。汗液如果只是从身体或衣服上滴下来,对降温不会有什么帮助。如果分泌的汗液从身体上滴下来而不是蒸发掉,机体就会提高排汗率以完成蒸发降温的需求。汗液的丢失相差很大,主要取决于体力活动的量和强度,以及周围的环境条件。其他的因素也可以改变出汗率、最终液体的需求。例如,热习服会导致更高、更持久的排汗率,而有氧耐力训练对提高排汗率的反应有适度的影响。

在运动引起的热应激中,脱水会增加生理负担,如核心温度、心率、自我感觉等。对特定的运动任务而言,身体水分缺乏越多,生理负担越大。在温、热环境中运动,脱水会增加核心体温。脱水与核心温度上升的关系通常是脱水达体重的 1% 时体温升高 0.1～0.2℃。脱水引起过多的蓄热与热丢失成反比关系。因此,在运动中体内缺水,排汗率(即蒸发散热)的下降和皮肤血流量(即干燥散热)的降低会导致更多的热储存。

脱水:脱水(即体液丢失超过体重的 2% 时)不会降低肌肉的力量或无氧能力。在温暖、炎热的环境中脱水达体重的 2% 时,就会降低有氧运动能力。当脱水程度增加,有氧运动能力会成比例下降。严重的水缺乏(即大多数个体＞2% 的体重)和运动能力降低很可能与环境温度、运动任务和个体独特的生物学特性(如对脱水的耐受性)相关。如果不考虑全身高热或环境温度,急性脱水会降低机体的耐力表现。耐力(即达到力竭的时间)在热环境中比在温暖或寒冷环境中更易下降。

排汗率因人而异,因此对个体而言,在相同的条件下完成相同的任务所需液体量是不同的。通过测量运动前后的体重确定排汗率,提供补液指南。活动的个体每丢失 0.45kg 体重,应该补充至少 568ml 的液体。在长时间的运动过程中,适当补充食物有利于补液,同时对钠离子和其他电解质的交换代谢起着重要作用。在实际应用中,将晨起体重、尿液浓度的测试和口渴感相结合可以提供 种简单、低成本的方法以确定机体处于脱水状态还是水合状态。如果尿液颜色清淡,表明机体处于充足的水合状态,若尿液颜色呈深黄或褐色越重,则提示机体的脱水状态越严重。表 4-6-4 提供了在运动或体力活动前、中、后的补水建议。

过度饮用低渗液体是引起运动性低钠血症的主要机制。低钠血症是一种比正常血钠离子浓度低的状态(通常＜135mmol/L)。低钠血症经常发生在长时间的体力活动后及在汗液过度丢失(由体重获得)时仅仅补充低渗性液体(水)。预防低钠血症要避免补水量超过排汗量,并在进行数小时持续性或接近持续性出汗的运动中补充含盐饮料或食物。

表 4-6-4 运动前、中、后补水建议

时间	补水	注解
运动前	运动前至少 4 小时饮水 5～7ml/kg	如果没有尿液或尿液颜色较深,应在运动前 2 小时再饮水 3～5ml/kg,钠盐饮料或含盐零食有助于保留水分
运动中	在运动中通过体重变化的监测来估计汗液的丢失 补充的液体中应包含浓度为 20～30mmol/L 的钠、浓度为 2～5mmol/L 的钾、含 5%～10% 的碳水化合物	预防>2% 的体重丢失 根据个体排汗速度、环境和运动持续时间来确定补水量和速度
运动后	正常食物和饮料的补充有助于水合状态的恢复 如果需要快速恢复,体重每丢失 1kg 需要饮水 1.5L	目标是充分补液、补充体内丢失的电解质 通过刺激口渴感和液体潴留有助于恢复钠的摄入量

运动性中暑:中暑的范围从肌肉痉挛到威胁生命的高热,具体表现见表 4-6-5。脱水可以是中暑的直接因素(如热痉挛和热衰竭)或间接因素(如热射病)。

表 4-6-5 热环境中发生中暑时不同类型症状和体征的比较

类型	典型症状和体征	精神状态	体温升高
运动性热射病	定向障碍、头晕、非理性行为、冷漠、头痛、恶心、呕吐、过度换气、皮肤潮湿	明显(定向障碍、反应迟缓)	明显(>40℃)
运动性热衰竭	血压下降、心率和呼吸频率增快、皮肤潮湿苍白、头痛、无力、头晕、肌力下降、寒战、恶心、呕吐、腹泻	少或无,焦虑	无到中等(37～40℃)
热晕厥	心跳、呼吸减慢、皮肤苍白、在晕厥前会感觉虚弱、视野缩小、眩晕、恶心等	短暂性晕厥发作	很少或无
运动性热痉挛	无力、痉挛,可以形成虚弱性痉挛	无	中等(37～40℃)

(1)热痉挛是指肌肉的疼痛或痉挛,常常发生于与紧张性活动有关的腹部、上肢和下肢。肌肉疲劳、水分丢失、显著性汗液钠的丢失都是引起热痉挛的因素。休息、长时间的拉伸、饮食中氯化钠的摄入(如将 1/8～1/4 茶匙的食盐或 1～2 片食盐片加入 300～500ml 液体、肉汤或咸的零食中)、静脉注射生理盐水等都是治疗热痉挛的有效方法。

(2)热晕厥是由于周围血管尤其是下肢静脉血液回流受阻引起的短暂性循环衰竭。通常发生在身体状态差、静坐少动、对环境适应性差的个体。长时间的站立、突然停止剧烈运动、延长运动、直立运动可引起最大限度的皮肤血管扩张,导致血压下降和脑部供氧不足。热晕厥的症状可从轻微的头晕到意识丧失。一旦个体转为坐位或平躺后症状很快就可以恢复,但若要完全恢复安静时心率和血压则需要几个小时。

(3)热衰竭是严重中暑的常见类型。在热环境中进行运动或体力活动时,当身体不能维持稳定的心输出量水平以保证调节温度的皮肤血流量和运动代谢需求时的血流量,就会发生热衰竭,以明显疲劳、进行性乏力、无严重高热为特征。对神志清醒、能吞咽、无消化道丢失液体(如呕吐、腹泻)的个体而言,口服液体是体液补充的首选方法。静脉注射液体有利于不能口服液体或重度脱水个体的恢复。

(4)运动性热射病是由高热引起,以体温升高为特征(>40℃)。患者具有明显的中枢神经系统紊乱、多器官系统功能衰竭并导致谵妄、抽搐或昏迷等症状。当周围环境中湿球黑球温度指数(WBGTI)超过 28℃时,高强度、长时间的运动是发生热射病的最危险因素。它是一种威胁生命的紧急医疗情况,需要采取冷水和冰水浸泡治疗的方法使整个身体的温度迅速、有效地降低。体力不足、脂肪过量、服装不合适、佩戴护具、热环境不适应、疾病、药物等因素也会增加发生热射病的危险。

1. **运动处方** 可以应用美国国家职业安全卫生研究所（NIOSH）制定的标准来规定引起热损伤增加的 WBGTI 水平，但是实施预防措施时仍可进行运动。这些预防措施包含了运动过程中必要的休息。

运动处方中规定有目标靶心率（THR）的个体在温暖或炎热环境中运动时与较冷环境相比，能以较低的绝对负荷强度达到靶心率的要求。例如，在炎热潮湿的天气，降低跑速就可以完成靶心率（THR）。在热环境中降低运动负荷以维持相同的靶心率（THR）将有助于减少在环境适应下发生中暑的危险性。当热适应形成，逐渐增加运动强度会达到靶心率（THR）。为安全起见在热环境中开始运动的时间持续 10～15 分钟，以后可以逐渐增加。

2. **制订个性化的计划** 具有充足的休息、营养、水分、热适应的儿童和成年人可以降低发生运动性中暑的危险。为减少高温、脱水带来的影响，在制订个性化的计划时应充分考虑热环境下的因素。

（1）环境监测：用 WBGTI 决定适宜的活动。

在极端环境中应调整活动，保证能够获取足够的液体，提供较长时间的休息，以便散热，缩短或推迟比赛时间。选择与中午相比气温较低的时间运动（清晨或傍晚）。儿童和老年人要根据当天的气温和湿度调整自己的运动计划（表 4-6-6）。

表 4-6-6 儿童活动的调整建议

温度/℃	建议
≤23.9	可以进行所有的活动，但要警惕长时间运动中出现的热相关疾病的症状和体征
>23.9～26.1	延长在阴凉处的休息时间，每 15 分钟饮水 1 次
>26.1～29.4	禁止长距离的比赛，减少其他活动的时间
>29.4	取消所有的体育活动

应考虑对热环境的适应状态、体适能、营养、睡眠不足、运动参加者的年龄、运动强度、持续时间、一天中运动的时段、液体的供应，以及比赛场地表面的热反射（如草坪与沥青）等。在两次运动之间恢复和补充体液的时间至少要有 3 小时，最好是 6 小时。

（2）热环境的适应：这种适应包括降低直肠温度、心率（HR）、主观疲劳感觉（RPE）；增加运动耐受时间、提升出汗率、减少汗中排盐量。热习服包括：①改善热量从体内核心区域到外界环境的传递；②改善心血管功能；③更有效地排汗；④改善运动能力和热耐受性。春末夏初时，在热环境中静坐少动可以逐渐形成季节性气候适应，而通过 10～14 天在热环境中有计划的中等强度运动来适应更热的环境温度可促进这一过程。

（3）服装：具有高排汗功能的服装有助于蒸发散热。运动员应该尽量减少衣物和装备（尤其是头盔），尽可能地使热量散发，降低发生高热的危险，特别是在热适应开始的前几天中尤为重要。

（4）教育：对参加锻炼者、教练、社区紧急应变小组成员进行培训可以降低热相关疾病的发生率，提高认识和治疗水平。培训计划应该强调认识热耐受不良的相关症状/体征、补液、饮食、休息和热适应等的重要性。

（5）组织规划：当健身者在炎热/潮湿的环境下运动时，体适能机构和组织的成员应该制订出一个标准化的热应激管理计划。此计划应包含下列注意事项：①对有风险的参加者进行检查和监督。②对环境进行评估（如 WBGTI），确定调整或取消运动的标准。③热适应程序。④能很方便地获取饮品和卫生间设施。⑤有效但不是最大限度地摄取液体。根据汗液丢失量决定液体摄入量；限定体重的变化在总体重的 2% 以内。⑥了解热射病、热衰竭、热痉挛、热晕厥的常见症状和体征。⑦实施具体的应急程序。

通过对成年人询问下列问题评估在热环境中运动的准备工作，对任何一个问题回答"否"时，应该采取相关措施（表 4-6-7）。

表 4-6-7　评估在热环境中运动准备工作的问题

1. 我已经制订了一个计划来避免脱水和高热吗？

2. 在 10~14 日内，我对逐渐增加的运动时间和强度已经适应了吗？

3. 在一天中较冷的时间段(清晨)我限制做剧烈运动了吗？

4. 在闷热/潮湿的天气，我避免做长时间的准备活动了吗？

5. 在户外训练时，我知道在哪里取水或者身上、背包里带瓶装水了吗？

6. 我是否知道自己的出汗率，应该喝多少水来补充体重的丢失？

7. 今天早晨的体重变化是在平均体重的 1% 之内吗？

8. 24 小时内的尿量正常吗？

9. 尿液颜色是否正常？

10. 在炎热和潮湿的天气中，我是否降低了自己的运动目标，运动强度、运动距离和/或工作、比赛的持续时间？

11. 我是否穿着宽松、透气、轻便的服装？

12. 我是否了解热衰竭、运动性中暑、热晕厥、热痉挛的症状和体征？

13. 我是否与同伴一起运动，是否能够对他/她的身体表现作出反应？

14. 在日常饮食中我是否摄入足够的食盐？

15. 如果我睡眠不足、患有传染性疾病、发热、腹泻、呕吐、碳水化合物耗竭、服用某些药物、酒精、滥用药物，是否避免或减少在热环境中运动？

重点提示：运动中肌肉收缩产生的热量会使体温升高，中暑的范围从肌肉热痉挛到威胁生命的高热。另外，脱水同热衰竭的发生密切相关，也是热射病的危险因素之一。汗液丢失因人而异，同时也与运动强度和环境条件有关，因此补液的需求也是因人而异的。通过监测环境、调整在湿热环境中的运动计划、穿着合适的衣服、了解中暑的症状和体征等方法来降低脱水和高热的风险。

(二) 寒冷环境中的运动

在寒冷环境中的运动要注意预防冻伤。在大多数情况下，寒冷环境(如低温、强风、低太阳辐射，以及淋雨/水)不是进行健身活动的障碍。许多因素(包括环境、服装、身体成分、健康状况、营养状态、年龄和运动强度等)相互作用决定了在寒冷环境中运动较在温暖环境中做同样的运动，是否会产生更多的生理应激或运动损伤风险。一般情况下，在寒冷环境中运动是不会增加冻伤风险的。但是，在另一些特殊情况(如浸泡、下雨、有风的低环境温度)下，整个身体和局部热平衡在运动-冷应激中无法维持，会导致体温过低、冻伤、运动能力和表现的下降。还可能增加患有缺血性心脏病和哮喘的人群的发病率和病死率。冷空气的吸入也可以使上述人群症状加重。当散热超过产热时就会发生体温过低，引起体热量的下降。环境、个体特征、服装都会影响低体温的发生，某些特殊的因素可以增加发生体温过低的危险，包括浸泡、下雨、湿衣服、低体脂、年龄偏大(如≥60 岁)和低血糖。

当组织温度降到 0℃时，就会发生冻伤。最容易发生冻伤的部位是皮肤暴露部位(如鼻子、耳朵、面颊、暴露在外的手腕)、手、足。用裸露的皮肤去触摸冰冷的物体可以引起冻伤的发生，尤其是高传导性的金属或石头。引起冻伤的主要冷应激因素有空气温度、风速、湿度。风通过促进对流散热和降低服装隔热性来加速散热，风寒指数表是将气温、风速和湿度等结合在一起衡量气温对人体舒适度影响的工具。

值得注意的是，风不会使暴露在外的物体变得比环境温度更冷。天气预报中报告的风速没有把人为因素带来的风考虑进去(如跑步、滑雪)。风寒指数表显示了暴露的面部皮肤发生冻伤和预计发生冻伤时间的相对危险性。面部皮肤是身体具有代表性的不受保护的区域。如果气温在 0℃以上时，是不会发生冻伤的。潮湿的皮肤暴露在风中时温度下降更快。如果皮肤潮湿又暴露在风中，风寒指数表中所应用的环境温度应该比实际环境温度低 10℃。环境温度高于 –15℃时,冻伤的危险性<5%,但是当环境温度降低到 –27℃以下时,暴露的皮肤在 30 分钟以内就发生冻伤,应该增加确保运动安全的监督措施。

服装的注意事项:防寒服通过衣料和两层衣料之间的夹层空气发挥隔热作用来减少散热,从而对抗体温过低和冻伤。典型的防寒服包括三层:①内层,如薄的涤纶或聚丙烯纤维;②中间层,如羊毛绒或羊毛,起着内层隔热的作用;③外层,在遮挡风雨的同时兼具透气性。关于服装穿着的推荐意见应包括下列事项:①调整服装的隔热层,尽量减少出汗;②利用服装的通风口减少汗液的积累;③除非有雨或有风,一般不需要衣服的外层;④当运动强度增加时,要减少服装的隔热层;⑤在一个运动队中不要使用单一的服装标准;⑥在冰雪天气中要穿着合适的鞋子,以降低滑倒或跌倒的风险。

运动处方:在进行有氧运动时,整个身体和面部温度的降低会诱发心绞痛的发作。运动-冷应激的类型和强度会有诱发心脏病患者发病的风险,上半身活动或代谢增强的活动均会增加其危险性。

在水中或柔软的雪中行走可能增加能量需求和心肌氧的需求量,所以有冠状动脉粥样硬化性心脏病的患者应减慢步行的速度。

在低于 25℃的水中游泳对有心脏病的患者来说是一个威胁,会增加心绞痛的风险。

重点提示:大多数情况下,寒冷天气不是进行运动健身的障碍。但运动-冷应激可以增加患有缺血性心脏病和哮喘的人群发病和死亡的风险。当环境温度高于–15℃时,冻伤的危险性<5%,但是当环境温度下降到–27℃以下时,应该增加确保运动安全的监督措施。根据天气预报选择合适的服装,明确在这种环境下运动可能带来的危害,可以充分降低冻伤的风险。

(三) 高原环境中的运动

在高原环境中运动要注意预防高原病。随着海拔高度攀升而逐渐降低的大气压会使得身体或肺部吸入空气中的氧分压降低,即使有增加通气量和心输出量(Q)的代偿反应,也常导致动脉氧含量下降。心输出量的增加常常通过提高心率(HR)来完成。对大多数人来说,1 500m 或以上的海拔高度已经显示出一定的影响。本部分内容中,低海拔所指的位置是低于 1 500m,高海拔所指的位置是在3 500～5 500m,超高海拔所指的位置是 5 500m 以上。

随着海拔升高至 1 500m 以上时,身体活动能力就会降低。一般来说,身体活动能力随着高度、体力活动持续时间、肌肉量的增加而明显减退,但是随着高原适应而减轻。身体活动能力最常见的高原影响是活动完成时间的延长,或休息频率的增多。高原暴露 1 周以上,高原适应就会发生。

1. 高原病 迅速上升至高海拔时,会增加个体患高原病的风险。主要的高原病有急性高原反应、高原脑水肿、高原肺水肿等。此外,许多个休在高海拔地区出现咽痛、支气管炎,这些可能导致在高海拔地区呼吸系统功能损害和严重的阵发性咳嗽。有既往史、在早期高原暴露中有长时间体力消耗和脱水的人高原病的患病风险会增加。

(1)急性高原反应:是高原病中最常见的一种类型。症状包括头痛、恶心、疲劳、食欲下降、睡眠障碍,严重的病例可出现平衡障碍,手、脚和面部的轻微水肿。急性高原反应通常发生在高原暴露的24 小时内。它的发生率和严重程度与海拔上升的速度、高度成正比。据估计,不适应的个体直接快速上升到低海拔高度时,急性高原反应的发病率是 0～20%;直接快速上升到高海拔高度时,急性高原反应的发病率是 20%～40%;到超高海拔高度时,急性高原反应的发病率是 50%～80%。对于绝大多数人来说,海拔不再上升并限制体力活动时,急性高原反应症状通常在高原停留 24～48 小时后逐渐缓解。

(2)高原脑水肿:是一种不常见但有可能致命的疾病。在 3 658m 以上的海拔高度,其发病率只有 2% 以下。高原脑水肿是严重的急性高原反应没能得到处理并进一步恶化的结果,最常发生在有急性高原反应症状却又继续升高海拔高度的人身上。

(3)高原肺水肿:是第二种不常见但有潜在致命可能的疾病。在 3 658m 以上的海拔高度,其发病率在 10% 以下。在 3 658m 海拔高度上下波动的个体和在高原暴露早期用力运动的个体会增加高原肺水肿的患病风险。肺部的干、湿啰音的出现提示发生高原肺水肿的可能性增大。发生高原肺水肿时会有口唇和指甲发绀现象。

2. 高原病的预防和治疗 高原适应是对所有高原病的最好应对措施。最低限度持续进行运动/体力活动、保持足够的水和食物摄入将降低发生高原病的可能,并且能促进恢复。出现中等或严重与高原相关的疾病的症状和体征时,首选的治疗方法是下降到低海拔地区。能够下降到海拔305～914m,并且停留一夜对预防和恢复所有的高原病都是非常有效的。

预防性或治疗性使用乙酰唑胺可以明显地预防或减轻急性高原反应。头痛可以服用阿司匹林、对乙酰氨基酚、布洛芬、吲哚美辛、萘普生等治疗。吸氧或高压氧舱治疗一般可以减轻头痛、疲劳、睡眠障碍等症状。氯丙嗪可以用于减轻恶心和呕吐。如果上述治疗方法都无法提供或无效,可以选用地塞米松(dexamethasone,皮质类固醇),也是有帮助的。

对诊断为高原脑水肿、高原肺水肿的治疗包括降低海拔高度、氧疗和/或高压氧袋治疗,使用地塞米松和乙酰唑胺也有帮助。

3. 高原反应 很多滑雪或徒步旅行、没有适应过程的人有时会直接进入高海拔地区,在快速进入海拔约为4 300m地区的几个小时内,就会产生急性高原反应的症状,体力和认知力会达到最低值,这个状况持续在最初的几天当中。在此期间主动体力活动不能过多,应停止耐力性运动训练或大大减小运动强度以避免急性高原反应的恶化。在高原适应后,急性高原反应症状有所减轻后可以根据个人意愿恢复正常体力活动和运动训练。像在低海拔高度训练那样,用心率监测高原上的运动强度是简单、安全、客观的途径。例如,像在平原上那样,可以用年龄推算最大心率的公式"220-年龄",并乘以一定海拔时所期望的运动强度百分数来进行监测,在每周的训练量和每次的持续时间能保持的情况下,就是高原训练刺激方式。应当注意,在同样的主观疲劳感觉的情况下,在高原进行慢跑或赛跑的速度都会比平原要低,并且与高原适应无关。

4. 高原适应 随着高原适应的产生,个体可以针对某一海拔高度改善其身体和认知的表现。高原适应可以使个体适应高原环境,完成最大限度的身体和认知表现,并降低发生高原病的可能性。高原适应由在低海拔或高海拔地区持续或重复暴露形成时间依赖性的生理适应和高原病患病风险的降低组成。此外,在攀升到一个更高的目标海拔高度之前,可以通过持续在某一目标高度居住而获得高原适应,至少可以通过在低海拔生活获得部分高原适应,即分阶段适应。分阶段升高海拔的目的是逐渐促进高原适应,防止快速攀升到高海拔的不良结果(例如高原病),用低氧面罩或在低氧房(即常压低氧)生活来呼吸低浓度氧以引起功能性高原适应的效果没有直接暴露在自然高原环境中的效果好(即低压低氧)。

对于从低海拔地区上升到高海拔的个体,在所有分阶段升高海拔的方案中,第一阶段都应该在低海拔地区居住3天或更长时间。在此海拔高度上,个体的身体活动能力将略有下降,高原病的发生率也比较低。在任一海拔高度上,几乎所有的适应性反应都是在7～12天内获得的。在低海拔高度3～7天的短时间居住会降低在高海拔高度高原病的患病风险。6～12天的居住是提高身体工作能力所要求的。高原适应反应的大小随着进入高海拔阶段或者在某一指定阶段高度上停留时间的延长而有所提高。最后的上升阶段应该尽可能地接近超高海拔高度。

高原运动训练一般的分阶段指南如下:对于每天都在1 200m以上高原居住的个体,后续能快速上升的海拔高度等于该个体在原来海拔高度身体适应的天数乘以305m。

5. 个体高原适应状况的评估 高原适应的最佳指标是没有发生高原病、身体活动能力有所改善、动脉血氧饱和度(SaO_2)逐渐升高。通过急性高原病症状(如头痛、恶心、疲劳、食欲减退、睡眠障碍)和体征(如平衡障碍,手、脚和面部的轻微水肿)的严重程度来评价急性高原反应是否存在及严重程度。在海拔高度上升的第3～4天没有发生急性高原反应或只有轻微的症状,说明是正常的适应性反应。高原适应的第1～2周次大强度身体活动能力得到改善。在特定海拔高度下,随着适应的出现,长时间运动和工作的能力也得到改善。对高海拔产生适应性变化的早期表现是尿量增加,通常出现在特定海拔高度的最初几天。随着海拔高度的上升,尿量会继续增加。

通过无创脉搏血氧仪测量的动脉血氧饱和度(SaO_2)是一个非常好的反映适应性的指标。脉搏血氧仪应该在安静状态下操作。从特定海拔高度的第一天 SaO_2 的最低点开始,一直到稳态之前的 3～7 天 SaO_2 将逐渐升高。例如,刚暴露于 4 276m 的海拔高度时,安静时的 SaO_2 为81%,1周之后可以达到 88%。

6. 运动处方 到达高原的最初几天,个体应该减少体力活动以降低发生高原病和过度生理疲劳的风险。这个时期之后,可通过降低速度、距离或阻力来达到与平原相同的 THR,一旦形成高原适应后,逐渐增加运动强度以达到 THR。

7. 制订个性化的计划 想要产生高原适应的成人和儿童,需要有充足的休息、营养、液体补充以降低发生高原病的危险性,提高身体活动能力。为了进一步降低高原的影响,应该考虑到下列因素:

(1)监测环境:高原地区通常与温度、湿度、风力、太阳辐射等气象现象相联系。对于"热环境"和"冷环境"应遵循相应的指南。

(2)调整:在高原的活动应考虑到高原适应状况、体适能、营养、睡眠质量与时间、年龄、运动持续时间与强度,以及液体的供应等方面。为了方便休息和恢复,应该延长和/或增加休息间隔时间并缩短活动时间。高原对较长持续时间活动的影响大于对较短持续时间活动的影响。

(3)制订一个高原适应计划并监测进展。

(4)服装:个体的服装和装备要能在一个比较大的温度和风力范围内提供保护。

(5)教育:对参加者、教练、社区紧急应变小组的教育可以降低高原相关疾病的发病率、加强对高原病的认识和治疗。

8. 组织计划 当人们在高原进行运动时,体适能机构和组织应该制订一个标准化的管理计划,此计划应包括以下程序。

(1)对有风险的参加运动者进行检查和监督。

(2)利用高原适应过程降低发生高原病的危险,提高身体活动能力。

(3)设计运动方案和活动时,应考虑多山地形的危险性。

(4)警惕高原病的发生,密切关注是否出现相关的症状和体征。

(5)完善针对高原病急救医疗救护的组织程序。

(6)队医要提前准备好供氧设备和药物以预防和治疗高原病。

重点提示:当海拔升高至 1 200m 以上时,身体活动能力就会降低。一般来说,海拔越高、活动的持续时间越长、参与活动的肌肉群越多,身体活动能力降低就越明显。到达高原的最初几天,个体应该减少体力活动以降低发生高原病的可能性。这个时期之后,可通过降低速度、距离或阻力来达到与平原相同的靶心率(THR),一旦形成高原适应后,逐渐增加运动强度以达到靶心率(THR)。

（刘 喆 曾 霞）

第五章 | 体育运动与竞赛组织

第一节 | 体育运动的概述

一、体育运动的概念

体育运动是指以身体练习为基本手段,以增强人的体质,促进人的全面发展,丰富社会文化生活和促进精神文明为目的的一种有意识、有组织的社会活动。其包括狭义的体育教育和广义的体育运动。

体育运动的广义概念(亦称体育)是指以身体练习为基本手段的所有体育活动,包括竞技体育、群众体育和体育教育等。这些活动可以是竞技性的,也可以是休闲性的,其均可增强人的体质,促进人的全面发展,丰富社会文化生活和促进精神文明。体育运动的狭义概念(亦称体育教育)是指通过身体活动,以传授锻炼身体的知识、技能及培养道德和意志品质为目的的教育过程,是对人体进行培育和塑造的过程,也是培养全面发展的人的一个重要方面。

总之,体育运动是一种复杂的社会文化现象,它涉及身体活动、竞技、教育等多个方面,它对人的身体健康、心理发展和社会文化生活都有着重要的影响。

二、体育运动的内容

体育运动包括各种类型的运动项目,如田径、游泳、篮球、足球、羽毛球等。这些项目涵盖了不同的运动形式和技能要求,旨在全面提高身体素质和技能水平。体育运动项目是娱乐身心及提高运动技术水平所采用的各项活动内容和方法的总称,主要的运动项目如表5-1-1所示。

表5-1-1 体育运动项目

分类	具体项目
球类运动	棒球、篮球、足球、排球、羽毛球、网球、高尔夫球、沙滩排球、棒球、垒球、藤球、毽球、乒乓球、台球、蹴鞠、板球、壁球、沙壶球、克郎球、橄榄球、曲棍球、水球、马球、保龄球、健身球、门球、弹球等
田径运动	短跑(100m、200m等)、中长跑(400m、800m等)、长跑(1 500m、3 000m、10 000m等)、跳远、三级跳、跳高、障碍跑、铅球、铁饼等
游泳运动	自由泳、蝶泳、蛙泳、混合泳等
冰雪运动	短道速滑、速度滑冰、花样滑冰、冰壶、越野滑雪、高山滑雪、冰球、雪车、跳台滑雪、钢架雪车、自由式滑雪、单板滑雪等
体操运动	自由体操、鞍马、吊环、跳马、双杠、单杠、高低杠、平衡木、蹦床、健美操等
武术运动	太极拳、少林拳、散打、修斗、螳螂拳、咏春拳、罗汉拳、六合拳、八极拳、洪拳、通背拳等
举重运动	抓举、挺举等
搏击运动	古典式摔跤、自由式摔跤、柔道、跆拳道、且里西等
棋类运动	中国象棋、国际象棋、围棋、跳棋、五子棋、军棋等
其他运动	击剑、电竞、射击和滑翔等

三、体育运动的分类

体育运动是以锻炼身体、提高体能和培养运动技能为目的的各类活动。体育运动可以根据不同的标准和特点进行分类,以下将介绍两种常见的体育运动分类。

(一)根据参与目的分类

此分类是按照体育运动的特点、形式及参与体育运动的目的进行分类的,是最常见的分类方法,主要包括竞技体育、大众体育、学校体育、军事体育、休闲体育和医疗体育等(表5-1-2)。

表5-1-2　体育运动根据参与目的的分类

类别	定义	目的
竞技体育	指以体育竞赛为主要特征,以创造优异成绩和取得比赛优胜为主要目标的社会体育活动	通过系统的训练,创造优异成绩,夺取比赛优胜
大众体育	也称为社会体育或群众体育,它是一种面向大众、遍及全社会的体育活动	增强人民体质,改善生活方式,提高生活质量
学校体育	指以在校学生为参与主体的体育活动	促进学生身心发展,培养学生终身体育的意识,培养团队合作和竞争意识,促进学校体育文化
军事体育	又称军事身体训练,狭义定义:指在军队内部开展的体育及训练项目;广义定义:指具有军事或战斗体验的大众体育生态	增强身体素质和身体技能水平,提高战场阅读能力、作战技巧和坚韧品格
休闲体育	指人们在闲暇时间以增进身心健康、丰富和创造生活情趣、完善自我为目的的身体锻炼活动	放松身心,增强身体素质,提高生活幸福感
医疗体育	又称康复体育,运动医学一部分,是指患者为了配合治愈某些疾病而进行的身体锻炼,是运用各种体育运动方法治疗创伤和疾病的学科	通过各种体育运动方法预防并治疗创伤和疾病,同时促进身体功能的恢复

1. **竞技体育**　竞技体育运动是指以体育竞赛为主要特征,以创造优异成绩和取得比赛优胜为主要目标的社会体育活动。它是一种制度化、体系化的竞争性体育活动,具有正式的历史记载和传说,以打败竞争对手来获取有形或无形的价值利益为目标,在正式组织起来的体育群体的成员或代表之间进行强调通过竞赛来显示体力和智力。竞技体育运动是一种社会现象,其在全球范围内非常受欢迎,吸引了大量观众和参与者。

2. **大众体育**　大众体育也称为社会体育或群众体育,它是一种面向大众、遍及全社会的体育活动。它与竞技体育相对应,它的实质是不以获得优异的成绩为目的,而是以改善和提高参与者身体素质、健康水平和生活质量为目的的体育运动。

3. **学校体育**　学校体育是指以在校学生为参与主体的体育活动。通过培养学生的体育兴趣、态度、习惯、知识和能力来增强学生的身体素质,培养学生的道德和意志品质,促进学生的身心健康。学校体育是教育的重要组成部分,是计划性、目的性、组织性较强的体育教育活动过程。

4. **军事体育**　军事体育又称军事身体训练,是军事体育的重要组成部分,是军事体育的基础。它旨在提高官兵的身体素质,增强官兵的体质,培养官兵勇敢、顽强、坚韧不拔的意志品质,促进官兵的全面发展,为提高部队战斗力服务。

5. **休闲体育**　休闲体育是指人们在闲暇时间以增进身心健康、丰富和创造生活情趣、完善自我为目的的身体锻炼活动。它具有自由性、文化性、非功利性和主动性等特点,是体育的重要表现形式,也是现代人生活中的一种时尚行为。休闲体育的内容和形式非常广泛,包括健身房锻炼、游泳、骑自行车、健走、羽毛球、乒乓球、台球、攀岩、蹦极、滑翔、高尔夫、保龄球等,这些活动不仅需要一定的体能和技能,更需要参与者的兴趣和爱好。总之,休闲体育是一种积极的生活方式,它不仅可以提高人们的身体素质和健康水平,还可以丰富人们的精神生活和文化素养。

6. 医疗体育　指运用体育手段治疗某些疾病与创伤,恢复和改善机体功能的一种医疗方法。一般不受时间、地点、设备条件的限制。通常采用医疗体操、慢跑、散步、自行车、气功、太极拳和特制的运动器械(如拉力器、自动跑台等),以及日光浴、空气浴、水浴等为治疗手段。宜因人而异、持之以恒、循序渐进,并配合药物或手术治疗和心理疏导。

(二) 根据医学特点分类

此分类是按照医学专业的特点结合参与体育运动的目的进行分类的,主要包括健身类体育运动、竞技类体育运动、传统类体育运动和时尚休闲类体育运动等(表5-1-3)。

表5-1-3　体育运动根据医学特点分类

类别	定义	项目
健身类体育运动	指通过各种运动方式来增强身体素质、促进身心健康和改善体形体态的活动	瑜伽、普拉提、健美操、啦啦操、跑步、游泳、力量训练等多种形式
竞技类体育运动	指为了战胜对手,取得优异运动成绩,最大限度地发挥和提高个人、集体在体格、体能、心理及运动能力等方面的潜力所进行的科学的、系统的训练和竞赛	奥运会、锦标赛、亚运会等赛事中的田径、体操、篮球、排球、足球、乒乓球、羽毛球等比赛
传统类体育运动	指起源于过去,具有深厚的历史底蕴和文化特色,并且广泛普及和深受人们喜爱的体育活动	太极拳、八段锦、五禽戏、棋类、摔跤、龙舟、马球、风筝、秧歌、太极拳、踢毽子等
时尚休闲类体育运动	指将时尚元素融入运动领域中,使运动更加时尚化和个性化	飞盘运动、露营、滑雪、冲浪、滑板、陆地冲浪等

1. 健身类体育运动　指通过各种运动方式来增强身体素质、促进身心健康和改善体形体态的活动。这些运动通常包括有氧运动、力量训练柔韧性练习、平衡训练等多种形式,旨在提高身体的耐力、力量、柔韧性、协调性和平衡感等。健身类体育运动的目标是通过锻炼来增强身体素质,提高健康水平,并有助于预防疾病和改善心理健康。这些运动可以单独进行,也可以结合多种运动形式进行综合锻炼。其种类非常丰富,包括瑜伽、普拉提、健美操、跑步、游泳、力量训练等多种形式。人们可以根据自己的兴趣、需求和健康状况来选择适合自己的运动方式。在进行健身类体育运动时,应注意逐渐增加运动强度和时间,以避免对身体造成过大的负担。同时,还应该注意正确的姿势和呼吸方式,以避免受伤和提高锻炼效果。

2. 竞技类体育运动　指为了战胜对手,取得优异运动成绩,最大限度地发挥和提高个人、集体在体格、体能、心理及运动能力等方面的潜力所进行的科学的、系统的训练和竞赛。它包括各种形式的比赛和对抗,如田径、体操、篮球、排球、足球、乒乓球、羽毛球等。竞技类体育运动的目标是通过比赛和对抗来展示和发挥运动员的体能、技能和战术能力,追求优异的运动成绩和荣誉。这些比赛通常遵循统一的规则和标准,具有国际性和公认性,旨在促进体育发展和全民健身。

3. 传统类体育运动　指起源于过去,具有深厚的历史底蕴和文化特色,并且广泛普及和深受人们喜爱的体育活动。这些活动在特定的社会文化背景下产生和发展,具有强烈的地方特色和民族文化特征。传统体育运动通常与生产劳动、典礼祭祀、军事战争、娱乐健身等密切相关,体现了当时社会文化背景下人们的生活方式和价值观。其不仅具有强身健体、锻炼身体素质的作用,还蕴含着民族文化的精神和信仰,对于培养人们的身体素质和文化素养都有重要的意义。

4. 时尚休闲类体育运动　指将时尚元素融入运动领域中,使运动更加时尚化和个性化。它不仅注重运动的功能性和实用性,还强调时尚元素的运用,从而使运动变得更加注重外观和风格。此外,时尚休闲类体育运动的概念也与社会群体中的一部分人有关,他们推崇并运用新颖的体育消费项目,通过触发消费者从众和立异心理,形成广泛的追逐和模仿行为的体育运动。帆船、足球、冰雪、电竞、马术、智力运动等新式运动,都可以被归为时尚休闲类体育运动。

四、体育运动的特点

体育运动作为一种特殊的活动形式,在人类社会中扮演着重要的角色。它不仅能够强身健体、提高身体素质,还能培养人的意志品质和团队合作精神。体育运动主要具有以下几个特征。

(一)身体活动性

体育运动是一种通过身体活动来达到一定目的的行为形式,无论是跑步、游泳、篮球还是足球,都需要身体的参与和运动。体育运动是人们通过肢体的活动来锻炼和发展身体功能的一种方式。

(二)竞技性

体育运动通常是通过竞争的方式进行的。无论是个人竞技还是团体竞技,都存在着一定的竞争关系。通过比赛和竞争,运动员们能够展示自己的实力和技巧,同时也能够获得成就感和荣誉感。

(三)规则性

体育运动有一定的规则和规范,这些规则是为了保证比赛的公平性和秩序性。运动员在参与体育运动时,需要遵守这些规则,并且在比赛中遵循竞技道德。规则的存在使得比赛更加公正和公平,也提高了竞技的可比性和观赏性。

(四)教育性

体育运动对人的教育有着积极的影响。通过参与体育运动,人们可以培养自律、坚持和团队合作的品质。体育运动也能锻炼人的意志和毅力,使人们更加勇敢和坚强。此外,体育运动还能够培养人的创造力和创新能力,提高人的思维和判断能力。

(五)娱乐性

体育运动是一种娱乐形式。人们通过观看比赛和参与体育运动来获得快乐和享受。体育运动能够给人带来刺激和兴奋,同时也能够缓解压力和疲劳,无论是运动员还是观众,都能够在体育运动中找到乐趣。

(六)健康性

体育运动对人的身体健康有着积极的影响。通过参与体育运动,人们可以增强体质、提高免疫力、预防和改善一些慢性疾病。体育运动还能够促进新陈代谢,增加血液循环,保持身体的健康和活力。

(七)多样性

体育运动的形式和种类繁多。无论是室内运动还是户外运动,都有各种各样的体育项目,人们可以根据自己的兴趣和特长选择适合自己的体育运动。不同的体育运动项目有着不同的特点和要求,满足了人们对多样化运动需求的追求。

五、体育运动的新模式

体育运动的新模式强调多元化、全面性、社交性和知识更新,可以帮助人们更好地锻炼身体、提高身体素质、增强心理健康,同时也可以享受运动的乐趣。

以下是几种常见的体育运动新模式。

(一)线上健身课程

随着互联网技术的发展,线上健身课程越来越受欢迎。人们可以通过在线平台或应用程序参加各种健身课程,如瑜伽、普拉提、搏击操等,这些课程可以由专业的教练进行指导,也可以由健身爱好者自己开设。

(二)运动社交

运动社交是一种将运动和社交结合在一起的新型体育运动模式。人们可以通过运动社交平台找到附近的健身伙伴,一起进行运动锻炼,同时还可以进行交流和互动。

（三）虚拟现实健身

虚拟现实健身是一种利用虚拟现实技术进行健身的新型体育运动模式。人们可以通过虚拟现实设备，在虚拟环境中进行各种健身锻炼，如跑步、游泳、举重等，这种模式可以提供较为真实的运动体验。

（四）智能健身设备

智能健身设备是一种利用智能技术进行健身的新型体育运动模式。人们可以通过智能手环、智能秤等设备，记录自己的运动数据和身体指标，并根据设备反馈的建议进行相应的健身锻炼。

（五）定制化健身

定制化健身是一种根据个人身体状况和健身目标进行定制的健身计划。人们可以通过专业的健身教练或智能健身设备，制订符合自己身体状况的健身计划，并按照计划进行相应的健身锻炼。

第二节 ｜ 田　径

一、田径运动概述

田径运动（track and field）是一种结合了速度与耐力，力量与技巧的综合性体育运动。"更高、更快、更强"的奥林匹克运动精神在很多方面都能够通过田径运动得到集中体现。田径是世界上最为普及的体育运动之一，也是历史最悠久的运动项目。田径与游泳、射击被视为奥运金牌三大项目，46枚金牌也是奥运金牌最多的项目，"得田径者得天下"也由此而来。

田径运动是人类长期社会实践发展起来的，包括径赛和田赛、公路赛跑、竞走、越野赛跑、山地赛跑、野外赛跑。把以时间计算成绩的项目称为径赛；把以高度和远度计算成绩的项目称为田赛；全能运动项目是以各单项成绩按"田径全能运动评分表"换算分数计算成绩。通常把田径比赛分为场地赛、公路赛和越野赛，场地赛项目见表5-2-1。

表 5-2-1　我国田径（场地赛）运动项目分类表

类别	项目	成人		U20（满 18 周岁小于 20 周岁）	
		男子组	女子组	男子组	女子组
田赛	跳跃	跳高、撑杆跳高、跳远、三级跳远	跳高、撑杆跳高、跳远、三级跳远	跳高、撑杆跳高、跳远、三级跳远	跳高、撑杆跳高、跳远、三级跳远
	投掷	铅球（7.26kg） 标枪（800g） 铁饼（2kg） 链球（7.26kg）	铅球（4kg） 标枪（600g） 铁饼（1kg） 链球（4kg）	铅球（6kg） 标枪（800g） 铁饼（1.75kg） 链球（6kg）	铅球（4kg） 标枪（600g） 铁饼（1kg） 链球（4kg）
径赛		100m 200m 400m 800m 1 500m 5 000m 10 000m 3 000m 障碍（0.914m） 110m 栏（0.914m） 400m 栏（0.914m） 4×100m 接力 4×400m 接力 混合接力跑：4×400m	100m 200m 400m 800m 1 500m 5 000m 10 000m 3 000m（0.762m） 100m（0.838m） 400m（0.762m） 4×100m 接力 4×400m 接力	100m 200m 400m 800m 1 500m 3 000m 5 000m 3 000m 障碍（0.914m） 110m 栏（0.914m） 400m 栏（0.914m） 4×100m 接力 4×400m 接力 混合接力跑：4×400m	100m 200m 400m 800m 1 500m 3 000m 5 000m 3 000m 障碍（0.762m） 100m（0.838m） 400m 栏（0.762m） 4×100m 接力 4×400m 接力
全能		十项全能	七项全能	十项全能	七项全能

二、跑

田径运动中的跑,包括短距离跑、中长距离跑、长距离跑、超长距离跑、接力跑、跨栏跑、障碍跑等。各有其本身的特点。

(一)跑的动作周期划分

跑是周期性的循环动作,一个周期中包含着动作的全过程,即左腿、右腿各跑一步(一个步幅)中有两次支撑和两次腾空。在一个周期中每条腿的动作是连贯、完整的,不能截然分开。我们把它分为3个动作阶段,即着地缓冲、后蹬、前摆(也可分成着地缓冲、后蹬、后摆、前摆4个阶段)。

1. **着地缓冲**　此阶段是从脚做"后扒"动作着地时起,屈膝、屈踝(解剖学称伸踝)进行缓冲,至身体成垂直支撑(即身体重心和支撑点的连线与地面垂直)为止(图5-2-1)。

2. **后蹬**　此阶段是从身体垂直时起(图5-2-2),随身体前移的惯性及另一腿的向前摆动作用,伸髋接着迅速蹬伸膝和踝关节,直至脚尖(趾关节)蹬离地面为止。

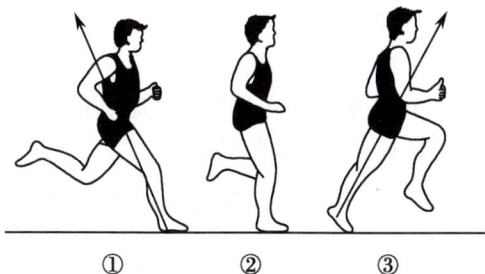

图 5-2-1　跑的着地缓冲后扒　　　　图 5-2-2　跑的后蹬动作

3. **前摆**　这个阶段是后蹬结束脚离地时起,蹬地腿放松,小腿自然地上摆,形成大小腿折叠屈膝前摆,当膝向前上方摆到体前最高部位后,大腿立即下压准备后扒着地为止。

(二)跑的技术组成部分

跑的全程包括起跑、起跑后的加速跑、途中跑和终点跑4个部分。

1. **起跑**　起跑是全程跑的开始,起跑技术对起跑后的加速跑有直接影响。项目不同,起跑方法也有所不同。短跑采用蹲踞式,中长跑采用站立式。

2. **起跑后的加速跑**　短跑要求在较短的距离内发挥较高速度,较快地过渡到途中跑,而中长跑起跑后的加速跑由跑的战术决定。

3. **途中跑**　途中跑是各项跑的主要段落。途中跑的技术、速度和体力分配等对成绩起决定作用。途中跑的段落较长,要善于放松对抗肌和不参加工作的肌肉群,以节省能量的消耗。

4. **终点跑**　终点跑是全程跑的最后阶段。短跑要保持途中跑的速度跑至终点。中长跑要根据个人的体力和特点来确定终点跑的距离和战术。终点跑对中长跑最后获得胜利具有重要作用。

(三)跨栏跑

1. **起跨**　起跨腿应是有力的腿,起跨点距栏架一般以2.00～2.20m为宜。起跑时,起跨脚用前脚掌先着地,然后全脚接触地面,当身体重心移过支撑点后,脚跟提起,上体加速前移,在摆动腿前摆的配合下完成后蹬。同时上体前倾加大,促使身体集中向前用力,形成一种向前攻栏的姿势。

2. **腾空过栏**　腾空后身体重心沿着起跨所形成的腾空轨迹向前运动。当摆动腿的脚掌接近栏板时,腿几乎伸直,脚尖上翘,使大腿伸肌拉长准备积极下压着地。同时,上体前倾,起跨腿仍留在后面,两腿在栏前形成一个大"劈叉"动作。当摆动腿的脚跟刚过栏板时,即开始积极下压,同时起跨大腿带动小腿,大小腿靠紧(小于90°),两腿在空中形成一个协调有力的"剪绞"动作。当摆动腿的脚跟越过栏架后,整个腿积极下压,形成"鞭打"动作切栏而下。一般下栏点以1.35～1.50m为宜。

3. **栏间跑**　110m 栏的栏间距离为 9.14m,除去"跨栏步"的距离外,用 3 步跑过余下的 5.50～5.70m 的栏间距离,3 步步长为 1.50～1.60m、2.20～2.25m、1.80～1.95m,其顺序为小、大、中 3 步。栏间跑的要求是频率快、节奏对、重心高、方向直。

4. **全程跑**　110m 栏全程共跨越 10 个栏架,每一次过栏和 3 步栏间跑可视为一个跨栏周期。全程跑要求把合理而积极的过栏技术同快速的栏间跑紧密协调地结合起来,一气呵成(图 5-2-3)。

图 5-2-3　跨栏过栏技术

三、跳跃

(一) 跳跃项目分类

田径运动的跳跃类项目共 4 项,即跳高、撑杆跳高、跳远和三级跳远,虽然各项的运动形式和要求各不相同,但就人体运动的趋向来说,都是从静止开始水平位移,而后转为抛射运动。

跳高应在充分发挥和利用水平速度的情况下,尽可能获得最大的垂直速度(图 5-2-4)。跳远则应在创造适宜的垂直速度的情况下尽可能地获得水平速度。

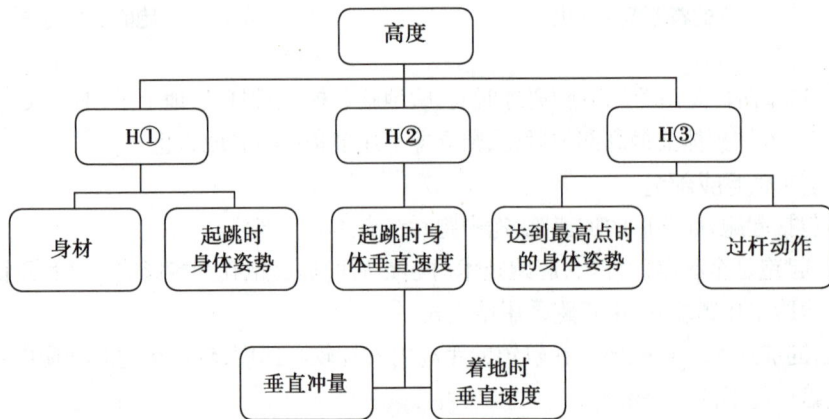

图 5-2-4　决定跳高高度的诸因素示意图
H 为高度。

(二) 典型技术分析

1. 背越式跳高

(1) 助跑及丈量步点

1) 助跑:助跑的前段为直线,后段为弧线,共跑 8～12 步,其中弧线为 4～5 步。前几步与普通跑相似,转入后几步弧线跑时,跑的动作与弯道跑相似。

2) 丈量步点:丈量步点时,要先确定起跳点,从起跳点向助跑一侧平行于横杆自然走 4 步,然后向助跑起点方向用自然步走 6 步。此处做一个标记为弧线交换处,然后再向前走 7 步做另一个标记,从标记处开始为全程助跑起点(图 5-2-5)。经多次练习,调整,最后确定下来。

(2) 起跳:起跳点距横杆投影面 60～100cm,起跑角与投影构成 10°～15° 的夹角。起跳角沿弧线切线方向迈出,用脚跟外侧先触地面,快速向前滚动,并转为全脚掌着地。同时由倾斜转为垂直,摆动腿以髋部带动大腿迅速前摆。两臂配合腿的动作向上提肩摆臂。

（3）过杆落地：起跳完成后，当人体腾空后，继续转成背对横杆姿势，起跳腿蹬地后自然下垂，肩继续向横杆伸展，头和肩过杆后，髋部迅速上升，然后充分挺开，两腿在膝关节处弯曲并分开，两臂位于体侧，在杆上成反弓形。然后沉肩举腿，以肩落于海绵垫上（图 5-2-6）。

（4）背越式跳高自我学练提示

1）弯道跑：在弯道上做快速放松跑，技术要求与直道跑一样。

2）弧线跑：按助跑弧线的半径画一条半圆弧线，沿弧线进行快跑。

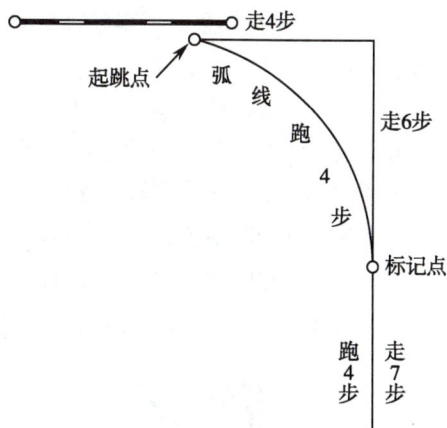

图 5-2-5　跳高起跳前助跑及丈量步点

图 5-2-6　跳高过杆落地动作

3）原地摆腿转体：原地立正站好，向左侧 45° 迈出起跳脚后以起跳脚支撑，摆动腿稍向异侧肩方向摆动，原地旋转 90°、180°、270°。

4）起跳转体：3～5 步助跑起跳，身体腾空后身体纵轴转体 180°，背对横杆落地。

5）墙前起跳：3～5 步助跑至墙前起跳。

6）起跳摸高：跳起后，在身体旋转时用内侧手去触及空中悬挂物。

7）原地模仿练习：双腿并立，上体向后做背弓，直至肩背部落在身后垫子上。

8）跳起后倒练习：双脚并立，双腿屈膝发力向后上方蹬伸跳起。腾空后，肩、背积极后倒，以肩背部着垫子。

2. 跳远

（1）助跑：助跑是为了获得水平速度，并为准备踏板和起跳做好准备。一种情况下，助跑距离男子为 35～40m，跑 18～22 步；女子为 30～38m，跑 16～21 步。为了提高踏板的准确性，可采用助跑的标志。第一标志在起点，第二标志设在最后 6～8 步起跳脚着地处。第二标志到起跳板间的距离，最好跑偶数步。助跑应保持跑的动作结构和高速度，保持稳定的步长和节奏，保持身体平衡地向前运动。

（2）起跳：起跳的任务是改变身体重心向前运动的方向，使它按适宜的腾起角（180°～240°）向空中腾起。起跳技术包括着地、缓冲、蹬伸 3 个环节（图 5-2-7）。

1）着地：踏跳腿快速、积极地用全脚掌踏板。

2）缓冲：起跳腿的膝关节产生弯曲并借以缓冲。

3）蹬伸：当身体重心移至起跳腿支点的垂直部位时，起跳腿迅速用力蹬伸，使髋、膝、踝 3 个关节迅速伸直。

（3）腾空：起跳后，运动员首先要做的就是腾空步，即摆动腿前摆大腿抬到水平位置，小腿自然下垂，起跳腿自然放松留在身后。挺身式起跳成腾空步后，摆动腿积极下压，起跳腿微屈膝与摆动腿靠拢，展髋、挺胸，形成挺身姿势。随后，两腿前摆收腹抬大腿，小腿积极前伸，上体前倾，准备落地。

1）着地前两腿前抬成团身姿势。

2）即将落地时，膝关节迅速前伸，小腿前伸，以脚跟先触沙面。

3）着地后立即屈膝，骨盆前移，两臂前摆，使身体迅速移过落点，避免后坐（图 5-2-8）。

图 5-2-7　跳远起跳动作　　　　图 5-2-8　跳远落地姿势

（4）跳远自我学练提示

1）踏标记跑练习：在助跑道上踏标记作为半程或全程助跑练习。

2）助跑节奏练习：第一标记至第二标记间全速跑，第二标记后惯性跑。

3）节奏跑练习：用节拍器控制助跑的速度和节奏，练习者随节拍器发出的音响信号进行助跑练习，以掌握和建立正确的助跑节奏。

4）原地起跳模仿练习：原地站立，起跳腿抬起，然后积极下放，摆动腿摆出，快速完成起跳动作模仿练习。

5）连续一步助跑起跳练习：连续做一步助跑起跳、腾空步动作。

6）5～8 步助跑起跳练习：注意起跳时，进行摆臂摆腿动作的协调配合练习。

7）摆臂摆腿动作模仿练习：原地一步起跳，进行摆臂摆腿动作协调配合练习。

8）挺身式跳远：全程助跑起跳，迅速呈挺身姿势，收腿落地。

四、投掷

投掷项目尽管器械形状、落地区和比赛规则不同，但都属于斜抛运动。根据力学原理，加在物体上的力越大，物体的加速度也就越大，加力于物体的距离越长，用力的时间越短，则物体的速度越大。因此要在最短的时间里，使器械有较长的动作距离，把力量充分发挥出来，作用到器械上，使器械得到更大的速度，飞更远的距离。

（一）推铅球

基本技术由握球、预备姿势、滑步和最后用力四部分组成。

以右手持球为例。

1. 握球和持球

（1）握球：五指自然分开，把球放在示指、中指和无名指的指根上，大、小指分别自然地扶在球的两侧，手腕背屈，以防球滑落（图 5-2-9①）。

（2）持球：握球后，把球放在肩上锁骨窝处，贴着颈部，手稍外转，掌心向前，右臂屈肘抬起（图5-2-9②）。

2. 预备姿势　预备姿势分为高姿势和低姿势两种。

① 握球　　　　　　　　　② 持球

图 5-2-9　握球与持球

（1）高姿势：持球者后背对投掷方向，站在圈内靠近边沿上，两脚前后开立，右脚脚跟正对投掷方向，左腿前脚掌着地，持球臂的肘略低于肩或与肩平，左臂自然上举并稍向内，上体伸直放松（图 5-2-10）。

（2）低姿势：持球者后背对投掷方向，右腿在前，左腿在后，两腿弯曲，重心落在右腿上，未持球臂自然下垂，左臂自然下垂并稍向内（图 5-2-11）。

图 5-2-10　高姿势持球　　　　　　图 5-2-11　低姿势持球

3. **滑步**　滑步动作的关键是两腿摆蹬动作的配合，即左腿向投掷圈前沿抵趾板方向摆出，右腿向投掷方向蹬伸，紧接着收落，右脚靠近地面滑动，同时左脚尽快落在投掷方向的左侧抵趾板处，两脚落地时间愈短愈好，以保证动作连贯，加速过渡到最后用力。

4. **最后用力**　最后用力是推铅球的主要环节，滑步结束后，左脚着地的一刹那开始。右腿右髋在左腿支撑配合下，积极蹬右腿，同时髋向投掷方向转动，随之左臂向投掷方向摆动，使胸部适时地展开，髋轴超越肩轴，腰部扭紧，左腿压紧微屈支撑，在两腿继续用力蹬地时，右肩向前上方送，右臂推球的同时，抬头挺胸，手腕稍向外转，最后用手指把球拨出（图 5-2-12）。

（二）自我学练提示

1. **发展力量素质练习**

（1）利用实心球、铅球、石块、沙袋等做抛、投、推的练习。

（2）利用杠铃的各种练习，如杠铃的抓举、挺举、半蹲跳、深蹲等。

（3）跨步跳、蛙跳、立定跳远、多级跳、跳台阶等。

2. **发展爆发力的练习**

（1）连续半蹲跳、连续跨步跳、蛙跳等。

（2）快速投实心球、小铅球、小木棒等。

3. **发展柔韧性的练习**

（1）徒手或利用肋木做身体的柔韧性练习，如体操。做压腿、压肩、背弓等各种练习，加大身体各关节的活动范围。

图 5-2-12 铅球投掷动作图

（2）垫上做弯腰、压腿、拉长背肌的各种练习。

4. 发展协调性的练习

（1）可做一些上、下肢协调动作的练习。

（2）投掷运动员可经常进行球类活动，如足球、篮球等。

第三节 │ 球类运动

球类运动是大学生最感兴趣、最喜欢参加的运动项目之一。球类运动不仅能够提高人的速度、力量、灵敏度、耐力、反应等运动能力，而且对改善身体各器官功能状况，提高健康水平，以及培养团结协作的集体主义精神，培养机智、果断、勇敢的优良品质都有积极作用。

一、足球

（一）足球概述

足球起源于中国，早在 3 000 年前的殷商时期，就有了"足球舞"（求神祈雨时人们边跳舞边踢球）。战国时期，民间已兴盛集体的"蹴鞠"游戏（蹴，脚踢的意思；鞠，皮制的内充以毛发之类弹性物的球）。蹴鞠运动在中国经历了汉、唐、宋、明、清朝代，有了进一步发展（图 5-3-1）。

现代足球由英国兴起，1863 年 10 月，伦敦制定了最初的足球比赛规则。1875 年英国成立了世界第一个足球俱乐部。

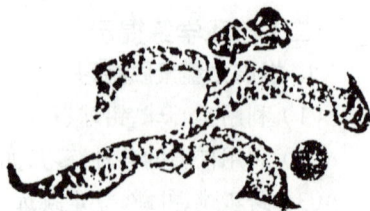

图 5-3-1 东汉石砖蹴鞠图

1904 年成立了国际足球联合会，并于 1930 年举办了首届足球锦标赛。以后每 4 年举办一届，成为世界上较大规模的比赛。女子足球兴起于 20 世纪 50 年代，先是东欧，后遍及五大洲。

足球运动具有以下特点。

1. 参加比赛人数多，集体性强 一场足球比赛由 22 人组成，在攻守活动中要求队员相互默契配合,积极发挥集体力量;足球运动能够改善人的心理素质,培养人的优良品质,培养勇敢、顽强、机智果断、坚忍不拔、勇于克服困难的精神。

2. **足球比赛场地大、时间长,争夺激烈,运动负荷大**　比赛在长 90~120m,宽 45~90m 场地上进行,比赛时间分上、下场,共 90 分钟,要求运动员有强健的体格和长时间快速奔跑的能力。长期从事足球运动可以锻炼人的速度、耐力、力量、灵敏度和柔韧性,特别是能够较好地发展心肺功能。据测定,足球运动员的心脏发达,安静时心率 50 次/min 左右,每搏输出量为 80~100ml(正常成年人为60~80ml)。

3. **技术复杂,战术多样,反复变化,趣味浓厚,容易普及**　足球比赛以脚控制,在激烈争夺中完成各种配合,精彩的传、接、射,使人产生惊心动魄的感受和引人入胜的悬念。除正规比赛外,场地和球门可大可小,人数也可多可少;比赛不受季节和气候限制;足球规则简单易懂。所以足球运动易开展和普及。

(二)现代足球发展趋势

1. **总体发展趋势**　攻守对抗日趋激烈;整体攻守速度日益加快;运动员的竞技能力(技能、体能和智能)全面而同步发展。

2. **技术发展的主要趋势**　技术既全面又有特长;技术与速度融为一体;动作速度明显加快;位置技术服务于战术需求日益明显;组合技术衔接显得更加快速、连贯和协调;技术以应变发挥居多,且技巧性强;技术表现出高度的准确性、合理性、力量性和实用性。

3. **战术发展的主要趋势**　整体攻守战术更为快速、合理;攻守转换战术的组织更具及时性和目的性;位置排列尚未消失,但阵型更灵活,同时,局部攻守队形的随机性、应变性强;二、三线队员进攻战术发展迅速;攻守战术运用更加追求针对性和应变性;定位球进攻战术的实效性更为鲜明。

4. **素质发展的主要趋势**　速度素质明显加快;爆发力素质明显加快;重视速度耐力素质;各种素质的全面发展和同步提高。

(三)足球基本技术

足球技术是指运动员在比赛中所采用的合理动作。它包括踢球、接球、运球及运球过人、头顶球、抢截球、掷界外球和守门员技术等。

1. **踢球**　踢球是运动员在比赛中有目的地用脚的某一部位将球击向目标的动作方法,比赛中主要是用于传球和射门。踢球动作按触击球时的脚部位置又分为:脚内侧、脚背正面、脚背内侧、脚背外侧、脚尖、脚跟等几种方法。但不论哪一种技术,其完整动作过程都包括助跑、支撑、摆腿、击球和随前动作这五个环节。其中击球是踢球技术的核心,是决定击球质量的关键。

2. **接球**　接球是指运动员有目的地用身体的合理部位接来球,以便更好处理球。接球是为传球、运球、过人和射门服务的。良好的接控球能力是进攻战术的重要组成部分。接球的主要部位有脚部、胸部、大腿等。

3. **运球及运球过人**　运球是指运动员在跑动中用脚推拨球,使球保持在自己控制范围内的连续触球动作。利用合理的运球技术动作越过对手称为过人。运球和运球过人是运动员控球能力和个人进攻能力的集中表现,是为完成战术配合和个人突破服务的。比赛中常用的运球部位有脚内侧、脚背内侧、脚背外侧和脚背正面。常用的运球动作有推、拨、扣、拖、挑等。

4. **头顶球**　头顶球是运动员有目的地用额部将球击向预定目标的动作方法。主要用于传球、射门和断球,是争取时间和空中传球的有效手段。头顶球方法分为前额正面和前额侧面头顶球,可以做原地、跑动中、跳起和鱼跃顶球(图 5-3-2)。

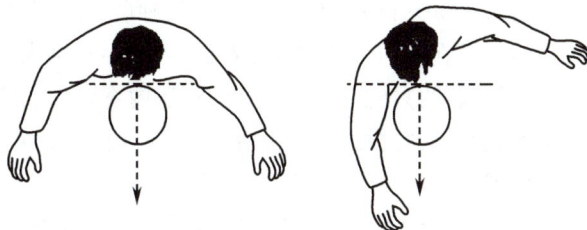

图 5-3-2　头顶球

5. **抢断球**　抢断球是用规则所允许的条件和动作,把对方所控制的球抢夺过来或破坏掉。是球队转守为攻的积极手段,是运动员个人防守能力的综合表现。

抢断球方法包括正面抢断、侧面合理冲撞抢球、侧后铲球。

正面跨步抢球:面对球,两脚稍前后开立,屈膝、重心下降。当对手运球脚触球后还未着地的刹那,一脚用力蹬地,另一脚屈膝以脚内侧部位对着球跨步伸出,上体前倾,身体重心迅速移至抢球脚上,支撑脚快速跟上再支撑。

(四) 足球战术

足球战术是指在比赛中,为了战胜对手,根据主客观实际所采取的个人行动和集体配合方法的综合体现。实践证明,合理而巧妙地运用战术是夺取比赛胜利的重要因素。足球战术可分为进攻战术、防守战术和比赛阵型 3 类。

二过一配合:局部地区两个进攻队员通过传球与跑位配合,突破一个队员的防守。"二过一"配合在任何场区、任何位置都可运用,前场运用较多。常用的二过一配合有斜传直插二过一、直传斜插二过一、踢墙式二过一、回传反切二过一、交叉掩护二过一等(图 5-3-3)。

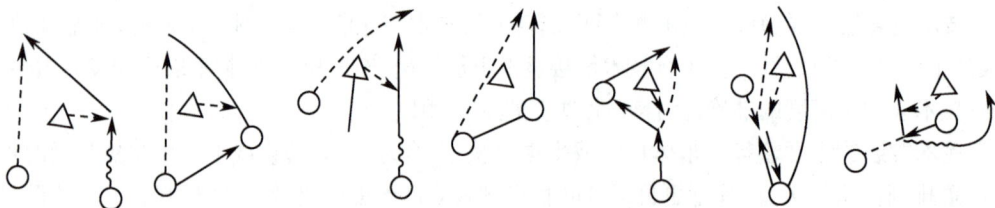

图 5-3-3　几种"二过一"战术配合

比赛的阵型是指比赛场上,队员的位置排列、攻守力量搭配和职责分工。比赛中根据攻防需要,阵型可灵活应变。目前,世界上普遍采用的阵型是"4-3-3""1-3-3-3""4-2-4""3-5-2"。

(五) 自我学练提示

1. **对墙或网踢球**　两人对传、轻踢、踢准、踢远或射门练习。

2. **"8"字形运球**　沿着 8 字形运球,先慢后快。

3. **人丛中运球**　在人丛中运球,或小间距地绕杆运球,或运球过人练习(先慢后快、非对抗到对抗)。

4. **正面抢截球**　放固定球,脚内侧对准球做跨步练习;一人迎面慢运球,另一人做正面抢截球。

5. **顶球练习**　两人一球,一抛一顶或自抛自顶给对方;两人一球近距离连续对顶或一进一退中顶;三角顶球或连续顶球,计数比赛。

6. **一攻一守练习**　两人一组,进攻者利用突然冲刺跑急停与变向、变速,力求摆脱防守者;防守者做盯人练习。

二、篮球

(一) 篮球运动概述

篮球运动是 1891 年由美国体育教师詹姆斯·奈史密斯发明的。奈史密斯先生当时是为了设计一项适合冬季在室内进行体育竞赛的运动项目,从人们用球向"桃篮"做投掷的游戏中得到启发。起初,他设计将两只桃篮分别钉在健身房内看台的栏杆上,桃篮上沿离地面 3.05m,以足球作比赛工具向篮筐内投掷,每投进一次算得一分,最后按得分多少决定胜负。这项运动最初称为"筐球"或"奈史密斯球",后来正式命名为"篮球"。

篮球运动发明以后,很快传向世界各地,先是在北美洲,然后到欧洲。1904 年美国青年会男子篮球队在第三届奥运会上进行了表演赛,此后,篮球运动逐步在各大洲开展起来。1908 年,美国全国高等院校体育协会制定了篮球竞赛规则,并以30种文字向全世界出版发行。1932年,在瑞士日内瓦成立了国际业余篮球联合会,并正式出版了第一本国际篮球规则。1936年,第十一届奥运会将男子篮球列入正式比赛项目,篮球运动从此登上了国际竞技舞台,成了一项世界性的运动项目。随后,1951年和1953年,分别举行了第一届世界男、女篮球锦标赛。1976年,第二十一届奥运会上又把女子篮球列为正式比赛项目。

篮球运动于1895年前后传入我国,首先是在天津中华基督教青年会进行活动,以后在上海和北京等地区传播发展,当时的篮球运动水平很低。我国篮球运动于1972年开始恢复国内比赛,举行了"全国五项"球类运动会。1973年,以后开始恢复篮球国际的友好往来。当时由于各省区市及国家队都处在青黄不接时期,因此,1974年,我国男、女篮球队参加第七届亚洲运动会,均只获第3名。而后,国际篮联和亚洲篮联相继恢复了我国篮协的合法席位。在第八、九届亚洲男篮锦标赛上,我国男篮队获冠军。女队获得第六届亚洲女篮锦标赛冠军。至此,我国篮球运动真正冲出亚洲,走向世界。

(二)投篮技术的基本原理

投篮技术是进攻队员根据人体运动、生物学、力学的科学原理,运用正确的身体姿势和手法,将球从篮圈上面投入球篮的各种动作方法的总称。

投篮技术是所有篮球进攻技术中最为重要的一项技术,因为一场篮球比赛的胜负取决于得分多少,而投篮是得分的唯一手段。可见投篮是攻守双方争夺的焦点。

正确的投篮技术动作应包括:投篮前的准备姿势、持球、瞄准、发力、出手动作、球离手后的跟随动作、球的旋转和球的飞行弧线等。这些动作的完成,及其质量的好坏,与生物力学的某些原理的运用有着密切的关系。

1. 投篮动作 投篮动作应包括身体平衡、身体各部位的协调用力、投篮臂各关节运动、球出手时的动作和球离手时的跟随动作。

(1)身体平衡:投篮时,身体重心的移动要与投篮出手的方向一致,所以投篮过程中,控制身体平衡是保证出球方向准确的基本条件。移动中接球、运球急停、跳起投篮或行进间跳起投篮时,身体腾空后保持平衡更加重要。为此,跨步接球与起跳动作既要连贯衔接,又要迅速制动,使水平速度变为向上的力量,让身体重心尽快移到支撑面的中心点上,以保证垂直向上跳起。

(2)伸展投篮臂:投篮臂各个关节从屈曲到伸直,其主要运动产生在肘关节、桡腕关节和掌指关节处。肩关节周围肌群主要完成支撑工作,以保证上臂的水平姿势。肘关节完成屈到伸的动作。桡腕关节向前屈,掌指关节完成向下做扣压动作。投篮时手臂要充分伸展,这样有利于把全身的力集中到腕、指上。同时由于手臂的充分伸展,使球在出手前被控制的用力过程越长,有利于提高球的初始速度和调控出手方向,并能使球在手臂伸展至最高点时出手。

(3)腕、掌、指用力:腕、掌、指用力动作是一个整体,其中手腕前屈是主要的,以腕关节为轴,整个手掌、手指完成向下扣压的动作。腕、掌、指动作汇聚了全身,特别是投篮臂的力量,对于控制球的方向、力量、旋转和飞行弧度具有决定作用,因此是投篮技术的关键。

(4)球离手后的跟随动作:原地投篮的球离手时身体充分伸展,脚跟提起,脚尖着地,投篮臂的前臂应该是自然向前伸直,腕、指动作是手腕前屈,五指保持张开的手形,并随手腕的前屈,掌指向下压。

2. 瞄准点

(1)直接投篮的瞄准点:从国内外大多数优秀运动员的实践来看,以篮圈的中心为瞄准点比较好,因为这个目标与球的落点一致,而且由于篮圈的宽容度(内径)几乎可以容纳两个球通过,即使投篮用力偏大或偏小一点,仍然可以命中。

(2)碰板投篮的瞄准点:由于投篮的距离、角度、弧度、力量及篮板的弹性不同,所以碰板点也不同。一般说投篮角度越小,距离越远,弧度越高,碰板点就越高;反之,越近则越低。总之,要使反射角正中篮圈范围内为宜。

3. 球的旋转 投篮出手时,由于手腕屈,手指扣压,拨球所产生的力作用于球体,会使球获得适当的旋转,球围绕球体横轴向后旋转。向后旋转的球不但有助于保持飞行的稳定性,而且有助于提高飞行弧度。另外,向后旋转的球碰到篮圈时,球的反弹方向是向下的,较不旋转的球更容易进入篮圈内(图 5-3-4)。

4. **球的飞行弧线**　投球出手时要正确掌握球的飞行弧线(也称为抛物线)。一般中、远距离投篮时,应选择中等的抛物线。即投出的球飞行弧线最高点大致与篮板的上沿在一条水平线上或稍低些。最好的弧线是既能控制球飞行的路线,又适合球进篮的角度(图 5-3-5)。

图 5-3-4　投篮出手时球的旋转方向

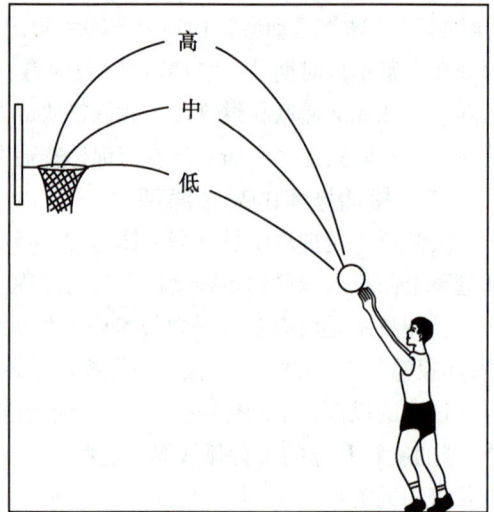

图 5-3-5　投篮弧线

(三) 基本技术与战术

1. **移动技术**　①变速跑;②变向跑;③侧身跑;④双脚起跳;⑤单脚起跳;⑥跨步急停(两步急停);⑦跳步急停;⑧转身;⑨滑步。

2. **传接球技术**

(1) 双手胸前传球

1) 动作方法:两手手指自然分开,拇指相对成八字形,用指根以上的部位持球。手心空出,两肘自然弯曲在体侧,将球置于胸腹之间的位置。身体呈基本站立姿势,两眼注视传球目标。传球时,后脚蹬地,身体重心前移的同时前臂迅速向传球方向伸出,拇指用力下压,手腕前屈,示指、中指用力拨球将球传出,传球后身体迅速调整成基本站立姿势。传球距离越近,前臂前伸的幅度越小(图 5-3-6)。

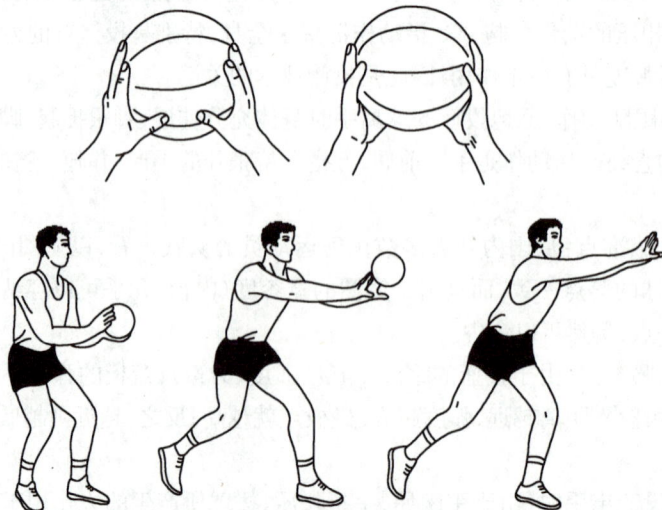

图 5-3-6　双手胸前传球

2）动作要点：手腕迅速地由下而上、由内向外翻，同时拇指下压，示指、中指用力拨球。

（2）单手肩上传球

1）动作方法：以右手传球为例，双手持球于胸前，两脚平行开立，传球时，左脚向传球方向迈出半步，同时将球引至右肩上方，肘外展，大臂与躯干、小臂与大臂的夹角大于90°。右手托球，手腕后仰，左肩侧对传球方向，重心落在右脚上，右脚蹬地，转体，前臂迅速向前挥摆，手腕前屈，通过示指、中指投球将球传出。球出手后，随着身体重心前移，右脚向前迈出半步，保持基本站立姿势（图5-3-7）。

图 5-3-7　单手肩上传球

2）动作要点：转体挥臂，扣腕，自下而上发力。

3. 投篮技术

（1）单手肩上投篮

1）动作方法：右手五指分开，向后屈腕，屈腕时持球于肩上（或高些），左手扶球，右脚稍前，左脚稍后，重心放在两脚之间，上体稍前倾，两膝微屈，上体肌肉放松，目视投篮目标。投篮时，用力蹬地，伸展腰腹，抬肘，手臂上伸，手腕、手指前屈，指端拨球，用中指、示指将球投出，手臂向前自然伸直。

2）动作要点：投篮时要自下而上发力，抬肘，手臂上伸，将球投出。

（2）行进间单手低手投篮

1）动作方法：右手投篮时，一般右脚腾空接球落地，接球后的第一步稍大，然后第二步稍小继续加速，降低重心，用左脚向前上方起跳。腾空时间要短，持球手五指自然分开，托球的下部，手臂向上伸展。接近球篮时，手腕柔和上摆，示、中、无名指向上拨球，碰板或空心投篮（图5-3-8）。

2）动作要点：第二步要继续加速，腾空时间短，投篮瞬间要控制好身体平衡。

4. 运球技术

（1）高运球

1）动作方法：运球时，两腿微屈，目平视，手用力向前下方推按球，球的落点在身体侧前方，使球反弹的高度在腰腹之间，手脚协调配合，使球有节奏地向前运行（图5-3-9）。

2）动作要点：运球的手虎口朝前。注意球的落点。

图 5-3-8　行进间单手低手投篮

图 5-3-9　高运球

（2）低运球

1）动作方法：两腿弯曲，重心下降，上体前倾，用上体和腿保护球的同时用手短促地拍按球，使球从地面向上反弹的高度在膝部以下。

2）动作要点：控制好反弹高度，短促地拍按球。

5. 突破技术

（1）交叉步突破

1）动作方法：以右脚做中枢脚为例。两脚左右开立，两膝微屈，身体重心降低，持球于胸腹之间。突破时，左脚前脚掌内侧迅速蹬地，上体稍右转，左肩向前下压，重心向右前方移动，左脚向右侧前方跨出，将球引于右侧，接着运球，中枢脚蹬地向前跨出迅速超越防守（图 5-3-10）。

2）动作要点：蹬跨积极，转探肩保护球。

（2）顺步突破

1）动作方法：准备姿势和突破前的动作要求与交叉步相同。突破时，右脚向右前方跨出一步，向右转体探肩，重心前移，左脚前脚掌迅速蹬地，向右前方跨出，突破防守。

2）动作要点：蹬跨积极，转探肩保护球，第二次加速蹬地要积极。

图 5-3-10 交叉步突破

6. **防守技术** 防守无球队员:防守队员为了做到人球兼顾,应与球和对手保持一定的角度和距离,站位于对手与球篮之间偏向球一侧的位置上。与对手的距离要看对手与持球人距离而定,一般离球近则近,离球远则远。如对手高,球近,又在篮下,要贴近对手防守,还可采用绕前防守。

7. **抢球、打球、断球技术**

(1)抢球:抢球动作可分两种,①拉抢,防守队员看准对手的持球空隙部位,迅速用两手抓住球后突然猛拉,将球抢过来;②转抢,防守队员抓住球的同时,迅速利用手臂后拉和两手转动的力量,将球从对方手中抢过来。

(2)打球:打持球队员手中的球时要根据持球人持球部位的高低。持球高时,打球时的掌心向上,用手指和指根击球的下部;持球低时,打球的掌心向下。

(3)断球:伺机断球时,屈膝身体重心下降,当球刚由传球队员手中传出的一瞬间突然起动,单脚或双脚用力蹬地跃出,身体伸展,两臂前伸,将球截获。

8. **抢篮板球技术**

(1)抢占位置:要设法抢占在对手与球篮之间的有利位置。抢进攻篮板球时要判断球的落点,利用各种假动作冲抢。抢防守篮板球时要注意用转身挡人的动作先挡人后抢篮板球。不论抢进攻还是防守篮板球,都要抢占在对手与球篮之间的位置上。

(2)起跳动作:起跳前两腿微屈,重心降低,上体稍前倾,两臂屈肘举于体侧,重心置于两脚之间,注意观察判断球的反弹方向,及时起跳。起跳时两脚用力蹬地,同时两臂上摆,手臂上伸,腰腹协调用力,充分伸展身体,并控制身体平衡。

(3)抢球动作:分双手、单手点拨球。双手抢篮板球时,指端触球瞬间,双手用力提球,腰腹用力,迅速将球持于胸腹部位,同时两肋外展,以保护球。

单手抢篮板球,跳起达最高点时,指端触球后,迅速屈指、屈腕、屈肘、收臂,将球下拉,另一只手扶球,护球于胸腹部位。

9. **进攻基础配合**

(1)传切配合:进攻队员之间利用传球和切入技术所组成的配合。

要求:要拉开位置,拉开腹地;切入队员要掌握切入时机,利用假动作迷惑对手,切入要果断、迅速,并注意接同伴的传球;传球队员要利用瞄篮、突破、运球或假动作吸引、牵制对手,并应在适当时机,及时准确地将球传给切入队员。

（2）突分配合:有球队员持球突破后,主动地应变,利用传球与同伴配合的方法。

要求:在突破过程中,要随时观察场上队员的行动和位置变化,既要做好投篮的准备,又要准备及时、准确地传球给同伴。

（3）掩护配合:是掩护队员采用合理的行动,用自己的身体挡住同伴防守者的移动路线,使同伴借以摆脱防守,或利用同伴的身体和位置使自己摆脱防守的配合方法。

10. 防守基础配合

（1）"关门"配合:是两个防守队员靠拢协同防守突破的配合方法。

要求:防守队员应积极堵进攻者的突破路线,靠近突破一侧的防守队员要及时向同伴靠拢,进行"关门",不给突破者留有通过的空隙。"关门"配合常运用于区域联防。

（2）交换配合:是为了破坏进攻队员的掩护配合,防守队员之间彼此及时地相互呼应,交换自己所防守的对手的一种配合方法。

11. 区域联防

区域联防是由攻转守时,防守队退回后场,每个队员分工负责防守一定的区域,严密防守进入该区域的球和进攻队员,并与同伴协同防守,用一定的队形,把每个防守区域有机地联合起来而组成的区域联防战术。

12. 快攻战术

快攻战术是由防守转入进攻时,以最快的速度、最短的时间,在对方尚未布置好防守之前,创造人数上、位置上的优势,果断、合理地进行攻击的一种积极快速的进攻战术。

（四）自我学练提示

1. 脚步动作练习法

（1）在慢速移动中练习变方向跑(折线跑、折回跑)、急停和急停后接球转身。

（2）在快速移动中练习各种脚步变化。

（3）各种脚步动作、基本步法比较熟练后,再结合一对一的对抗进行练习。

2. 投篮技术练习法

（1）两人一组一球,相距4～5m进行对面投篮动作练习。反复体会投篮时的用力顺序及技术要点。动作要连贯协调,注意蹬地、抬肘、伸臂、拨球一气呵成。

（2）每人一球对墙投篮练习。增加练习次数,反复体会自下而上协调用力的动作及手腕手指最后投篮出手时扣腕拨球动作。

（3）每人一球在罚球线上排成单行,自投自抢,依次反复进行。

3. 传接球技术练习法

（1）原地两人对面传接球练习(先练双手传球,再练单手传球)。

（2）原地接不同方向的球和向不同方向传的练习。传接球动作由慢到快。

（3）三角传接球练习。每组4～5人。按逆时针方向传球和换人。接球时要上步,接传动作要连贯,不得走步。

4. 持球突破技术练习法

（1）每人一球原地做持球交叉步和顺步突破的第一步、转探肩及保护球的基本姿势练习。两脚轮流做中枢脚进行练习,反复体会蹬地、转探肩、保护球的动作。

（2）加上放球动作,再加上异侧脚蹬地的练习,进行完整动作的练习。重点要求队员放球离地面越低越好,减少暴露球的时间,同时放球手虎口冲前。

（3）每人一球在半场右后卫的位置上练习原地持球交叉步和顺步突破的练习。突破上篮后抢篮板球到队尾排队继续进行。重点强调蹬、转、探、放球、再蹬地,动作一气呵成,连贯有力。

5. 抢球、打球、断球技术练习法

（1）3人一组,一人持球与其他两人对面站立,距离3～4m,持球队员将球抛向空中;另外两人迅

速起动,选位,起跳,抢球。

（2）正面打运球队员的球。在半场或全场一攻一守的练习中,防守队员紧紧跟随运球队员。当球刚从地面弹起时,突然打球,两人轮流攻守练习。

（3）体会断球动作。两人传球,两人在侧面或后面练习断球,体会横断球和纵断球的步法和手臂动作,两人轮流攻守练习。

6. 抢篮板球技术练习法

（1）两人一组,站在篮下两侧,轮流跳起在空中用双手将球托过篮圈,碰板传给同伴,须跳到最高点时托球,连续托传15～30次。

（2）队员站在篮下一侧,跳起在空中用双手将球高传过篮圈至另一侧,然后快速移动到该侧跳起,再按上述方法将球托回,连续托传5～10次。

7. 半场对抗三对三

三对三传球游戏:双方不运球,只能充分利用跑动寻找传、接球机会,但持球时间不能超过3秒,规定传球在3次以上方可投篮,达到5次传球则加一分,其他可参照篮球规则。三对三半场对抗:进攻方先在中圈发球,若投篮不中,攻方抢篮板球可继续投篮,守方则须把球运到三分线外才可重新组织进攻。若攻方投篮命中,即由守方在中圈发球组织进攻。

三、排球

（一）排球运动概述

排球运动始于1895年,创始人是美国人威廉·莫根。最初是在室内将球网架在1.98m的高度上,用篮球胆隔着网来回拍打使球不落地的一种游戏,后来经不断改革、完善才演变为今天的排球运动。排球运动在美国问世后,由美国的传教士和驻外国的军官、士兵带到了世界各地。首先在美洲传播,但主要作为一种娱乐活动,技术水平提高不快。1900年传入亚洲,在亚洲经历了十六人制—十二人制—九人制—六人制的演变过程。欧洲的排球是第一次世界大战时由美国士兵在1917年带去的。排球传入欧洲虽晚,但传入的是六人制,且其竞技性已渐成熟,所以发展较快。

据史料记载,我国早在1905年就有了排球运动,当时为十六人制,1919年改为十二人制,1927年改为九人制,1951年改为六人制。因双方在比赛中是按"排"站位的,故称为排球。

由于排球运动易于接受,且深受各阶层人们的喜爱,所以在其发展过程中繁衍出沙滩排球、小排球、软式排球、坐式排球、气排球等多种形式。其中沙滩排球在1996年亚特兰大奥运会上被列入正式比赛项目,气排球2017年列入全运会群众体育比赛项目。

（二）排球技术

排球技术是指运动员在比赛规则允许的条件下采用的各种合理的击球动作和配合动作的总称。它包括有球技术:传球、垫球、扣球、发球和拦网;无球技术:准备姿势、移动、起跳及各种掩护动作等。排球技术的特点为:完成各种技术动作的时间短促;各种技术动作都是球在空中飞行时完成;大多技术具有攻防两重性,如拦网、传球、垫球;身体各部位都能触球。

1. 发球　1号位队员在发球区内自己抛球,用一只手将球直接击入对方场区一种击球方法。发球是比赛的开始,是排球技术中唯一不受他人制约的技术。是排球比赛中一项重要的进攻技术。

正面上手发球:面对球网站立,左手手掌平托球,垂直向右肩前上方抛起,高度适中。抛球同时,右臂抬起,屈肘后引,肘与肩平,上体稍向右转动。击球时利用蹬地转体和快速收腹带动手臂迅速向前挥动,手臂挥至右肩前上方最高点,以全手掌击球的后中下部,伴随着推压动作使击出的球呈上旋飞行（图5-3-11）。

2. 垫球　是用手臂从球的下部,利用来球的反弹力向上击球的技术动作。垫球在排球比赛中占有重要地位,主要用于接发球、接扣球和接拦回球,是组织进攻的基础。

正面双手垫球:以两手互握,两拇指平行朝前,两臂靠拢所组成的平面,在身体正前方插到球下用蹬地、提肩、抬臂去迎接击球的动作（图5-3-12）。

图 5-3-11　正面上手发球

图 5-3-12　正面双手垫球

3. **传球**　在额前方用双手(或单手)借助伸臂、蹬腿的动作,通过手指、手腕的弹力来完成的击球技术动作。传球技术主要用于二传,在比赛中起着组织进攻的作用,传球技术也可用来接发球,接对方的处理球、吊球和被拦回的高球;传球还可用来吊球和处理球。

正面双手上手传球:先移动到球下,两手自然抬起,成半球形,大拇指相对成一字形置于脸前。当来球接近头上方时,两臂主动前伸迎球,同时蹬地、伸膝,用手腕的抖动和手指的弹力,配合全身协调用力将球传出(图 5-3-13)。

4. **扣球**　跳起,在空中用一只手臂作弧形挥动,用手将本方场区上空的球,从标志杆以内的球网上空击入对方场区的技术动作(图 5-3-14)。扣球在比赛中占有重要地位,是得分的主要手段,是进攻最积极有效的武器,是攻击力强弱的表现,是夺取胜利的关键。

图 5-3-13　正面双手上手传球

图 5-3-14　扣球

1）正面扣球：是一种最基本最主要的扣球方法。

2）助跑：左脚先迈步，调整好方向，第二步宜迈大，右脚跟先着地，左脚快并上，稍落在左前方。

3）起跳：在助跑跨出最后一步的同时，两臂自然向后划弧用力向上摆。起跳后，挺胸展腹，上体稍右转，右臂向后上方抬起，身体呈反弓形。

4）空中击球：以快速的转体收腹发力，带动肩、肘，使手臂成鞭甩动作向前上方挥动，在最高点处击球，以全手掌包满球，并屈指屈腕向前推压，使扣出的球呈上旋。

5. 拦网　在球网上沿用手臂手掌阻挡对方击球过网的技术动作。拦网具有强烈的攻击性，可以直接拦死，拦回对方的扣球，同时拦网又是防守的第一道防线，是反攻的重要环节。

单人拦网：面向球网两脚平行开立，约同肩宽，两膝微屈，两臂自然弯曲置于胸前，根据对方二传球飞行的方向与落点，迅速用滑步或者交叉步沿球网平行移动对准来球。原地起跳时，重心降低，两膝弯曲，用力蹬地，使身体垂直起跳。起跳时，两手从靠近额前向球网上沿的前上方伸出，两臂伸直，两肩尽量上提，两臂保持平行。拦网时，两臂尽力过网伸向对方上空，两手自然张开，并尽量去接近球。手触球时，两手要突然紧张，手腕用力下压盖住球的前上方。拦网后手臂立刻上抬收回，不要碰网。落地时，双脚落地，屈膝缓冲（图 5-3-15）。

（三）排球战术

排球战术是运动员在比赛中根据排球运动的比赛规律，彼我双方的具体情况和临场变化，有效地运用技术及所采取的有预见、有目的、有组织的行动。

图 5-3-15　单人拦网

1. **排球个人战术**　个人战术是队员根据临场比赛的情况,有目的、有针对性地运用个人技术动作。个人战术可以提高个人技术动作的效果和补充集体战术的不足。个人战术包括发球、二传、扣球、一传、拦网、防守个人战术等。

2. **集体战术**　集体战术是指两个或两个以上队员之间有组织、有目的的集体协同配合。

（1）阵容配备:阵容配备就是合理地安排场上队员技术力量的组织形式。主要形式有四二配备（图5-3-16）和五一配备等(图5-3-17)。

图 5-3-16　四二配备　　　　图 5-3-17　五一配备

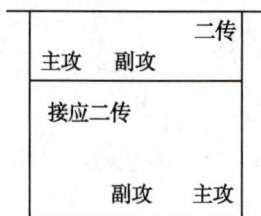

（2）位置交换与"自由人"运用:为了最大限度地发挥每个队员的特长,比赛中,在规则允许的条件下,采用交换位置方法,形成前排的专位进攻与后排的专位防守。

合理地选择并运用"自由人"是战术运用的一个方面。"自由人"专司接发球和后排防守,其上下场之间只需经过一次发球比赛过程,换人不计为正规换人次数,且次数不限。因此选择接发球和后排防守技术高超的队员作为"自由人",能大大提高全队的防守水平,并且前排进攻、拦网队员轮转到后排时由"自由人"换下则可稍事休息调整体力,再到前排时则可全力投入进攻、拦网,达到提高进攻水平的效果。

（3）进攻阵型:就是进攻时所采用的基本队形。由于现代排球运动技战术打法上已形成了高快结合、前后结合、全面型进攻的局面,而原先"中一二""边一二"进攻阵型已不能涵盖当前1名队员作二传,其他5名队员都参与进攻的立体进攻阵型,由此,进攻阵型现以二传组织进攻时的位置而确定为"中二传"（图5-3-18、图5-3-19、图5-3-20）、"边二传"（图5-3-21、图5-3-22、图5-3-23）和"心二传"（图5-3-24、图5-3-25、图5-3-26）3种进攻阵型。

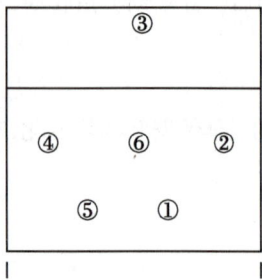

图 5-3-18　中二传 1　　　图 5-3-19　中二传 2　　　图 5-3-20　中二传 3

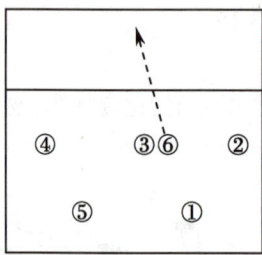

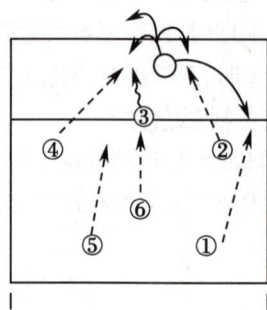

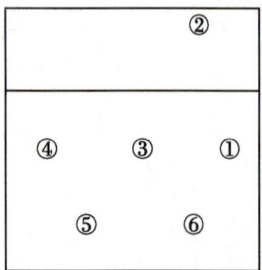

图 5-3-21　边二传 1　　　图 5-3-22　边二传 2　　　图 5-3-23　边二传 3

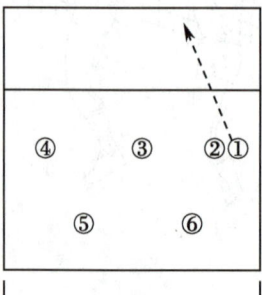

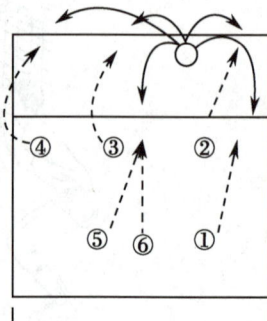

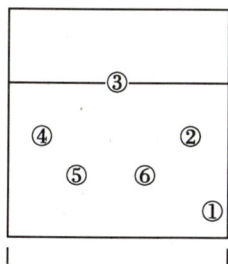

图 5-3-24　心二传 1　　　　图 5-3-25　心二传 2　　　　图 5-3-26　心二传 3

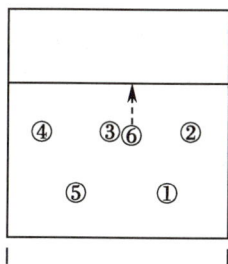

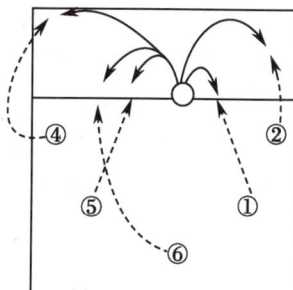

3. 防守战术　通常是指接对方扣、传、垫或处理过来的球所组织的进攻。

（1）接发球站位阵型：通常多采用 5 人接发球（图 5-3-27）和 4 人接发球（图 5-3-28）。

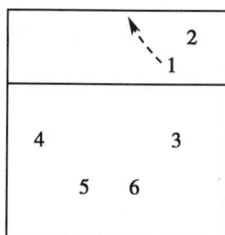

（2）接扣球防守阵型：主要有不拦网的防守阵型（图 5-3-29）、单人拦网的防守阵型（图 5-3-30）和"边跟进"（图 5-3-31）、"心跟进"防守阵型（图 5-3-32）。

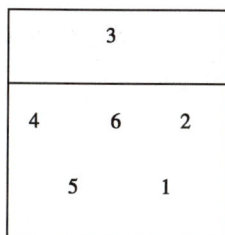

图 5-3-27　5 人接发球　　　　图 5-3-28　4 人接发球　　　　图 5-3-29　不拦网防守

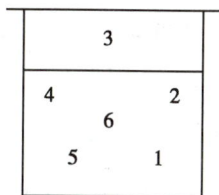

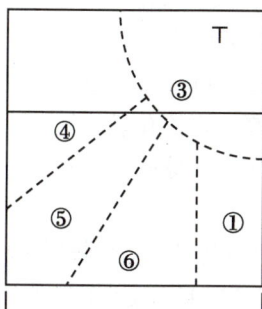

图 5-3-30　单人拦网防守　　　　图 5-3-31　边跟进　　　　图 5-3-32　心跟进

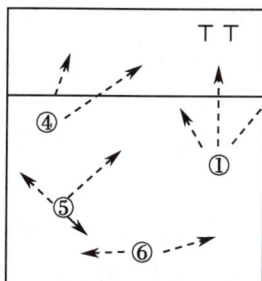

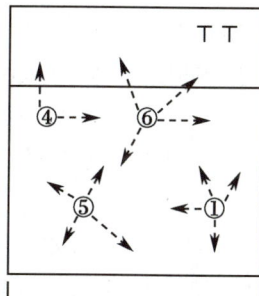

（四）自我学练提示

方法一：徒手动作练习，发球、垫球、传球、扣球、拦网的徒手动作练习及击固定球练习。

方法二：结合球练习，自传球练习、自垫球练习、对传球练习、对垫球练习。

方法三：隔网近距离发球，再到发球区进行发球练习。

方法四：4 号位扣球，可扣抛球，也可扣调整二传球（图 5-3-33）。

方法五：单人拦网练习。

1. 拦定位扣球练习。

2. 3 号位左右移动拦网练习。

方法六：进攻战术练习。

1. "中二传"进攻阵型练习　教师在 6 号位抛球，3 号位队员分别把

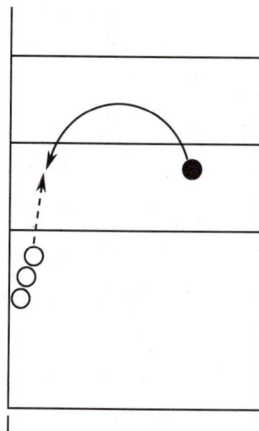

图 5-3-33　4 号位扣球

球传给 4 号位或 2 号位扣球(图 5-3-34)。

2. "边二传"进攻阵型练习　教师在 5 号位抛球,2 号位队员把球传给 3 号位队员扣近体快球,4 号位队员拉开进攻(图 5-3-35)。

3. "心二传"进攻阵型练习　教师在端线抛球,二传队员在进攻线附近组织进攻,2、4 号位队员扣调整球,6 号位队员进行后排进攻(图 5-3-36)。

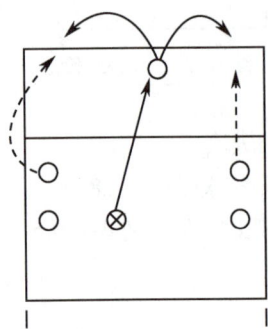

图 5-3-34　"中二传"进攻阵型练习　　图 5-3-35　"边二传"进攻阵型练习　　图 5-3-36　"心二传"进攻阵型练习

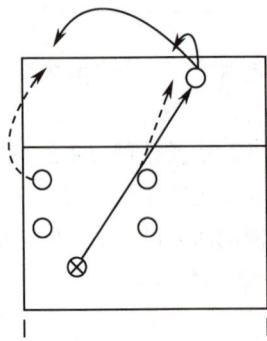

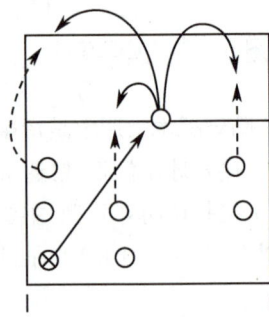

四、乒乓球

(一) 乒乓球运动概述

1. **乒乓球运动的起源与发展**　乒乓球运动自 20 世纪从欧洲兴起,至今已有一个多世纪的历史。乒乓球运动是由网球派生出来的,在 20 世纪前,乒乓球作为"宫廷游戏"在英国流行。当时以餐桌为球台,木板做球拍,用轻而有弹性的材料做球。1890 年,英格兰运动员詹姆斯·吉布从美国带回了赛璐珞球,模拟其击球声而称该项运动为"乒乓"球,也称为"桌上网球"(table tennis)。20 世纪初,乒乓球运动传入日本,1904 年由日本传入中国。1926 年第一届世界乒乓球锦标赛在伦敦举行。除第二次世界大战期间停办外,到 2022 年已举办 56 届。截至 2024 年 8 月,中国乒乓球队在世界大赛中共产生了 117 位世界冠军。

如果从 1900 年开始计算,乒乓球运动走过了 120 多年历史,此间乒乓球运动从竞赛规则、器材到运动技术都有较大变化。21 世纪初,乒乓球的改革相继出台,40mm 大球、11 分赛制和无遮挡发球的实施使乒乓球运动发生了质的变化。2016 年 7 月 1 日起,国际乒乓球联合会规定,采用新材质的球,直径标准由原来的 39.50~40.50mm 上调到 40.00~40.60mm。标注方法一律采用"40+",这意味乒乓球由此进入了 40+ 时代。

近些年,我国乒乓球运动又有了长足发展,连续多次在世界性大赛中囊括项目冠军。过去女队占绝对优势,近些年男队也在大赛中表现突出。如 1980—2022 年,男乒乓队在国际乒联男子单打世界杯比赛中 26 次获单打冠军。

2. **现代乒乓球运动发展趋势**　乒乓球运动近百年来各种打法都曾称雄乒坛,都曾有过辉煌,谁都不能说哪种打法最好。但当今世界最流行的打法是快攻结合弧圈打法。20 世纪 90 年代以来,此类打法进一步分化,朝着更快速和凶狠的方向发展。

(二) 基本技术与战术

1. **直握拍法**　以示指第二关节和拇指中段扣在拍前,其余三指自然弯曲依次重叠,由中指抵在拍的上方 1/3 处(图 5-3-37)。

2. **横握拍法**　虎口贴于拍肩,拇指在后,示指在前,其余三指自然握住拍柄。正手攻球时示指向上稍移,反手攻球时拇指向上稍移(图 5-3-38)。

3. **准备姿态**　两脚开立比肩稍宽,膝关节微屈,两脚掌着地,上体前倾,含胸,重心在两脚之间,持拍手臂自然弯曲,拍子置于胸腹前,注视来球(图5-3-39)。

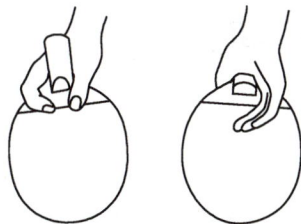

图 5-3-37　直握拍法　　　　图 5-3-38　横握拍法　　　　图 5-3-39　准备姿态

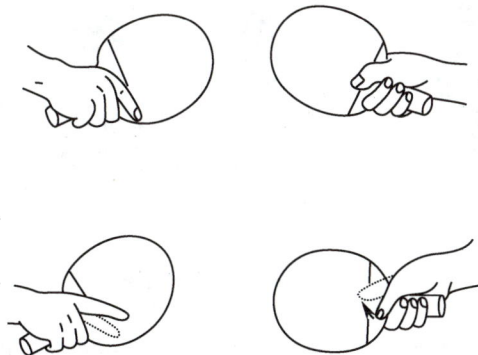

4. **基本步法**　乒乓球的步法在实战中多种多样,变化多端,下文介绍几种常用步法。

(1)单步:击球时以一脚为轴,向所需方向迈步。

(2)换步:迎球远侧方的脚向前跨一大步,另一脚快速向来球方向移动。

(3)交叉步:左侧来球右脚向前跨一大步,另一脚快速向来球方向移动。

5. **发球**

(1)发正手平击球:左手持球,身体稍向内转,右手持拍在左手后方,持球手将球垂直抛起的同时右臂向后引,拍面稍向前倾,在球的下降期击球的中部。

(2)发正手下旋球:发球时身体稍向右转,抛球的同时持拍手向后上方挥动,在球的下降期由小臂带动手腕,球拍后仰,摩擦球的中下部(图5-3-40)。

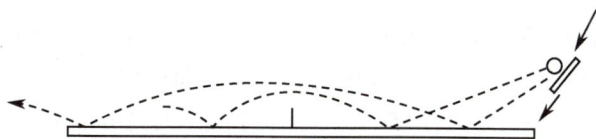

图 5-3-40　发正手下旋球轨迹示意图

6. **接发球**　在一局比赛中,接发球的机会与发球相同。因此,接发球的质量如何,直接关系到是否能破坏对手的发球意图,是争取主动的关键。接球时要注意对方的旋转与落点,密切观察对力挥拍的动作幅度和触球瞬间力量大小,判断球的性质和角度,及时做出相应的还击方法。接上旋球和平击球时,可用抽或推挡,接下旋球,可用搓、削、拉技术。

7. **推挡球**　在来球的上升期,小臂主动发力向前推出,同时手腕外旋,示指和拍后三指压拍,拇指放松,使拍形前倾,触球的中上部,击球后,手臂顺势前送(图5-3-41)。

①　　　②　　　③　　　④　　　⑤

图 5-3-41　推挡球

8. **搓球**　搓球又分正手和反手搓球、快搓和慢搓、搓转与不转等。以反手搓球为例:持拍手向左上方引拍,击球时拍形后仰,小臂带动手腕在球的下降期摩擦球的中下部(图5-3-42)。

图 5-3-42　搓球

9. **正手快抽**　持拍手臂向右后方摆动,小臂发力,使球拍向左前方做弧线短促摆动,拍形前倾,在球的上升期击球的中上部,触球时手腕内旋,击球后挥拍至额前。

10. **正手拉抽**　正手拉抽击球前,持拍手臂向右后下方引拍,拍面前倾,当球下降时,小臂加速用力向左上方呈弧形线路提拉,配合手腕向上摩擦发力,触球中下部。

11. **削球**　削球有近削和远削。近削击球的下降前期,远削击球的下降后期,球拍后仰,小臂带手,摩擦球的中下部。

12. **个人战术**

(1)发球抢攻:反手发侧上、下旋至对方中间偏右近网处,结合发大角的长球伺机抢攻。

(2)搓攻:搓加转短球结合,搓加转底线两角长球后拉高吊和前冲弧圈。

(3)拉攻:拉、搓、长、短结合。

(4)削球结合反攻:削转与不转控制落点,伺机反攻。

(5)对攻:连压反手,突变正手,伺机抢攻抢冲。

(三)自我学练提示

1. **击球的时间**　击球的时间分上升期、最高点和下降期3个阶段(图5-3-43)。

2. **击球的部位和拍形**　击球部位指球拍触球部位,可用时钟数字表示,分5个部位。上部:拍触及球12~1部位;中下部:拍触及球的4~5部位;下部:拍触及球约6的部位(图5-3-44)。

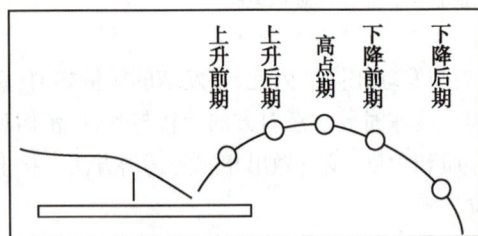

图 5-3-43　击球的时间

图 5-3-44　击球的部位

击球拍形,按时钟数字可分为:拍形向下,接近12点的部位;拍形前倾,接近1点的部位;拍形稍前倾,接近2点的部位;拍形垂直,接近3点的部位;拍形稍后仰,接近4点的部位;拍形后仰,接近5点的部位;拍形向上,接近6点的部位。

3. **自我练习提示**

(1)**徒手动作练习**:初学者不论学习哪项技术动作,都应从徒手动作练习开始。经过反复模拟,使手臂肌肉与全身上下动作协调一致,逐步达到配合默契。做徒手动作时可先原地徒手单项技术动作练习,如正手攻球或反手推挡。单项技术熟练后可做多项技术动作练习,如左推右攻。多项技术熟练后,可加上步法移动练习,如推挡后接侧身攻球练习。

（2）器械练习：将乒乓球悬挂于空中做正手攻球；用球拍对墙击球，体会球的弹跳性能，掌握空间、时间的判断感觉，对体会给球力量大小和用力方向都有极大帮助。

（3）多球练习：这是一种无论对初学者还是高水平运动员都必不可少的练习手段，既可练习单一技术，又可多种技术综合训练。

具体练习方法：一人"喂球"一人练习正手攻球（图5-3-45），一人"喂球"一人练习推挡（图5-3-46），一人"喂球"一人练习左推右攻（图5-3-47），一人"喂球"一人攻多落点（图5-3-48）。

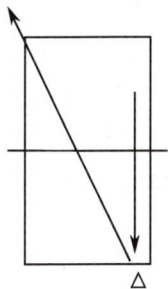

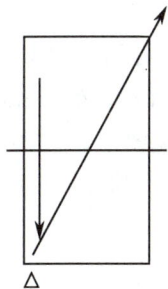

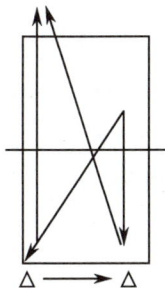

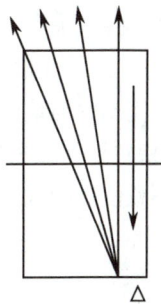

图 5-3-45　练习正手攻球　　图 5-3-46　练习推挡　　图 5-3-47　练习左推右攻　　图 5-3-48　练习攻多落点

（4）两人练习：打多落点（图5-3-49）、推挡侧身攻斜线或直线（图5-3-50）、不同两点打定点（图5-3-51）、正手攻直线反手推直线（图5-3-52）。

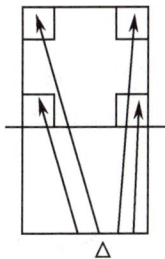

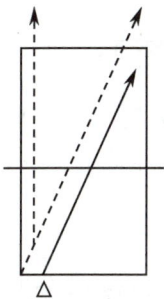

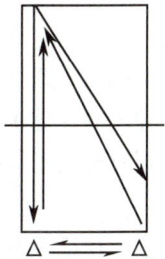

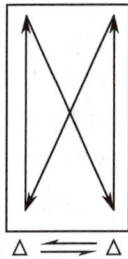

图 5-3-49　多落点练习　　图 5-3-50　练习推挡侧身攻斜线或直线　　图 5-3-51　不同两点打定点　　图 5-3-52　正手攻直线反手推直线

（5）技术综合运用：比赛是技术综合运用的最好方式。经过一段训练后，要把学到的技术在实践中发挥出来，实际比赛是检验学习效果的重要途径，也是巩固技术的必要环节，更是学习各种技术的目的。通过比赛又可以反过来激发学习技术的欲望，通过比赛发现问题，找出差距，继续努力，不断提高。

五、羽毛球

（一）羽毛球运动概述

据有关文献资料表明，羽毛球最早出现在14—15世纪时期的日本游戏，当时球拍为木制，球是用樱桃核插上羽毛制成。到了18世纪末，印度出现了一种与早年日本相似的羽毛球游戏。球是用直径6cm的圆形硬纸插上羽毛制成。在1873年英国公爵介绍了这种由印度传来的游戏，并正式起名为羽毛球（badminton），现代羽毛球运动从此诞生。

1875年，印度出现了世界第一部羽毛球规则；1877年，英国出版了更趋完善的统一规则；1893年英国成立了羽毛球协会；1899年举办了首届全英羽毛球锦标赛；1934年在伦敦成立了国际羽毛球联合会。

羽毛球约于第一次世界大战后传入中国,最早在上海法国总会,后在广州、天津、北京等城市教会办的青年会出现羽毛球活动。20世纪60年代,中国羽毛球开始步入世界,在以快为主的战术思想指导下,两度击败世界冠军印度尼西亚和丹麦、瑞典等强队。由于当时未能参加国际羽毛球联合会,不能参加正式比赛,故当时的中国羽毛球被国际羽坛誉为"无冕之王"。20世纪末以来,世界羽坛是亚洲人的天下,以中国、印度、印度尼西亚、马来西亚、韩国、日本为龙头,几乎垄断了汤姆斯杯、尤伯杯、苏迪曼杯等各项赛事桂冠。

(二)羽毛球基本技术

1. 握拍法

(1)正手握拍法(本教材所有基本技术均以右手握拍为例,左手持拍者则反之):先用手握住球拍中杆,使拍面与地面垂直,张开右手,虎口对准拍柄内侧小棱边,然后相似握手的方法,用小指、无名指和中指并拢握住拍柄,拇指与示指内侧贴在拍柄两侧的宽面上。小指与无名指在拍柄的末端应握紧些,不致使球拍脱手,示指和中指稍微分开,用示指和拇指轻松地环扣住拍柄,以便灵活调整发球时的角度(图5-3-53)。

图5-3-53 正手握拍法

(2)反手握拍法:在正手握拍的基础上,拍柄稍向外转,示指下收,拇指上提,拇指第二指节顶在拍柄内侧的宽面上,其余四指并拢握住球拍柄,手心与拍柄间应有一个明显的空洞,反手握拍击球时,靠示指以后的三指紧握拍柄,同时拇指向前发力击球。

2. 发球

(1)发球:发球可分正手发球和反手发球。按空中飞行弧线分为高远球、平高球、平快球、网前球4种。一般来说,发网前球、平快球、平高球均可用正手或反手发球技术完成,而高远球则须采用正手发球(图5-3-54、图5-3-55)。

(2)接发球:一般情况下,单打在离前发球线约1.5m处,在右发球区站在靠中线位置,在左发球区则站在中间稍偏边线位置。双打接发球时站位应靠近前发球线。

图5-3-54 正手发球

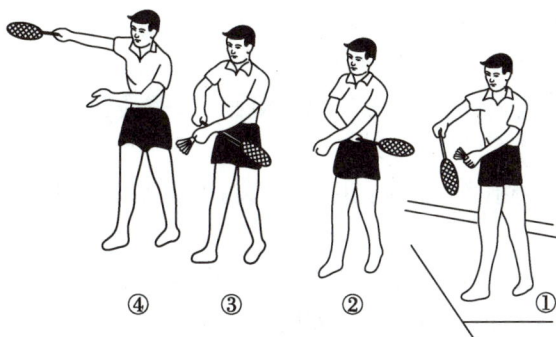

图 5-3-55　反手发球

3. 击球法　练习者在掌握了握拍和发球技术后即可以逐步进行各种击球技术学习。击球技术按其特点进行分类,可分为后场高空击球技术、前场网上击球技术、下手击球技术和中场平击球技术4种。

（1）后场高空击球技术:后场高空击球技术又称后场上手技术,是练习者学习击球法必须掌握的技术。击高远球是一切击球技术的基础,上手击高远球可分正手、反手和头顶击高远球。正手击高远球技术难点为,在手臂自然伸直时,应用"抽鞭"动作把球弹出去;反手击远球技术难点为,背向网自下而上"甩"臂击球时,应配合全身的协调动作,注意用拇指内侧顶住球拍柄"闪腕";头顶击高远球技术难点为,球拍绕过头顶击球,要结合身体的协调性、腰部柔软性和身体重心的调整。平高球的弧线较高远球低,速度较高远球快,动作要领相同,只在击球一刹那,用力主要向前方,使击球的弧线较低。吊球,把对方击来的后场高球还击到对方的网前区的击球方法称吊球。可采用正手、反手和头顶吊球三种技术动作。正手吊球分别为劈吊和轻吊。其技术难点是要在触球一刹那通过控制腕力,用"切削"动作把球击出,拍面稍向下压。杀球,把对方击来的球全力向下扣压称杀球。其技术有正手、反手和头顶杀3种,其技术难点在于在触球一刹那,通过手腕和手指控制拍面、倾斜角度、用力方向和大小来扣杀出所需的球。

（2）前场网上击球技术:网上击球是一项可以调动对方,使战术多变的击球方法,包括搓球、放网前球、勾对角球、推球、扑球等。其技术难点是握拍要活,要充分利用手腕和手指的力量来控制球拍,以便击出各种不同球路和落点的球。

（3）下手击球技术:下手击球一般是在防守时所采用的击球技术。具体有底线抽球、挑球和接杀球3种技术。①底线抽球:包括正手和反手抽球,其技术难点是右脚向后跨步要稳,击球时前臂带动腕部,手指做"抽鞭式"地向前"闪动"。②挑球:是把对方击来的吊球或网前球还击到对方后场。其技术难点是来球离网远时,拍面可稍前倾,向前上方用力击球;来球近网时,拍面应接近向上,击球时要有向上提拉动作。③接杀球:有接杀近身球和远身球技术,其技术难点是反应要迅速,击球应在身体前方或侧方附近,击球前的预备挥拍动作要小,根据来球力量大小,控制好拍面角度与用力大小。

（4）中场平击球技术:主要是对付对方击来的弧线平于或低于网的球,这种球落点在中场附近,这一技术包括正、反手中场抽球和半蹲式中场平击球两种。其步法有上网步(跨步、垫步、交叉步和蹬跳上网步);后退步(正手、反手、头顶后退步);两侧移动步(向右和向左移动步);起跳腾空突击步。

（三）羽毛球基本战术

1. 单打战术　包括发球抢攻战术、攻后场球战术、逼反手战术、打四方球结合突击战术、重复快压底线结合吊杀战术、吊杀上网战术、先守后攻战术。

2. 双打战术　包括合理站位、攻人战术、攻中路战术、攻直线战术、攻后场战术、后攻前封战术、守中反攻战术等。

（四）自我学练提示

1. 反复做挥拍练习。

2. 从对墙发球过渡到在球场中正式发球。

3. 以发高远球为基础,再进一步发其他球。

4. 在端线内 40cm 处,以及在前发球线后 30cm 处画一条横线,要求将球发在有效区内,提高发球准确度。

5. 按照技术动作要求,持拍做好准备:引拍、挥拍、击球的基本练习。注意转体、收腹的协调性及高点击球的规范要求。

6. 采用多球式"喂球"或一对一陪练式"喂球",反复练习。由易到难,逐步提高。

7. 强调高、吊、杀。准备引拍、挥拍到击球前期动作具有一致性,只是在击球的瞬间各有所不同。

8. 对放、挑、扑每一个动作的技术结构规范要求,有明确的概念和清晰表象。

9. 熟练掌握正、反手握拍上网前的基本姿势,一步垫步上网,两步跨步上网,三步交叉跨步上网。

10. 两人隔网对练放球。

11. 多球上网放、挑、扑球练习。

12. 吊上网放、挑、扑球组合练习。

13. 杀上网放、挑、扑球组合练习。

六、网球

(一) 网球运动概述

1. 网球运动起源与发展　网球起源追溯到 12—13 世纪,是法国传教士在教堂回廊进行的一种用手掌击球的游戏。14 世纪中叶传入英国,当时球的表面用埃及坦尼斯镇所产的斜纹法兰绒制成,人们称这种球为"tennis",并在英国的上层社会流行,有"贵族运动"的雅称。到了 16、17 世纪,网球运动由游戏而成为一种比赛,出现了特定场地和由有弹性的弦线穿制成的球拍,这一时期成为这项运动的兴盛时期。

现代网球运动的历史开始于 1873 年,那年英国人沃尔特·克洛普顿·温菲尔德少校改进了早期网球打法,使之成为可以在草坪上进行的一种运动,同年还出版了《草地网球》一书,网球运动得以宣传和推广。1874 年又进一步规定了球网高度,1877 年首届温布尔登网球锦标赛开幕,首先使用 23.77m 长、8.23m 宽的场地,每局采用 15、30、40 等记分方法。

1896 年在雅典举行的第一届奥林匹克运动会上,网球男子单打和双打曾被列为正式比赛项目。后来由于某些原因,网球被取消,直至 1988 年汉城奥运会,网球运动才重新被列为正式比赛项目。

2. 网球的国际竞赛组织及世界重大比赛　国际网球联合会(ITF)成立于 1913 年 3 月,最初只有 12 个会员国,现已发展为 100 多个会员国。网球联合会主要负责有关网球的一切事务:制定修改网球规则;开设教练员培训班;组织世界青年比赛;负责组织、指导戴维斯杯、联合会杯世界两大团体赛及"四大网球赛"。国际职业网球联合会(ATP)负责组织各级的大奖赛、排名赛等,并负责发布"世界网球排名表",每周公布一次男子排名,每两周公布一次女子排名。世界主要网球大赛有:温布尔登网球公开赛、美国网球公开赛、法国网球公开赛、澳大利亚网球公开赛、戴维斯杯、比利·简·金杯、奥运会网球比赛等。其中,戴维斯杯和比利·简·金杯分别为男子团体比赛和女子团体比赛。

3. 网球运动发展趋势　网球运动经过近百年的发展,技术、战术已经发生巨大变化,其发展方向是:

(1) 由正手进攻、反手防御型打法向综合进攻型转变。

(2) 比赛中大量采用正反手上旋击球。

(3) 发球速度快、力量大、落点刁,且旋转多变。

(4) 网前进攻和底线破网的质量越来越高;接发球抢网战术在女双和混双中也得到大量运用。

(5) 场地的多样性也促使运动员技术全面发展。

(6) 由只追求底线防守,向全面进攻型打法发展。

（二）网球基本技术和战术

1. 握拍法

东方式正握拍法：握拍手平贴拍弦上，向下滑动至拍柄，手指围拢握拍。

东方式反握拍法：从正手握位向左转，虎口"V"形对准拍柄左上斜面，拇指紧贴抠紧左垂直面，示指下关节压在右上斜面。

大陆式握拍法：侧立球拍，再从上抓拍柄。

西方式正握拍法：虎口"V"形对准拍柄右上斜面，掌根与拍柄底部平齐，贴住右下斜面。

西方式反握拍法：虎口"V"形，向右转动对准右垂直面，掌根贴住右下斜面，与拍柄底部平齐，用与正拍击球的同一拍面击球。

2. 发球

采用大陆式或东方式反握拍法。准备姿势，两脚开立与肩同宽，侧身对球网。左脚与端线约成45°角，重心落在左脚。右手持拍，左手持球轻拖球拍于腰间，拍头冲前。左手指根轻托住球。在身体前面抛起球，动作要求协调、平稳，球至最高点再离手，同时右肘向后外展，拍头指向天空。左侧腰、胯成弓形，身体重心随着抛球开始先移向右脚，然后平稳地开始前移。当球下降到击球点时，迅速挥拍击球，左脚上蹬，身体和手臂充分伸展。身体向前上方伸展击球，持球手腕带动小臂做一个旋内的"鞭打"动作，将球击出。发出球后，身体向场内倾斜，保持完整的向前上方伸展的挥拍动作，球拍挥至身体左侧，重心前移，自然跟进保持身体平衡。

3. 接发球

根据个人习惯决定握拍法。准备姿势：膝盖弯曲，两腿分开与肩同宽，当对方抛球准备击球时，可以抬起重心，两脚快速交替跳动，并判断来球迎前回击。接第一发球时站位稍向后，接第二发球站位略前。接发球时，一旦判明来球方向，尽量早些向后拉拍，并减少后摆的幅度，如果可能，在球过网之前就应完成转体的后摆动作。接大力发球时，可采用截击球的动作来接对方来球。击球时保持手腕固定，拍面正面对来球，迎上去击球。球拍随球送出，做充分的随挥能更好地控制回球方向。随挥一结束，身体快速移动准备下一次回击。

4. 正拍击球

采用东方式正握拍法。以右手为正手握拍为例，准备姿势：面对球网，两脚与肩同宽，重心前倾在前脚掌上，另一手扶拍，拍头稍高、向前。当判断朝正拍方向来时，左脚先做跨步转体转胯动作，左脚向右斜前方45°跨步，侧身对网。转肩带动球拍成弧形的后摆动作或直接向后拉拍，肘部抬起微曲，重心落在脚跟，球拍指向后场转墙，借腰、髋扭转力向前挥拍击球，绷紧手腕，保持屈膝，重心移到右脚上，击球点在右脚侧前方。在击球的过程中，眼睛始终看着球，以保证球拍用最佳部位击球。击球后，球拍继续沿球飞行方向挥动，肘关节向前上方跟进前伸，身体也由侧身转向正面对网，拍子随挥至左肩上方结束（图5-3-56）。

图 5-3-56　正拍击球

5. 反拍击球

东方式反握拍法，准备姿势同正拍击球。转动双肩，带动球拍后位，左手扶拍，引导球拍后摆，几乎背对球网，右脚向左前方45°跨出，重心移到左脚上，肘关节弯曲靠近身体。击球点在右脚侧前方，重心前移迎击来球，回身转腰，拍面垂直于地面，肘关节微屈并外展，手腕锁紧，由下向前上方奋力击出。随挥至右侧高处结束时，左脚跟进，身体正面对网，并准备下一次击球（图5-3-57）。

图 5-3-57　反拍击球

6. 正手截击　握拍采用大陆式握拍法。准备姿势两脚自然开立约同肩宽,重心落在前掌上,脚跟提起,身体前倾,膝盖弯曲,持拍于体前,拍头高于手腕和球网,左手扶拍颈,两眼注视来球。判明来球后,即转动上身和肩部,球拍小幅后摆,不要过肩,肘关节离开身体,手腕紧固。击球点在左脚尖前方,以短促有力的动作撞击来球,拍面稍向上,击出球略带切削,可以更好控制落点。击球后拍子向击球方向做短促随挥,并准备下一次截击球。

7. 反手截击　握拍与准备姿势与正手截击相同。判明来球向反手,立即转肩向左,并用左手扶拍,球拍做短小的后摆,引拍不要过左肩。右脚向侧前方跨步的同时,绷紧手腕,握紧球拍,向前对准球做简单的撞击动作,左手后伸以保持平衡。球拍触球后沿击球方向挥出 30cm 左右,并及时恢复至准备姿势。

8. 个人战术

（1）发球上网战术:发球上网战术是利用发球的强大威力压制对手,发球后立即上网进行主动进攻,也是上网型打法在比赛中主要的得分手段。例一(图5-3-58①),甲发直线球击向对方发球区中线附近后上网,冲至发球线判断对方回球为自己反手,马上向左前方移动在前场截击,击球至对方发球区边线附近。例二,甲在左区平击发球至对方反手,乙直线回球到甲右区,甲发球后直接跑向右前场将球截击到对方右发球区边线附近(图5-3-58②)。

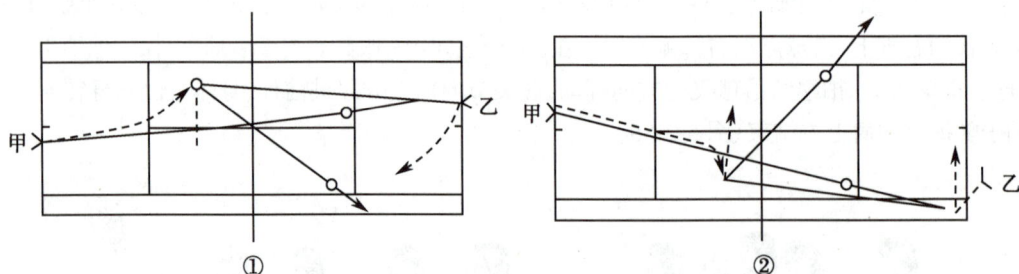

图 5-3-58　发球上网战术示例

（2）接发球上网战术:利用多变的各种手段来接发球,特别是接第二发球时,强攻上网或推切上网充分发挥上网型打法优势。接右区外角的第二发球时,可用正拍推切或抽击球,回击直线上网(图5-3-59）。

（3）接发球破网战术:比赛中有意识地挑出有深度的高球对付直冲到网前的对手,可以提高破网的效果。

（4）双打发球上网抢网战术:同伴之间事先商量好发球的落点、是否抢网,运用此战术可以扰乱对方接发球,为上网得分及抢网创造条件(图5-3-60）。

（5）接发球双底线战术:如果对方发球很有威胁,网前又非常活跃,可采用双底线战术,以破坏对方快速进攻的节奏。两人退至底线寻找机会反击,破网要打得凶狠并结合挑上旋高球(图5-3-61）。

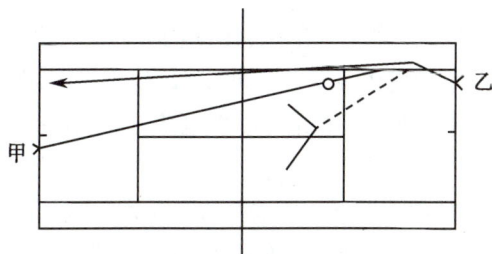

图 5-3-59　接发球上网战术　　图 5-3-60　双打发球上网抢网战术　　图 5-3-61　接发球双底线战术

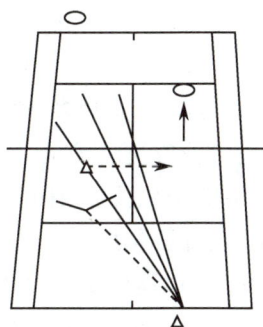

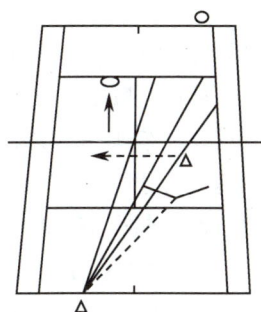

（三）自我学练提示

1. 反手底线击球的练习方法

（1）模仿练习：面对镜子检查挥拍动作。

（2）对墙练习：先自抛击球，击前方墙 1.4～1.8m 高度，待熟练后，离墙距离由近到远，做连续对墙壁抛击球。

（3）连续"喂球"练习：同伴站在近网处"喂球"，发到练习者容易击球的位置。一般而言，先练习正手后练习反手，先练习对角线后练习直线球。

（4）双人定点对打练习：一人以正反手击球打到底线左右两角，另一人在移动中将球回击到对方场地同一点。

2. 发球练习法

（1）练习抛球：球抛到向上充分伸展时球拍顶部的位置，球自然下落至左前方约 30cm 处。

（2）对墙发球：离墙约 12m 将球发向墙，高度在 1～1.3m。

（3）发球—接发球练习：一人练习发多个落点的球，同伴根据发球的不同，而采取不同的方法练习接发球。发球者先从发球线附近发球，然后退 2m 再发球，最后退至底线发球。

3. 击球练习方法

（1）对镜子练习：截击球动作。

（2）对墙练习：距墙 3～5m，连续对墙做截击练习，正反手交替练习。

（3）抽击截击练习：甲在底线抽击球，乙在网前截击，先打直线，后打斜线。

第四节 ┃ 啦啦操运动

一、啦啦操概述

啦啦操是在音乐伴奏下，要求队员集体完成复杂、高难度的基本舞蹈动作，通过项目特有的难度动作，以及过渡配合等动作内容，充分展示团队的高度一致性和高超的运动技术，并体现运动员青春活力、积极向上的团队精神，努力追求团队最高荣誉感的一项体育运动。啦啦操的起源与发展如下。

现代啦啦操起源于美国，最早源于球迷为美式足球呐喊助威。啦啦操借助美国职业篮球赛逐渐在全球范围内广泛传播，至今已有 100 多年的历史。20 世纪 80 年代初，啦啦操开始向世界传播，并建立了统一的啦啦操标准。啦啦操运动于 2002 年正式引入我国。现代啦啦操以团队的形式出现，结合了舞蹈、口号、舞伴特技、技巧、叠罗汉、跳跃等动作技术，并配合音乐、服装、队形变化及标示物品（如彩球、口号板、喇叭与旗帜）等要素。2009 年国家体育总局正式批准开展全国啦啦操联赛官方赛事。自 2013 年起，我国啦啦操联赛开始实行 A 级赛区和 B 级赛区制。

1. **啦啦操的分类**　啦啦操按照活动目的分为竞技性啦啦操、表演性啦啦操。竞技性啦啦操又可分为舞蹈啦啦操和技巧啦啦操。

舞蹈啦啦操是一项在音乐的伴奏下,运用多种舞蹈元素的动作组合,结合转体、跳步、平衡与柔韧等难度动作,以及舞蹈的过渡连接技巧,通过空间、方向与队形的变化表现出不同的舞蹈风格特点,强调速度、力度与运动负荷,展示运动舞蹈技能及团队风采的体育项目。舞蹈啦啦操包括花球啦啦操、爵士舞啦啦操、街舞啦啦操和自由舞蹈啦啦操。

技巧啦啦操是在音乐的伴奏下,以跳跃、托举、叠罗汉、筋斗、抛接等技巧性难度动作为主要内容,配合口号、啦啦操基本手位、舞蹈动作及过渡连接等,充分展示运动员高超的技能技巧的团队比赛项目。

2. **啦啦操的技术特点**

（1）啦啦操上肢的发力点在前臂,手臂的 36 个基本手位均在肩关节前制动,发力速度快,制动时间短,制动之后没有延伸,身体控制精确,位置准确。

（2）啦啦操的动作内容丰富,所有的手臂动作都必须严格按照 36 个基本手位的标准来完成,没有固定的基本步法。

（3）啦啦操的动作重心较低,在做动作的过程中膝关节不完全伸直,保持微微弯曲的状态,重心稳定,移动平稳。

（4）啦啦操动作的完成干净利落,具有清晰的开始和结束,肢体运动中直线动作曲直分明,弧线动作蜿蜒流畅,具有较高的欣赏价值和艺术价值。

（5）啦啦操队形变化多样,能够充分利用场地空间。

（6）啦啦操的音乐风格多样,旋律优美,气氛热烈,节奏快慢有致、强弱有别。

（7）啦啦操的服装款式各异,绚丽多姿。

二、啦啦操基本动作

（一）啦啦操基本手型

啦啦操基本手型如图 5-4-1 所示。

1. **并拢式**　五指伸直,相互并拢;大拇指微屈,指关节贴于示指旁。

2. **分开式**　五指用力伸直,充分张开。

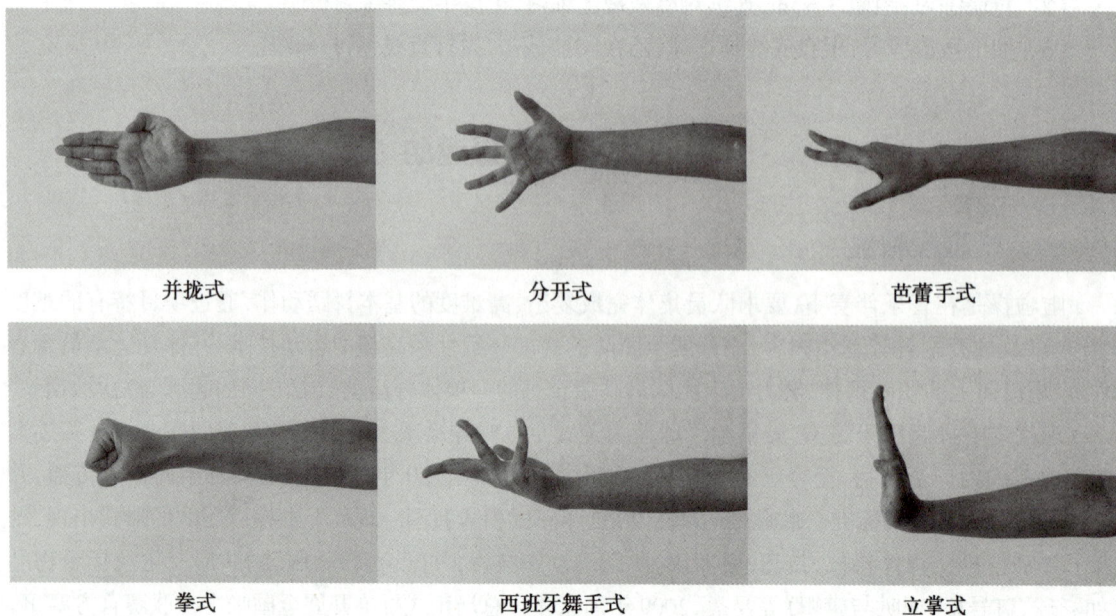

并拢式	分开式	芭蕾手式
拳式	西班牙舞手式	立掌式

图 5-4-1　啦啦操的基本手型

3. **芭蕾手式**　五指微屈,后三指并拢、稍内收,大拇指内扣。

4. **拳式**　握拳,大拇指在外,指关节弯曲,紧贴于示指和中指。

5. **西班牙舞手式**　五指用力,小指、无名指、中指自掌指关节处依次屈,大拇指稍内扣。

6. **立掌式**　五指伸直,手掌用力上翘。

(二) 啦啦操的基本手位

啦啦操共有 36 个基本手位,如图 5-4-2~图 5-4-7 所示。

1. **下 A**　双臂斜下举,分别与脊柱形成 30° 夹角,拳心紧贴相对。

2. **上 A**　双臂斜上举,分别与脊柱形成 30° 夹角,拳心紧贴相对。

3. **上 V**　双臂侧上举,分别与脊柱形成 45° 夹角,不能完全张开,应置于双耳斜前方 45°,拳心朝外。

4. **下 V**　双臂侧下举,分别与脊柱形成 45° 夹角,且与肩形成 45° 夹角,拳心朝下。

5. **加油**　双手握拳式胸前击掌,肘关节朝下,双拳略低于下颌。

6. **T**　双臂侧平举,但没有完全张开,分别与肩形成 30° 夹角,拳心朝下。

7. **短 T**　双臂侧平举,于胸前平屈,小臂略低于肩,两拳相对,拳心朝下。

| 下A | 上A | 上V | 下V | 加油 | T |

图 5-4-2　啦啦操的 1~6 基本手位

| 短T | W | 上L | 下L | 斜线 | K |

图 5-4-3　啦啦操的 7~12 基本手位

| 侧K | 小弓箭 | 弓箭 | 短箭 | 侧上冲拳 | 侧下冲拳 |

图 5-4-4　啦啦操的 13~18 基本手位

| 斜下冲拳 | 斜上冲拳 | 高冲拳 | R | 上M | 下M |

图 5-4-5　啦啦操的 19～24 基本手位

| 屈臂X | 高X | 前X | 低X | X | 上H |

图 5-4-6　啦啦操的 25～30 基本手位

| 小H | 下H | 屈臂H | 后M | 前H（拳心向下） | 前H（拳心相对） |

图 5-4-7　啦啦操的 31～36 基本手位

8. W　双臂侧上举,于肩上平屈,大小臂成 90° 夹角,拳心相对。

9. 上L　一臂前上举,与脊柱形成 30° 夹角,拳心朝内;另一臂侧平举,与肩形成 30° 夹角,拳心朝下。

10. 下L　臂前平举,略低于肩,拳心朝内;另一臂侧平举,与肩形成 30 夹角,拳心向下。

11. 斜线　一臂侧上举,与脊柱形成 45° 夹角,拳心朝外;另一臂侧下举,与脊柱形成 45° 夹角,拳心朝下。

12. K　一臂前上举,与脊柱形成 45° 夹角,拳心朝内;另一臂前下举,与脊柱形成 45° 夹角,拳心朝内,两拳拳眼相对。

13. 侧K　手臂动作同 K,身体向一侧转动,成后腿弯曲弓步。

14. 小弓箭　一臂侧平举,与肩形成 30° 夹角,拳心朝下;另一臂胸前屈,肘关节朝下,拳心朝内。

15. 弓箭　一臂胸前平屈,肘关节朝外,小臂略低于肩;另一臂侧平举,与肩形成 30° 夹角。

16. 短箭　手握拳叉腰,手臂与肩形成 30° 夹角,拳心朝后;另一臂胸前屈,肘关节朝下,拳心朝内。

17. 侧上冲拳　一手握拳叉腰,手臂与肩形成 30° 夹角,拳心朝后;另一手侧上举,与脊柱形成 45° 夹角,拳心朝前。

18. **侧下冲拳** 一手握拳叉腰,手臂与肩形成 30° 夹角,拳心朝后;另一手臂侧下举,与脊柱形成 45° 夹角,拳心朝下。

19. **斜下冲拳** 一手握拳叉腰,手臂与肩形成 30° 夹角,拳心朝后;另一臂斜下举,与脊柱形成 30° 夹角,拳心朝下。

20. **斜上冲拳** 一手握拳叉腰,手臂与肩形成 30° 夹角,拳心朝后;另一臂斜上冲拳,与脊柱形成 30° 夹角,拳心朝外。

21. **高冲拳** 一臂前上举,与脊柱形成 30° 夹角,拳心朝内;另一手握拳叉腰,手臂与肩形成 30° 夹角,拳心朝后。

22. **R** 一臂斜下举,与脊柱形成 30° 夹角,拳心朝下;另一手臂侧上举,头后屈时,肘关节朝外,拳心紧贴后脑勺。

23. **上 M** 双臂侧上举,于肩上平屈,肘关节朝外,手腕向下屈,指尖触肩。

24. **下 M** 双手握拳叉于腰部,双臂与肩形成 30° 夹角,拳心朝后。

25. **屈臂 X** 双臂屈肘交叉于胸前,拳心朝内。

26. **高 X** 双臂交叉斜上举于额头前上方,分别与脊柱形成 30° 夹角,拳心朝前。

27. **前 X** 双臂交叉前平举,略低于肩,拳心朝下。

28. **低 X** 双臂交叉斜下举,分别与脊柱形成 30° 夹角,拳心朝下。

29. **X** 双臂侧上举,于头后平屈,肘关节朝外,两拳相对,拳心紧贴后脑勺。

30. **上 H** 双臂前上举,与肩同宽,分别与脊柱形成 30° 夹角,拳心相对。

31. **小 H** 一臂前上举,与脊柱形成 30° 夹角,拳心朝内;另一臂胸前平屈,肘关节朝下,拳心朝内。

32. **下 H** 双臂前下举,分别与脊柱形成 30° 夹角,拳心相对。

33. **屈臂 H** 双臂屈肘平行收于胸前,拳心相对。

34. **后 M** 双臂屈肘平行向身后伸展,双手握拳收于腰侧,拳心相对。

35. **前 H(拳心向下)** 双臂前平举,与肩同宽,双手握拳,拳心向下。

36. **前 H(拳心相对)** 双臂前平举,与肩同宽,双手握拳,拳心相对。

三、啦啦操的基本套路与编排

(一) 啦啦操的基本套路
目前国内最新发行的啦啦操规定动作标准是《2020 版全国啦啦操规定动作》。

(二) 啦啦操编排的原则
1. **统一性原则** 啦啦操编排的统一性原则指在动作、音乐、服装及道具等方面与啦啦操的主题风格、思想一致。

2. **安全性原则** 在编排啦啦操时,必须根据每一个队员的真实水平,基于安全角度进行考虑,在队员能力范围之内组织编排适合其完成的动作,尽可能避免发生伤害事故。

3. **创新性原则** 创新性原则要求啦啦操在编排过程中要标新立异,突出风格,不但要体现出前瞻性,还要表现出时代感。

(三) 啦啦操的编排方法
1. **变换新颖的队形** 啦啦操中常用的队形有几何图形 "十" 字形、弧形、直线形及字母形等。

2. **动作与音乐配合** 动作的快慢、强弱、幅度大小及不断变换的队形空间都应紧密联系音乐的节奏。

3. **创编工作要有主次** 在动作编排的初级阶段,要根据队伍的真实情况及表演目标进行创编。编排要掌握主次,按照音乐的快慢、节奏进行编排。

4. **设计啦啦操口号** 设计的口号内容要呼应表演目标与主题思想。

5. **服装道具的设计与选择** 在对啦啦操的服装款式进行设计时,要保证服装、音乐与动作之间的一致性。

第五节 | 体育竞赛组织及实施

一、体育竞赛

体育竞赛是各类体育运动项目比赛的总称。是以增强人民体质、丰富社会文化生活及在比赛中夺取优胜为目的的,以比赛项目为内容,以运动规则为裁判尺度所进行的个人或集体之间的体能、技艺、心理品质和智能的较量,可以增进和加强我国人民和世界各国人民之间的了解和友谊,提升和扩大国家的地位和影响;可以振奋民族精神,增强凝聚力;可以提高人民的健康水平,保证人民的生活质量。

(一)依据运动成绩评定方法分类

不同运动项目竞赛的结果是运用不同的评定方法予以确定的,这些不同的评定方法又都反映着各个项目本身固有的特点。因此,依运动成绩的评定方法建立体育运动项目的分类体系,对于竞赛规则的制订与改进及竞赛活动的组织进行都有着积极的作用。

依据运动成绩的评定方法可以将体育竞赛项目分为测量类、评分类、命中类、制胜类和得分类(图5-5-1)。

(二)依据竞赛方法分类

依据竞赛过程比较方式的不同形态,体育竞赛项目可以分为两大类。

1. **竞争类竞赛项目** 此类项目是尽可能使参赛者在不受外界干扰的条件下,充分发挥自身能力去夺取某些时空参数,以获得时空参数的大小来遴选优胜、排列名次的项目,如田径、举重、体操、跳水等竞赛项目。

竞争性竞赛项目又可以分为"时间竞争类项目""距离竞争类项目""重量竞争类项目"和"分数竞争类项目"四大类。

时间竞争类项目:短跑、跨栏、游泳、划船等。
距离竞争类项目:跳远、标枪、跳高等。
重量竞争类项目:举重。
分数竞争类项目:体操、保龄球、跳水等。

2. **对抗类竞赛项目** 此类项目是让参赛者在尽可能的机会均等的条件下,相互之间捉对较量,以比赛的胜负来区分高下、确定名次的项目,如篮球、足球、拳击、摔跤等竞赛项目。

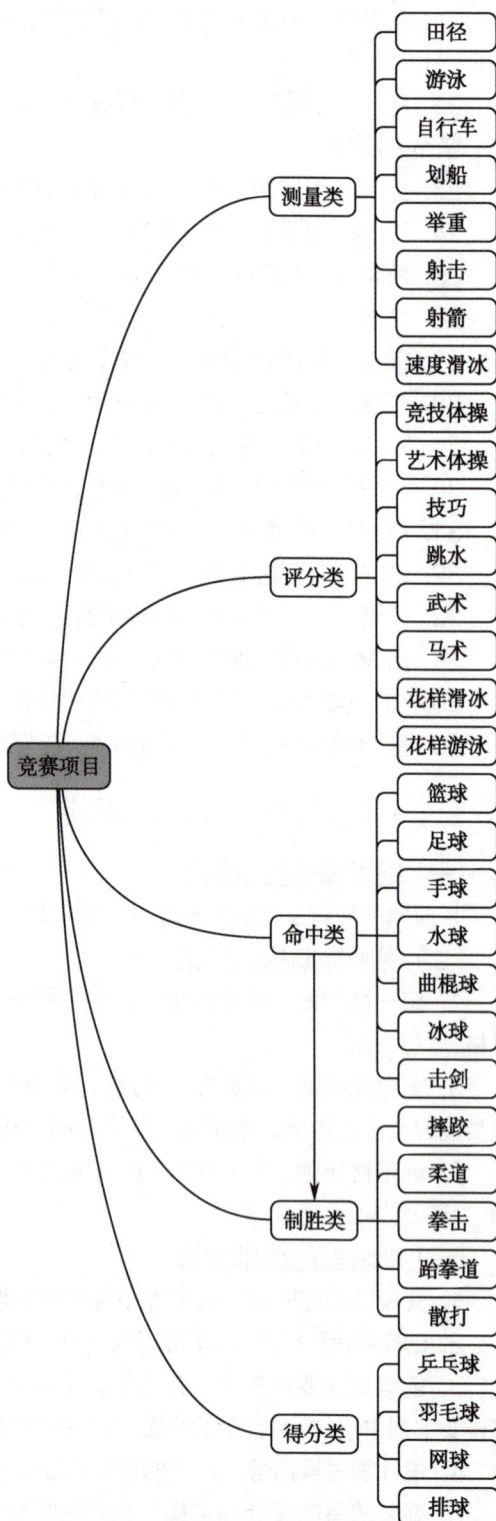

图 5-5-1 依据运动成绩的评定方法对竞赛项目分类

对抗性竞赛项目又可以分为"个体对抗类项目""偶体对抗类项目""集体对抗类项目"和"团体对抗类项目"四大类。

个体对抗类项目：拳击、柔道、摔跤、击剑等。

偶体对抗类项目：羽毛球双打、桥牌、乒乓球双打、网球双打等。

集体对抗类项目：足球、排球、篮球、水球、冰球等。

团体对抗类项目：击剑团体赛、网球团体赛、羽毛球团体赛等。

二、竞赛前的工作

（一）确定组织方案

本单位体育竞赛计划的安排和有关方面的竞赛任务，是确定组织方案的重要依据。

1. 竞赛的名称和目的任务　竞赛的名称和任务应根据竞赛的内容、性质、时间和规模来确定，同时要结合当时的形势和中心任务。现在有些比赛有赞助商赞助，在比赛冠名等方面要考虑到他们的利益。

2. 竞赛的规模和时间　竞赛项目和参赛者的多少直接关系到比赛场馆的需求和时间的长短。在比赛之前竞赛组织部门要根据竞赛项目的设立，对参赛者的数目要有充分的预计，以便确定竞赛的天数。

3. 拟定竞赛的组织机构　拟定和建立竞赛的组织机构是体育竞赛组织工作的重要环节。机构设置要合理、精练，职能划分要明确，要保证竞赛任务的圆满完成。各种竞赛的组织机构一般采用"组织委员会制"（简称组委会）。组委会是在主办单位的领导下，由各方面代表组成，负责组织和领导竞赛的全部工作。组委会下设办公室、竞赛、新闻宣传、行政后勤、安全保卫等职能部门。

4. 经费预算　经费预算是执行经费开支的重要依据。各职能机构要根据本部门的需要，并本着勤俭节约的精神，对自己的每一项经费开支进行认真的预算，制定经济计划和严格管理的办法。经费预算可以留有一定的余地，以保证竞赛活动的顺利进行。

（二）制定竞赛规程

竞赛规程是根据竞赛计划而制定的有关体育竞赛的具体政策与规定。它是体育竞赛的指导性文件，也是竞赛组织者和参加者进行工作和比赛的法律性文件。因此，举行任何一项竞赛活动，首先必须制定竞赛规程。

1. 制定竞赛规程的依据

（1）依据体育竞赛计划：竞赛规程是多年度或本年度竞赛计划的延伸，它的内容要与竞赛计划的安排相适应。其内容可以根据现时的情况进行修正和补充，但不能脱离计划的安排。

（2）依据竞赛的目的和任务：竞赛规程的所有内容都是为了使竞赛活动得以顺利进行、圆满结束；都是为了使竞赛活动达到竞赛的预期目的。

（3）依据竞赛的客观条件：竞赛规程的制定要充分考虑本次竞赛的经费开支、场地设施、社会及本单位的需求和参赛者等有关人员的实际情况，同时也要与国际、国内有关竞赛的规律和要求相结合。

2. 竞赛规程的内容　竞赛规程一般由下面的内容组成，各单位在制定竞赛规程时可以根据各自的具体情况对其内容进行取舍和补充。

（1）竞赛名称：根据竞赛的任务、性质和内容确定竞赛名称。名称要用全称，如中华人民共和国第十届运动会；××杯足球赛。在竞赛的文件、会标及宣传材料等方面，名称要统一。

（2）目的任务：根据竞赛活动的要求，简要说明举办竞赛的目的和任务。例如，增强人民体质，普及全民健身运动；交流教学训练工作经验，提高运动水平；奥运会选拔赛等。

（3）主办单位和承办单位：注明竞赛主办单位和承办单位，如"中国足球协会甲级联赛"由中国足协主办,由各主场会员协会组成的联赛赛区委员会承办;"××杯三人足球赛"由××主办,由××承办。

（4）时间和地点:竞赛时间要明确比赛开始至比赛结束的年、月、日,如有的比赛安排有预赛、决赛的,要分别写明预、决赛的开始时间和结束时间,举办竞赛的具体地点。

（5）竞赛项目和组别:要明确竞赛设置的项目,如田径比赛共设哪些项目及所用器械的规格等。明确竞赛分哪些组别,各组设立哪些项目、要求等。

（6）参加办法

1）参加单位、人数和运动员资格:明确哪些单位可以参加比赛,规定各单位领队、教练、工作人员人数和运动员人数;规定运动员的参赛资格和标准。

2）报名、报到时间和报名规定:明确规定报名的开始与截止时间、规定报到的时间与报到须知。有的竞赛要明确每项比赛可以报几名运动员参加,每名运动员可以参加几项比赛等参赛的有关规定。有的竞赛的抽签时间和地点也可以在这里注明。

3）对服装、器材的要求:明确规定服装的套数、颜色、号码尺寸、比赛器材的规格标准等。

（7）竞赛办法

1）确定比赛采用的规则:可以根据竞赛的不同性质对现行的规则作一定的修改和补充,但必须在竞赛规程中写清楚。

2）确定竞赛采用的竞赛制度:如循环赛、淘汰赛,或是混合赛等。若比赛分阶段进行,要写清楚各阶段的竞赛制度、两阶段比赛的衔接办法、成绩计算和名次排列。

3）具体的编排原则和方法:如循环赛编排采用哪种轮转方法;单淘汰赛设立几名种子选手,如何确定种子选手等。

4）明确计分方法和确定名次的方法:不同竞赛项目有不同的计分方法;接力、破纪录如何加倍计分;排列名次的方法及积分相同时如何判定名次的方法;团体总分如何计算等。

5）比赛中违反规定的处罚方法:如弃权的处理、违纪的扣分等。

（8）录取名次与奖励:规定竞赛录取名次和奖励的办法。包括对团体奖、单项技术奖、道德风尚奖等的奖励名额和各种奖项的奖励内容(奖杯、奖旗、奖状、奖章及奖金等)。

（9）裁判员:如需参赛单位选派裁判员的,要写明人数、等级及报到时间、学习时间。

（10）其他事项:对有关经费、交通、食宿等问题进行说明。

（11）未尽事宜,另行通知:为了方便今后对竞赛规程的修改和补充。

（12）规程解释权的归属单位:确定对竞赛规程如有疑问,由谁来进行解释。

（三）组织编排工作

1. **了解和熟悉情况**　学习竞赛规程和竞赛规则,了解竞赛的内容形式、时间安排、比赛单位、组别、项目、参赛办法、奖励及计分方法。同时准备有关用具,绘制各种比赛用表。

2. **检查报名情况,审查报名资格**　检查报名是否逾期,检查各单位报名是否符合竞赛规程的规定。正规比赛,报名截止时间一到,即不接受任何报名。要严格审查运动员的参赛资格,若有疑问,及时了解清楚,尽快作出处理,以保证竞赛的顺利进行。

3. **编排号码对照表,统计各类参赛者的人数,填写竞赛表格和卡片**　编排运动员姓名号码对照表,号码顺序可以按队报名的先后顺序排定,也可以按组委会规定的顺序排定。进行各项统计工作,如田径比赛需统计各单位参加人数;各项目的运动员人数和运动员兼项人数等。以便掌握情况,为编排工作做准备。按要求填写各种竞赛表格和卡片,卡片填写好经过核对后,按项目归类,以备编排时用。

4. **编排竞赛秩序和制定竞赛日程**

（1）编排竞赛秩序首先根据竞赛规程的规定和不同的竞赛项目及场地器材的情况,计算出比赛的需用时间。球类竞赛项目要计算场数和轮数;田径、游泳等竞赛项目则计算比赛单元、比赛场次。

然后遵循各项竞赛的编排要求和编排方法将竞赛项目和参赛者安排到比赛的具体位置上,编排时通常是采用抽签的方法把参赛者定位或分组定位。竞赛秩序编排后,还要确定具体的比赛时间、地点、道次等,并在此基础上制订竞赛日程。

（2）编排和制订竞赛日程时要考虑到各参赛者竞赛时间、场地的机会均等(如白天、晚上;室内、室外等);要考虑到比赛的密度、强度及休息时间的合理安排;要考虑到各项目的交叉和衔接(如球类团体赛和各单项比赛的安排;田径、游泳比赛中的兼项);要考虑到比赛的精彩程度(各比赛项目预赛、决赛的安排要错开)。

（四）编印秩序册

竞赛秩序册是组织完成一次竞赛活动的综合性的完整文件。竞赛秩序册是竞赛的组织者组织管理比赛的依据,也是教练员、运动员、裁判员参加比赛的依据。

竞赛秩序册一般有以下内容。

1. **封面**　封面内容有比赛名称、时间、地点、主办单位、协办单位、赞助单位等。封面上要印有运动会会徽和"秩序册"3个大字。

2. **目录**　按顺序排列秩序册的所有内容。

3. **竞赛规程和补充规定**　是组织和参加竞赛的指导性文件。

4. **竞赛组织委员会成员名单和办事机构成员名单**　各单项竞赛委员会、仲裁委员会成员名单和裁判长、裁判员名单。

5. **各代表队名单**　按有关规定顺序排列,内容有队名、领队、教练、医生和运动员名单。运动员名单内容有号码、姓名、出生年月日、身高体重、民族和参赛项目等。

6. **大会活动日程**　包括运动员、裁判员报到的时间、训练的时间;组委会会议及裁判长、领队、教练员联席会议和有关抽签的安排;竞赛安排;比赛结束及离开时间;有关注意事项。

7. **竞赛日程**　具体明确各个比赛项目,各场比赛的时间、地点、比赛队、服装要求等。

8. **各项竞赛分组**　田径、游泳等竞赛项目需要分组分道。

9. **比赛成绩表**　绘制各种成绩表格,根据比赛的结果进行填写。

10. **参赛各类人员统计表**

11. **最高纪录或最好成绩**　公布以往比赛最高纪录或最好成绩,如田径比赛,可公布单位纪录、省、市、国家和世界纪录及创造者列表,以便与比赛中的成绩进行对照。

12. **比赛场地平面图**

（五）检查竞赛场地和器材

赛前必须对场地和器材进行细致的检查,发现有不符合竞赛标准的要及时解决。如:场地是否平坦,灯光是否符合要求,足球网是否有漏洞等。

（六）组织裁判员学习、安排赛前训练

竞赛前要组织裁判员学习,统一判罚尺度,保证严肃、认真、公正、准确地执行任务。有的比赛需要安排赛前适应性训练的,要考虑到各种不同场地、不同时间的机会均等。

（七）召开组委会及联席会议

召开组委会会议或裁判长、领队、教练员联席会议。由组委会成员介绍竞赛活动的组织工作情况;裁判长明确执行的规则及要求;听取意见和解决有关问题(如更换运动员、运动员号码错误等);组织抽签,确定参赛者的分组定位。

三、竞赛进行中的工作

（一）全局一致、各方协调

竞赛活动是一项综合性工程,组织竞赛、临场管理、宣传报道、后勤保障、医护保卫等工作缺一不可。竞赛的组织者要与竞赛的各个环节保持信息的畅通,要深入赛场,掌握最新动态,加强各方面的

协调配合,不断改进工作,保证对竞赛全局的控制。一旦出现问题,立刻进行解决,切实保证比赛的圆满完成。

(二) 加强临场管理

临场管理是组织好体育竞赛的关键环节,它直接影响比赛的顺利进行。裁判员需要公正执法;运动员需要规范职业道德;工作人员需要做到热情服务。对临场比赛中的技术问题、对违反体育道德的现象、对不负责任的工作态度及对场地器材、饮食卫生、安全保卫中可能出现的隐患和问题都要及时发现,尽快地给予解决。

(三) 完成成绩统计和处理工作

任何项目的竞赛都要对比赛的全过程及每个阶段的成绩做出准确的统计和记录,以此作为录取名次、决定比赛结果的依据。同时也便于成绩公告和汇编成绩册。有的项目还要把上一阶段的比赛成绩作为下一阶段比赛编排分组的依据,必须尽快完成。成绩的统计和处理工作一定要做到准确、快捷。

(四) 做好成绩公告

每项比赛结束后,各单项竞赛部门要将该项的比赛成绩尽快送交给大会竞赛部门,再由大会竞赛部门将各项成绩汇总,准确、快捷地印制、发送当日的成绩公报,使参加竞赛的单位、运动员和观众及时了解竞赛的进程和结果,以便进行分析研究,宣传报道。

四、竞赛结束的工作

(一) 排定名次,做好颁奖工作

比赛结束,竞赛部门要尽快核对各项比赛的成绩,排定名次,交裁判长在闭幕式上宣布。要根据竞赛规程的规定提前准备好奖品及奖金,以便在闭幕式进行颁奖。精神文明奖可在比赛进行中就开始评选,比赛结束时其评选活动也应结束,并和其他奖项同时颁发。

(二) 印发竞赛成绩册

竞赛组织者要对比赛的成绩进行审查核对,准确无误后装订成册,尽快发给各参赛单位。球类项目比赛的成绩可以在竞赛秩序册中记录下来,但如田径、游泳等项目的各赛次的成绩及最后比赛的结果就需要有一本完整的成绩册。

(三) 做好总结工作

竞赛活动结束以后,竞赛有关部门要对竞赛工作做一个全面、认真的书面总结,肯定成绩,找出不足,提出建议。总结上交给主办单位。同时要将竞赛的各种文件、记录表格、原始成绩等起归类存档,以便今后查阅和指导工作。

第六节 ｜ 体育竞赛方法

一、测量类竞赛项目

测量类竞赛项目中,运动员在比赛中所表现出来的运动水平高低,可以客观而准确地予以测量,包括田径、游泳、自行车、划船、射击、射箭、速度滑冰等。测量指标包括速度指标、距离指标、重量指标、环数指标。

(一) 竞赛编排工作

1. 编排前的准备工作

(1) 学习竞赛规程和竞赛规则。

(2) 准备有关用具和比赛表格。

(3) 审核报名情况。

（4）编排运动员姓名号码对照表。

（5）进行各项统计工作。

2. 编排竞赛日程

（1）根据竞赛规程规定的比赛天数、单元、时间、组别等，将比赛项目合理安排到每个比赛单元中去。

（2）根据运动员报名人数，预计各比赛项目的赛次。要详细检查是否有遗漏项目及赛次，常规兼项有无冲突。

（3）编排每项比赛单元竞赛日程时，要根据参加比赛的人数和组数，结合各项比赛的估算时间，计算出各项目所需时间和比赛单元的总时间，有决赛项目的单元要考虑发奖时间。

3. 竞赛分组

（1）分组方法

1）根据各个项目的参赛人数、赛次及赛次录取的名额、分道数及裁判员情况拟定分组计划。

2）有报名成绩时：将所有运动员按报名成绩高、低排序，然后采用"蛇形排列"分组法把运动员分到各组。出现同单位运动员同组，可就近上下进行调整。分组后，由技术代表抽签排定各组比赛次序和运动员道次。

3）没有报名成绩：将每个单位该项目运动员的卡片按单位从上而下排列（先报名的在前），然后采用"斜线"分组法把运动员按斜线通过的顺序分到各组（表5-6-1，表5-6-2，30人比赛）。分组后，先由技术代表抽签排定各组的组次，再抽签决定道次。

表 5-6-1　斜线分组

号码顺序 单位	北京	上海	天津	重庆	广东	广西	江苏	浙江	安徽	山东
	1	4	7	10	13	16	19	22	25	28
	2	5	8	11	14	17	20	23	26	29
	3	6	9	12	15	18	21	24	27	30

表 5-6-2　分组后各组情况

组别	道次							
	一	二	三	四	五	六	七	八
第一组	1	5	9	10	14	18	19	23
第二组	27	28	2	6	7	11	15	16
第三组	20	24	25	29	3	4	8	
第四组	12	13	17	21	22	26	30	

（2）分组时的注意事项

1）按参赛人数、赛道数量、赛次、录取方法和裁判员人数进行分组，每组人数尽量均等。同单位的运动员尽可能避免排在同一组内。

2）一次性决赛的项目，要按成绩优劣分组；按名次录取分组时，要把成绩优秀的运动员平均编排在各组里。

（二）竞赛方法

1. 距离指标类项目

距离指标类项目一般不分组，比赛时所有参赛队员按照抽签顺序依次完成一次比赛称之为一轮。比赛一般进行3～6轮，取运动员最好成绩决定名次。如果参赛人数较多，可提前举行及格赛,或设置及格线,达到及格标准才可进行下一轮比赛。另外,还可以进行预决赛,例如:预赛三轮,取成绩最好的8名运动员进入决赛,决赛再比三轮,决出最终名次。其中预、决赛轮次及晋级运动员人数依据实际情况决定。一般预赛成绩带入决赛阶段。

2. 速度指标类项目　速度指标类项目短距离一般进行分组分道次比赛,中长距离一般只分组,长距离项目如果不受场地因素影响,一般将所有运动员合成一组进行比赛。分组竞赛项目可设置预赛、复赛(半决赛)、决赛三轮比赛(根据实际参赛人数,也可设置两轮比赛)。制定小组晋级规则时,如果比赛设有报名成绩,可根据报名成绩将运动员平均分配到各组,按名次录取;如果没有报名成绩,则可按所有运动员成绩排名录取下一轮比赛晋级运动员。

二、球类项目、制胜类项目竞赛方法

球类项目和制胜类项目有一定的共同点,一般是由两队(人)在场上进行一对一的对抗,比赛分为胜、平、负三种比赛结果。在判定名次的比赛中,比赛双方必须决出胜负。

(一)循环赛

循环赛是指所有参赛者(队或人)相互之间都轮流进行比赛,最后按照其在循环比赛中得分的多少排定名次的竞赛方法。循环赛包括有单循环赛、双循环赛、分组循环赛和积分循环赛等。

1. 循环赛的特点

(1)比赛场次多,接触对手多,有更多的互相学习、实战锻炼的机会。

(2)最后排定的名次基本符合各队的实际运动水平,偶然性小。

(3)不足的是:比赛的时间长,占用场地多,参赛者数量多时不易采用;最后几轮的比赛可能会由于一些因素(为保存实力、人际关系等),出现消极比赛现象。

2. 单循环比赛场数和轮数的计算　两个参赛者相互比赛一次,称作一场比赛。计算循环赛比赛总场数,主要是便于根据实际比赛场数的多少,计划好比赛场地和时间,做好人力物力的安排。

单循环比赛场数的计算方法:

$$单循环比赛场数\ X=N(N-1)\div2$$

X 为比赛场数,N 为参赛者数。

例如,8个队参加单循环赛,比赛的总场数是 $8\times(8-1)\div2=28$(场)。

所有参赛者都比赛完一场(包括轮空者),称作一轮比赛。计算循环赛的轮数,主要是根据不同项目比赛一轮所需要时间的不同(如足球比赛 1~2 天比赛 1 轮,乒乓球比赛则 1 天可以比赛 2~3 轮),来安排比赛日程。

比赛轮数的计算方法:

当参赛者是双数时,比赛轮数 $Y=N-1$

当参赛者是单数时,比赛轮数 $Y=N$。

Y 为轮数,N 为参赛者数。

例如,8个队参加单循环比赛时,比赛轮数是 $8-1=7$(轮)。5个队参加单循环比赛时,比赛轮数是5轮。

3. 比赛轮次的安排　单循环轮次的安排方法具有可变性的特征,不同项目可以根据自己的特点和需要,采用不同的轮转编排方法。

(1)逆时针轮转法:若参赛者为双数,一般都采用此法来编排各轮的比赛。如6队参加比赛,先选出 1、2、3、4、5、6 六个位置号(序号),其第一轮比赛先将 1、2、3 号自上而下依次写在左侧,再将 4、5、6 号自下而上与 3、2、1 号对应写在右侧,然后用横线分别将左右两个对着的号码连接起来,即为第一轮的比赛顺序(表5-6-3)。将第一轮比赛表中的1号固定不动,其余号码按逆时针方向轮转一个位置,即为第二轮比赛顺序,以后各轮次比赛秩序以此类推。

表5-6-3　6个队单循环赛秩序表

第一轮	第二轮	第三轮	第四轮	第五轮
1—6（0）	1—5	1—4	1—3	1—2
2—5	6（0）—4	5—3	4—2	3—6（0）
3—4	2—3	6（0）—2	5—6（0）	4—5

若参赛者为单数,则在最后一个数后补个"0",各轮次仍按以上方法进行轮转,遇到"0"的参赛者,则这轮"轮空"休息,没有比赛。

（2）顺时针轮转法:若参赛者是单数,如仍按逆时针轮转将会出现一些因轮空休息而带来的不合理现象,会造成其中某一队连续多次遇到的对手,都是前一轮轮空的队,使该队以劳待逸,疲于应付。例如,有7个队参赛时,6号队在7轮比赛中,后4轮比赛全部与前一轮刚轮空休息的队进行比赛（表5-6-4）,这对6号队在体力上是不公平的。如果是5个队参赛,4号队将遇到这种情况;如果是9个队参赛,8号队也将遇到这种情况。

表5-6-4　参赛队与轮空队比赛轮转表

第一轮	第二轮	第三轮	第四轮	第五轮	第六轮	第七轮
1—0	1—7	1—6	1—5	1—4	1—3	1—2
2—7	0—6	7—5	⑥—4	5—3	4—2	3—0
3—6	2—5	0—4	7—3	⑥—2	5—0	4—7
4—5	3—4	2—3	0—2	7—0	⑥—7	5—⑥

注:⑥表示本轮比赛的对手,上一轮是轮空。

克服这一不合理现象的方法是采用顺时针轮转法（表5-6-5）,其第一轮比赛与双数队相同,只在最后一个数后补"0"。第二轮是固定"0"号不动,其余号码按顺时针方向转动一个位置,各轮次以此类推。还可以采用固定右上角"0"号不动,其他号则用逆时针轮转来进行编排。

表5-6-5　5个队单循环赛秩序表

第一轮	第二轮	第三轮	第四轮	第五轮
1 — 0	2 — 0	3 — 0	4 — 0	5 — 0
2 — 5	3 — 1	4 — 2	5 — 3	1 — 4
3 — 4	4 — 5	5 — 1	1 — 2	2 — 3

（二）淘汰赛

淘汰赛是指所有参赛者按照排定的顺序进行比赛,胜者进入下一轮,负者退出比赛,直至产生最后一名获胜者（冠军）的竞赛办法。淘汰赛包括有单淘汰赛、双淘汰赛和交叉淘汰赛等。

1. 淘汰赛的特点

（1）可以在较短的时间内,较少的场地条件下,安排大量参赛者进行比赛。

（2）淘汰赛具有强烈的竞争性,激烈精彩。

（3）不足的是,参赛者学习、交流、锻炼的机会少;排定的名次有限;比赛的结果有一定的偶然性。

2. 单淘汰赛场数和轮数的计算

$$单淘汰比赛场数=参赛者数-1$$

例如:有32人参加单淘汰赛,共要比赛31场。

单淘汰的比赛轮数=所选择的作为号码位置数的2的乘方数的指数。

单淘汰比赛的轮数与比赛中为参赛者选择的号码位置数有直接的关系。不论参赛者有多少,其选择的号码位置数必须是2的乘方数,所选定的号码位置数是2的几次方,比赛轮数就是几轮。例如:有16人参加比赛,选择的号码位置数是16,16是2的4次方,那么就有4轮比赛;有32人参加比赛,选择的号码位置数是32,32是2的5次方,那么就需要进行5轮比赛。

3. 选择号码位置数和分区

（1）选择号码位置数:进行单淘汰比赛时,要给每个参赛者编上一个号码,安排一个比赛位置。单淘汰赛参赛者的号码位置数,必须是2的乘方数。常用的号码位置数是$2^3=8$、$2^4=16$、$2^5=32$、$2^6=64$、$2^7=128$。例如,8人参加比赛,8恰好是2的乘方数,则选择8为号码位置数,每人1个号码,1个位置,比赛3轮结束(图5-6-1)。

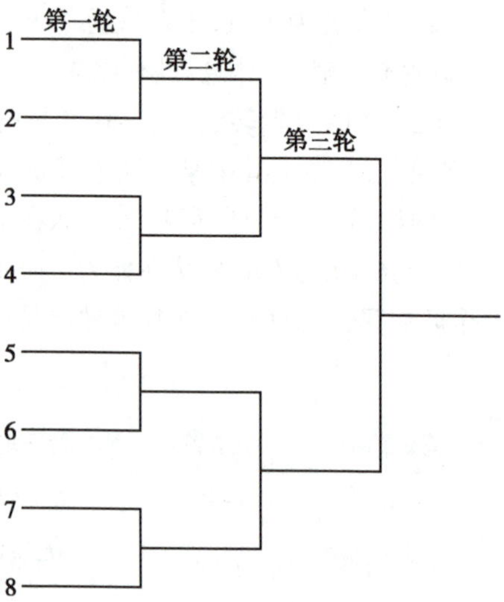

若参赛者的人数不是2的乘方数,则选择最接近参赛者数的2的乘方数为号码位置数。例如,13人参加比赛,则选择16为号码位置数,比赛4轮结束;28人参加比赛,则选择32为号码位置数,比赛5轮结束。

（2）分区:单淘汰比赛时要把号码位置分成几个相等的部分,称为"分区"(图5-6-2)。把全部号码位置分成两半,每半区称作1/2区,又称作上半区、下半区;再把上半区和下半区各分成两半,每个区称作1/4区;再把每个1/4区分成两半,每个区称作1/8区。以此类推。

图5-6-1　8人淘汰赛秩序表

4. **轮空**　当选择的号码位置数大于实际参赛者数目时,就会多出一些号码,空着没有参赛者进入。这就出现了"轮空"。轮空就是指在第一轮的比赛中有的参赛者没有对手,休息一轮。例如:13人参加比赛,选择16为号码位置数,就会有3名参赛者在第一轮没有比赛,轮空(图5-6-3)。轮空号码的位置,可以查"轮空位置表"(表5-6-6)确定。

$$轮空数=号码位置数-参赛者数$$

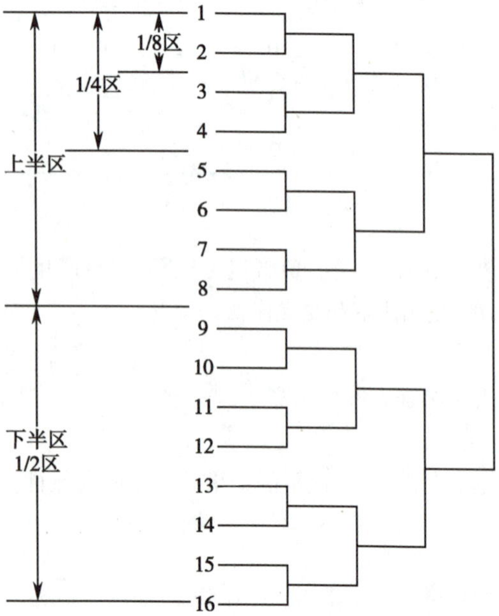

图5-6-2　单淘汰分区图

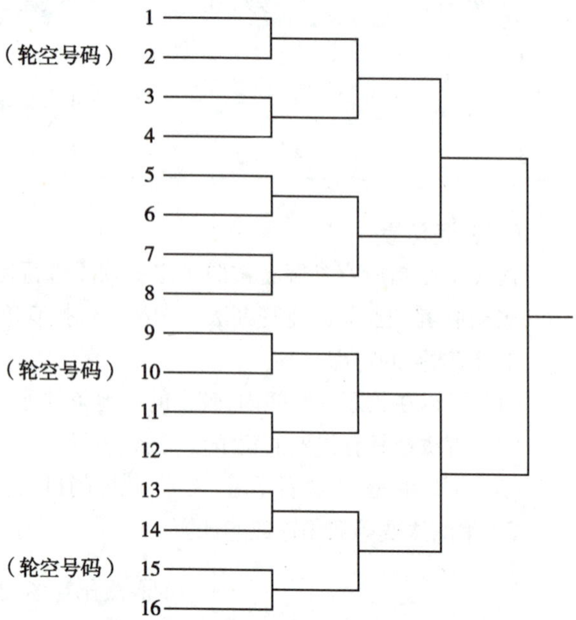

图5-6-3　13人单淘汰轮空号码位置表

表 5-6-6　轮空位置表

2	255	130	127	66	191	194	63
34	223	162	95	98	159	226	31
18	239	146	111	82	175	210	47
50	207	178	79	114	143	242	15
10	247	138	119	74	183	202	55
42	215	170	87	106	151	234	23
26	231	154	103	90	167	218	39
58	199	186	71	122	135	250	7
6	251	134	123	70	187	198	59
38	219	166	91	102	155	230	27
22	235	150	107	86	171	214	43
54	203	182	75	118	139	246	11
14	243	142	115	78	179	206	51
46	211	174	83	110	147	238	19
30	227	158	99	94	163	222	35
62	195	190	67	126	131	254	3

注："轮空位置表"的查法为选择最接近参赛者数的、较大的 2 的乘方数为号码位置数,并用该数减去参赛者数,得出的就是轮空数。然后按轮空数目,依次逐行由左向右取出小于比赛号码位置数的号码,这些号码就是轮空的号码。例如,有 120 人进行单淘汰赛,必须选用 128 个号码位置,128−120=8,即有 8 个位置没有参赛者。从表中依次取出小于 128 的 8 个号码位置,2、127、66、63、34、95、98、31,第一轮比赛这些号码位置是空的,与之相邻的参赛者则第一轮轮空。

5. **抽签**　抽签是确定参赛者在淘汰赛中各自位置号码位的一种方法。抽签的原则:把种子选手与种子选手合理分开,把同一单位的种子选手合理分开;把同一单位的参赛者均匀分布在各个区。抽签是组织编排工作中的重要环节之一,在可能的情况下,参赛者自己参加抽签。一般比赛的抽签工作,通常由技术代表、竞赛部门代抽。

（1）种子选手的抽签与进位:按种子选手的号码位置抽签进入,也可以按种子选手实力水平排列顺序,直接将全部种子选手定位。

（2）非种子选手的抽签与定位:按抽签方案确定的顺序,将各单位参赛者先分区,后定位。各单位的参赛者要分批进行抽签:如先抽该单位 1、2 号运动员,分别进入上、下半区的一个 1/4 区;再抽该单位的 3、4 号运动员,分别进入没有 1、2 号运动员的另外两个 1/4 区;再将 5~8 号运动员分别抽入没有 1~4 号运动员的另外四个 1/8 区,以此类推。

（3）控制平衡与复核检查:为使各单位的运动员都能合理分开,抽签时需要进行必要的控制来保持平衡,抽签后要检查种子选手是否合理分开,同单位运动员是否合理分开。

6. **附加赛**　单淘汰赛最后的胜者为冠军,负者为亚军,两场半决赛的负者为并列第三名,四场 1/4 决赛的负者为并列第五名。当有的比赛需要决出第三名,有的比赛甚至要决出 1~8 名时,就需要进行附加赛。附加赛是单淘汰赛的延伸,以便扩大录取优胜名次的范围。

附加赛场次的增加,是根据比赛所需决定名次的多少。一般决出 1~8 名的单淘汰比赛,增加附加赛的比赛表格如图 5-6-4 所示。

（三）混合赛制

混合赛制(简称混合赛)是循环赛制与淘汰赛制等在比赛中交叉使用的竞赛方法。比赛分两个或多个阶段进行,每一阶段所采用的赛制有所不同。

1. **混合赛制的特点**　混合赛综合了循环赛和淘汰赛的优点,弥补了两者的不足,有利于参赛者相互交流,最大限度地减少比赛胜负的偶然性。同时,随着比赛的进程,比赛逐渐进入高潮,精彩激烈。

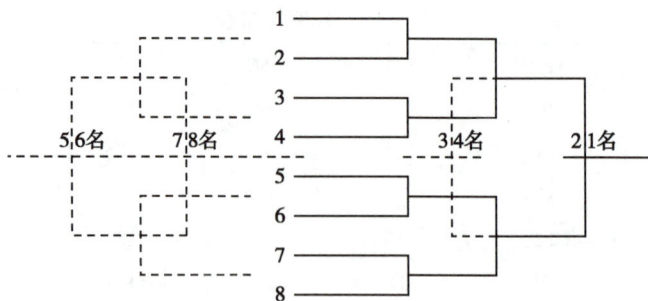

图 5-6-4　单淘汰赛加附加赛秩序图

图中比赛的胜者沿实线向右方移动,负者沿虚线向左方移动,5、6、7、8 名时,胜者是沿虚线向左移动,负者是沿虚线向右移动,最后以此决出 1~8 名。增加附加赛时,并不增加比赛的轮数。采用单淘汰赛增加附加赛时,比赛场数的计算是:

比赛场数 = 轮数 × 参赛者数 ÷ 2 = 轮数 × 首轮场数

例如:8 人进行比赛,决出 1~8 名。比赛场数 = 3×8÷2 = 3×4 = 12(场)。

2. 先循环赛后淘汰赛　先采用循环赛,然后再采用淘汰赛是体育竞赛中最常用的一种混合赛竞赛方法。由于参赛者较多,考虑到比赛结果的合理性和时间、场地等实际情况,首先安排参赛者进行分组循环赛,排定各小组的比赛名次,然后再根据竞赛规程的要求,录取规定的小组名次进入下一阶段的淘汰赛,决出全部比赛最后的名次。例如:世界杯足球赛决赛阶段的比赛,第一阶段 32 支队分成 8 个小组进行单循环赛,然后录取每小组的前 2 名,共 16 支队进入第二阶段的淘汰赛,最后决出全部比赛的 1~4 名。

3. 先淘汰赛后循环赛　这种混合赛在比赛中很少采用。往往在参赛者很多,又想使比赛结果相对更加合理时运用。例如:某一地区进行象棋选拔赛,报名数百人,第一阶段进行单淘汰赛,当比赛还剩下 8~16 人时,为使选拔的结果更加合理,选出的选手更强更全面,则可以进行单循环赛,决出全部比赛最后的名次。

4. 混合赛决赛阶段的竞赛方法　混合赛最后阶段的比赛为决赛,经常采用的方法如下。

(1)同名次赛:如上一阶段比赛分成 2 组,则由 2 组的第 1 名相互比赛,决出 1~2 名;由 2 组的第 2 名相互比赛,决出 3~4 名;以此类推,决出其他的名次。如上一阶段比赛分成 4 组(或更多组),则由 4 组的第 1 名采用单循环赛或其他竞赛方法进行比赛,决出 1~4 名。

(2)交叉赛:如上一阶段比赛分成 A、B 两组,则每组的前 2 名进行交叉比赛,即 A 组第 1 对 B 组第 2,B 组第 1 对 A 组第 2 进行比赛,两场胜者决出 1~2 名,两场负者决出 3~4 名;每组的 3、4 名、5、6 名也按照上述方法相互进行交叉比赛,决出其余的名次。

如上一阶段比赛分成 4 组(或更多组),则要在竞赛规程中就明确规定相互交叉比赛的对手和位置。当上一阶段比赛结束,进入决赛阶段的参赛者即进入规程中所指定的位置进行比赛,最后决出比赛名次。有的比赛规定了一定的位置,由取得相关名次的参赛者抽签进入。

(3)分段赛:将上一阶段各组比赛的 1、2 名(或 1、2、3 名)分成一组进行比赛,决出所有名次;也可以将各组其他名次分段进行分组比赛,决出其余的名次。

5. 混合赛编排时的注意事项

(1)在竞赛规程中明确规定第一阶段各组第一名、第二名在第二阶段比赛时的分区和号码位置,第一阶段比赛结束后各队按照规程规定对号进入自己的位置。编排时第一阶段同组的队要按照成绩依次分在上、下半区;每上、下半区和 1/4 区的参赛者实力要接近。

(2)在竞赛规程中不明确规定第一阶段各组第 1 名、第 2 名在第二阶段比赛时的分区和号码位置时,组织者要按照每上、下半区和 1/4 区的参赛者实力接近;第一阶段比赛的第 1 名、第 2 名(第 3 名)

合理分布在不同的区;同单位参赛者分在不同的区等原则,在第一阶段比赛结束后,进入第二阶段比赛的参赛者重新抽签决定第二阶段比赛时的上、下半区和号码位置。

（3）当第一阶段所取名次的数目不是 2 的乘方数时,可以在下一名次中录取成绩最好的队补齐。例如:第一阶段有 6 组,每组取前 2 名参加第 2 阶段比赛的淘汰赛,则只有 12 支队,这就需要在 6 组的 6 支第 3 名的队中选取 4 支成绩好的队,补足为 16 支队,才可以进行第二阶段的淘汰比赛。补取的方法要在竞赛规程中写明。

三、球类项目循环赛排定名次方法

（一）篮球

在循环赛中球队的名次按球队在同一循环比赛中的积分多少排定。篮球比赛胜一场得 2 分,负一场得 1 分,弃权得 0 分,积分多者名次列前。若遇两队或两个以上的队积分相同,则依照以下顺序排定名次。

1. 两队积分相同,则两队之间的胜者名次列前。

2. 如果两队之间在比赛中的积分和得失分率相同,则两队在本组内所有比赛的得失分率高者名次列前。

3. 两个以上队积分相同,再次排列中只考虑积分相同队之间的比赛成绩,成绩好者名次列前。

4. 如果再次排列后仍有球队积分相同,只考虑仍相同的队之间比赛的得失分率,得失分率高者名次列前。

5. 如果仍有球队积分相同,则以这些队在本组内所有比赛的得失分率确定,得失分率高者名次列前。

6. 如果在任何阶段,用上述准则将众多积分排列相同的队减少到仅有两个队排列相同时,则 1 和 2 款中的程序将自动适用。

7. 如果经过减少仍有两个以上队排列相同,则 3 款程序开始重复运用。

8. 得失分率=得分∶失分。

（二）排球

在循环赛中球队的名次按球队在同一循环比赛中的积分多少排定。排球比赛胜一场得 2 分,负一场得 1 分,弃权得 0 分,将取消全部比赛成绩。积分多者名次列前。若遇到 2 队或 2 个以上的队积分相同,则采用以下办法排定名次。

1. 计算 C 值,C 值大者名次列前。

$$C 值 = A(胜局总数) \div B(负局总数)$$

2. 计算 Z 值。如果 C 值相同,则计算 Z 值,Z 值大者名次列前。

$$Z 值 = X(总得分数) \div Y(总失分数)$$

3. 如果 2 个队 Z 值仍然相同,则按他们之间胜负来决定名次。如果 3 个以上队 Z 值相同,则按他们之间净胜局数决定,即胜局总数−负局总数=净胜局数。

（三）足球

在循环赛中球队的名次按球队在同一循环比赛中的积分多少排定。足球比赛胜一场得 3 分,平一场得 1 分,负一场得 0 分,积分多者名次列前。若遇两队或两个以上的队积分相同,则依照以下顺序排定名次。

1. 积分相同的队相互之间比赛的积分多者名次列前。

2. 积分相同的队相互之间比赛的净胜球数多者名次列前。

3. 积分相同的队相互之间比赛的进球数多者名次列前。

4. 积分相同的队在同一循环全部比赛中净胜球数多者名次列前。

5. 积分相同的队在同一循环全部比赛中进球数多者名次列前。

6. 仍相同,则以抽签的办法决定名次。

(四) 乒乓球

在循环赛中球队的名次按参赛者在同一循环比赛中的积分多少排定。乒乓球比赛胜一场得2分,输一场得1分,未出场比赛或未完成比赛得0分,积分多者名次列前。小组名次根据所获得的场次分数决定。若小组的2个或2个以上的队(人)积分相同,他们的名次应根据他们相互间比赛的成绩依照以下顺序决定。

1. 计算比赛场次(队与队之间比赛一场为一次)的胜负比率,比率高者名次列前。

2. 计算比赛场数(相互之间比赛的场数如3:0或3:2)的胜负比率,比率高者名次列前。

3. 计算局数和分数的胜负比率,比率高者名次列前,直至算出所有名次。

4. 如果已经决出一个或更多队(人)的名次,而其他队(人)仍然积分相同,则将已决出名次的队(人)的比赛成绩删除,再依上述程序进行计算。

5. 如果仍不能确定名次,则由抽签来决定。

6. 团体赛分别依次、场、局、分的顺序计算排定名次。

7. 胜负比率=胜/负。

(五) 羽毛球

在循环赛中参赛者的名次按其在同一循环比赛中的比赛成绩排定。获胜场数多者名次列前。若遇2人(双打比赛称"两对")或2人以上积分相同,则依照以下顺序排列名次。

1. 2人获胜场数相同,则2人之间的胜者名次列前。

2. 3人或3人以上获胜场数相同,则看在该组比赛的净胜局数,净胜局数多者名次列前。

3. 计算净胜局数后,如还剩2人净胜局数相同,则2人之间胜者名次列前。

4. 计算净胜局数后,若还有3人或3人以上净胜局数相同,则看在该组比赛的净胜分数,净胜分数多者名次列前。

5. 计算净胜分数后,如还剩2人净胜分数相同,则2人之间胜者名次列前。

6. 如还有3人或3人以上净胜分相同,则抽签决定名次。

7. 团体赛按以上方法分别依盘、场、局分的顺序计算排定名次。

(六) 网球

在循环赛中参赛者的名次按其在同一循环赛中的比赛成绩排定。获胜次数多者,名次列前。若遇两队(人)或两个以上的队积分相同,则依照以下顺序排列名次。

1. 两队获胜次数相同,则相互间比赛的胜者,名次列前。

2. 3队或3个以上队获胜次数相同,则依以下顺序排列名次(在同一轮次的排列名次中只剩2个队仍然相同时,则按照两队之间的胜负决定名次)。

(1) 该队在本组全部循环赛中的获胜场数。

(2) 该队在本组全部循环赛中的获胜盘数的百分比。

(3) 该队在本组全部循环赛中的获胜局数的百分比。

(4) 该队在本组全部循环赛中的获胜分数的百分比。

(5) 抽签。

(6) 团体赛按以上方法分别依次、场、盘、局、分的顺序计算排定名次。

(7) 百分比=胜数/(胜数+负数)×100%

(潘　峰　朱红伟)

第六章 | 户外休闲运动

随着休闲时代的到来,人们对休闲和运动的需求逐渐上升,尤其是户外休闲以其独特的魅力被大众认同,休闲体育产业更是在社会经济的发展带动下迅速扩张,是体育产业中最重要的、最广泛的领域。户外休闲运动正在改变着人们,休闲理念、积极的生活态度和多样的生活方式逐渐深入人心,为休闲体育的发展积蓄了动力,反过来休闲体育也促进了社会经济的发展。

第一节 | 户外休闲运动的起源与发展

人们普遍认为户外休闲运动起源于登山,经济社会的进步与发展促使户外活动的各类项目独立发展起来,尤其是户外休闲运动及相关产业发展态势最突出,成为各国重要的经济增长点。

现代登山史是从 1786 年 8 月 8 日人类登顶阿尔卑斯山主峰勃朗峰开始的,艺术家、哲学家等热衷于登山,造就了阿尔卑斯山登山的黄金时代,使得登山户外运动得以迅猛发展。萧伯纳曾说过"劳作是做我们必须做的事,休闲是做我们喜欢做的事"。我们要努力工作,也要积极休闲。因为休闲有助于我们产生新的智慧、积蓄新的力量、实现新的发展、创造新的奇迹。

经济社会的进步与发展,使得人们有了闲暇时间,有了闲余的金钱,有了走出去接近自然和接触社会与人文的内心驱动,有了休闲的愿望,开始学习各类休闲的运动技能,促进了休闲运动的快速发展。尤其是户外休闲运动因其特殊的魅力更加受到大众的青睐,从简单的徒步欣赏自然,到野外露营,再到丛林穿越和野外探险活动,无不吸引人们去参与,成为新的生活态度和新的生活方式,反过来其又促进经济社会的进步与发展。

一、户外休闲运动的定义

关于户外休闲运动的定义,至今没有统一的标准。早期的户外休闲运动被笼统地定义为发生在户外的休闲运动。然而,随着户外休闲运动的发展,其定义也被逐渐完善。美国学者 Clawson、Knetsch(1966 年)在其编著的《户外休闲运动经济学》中将户外休闲运动分为三个部分:

(1)依赖于自然资源的户外休闲运动,即主要依赖于对自然资源的利用,并发生在自然界中的休闲运动。

(2)既依赖于自然资源又依赖于户外休闲运动参与者本身的户外休闲运动,即发生在自然界,同时依赖于一定程度的人的力量的运动。

(3)依赖于户外休闲运动者本身的休闲运动,即发生在非自然、经人为改造的环境下,依赖于一定设备的户外休闲运动。

国内学者给户外休闲运动的定义主要集中在户外休闲运动的性质、种类、范围上,比如中国地质大学杨汉等人的研究认为:户外休闲运动是融挑战性、刺激性、健身性、拓展性、观赏性、休闲性为一体的体育运动,同时也是一种新颖、健康、时尚的休闲生活方式。北京体育大学王莉等研究认为:户外休闲运动是指在野外或者自然环境中进行的、与自然紧密结合的新兴体育运动。

户外休闲运动发生在自然环境、半自然环境里,以休闲为目的,以乡野空间和荒野空间为主要活动场所,以非竞技性的户外运动形式和内容进行的休闲活动,包括户外教育在内的休闲活动。强调的是自然环境,即没有人或少有人去的环境,或者为了满足休闲活动的建筑物这种半自然环境,实现休闲目的的活动。户外环境常见的地貌有坡地地貌、流水地貌、岩溶地貌(喀斯特地貌)、冰川/冻土地貌、风成/黄土地貌、海岸地貌;户外环境的气候特点,以山地气候为例:变化快、难预测,包括气温、风、降水、雷暴、雾等。

综合各种观点,我们将户外休闲运动定义为:户外休闲运动是指闲暇时间以休闲为目的,以在自然环境中开展的户外运动项目为主的体育运动。

二、户外休闲运动的特点

户外休闲运动首先是一种有体育性质的活动,更是一种有休闲目标和需求的生活态度和生活方式,是发生在空闲时间里(即自由支配时间),自愿参与的,由于个人原因参与,即内在驱动,需要一些技能或希望从中获得这方面能力,具有能产生自我满足感或收益的特质的活动。

因为需求目标不一,表现出随意和深度目标要求,活动方式也会随着环境的变化做出改变,具有动态变化特点。

三、户外休闲运动基本属性

户外休闲运动不单单具有运动的属性,还强烈地反映人与自然的相互作用——生态环境保护意识,反映人与人及人自身活动等方面的各种关系,体现了很强的教育功能,也常常作为一些教育的手段,即身体教育、人与人、人与自然关系的教育,因此延伸出更为综合的户外教育领域。体育、教育和环境衍生出的户外运动、环境教育和探索教育的交集就是户外教育。

户外休闲运动需要一定的知识、技能和组织管理能力来保障安全,表现出高风险属性。

户外休闲运动的高风险包括外部因素、内部因素和装备因素。

外部因素:即环境因素造成的风险。自然环境是时刻变化着的,带有很强的不确定性和不可控因素,有地理上的危险、障碍和困难,如滚石、滑坡等;有天气方面的危险,如雷电、洪水、泥石流;有生物方面的危险,如毒虫、毒草、动物袭击等。

内部因素:即集体活动时人,以及人与人之间的因素造成的风险,计划与准备情况、判断决策能力、内部的沟通、协作关系等都直接影响到风险大小。

装备因素:即户外装备直接造成的风险,如服装穿着不当造成的失温、安全保护器械操作或保养不当造成的失误等。

四、户外休闲运动的分类

户外休闲运动分类方式较多,有的学者提出根据项目开展的环境分类,还有的学者提出以赛事项目与活动项目进行分类等。本书主要依据项目的运动特点进行分类,同时参考运动项目开展的活动场地特点和项目的身体运动特点与技术特点,将户外休闲运动共分为五大类。

(一) 享受自然类

于相对固定的地点活动,体能要求较低,活动强度和量较小,运动技术含量也较低,重点在于环境的改变下需求物质装备较小的活动。如露营、野生动物观赏、户外摄影、山地旅游。

(二) 路行类

开展于各种户外环境中,下肢活动能力为主,需要一定的户外技能,这类活动需要具备一定的技能和体能等素质。如自行车、徒步、定向跑、越野跑。

(三) 攀登类

开展于陡峭或危险山地环境中,涉及全身性的攀爬活动,需要很强的攀登技巧和绳索安全技术操作能力,这类项目需要长期的训练和积累较多的经验。如绳降、攀岩、攀冰、高山探险、洞穴探险、溯溪、溪降、走扁带等。

（四）划桨类

水上运动,上肢和躯干运动能力为主,主要需要划桨技术。如皮划艇(皮艇、划艇、激流回旋)、独木舟(羊皮筏、竹筏)、漂流(肥仔艇、独竹漂)等。

（五）拓展类

以上述项目为形式和手段的教育活动,单独作为一类。如户外拓展、场地拓展。

五、户外休闲运动的发展

户外休闲运动发生在特殊的环境下,对参与者的心理健康有显著积极的影响,对健身的作用效果明显,同时可满足人们对自然未知世界的探索需求。户外休闲运动更关注利用自然环境对个体和团队的教育价值,有了更为广阔的发展空间;同时,户外休闲运动及相关领域对经济贡献越发突出,因而有了无穷的发展动力。有意识地、自觉地以探险、休闲、竞赛、教育为目的的户外活动是近代的事情,由于户外休闲运动所包含的项目众多,每个项目都有其发展历史,所以很难以某种项目的发展历史作为整个户外休闲运动的发展历史。

休闲的一般意义,一是解除身体疲劳,获得生理和谐;二是营造心灵空间,得到精神慰藉,这符合休闲时代人们的需求。印度当代著名哲学家奥修说:"只要还有一丝力气和生活的勇气,我将选择上路,因为那是我的第三度空间。"奥修的这种生活态度已经被越来越多的人所接受。过去很多习惯于在城市游走的人们,现在背着行囊,不知疲倦地纵情于沙漠、雪山、江河、丛林与大海,这是人们向往亲近自然,回归自然,追求更高生活品质的写照,正是这种对健康、自然、个性化生活的追求,促使户外休闲运动得到蓬勃发展。

国外有大量的户外休闲运动爱好者参加户外休闲活动,带动了户外休闲运动及相关产业的就业,越来越多的人开始消费户外产品,支持了当地社区的发展。简单、健康的户外休闲活动,如远足、骑自行车、露营、野生动物观赏等既满足了大众自身需求,又能产生巨大的经济效益。

我国的户外休闲运动处于快速发展状态,有丰富的适宜开展户外休闲运动的气候条件和地理条件,在城市生活的人们更渴望远离都市的浮躁与喧嚣,回归自然。户外休闲运动开始渗透到人们的日常生活中,逐渐成为一种时尚的生活方式,被大众所接受和喜爱。

我国户外休闲运动市场,呈现出以下特点。

（一）自然资源丰富,户外休闲运动条件优越

山地、高原、沿海、岛屿、岩溶(喀斯特)地貌等不同的地质地貌,给人们参与户外休闲运动提供了得天独厚的丰富资源。面对高山、大海、岩石、森林、溶洞等大自然的神秘地带,人类总是有探险和征服的欲望。

（二）专业化发展,户外休闲运动愈加成熟

随着户外休闲运动的装备和技术越来越丰富,在自然环境中的安全得以保障,户外休闲运动也逐渐成熟。户外休闲市场专业化程度高,各种户外用品配备齐全,涌现出众多知名户外品牌。

（三）群众基础广泛,户外休闲运动受众人群庞大

随着社会经济的快速发展,人们有了闲暇时间和经济基础,参与户外休闲运动的爱好者越来越多,他们成为了户外用品最大的消费群体。人们从事的户外休闲运动方式主要有徒步与露营、骑行、游泳、跑步、滑雪、滑冰、漂流、登山、探洞等。

第二节 ｜ 娱乐与健身项目

人们努力工作,发明创造,最终的目的就是把人类自身从繁重的劳动中解放出来,使得人们有更多的时间去休闲娱乐。户外休闲运动不是一种简单的体育运动,是一种融休闲、娱乐及健身于一体的运动群;也不同于传统的旅游方式,而是一种把旅游、运动、文化、人际交流紧密结合起来的生活方式。

在 20 世纪初,户外休闲运动在欧美经济发达国家开始兴起。作为集健身性、参与性、娱乐性于一体的运动,户外休闲运动在它刚刚开始之时只是少数人为寻求刺激、挑战自身极限的活动,但随着社会发展,人们的生活节奏变得越来越快,各种压力越来越大,城市化建设使得生活空间越来越小,人们要求亲近自然,放松心情的愿望愈加强烈,户外休闲运动也就逐步发展起来。

进入 21 世纪以来,社会经济迅猛发展,人民丰衣足食,逐渐出现了休闲时代的特征和需求。户外休闲运动因其发生在自然环境中,更加激发了人们对自然未知的向往,人们渴望探索自然的本性得以激发,以娱乐与健身为主的运动方式开始流行。

一、漂流

人类早期活动因生存和生活需求,形成在水上进行的多种形式的活动技能,各种水上运动形式逐渐形成,如漂流、溯溪、溪降、皮划艇和帆船等。随着社会经济发展,休闲时代的到来,大众需求伴随着娱乐性需求、运动健身性需求、探险性需求越来越迫切。而水上运动项目更加受大众喜爱,尤其是大众漂流运动,大众漂流运动对技能要求不高、娱乐性强,发展较快。本节重点介绍漂流的形式、方法和注意事项,以期大家能对大众漂流运动项目有一定认知,从而实现安全、有趣的休闲目标。

漂流是一种借助艇、筏、竹、木和橡皮艇等器材顺水而下的活动,不仅时尚,还具有探险、运动健身和娱乐的感受。漂流是人类一种原始的涉水方式,如中国的羊皮筏、竹木筏、龙舟和因纽特人的独木舟、皮船等。第二次世界大战后,一些喜欢户外休闲运动的人用军队退役的橡皮艇作为工具在各溪流进行漂流活动,逐渐形成了现行的大众漂流运动。

随着社会经济的发展,物质的丰富,原始的独木舟演变成了聚氨酯等新型材料制成的皮划艇,羊皮筏、竹木筏渐渐被淘汰,作为运动形式的独竹漂、龙舟依然具有强大的生命力存在于世界各地的中国人中。目前世界上所有漂流形式流行最广的是橡皮艇,如 2 人、4 人的肥仔艇,存在于世界各地的漂流线上。由于大众漂流运动本身处于激流或峡谷环境中,各种不可控因素会对安全造成危害,因此,了解、学习技能和规范技术显得愈加重要。

(一) 大众漂流运动的基础技能训练

1. 救生衣穿戴练习重点是腿绳、口哨的使用。
2. 上下艇练习主要是重心转移练习。
3. 跌水的自我保护练习。
4. 行进中桨的使用练习。
5. 求救信号与手势练习。

(二) 装备(单人漂流用具)

1. **防水衣**　是用粗纤维和乳胶布为原材料制作的,重点是御寒防水。
2. **漂流手套**　穿戴手套可避免划桨用力起水疱,还有保暖的作用。
3. **头盔**　对于激流环境漂流,可避免头部被撞击,需要使用以保障安全。
4. **防水背包**　便于背负的防水背包。
5. **防水收纳袋**　用于携带物品的分装防水袋。
6. **漂流靴**　保暖和防滑。
7. **救生衣**　使用肩部、腰部和两侧能调节,腋部开口宽松,有腿绳的救生衣。
8. **交叉桨**　易于拆装储藏的船桨。

(三) 大众漂流的注意事项

1. 大众漂流应在白天进行,夜间事故风险较高,如遇夜间,可选择露营休息。
2. 漂流前须准备好干的服装,结束后更换,避免伤害身体,漂流时服装尽量选择鲜艳色彩的,便于搜救。
3. 漂流时不要携带贵重物品,手机等一定要放在防水袋中避免进水。

4. 漂流前一定要认真阅读漂流须知,按照要求做好准备活动,穿戴好救生衣和系好安全带。

5. 气温低时做好保暖防护,有必要时穿防水衣。

6. 在教练的指导下按照规范上下艇,上艇后迅速找到安全绳。

7. 通过险滩时,收紧双脚,身体向艇中央倾斜,抓紧安全绳。

8. 如遇艇倾覆时,保持镇定,团身抱头保护好头部,救生衣会很快将你浮出水面。只有在保障自身安全后再救助其他人和捡拾装备。

9. 遇险情意外,可举起船桨,向附近的船只和救援人员求救。

10. 漂流过程中不要下水游泳,因为游泳会耗费大量体力,且公开水域存在不安全和不确定的因素,更不能远离艇。

11. 应对遇险事故者实施力所能及的救援,帮助专业救生员对体温过低和受到冲击的人实施救助。

12. 漂流中遇急流或大的跌水区等水域可上岸避开,尤其是没有经验的爱好者。

13. 在教练员的指导下按照规范停好艇,有序规范下艇。

二、大众登山与徒步露营

(一) 大众登山

大众登山区别于高海拔攀登(高山探险),大多在城市周边海拔不高的区域,人们为了亲近自然、欣赏风光、锻炼身体而进行的短程登山活动,装备较为简单,如登山杖、徒步鞋、太阳镜、手套、背包、衣物、帽子、毛巾等,一般携带少量食物和水用于补充能量,以及自身备用药品;不需要太多技术,且随时可以结束旅程避免风险。

登山运动会增大人们对膝关节的负荷,可能对有膝关节损伤问题的人造成较大不利影响,同时因需要较大运动量才能完成登山,容易导致心脑血管疾病发生,因而中老年登山爱好者需要注意运动量和运动强度,防止意外发生。

登山前,要进行体检,发现身体隐疾后应做好防护措施,团队登山要根据不同年龄、不同人群需求和状况进行分组,合理安排路线、距离和难易程度。在线路上设定补给点和医疗点,危险路段要绕行或安装防护栏,挂危险标志提示牌,控制人数,线路上有明显距离标志。

大众登山注意事项:

1. 控制速度注意休息,每行进 1 小时休息 10 分钟。

2. 及时补水,每次量小、多次补水。

3. 上坡技巧:重心向前,步幅小,注意观察前方情况。

4. 下坡技巧:脚落地轻、缓,膝、踝关节紧张。

5. 了解天气状况。

6. 不宜夜间登山。

(二) 徒步露营

户外露营活动的起源可追溯到远古时期,即早期人类的荒野生存,军队训练和战争中也都有露营的项目和需求。狩猎运动和钓鱼运动中,人们很自然地选择了在帐篷里过夜。近现代,人类居住方式开始大规模城市化,很多人离开乡村开始城市生活,随着城市空间的愈发狭窄,人们又渴望回归自然。随着休闲时代的到来,户外休闲运动正好迎合了城市人群的口味。人们为了放松自己、减缓压力、锻炼身体,很多都参与到户外休闲运动中来。城里人发现,接近自然的生活方式魅力无限。乡间徒步和露营使越来越多的人纵情于山川湖海,流连忘返。

以休闲为目的户外露营活动是近现代的产物。从 20 世纪末开始,户外休闲运动在中国的北京、广州、昆明、上海等地悄然兴起,户外休闲运动迅速成为一种社会时尚,全国各地的户外社团如同雨后春笋一般,遍地发展,随着户外休闲运动的蓬勃开展,很多城市纷纷开设户外用品商店、户外运动俱乐部,逐渐带动了两个新兴市场:一是户外休闲运动用品销售市场;二是户外休闲运动的自助游、自驾游服务市场等。

1. 徒步露营的意义

(1)随着人们生活水平的提高,越来越多的人开始追求心灵的愉悦。露营恰恰是一项成本较低的放松身心的活动,因此,近年来受到人们的追捧,参与露营活动,深入大自然,愉悦身心。

(2)身处大自然,远离喧嚣是缓解压力和让人放松的最佳方式。

(3)露营生活有助于促进感情,建立和谐真诚的人际关系。

(4)徒步露营者通常热爱自然环境,注重环保。他们在活动中培养对自然的敬畏之心,强调在大自然中的可持续生活方式,促使更多的人关注并保护环境。

2. 露营的基础装备

(1)帐篷:由帐杆、外帐、内帐、前出、前厅、帐门、纱窗、地席、防风绳及滑片、地钉、外袋、帐杆袋、地钉袋等构成。从形状来看,帐篷可分为三角屋形帐篷、圆顶帐篷、隧道帐篷、金字塔帐篷等几种类型;从面料层级来看,帐篷又可分为双层帐篷和单层帐篷。当然帐篷还有夏季帐、三季帐、四季帐几种形式,论保护性,四季帐＞三季帐＞夏季帐。且有外帐与内帐之分,外帐起到防水保暖隔潮的作用,内帐起到透湿的作用。

(2)睡袋:一个温暖舒适的睡眠环境,会使露营者的体力迅速得到恢复。睡袋基本是由填充物、外部面料、里部面料、帽子、挡风墙、内里口袋、外袋构成。按形状划分,睡袋可分为木乃伊形、半长方形、长方形和信封形;按填充物划分,睡袋可分为羽绒睡袋、中空棉睡袋和抓绒睡袋。

(3)防潮垫:主要作用是防潮、防硌、保暖,在身体和地面之间形成一层保温层,减少身体热量的流失。防潮垫可分为闭孔泡沫垫、回力胶(又称 EVA)防潮垫、半孔泡沫垫、充气防潮垫等。用充气防潮垫或在充气防潮垫下面再放一个 EVA 防潮垫,隔潮保暖性更好。

(4)炊具、个人装备用品及食品:可准备炉头、气罐、套锅、小钢杯等炊具;灯具(头灯、手电)、营地灯、防风打火机;个人物品[洗漱包和个人卫生用品(包括牙刷、肥皂、毛巾、牙膏、卫生纸、爽足粉、耳塞、防晒霜、唇膏、发热贴、指甲钳)]、净水器药品、个人药品(指个人特需药品)、地图、指南针、军刀、头巾、防水袋、证件袋、备用电池及充电器、充气枕、备份药品(感冒药、消炎药、好得快、黄连素、止血绷带、创可贴、维生素、眼药水等根据个人的不同需要携带)、食品(压缩饼干、巧克力、牛肉干、葡萄干、能量棒等)。

3. 露营前的计划与准备

主要有线路计划、装备计划、食品计划(包括采购清单、食品安排和备份)等。

准备食材时应遵循以下几个原则:好吃、营养、不复杂、易储存、能配合所携带的炊具调理、不浪费水、提前计划好数量。

在准备食材前根据露营人数、行程难度、饮食习惯、用餐次数及备份等制定食材清单,合理采购食材。为了不耽误时间,路餐选购一些面包、牛奶、鸡蛋等易消化、易携带的食材,同时可以携带一些杏仁、葡萄干等干果,快速提供能量。出发前进行简单加工、清洗。同时,为了保护野外环境,尽量减少食材包装,合理搭配数量,尽量做到少垃圾、少残余。用餐结束将垃圾打包带回,减少对环境的冲击。

4. 营地建设

包括营地选择:选择高处干燥通风良好的地方,选择背阴处安营,选择干净的地方露营,选择没有落石危险的场地,不要堵住野兽的通道、不要在瀑布下面宿营、不要住在孤立的高树下。

功能分区:分宿营区、用火区、就餐区、娱乐区、用水区(盥洗)、卫生区等区域。用火区应在下风处,以防火星烧破帐篷,就餐区应就近用火区,以便烧饭做菜及就餐,活动及其娱乐区应在就餐区的下风处,以防活动的灰尘污染餐具等物,卫生区同样应在活动区的下风处,用水区应在溪流及其河流上分为上下两段,上段为食用饮水区,下段为生活用水区。垃圾处理,带回所有东西,不要在野外处理垃圾。

NOTES

户外环保:离开不留痕迹;除了脚印,什么也不留下,除了照片,什么也别带走。

5. **露营常见风险预防与处置**

（1）蛇:预防措施就是要准备一根手杖,边行边打草惊蛇,如果发现毒蛇,最好避而远之,戴好帽子,穿长袖外套,以及穿有强韧护脚的裤子和坚韧的靴子。携带蛇药,不要轻易去捕蛇。

（2）遭遇猛兽:行进过程中大声地说话、吹哨子等避开。

（3）蚊叮虫咬、蚂蟥骚扰:使用烟熏或使用夜来香等天然防虫植物。在蚊、虻较多的地方,尽可能每天用肥皂彻底清洗全身皮肤,应携带驱蚊油或风油精等防蚊药品。

（4）暴雨:转移、帐篷加固、撤离、值班。

（5）雷击:暴雨天不要在狭窄的山谷或者溪谷中活动、不要到高而空旷的地区活动、注意观测积雨云是否增大增强。

（6）洪水:清澈的水一下子变得浑浊就是山洪暴发的先兆。

（7）森林火灾:一定要注意森林防火,森林防火期禁止野外用火。闪电、干燥气候和人为疏忽都会引发火灾。

（8）中暑:降温、解衣、通风,脱离高温环境,补充清凉饮料、电解质饮料和水分,把患者的双脚抬高,在头部适当位置涂抹清凉油、风油精,口服人丹、十滴水、藿香正气水、救急行军散等防暑药品。

（9）失温:衣物寒湿、体表风冷、饥饿、疲劳、年老体弱均容易造成失温。处理方式:记住"勤快",坚持热了脱,冷了加,湿了换。

第三节 | 户外休闲运动项目

户外休闲运动中,为了追求更高技术和目标,实现深度休闲愿望,越来越多的人开始学习训练高山探险(登山)、攀岩、滑翔伞、滑冰、滑雪、山地自行车、洞穴探险、峡谷探险、森林丛林沙漠穿越、帆船等运动技能。

探险是到没有人去或少有人去过的艰险地方去考察、寻究自然界情况的活动,有风险,需要专业的技能和坚强的意志力才能实现目标,现代探险源于欧洲,随着装备的进步,装备功能朝着更加多用途、更加轻便、更加便于携带的方向发展,也推动着探险活动的发展。在一定程度上推动了户外休闲运动的快速发展。

人们在日常生活、劳作、军事活动和经济活动中获得生存经验,同时为了对未知环境进行探索,以及为了获得更多的资源,不断追求新的收获,因而对大自然的探索越来越频繁,技术更加成熟,探险项目和方式也在不断丰富。哥伦布的环球旅行,大卫的非洲之旅等享誉古今,我国明朝最著名的探险家、地理学家、文学家、旅行学家徐霞客,一生都在旅行,足迹遍及大半个中国,走遍名川大山,跨过江河湖海,耗尽一生撰写了《徐霞客游记》,对我国地理研究作出了极大的贡献,尤其是这本书里对于岩溶现象的具体描写,是世界上现存最早的关于岩溶地貌的记录。他的爱国精神、探索精神和实践精神成为后人宝贵的财富。唐代《赠李秀才》有记载:"陇西辉用真才子,搜奇探险无伦比。"可见探险在中国也有悠久的历史,随着社会经济的快速发展,探险这种发自内心,却充满冒险的行为本身就具有不同寻常的意义,亦是人类文明的动力。

探险的意义:

1. **回归自然** 人类社会城镇化的发展使得人们长期生活在非自然环境中,越来越与自然脱离,回归自然成为人类最原始的、发于本心的向往。

2. **见识增长** 走进自然,离开熟悉的生活环境,不同程度地丰富了阅历、增长了见识。

3. **身心放松** 现代社会的快节奏使得精神高度紧张,不只是身体处于疲惫状态,心理也会造成影响,而走进自然后,身心得以放松和调整。

4. **简化人际** 在自然环境中探险,人们目的单纯一致,人际交往也变得自然纯粹。

5. **陶冶情操**　"仁者乐山，知者乐水。"修行品位、陶冶情操一直以来都是人生的追求。

6. **练就本领**　在自然环境中历练，学会野外活动的知识和技能，身心将实现一种质的变化。

一、高山探险（登山运动）

高山探险（登山）是指高海拔山峰的攀登活动。高海拔山峰一般指海拔 3 500m 以上的山峰。一般来说，海拔 2 600m 以下的环境对人体最大耗氧量影响不大，之后每上升 1 000m，人体最大耗氧量降低 7%～10%，在海拔 4 000m 时最大耗氧量下降至平时的 79% 左右，大多数普通人都能够适应高海拔。普遍认为，现代登山运动始于 1786 年，以人类登上阿尔卑斯山主峰——勃朗峰为标志，之后开启了阿尔卑斯山脉的黄金时代（以攀登三大北壁——马特洪峰北壁、大乔拉斯峰北壁和艾格峰北壁为代表）。随着装备的不断升级，技术的不断进步，也成就了喜马拉雅山脉的黄金时代（以 14 座海拔 8 000m 以上山峰首登为鼎盛）。

（一）高山探险的风险

1. **环境因素**　高海拔地区自然环境恶劣，会出现特有的雪崩、冰崩、冰裂缝等，暴风雪导致的冻伤、失温都会威胁到攀登者，滑坠和雪崩是各种事故中最常见的原因。

2. **不确定性**　由于随时出现的冰川运动和气候变化，对登山者会随时造成风险。

3. **身体伤害**　气压、温度和湿度的降低，紫外线增强，会引发各种高山病，随着海拔的上升人体功能随之下降，活动能力不断下降，风险加剧。高山探险对自我心理和生理的挑战，在珠穆朗玛峰顶上人体的最大耗氧量只有海平面的 12%～20%，理论上只能基本维持人的站立活动。

（二）高山探险需要个人较强的综合素质

高山探险不仅需要强健体魄和极强的攀爬能力，还需要掌握地理、地质、气象、生理、运动等学科的综合知识，同时还要具备坚韧不拔的意志和超凡的忍耐力。

（三）高山探险需要具有较强的团队协作意识和能力

高山探险需要团队配合、相互保护。攀登线路上会遇到各种困难，需要团队成员的配合和相互保护才能完成，否则风险极大。高山向导就是伴随着登山的发展，支持登山者攀登的专业人员。高山向导是指具有高山地区攀登能力和水平，能够带领登山者的专业技术人员。

（四）高山探险基本技术与专业技术

高山探险不仅需要强壮的体魄，还需要掌握许多基本的技术，如绳结技术（常用的绳结有"8"字结、布林结、双套结、平结、渔人结、水结、抓结、绳尾结、意大利半扣、盘绳和背绳等）、保护技术、放人下降的技术、保护点设置技术、下降技术等。

专业技术主要包括冰雪攀登技术｛包括雪坡行走、冰坡行走［全齿技术（法式技术）和前齿技术（德式技术）］｝、混合式技术、滑坠制动技术、攀冰、裂缝区行进与裂缝救援技术、救援中的搬运技术。

（五）高山探险的装备

装备是高山探险基本保障，原则是安全、便捷、适用。分为个人装备、营地装备和技术装备三类。个人装备包括衣服（冲锋衣、抓绒衣、羽绒服、快干衣等）、帽子、手套、袜子；其他个人装备有背包、登山鞋、高山靴、雪套、登山杖、头灯、雪铲、工具刀和太阳能充电器。营地装备有帐篷、睡袋与睡垫、高山炊具（炉头、套锅）。技术装备有攀登绳、安全带、铁锁、保护器（"8"字环、ATC、GRIGRI、TOUCAN、REVERSO）、冰镐、冰爪、扁带（绳套）、头盔、上升器等。

二、攀岩运动

攀岩运动是一项集智力、体力于一体的运动项目，攀登者借助技术装备和同伴的保护，在不同的高度和角度的岩壁上，在有限的时间内选择自己认为最佳的、最合理的线路上准确地完成腾挪、转体、蹿跳、引体等惊险的技术动作，依靠自身顽强的意志、体力和思维能力，直至完成整条线路的攀登或脱落或犯规，素有"岩壁上的芭蕾"之美誉。

（一）攀岩的分类

按攀登方式分为：自由攀登、运动攀登、传统攀登和器械攀登。

按保护方式分为：顶绳攀登、先锋攀登、其他保护方式攀登和无保护攀登。

按竞赛项目分为：速度攀岩、难度攀岩和攀岩速度接力赛。

按完成线路方式分为：首攀、看攀和极限攀。

（二）攀岩方法

攀岩方法包括手法、脚法和身法。手法有握、抓、抠、压、捏、摁、撑、搂、戳等；脚法有脚尖外侧踩点、脚尖内侧踩点、踩摩擦点、脚尖勾点、脚跟挂点等；身法有靠、跨。

（三）攀岩运动的装备分类

按材质分为：织物类（尼龙等材质，如绳子、扁带、绳套、安全带）、金属类（铝、合金材质，如铁索、保护器、下降器、上升器）等。

按功能分为：保护性装备（绳子、安全带、保护器、头盔等）、辅助性装备（攀岩鞋、镁粉袋等）。

三、滑雪运动

滑雪是用雪板在白雪覆盖的群山中穿行或在人工建造的雪场滑降的一项户外休闲活动，在机械（如索道、雪地摩托、直升机）的助力下到达山顶或雪场的特定区域后进行滑降，深受冬季运动爱好者喜爱，随着社会经济的发展，大众滑雪参与人数越来越多。

（一）滑雪的现状

滑雪运动可分为实用滑雪、竞技滑雪和大众（娱乐、健身）滑雪。实用滑雪用于林业、边防、狩猎、交通等领域，现已多被机械设备所替代，逐渐失去昔日的应用价值。竞技滑雪是将滑雪升华为在特定的环境条件下，运用比赛的规则，达到竞赛的目的。专业滑雪者从陡峭且崎岖不平的雪坡向下滑降，或相互追逐，或展示各种腾跃或翻转的空中技巧。大众滑雪则注重身体健康、愉悦心情等体验。

（二）滑雪的方法

滑雪运动是滑雪者呈站立姿态，手持滑雪杖，足踏滑雪板在雪面上进行滑降、转弯、跳跃和翻腾旋转的运动。进行直滑降时，双板平行稍分开，体重均匀地放在双腿上，两脚用力；上体稍前倾，髋、膝、踝关节稍屈，呈稳定的微蹲姿势，保持腿部随时可以屈伸的状态；双臂自然垂放两侧，肘稍屈，肩部始终处于放松状态；目视前方，观察场地及前方情况，切勿低头看雪板。

在进行转弯时须保持一定的速度进入转弯的准备阶段，提重心并使之向转弯内侧移，一板内刃、一板外刃蹬雪，滑入垂直落下线；继续向前屈膝、屈踝，重心移动结束后点杖开始，外、内板承担的体重比例为 7∶3；上一个转弯动作结束阶段和下一个转弯点杖时，踝关节应有蹬实、踏实的感觉，身体处于直立状态；利用蹬踏的反作用力与向内倾斜，向斜上方提起重心；然后再次滑入垂直落下线的方向，此时体重处于转弯的内侧，有用雪板牢牢地抓住地面的感觉。

（三）滑雪的装备

滑雪装备主要由四部分组成，即滑雪板、滑雪鞋、固定器及滑雪杖；其着装要求亦分为四部分，即滑雪服、滑雪手套、滑雪帽（或头盔）及滑雪镜。高山滑雪的器材装备种类与型号十分庞杂，滑雪者应针对自身技术水平和喜好，并结合实际情况选适合自己的滑雪装备。

滑雪板分为单板和双板，滑雪者须考虑选购一套适合自己专用的滑雪器材（包括滑雪板、固定器、滑雪鞋、滑雪杖）。滑雪鞋对脚与踝有固定、保护及保暖等作用，在滑雪时可有效增强对身体的掌控。滑雪固定器一般为金属材质。固定器的主要功能是连接滑雪鞋与滑雪板及保护滑雪者人身安全。

滑雪杖（单板滑雪无滑雪杖）的功能是支撑、加速、维持平衡、引导转变（点杖）。滑雪杖越轻越好，握手环状的大小可根据持杖者手的大小进行调节。

四、桨板运动

桨板冲浪，又名直立单桨冲浪，是一项结合冲浪和独木舟的运动，起源于美国夏威夷。20世纪60年代早期，夏威夷一队名为 Beach Boys of Waikkiki（Waikiki 海滩男孩）的冲浪爱好者，站在加长的冲浪板上为学习冲浪的游客们拍照，因此，"Beach Boy Surfing" 也是桨板冲浪的一个别称。

最初，冲浪教练为了管理众多的学员，直立站在冲浪板上能获得更好的视野，便于观察周遭情况，人们觉得这个动作也有很好的竞技性，所以最终演变成了桨板运动。桨板冲浪风靡全球，是现时最热门的水上运动之一，也是目前全球发展最快的娱乐运动。在世界各地具备水环境的地方，如江河湖泊或泳池等安全水域都能看到桨板冲浪，娱乐形式多种多样，与冲浪板相比，地域对桨板的限制因素会更小。

五、洞穴探险运动

明朝徐霞客所著的《徐霞客游记》是世界上现存最早的关于岩溶地貌（喀斯特地貌）的书籍，欧洲最早的探洞记录是斯洛文尼亚的瓦尔瓦索。现代洞穴探险最早起源于欧美国家，随着专业器械的发明，SRT 技术（单绳上升技术）的出现，加上洞穴刊物的推动，使洞穴探险活动在世界范围得以推广和普及。目前已成为综合性、群众性的户外休闲运动项目。不仅建有全国性的洞穴组织——洞穴协会，还有地方协会和俱乐部等，如法国有 450 多个洞穴俱乐部，英国有 200 多个俱乐部，美国国家洞穴协会下设有 130 个分会，斯洛文尼亚也有 45 个洞穴俱乐部，这么多的洞穴协会或俱乐部拥有的探洞爱好者数以万计。而这些探洞爱好者的职业，除了专门研究洞穴的科研人员外，还包括了其他各种职业，如教师、警察、医生、律师和学生等。中国的洞穴协会以 1992 年成立贵州省洞穴学会为代表，探索了贵州省及周边大部分洞穴，尤其是贵州遵义市绥阳县的双河洞的探险考察，成功最为显著，为旅游开发和爱好者的专业培养做出了贡献，另外湖北、广西、云南、湖南、上海、北京等多地建有洞穴协会。

欧美洞穴探险运动有规范的培训管理体系，吸引了越来越多爱好者参加，且参加者必须先在洞穴学校进行严格的技术训练，获得合格证，才能参与探险，持证者不仅有单独探洞的能力，而且还有遇险时救护别人的能力，以及测量绘制洞穴图等基本技能。

在我国，洞穴因其独特的环境特征和千姿万态的钟乳石沉积被人类开发为观光游览场所，如桂林七星岩根据洞壁碑刻所记，其游览历史至少可上溯至公元894年。早在北宋，王安石的《游褒禅山记》中提到其探洞的经历，"余与四人拥火以入，入之愈深，其进愈难，而其见愈奇"。我国现代洞穴探险运动开始于20世纪80年代，逐步得到推广与普及，是一项正在兴起的群众性运动。早期主要是科研机构和国外探险人员联合开展的。21世纪后，民间洞穴探险力量才开始出现，目前贵州、广西、重庆和湖北等地发展较快。

（一）洞穴的分类

按地下空间的形成分为：原生洞穴和次生洞穴。原生洞穴的地下空间与周围围岩是同时形成的。一般来说，与地下水没有关系。主要有熔岩隧道（俗称火山洞）和钙华洞。火山洞穴的形成是流动的岩浆内外温差造成的。次生洞穴是指先形成岩石，而后岩石又受各种外力作用形成洞穴。

按洞穴大小分为：单一洞穴和洞穴系统。

按洞穴水文特征分为：①干洞，即渗流带（包气带）洞穴（vadose cave）；②水洞，包括地下水面洞（water table cave）和潜流带洞穴（phreatic cave）。

按洞穴的空间形态（也就是走向）分成：水平的、倾斜的、垂直的和综合的四种。

按溶蚀作用的形成分为：岩溶洞穴和半岩溶洞穴。岩溶洞穴在我国十分常见，也是现在洞穴科学考察和研究的主要对象。半岩溶洞穴如四川的砾岩喀斯特洞穴。

按机械侵蚀作用的形成分为：海蚀洞穴（海浪拍打侵蚀形成的）、风成洞穴（干旱地区形成的）、潜蚀洞穴（土层中）。

按洞穴规模来分类，分成四个等级：小型，长度小于 50m，垂深小于 50m；中型，长度 50～500m，垂深 50～200m；大型，长度 500～5 000m，垂深 200～1 000m；巨型，长度大于 5 000m，垂深大于 1 000m。

目前最流行的分类方法就是按规模来分的，一个探洞者的成绩，也是通过探洞长度或深度的数据来体现的。

（二）洞穴探险数据

世界最长的洞系：美国猛犸洞，洞长 600km；世界最深的洞：格鲁吉亚的维洛夫金娜洞穴已探明深度 2 212m；中国最长的洞系：贵州双河溶洞长由 2019 年的连通长度 257.4km 刷新至 409.9km，纵深由 665m 刷新至 912m，从"世界第五长洞"跃居"世界第三长洞"，稳居"亚洲第一长洞"，同时也一跃成为"中国第三深洞穴"；中国最深的洞：重庆武隆的气坑洞，深度 920m；中国最大的洞厅：贵州格凸河苗厅 116 000m^2。

（三）洞穴环境对人体的影响

洞穴环境会引起人体的综合性生理变化，主要表现在以下两个方面：

1. 生物节律的破坏　洞中没有季节、时间上的变化表现，使"生物钟"被破坏，并且周期拉长。

2. 气候混沌化　洞中没有温度、湿度的变化，长时间在洞中，可能产生混沌状态。即动作迟缓、反应慢，出现幻觉等状态。

（四）洞穴探险的个人装备

洞穴安全带、成型扁带、Looping 绳梯、宽带脚蹬、下降器、手式上升器、胸式上升器、胸式安全带、快挂、主锁、电钻、挂片、膨胀螺栓、锤子、绳袋、头盔及探险照明系统、探洞服、靴子、手套、护膝、护肘、水壶、装备包、绳索、洞穴地形图、指北针、收纳袋、炉头、气罐、炉具等。

（五）洞穴探险准备

1. 出发前要作好充分的准备，包括总体计划（人员的确定、交通的确定），时间的安排，装备的准备，技术、身体的准备（训练），洞穴探险地的资料收集等。

2. 收集气象资料。

3. 了解洞穴结构及洞穴内的基本情况。

4. 准备充足的食品和电灯泡。

5. 准备必需的药品。

6. 2～3 人为一组下到洞穴。

7. 洞穴内外保持畅通的联络。

8. 充分做好洞穴内路标的设置。

9. 洞穴内的路标要清晰可见并牢靠。

10. 遇见紧急情况立刻返回。

（六）洞穴探险与登山运动的相同点与不同点

洞穴探险与登山运动有许多相似之处：同样是极富挑战性的体育运动与充满科学价值的考察活动的综合体；同样拥有众多的爱好者，新发现是他们的骄傲；单绳技术都是二者经常使用的一种技术手段。

洞穴探险和登山运动也有许多不同之处，一是，登山是先上后下而探洞是先下后上；二是，洞穴探险与登山运动最大的区别是，探洞更加充满了不确定性。探洞者并不能像登山者那样看得见他们期望着的成功的目标屹立在前方，他们也不知道自己最终到达的终点是什么，也不知道等在前方的是些什么？是难以置信的惊人发现或是让人透不过气的艰难挑战？你可能是一幅史前壁画的第一个欣赏者，也可能是一种洞穴动物新种的发现者；你也许刚刚在一个巨大的空间里感叹完造物者的鬼斧神工后又从一个狭小的裂隙通道中爬出来，却发现自己又站在一个轰隆作响的巨大瀑布上方。

探洞中面临的黑暗和丧失方向感是绝大多数人从未体验过的，人要怎样克服自身对未知世界的恐惧、现有感官在黑暗未知中所产生的种种不安？探洞正是这样一种挑战。探洞的魅力就在于你永远不知道你的下一步会看见什么，会发现什么，能满足你无限的想象、不断探索的欲望和好奇心。

第四节 ｜ 极限运动项目

极限运动（extreme sports）是难度高、挑战性较大的体育运动。年轻人追求刺激、追求新体验，且装备越来越安全，促进了极限运动的快速发展。

参加极限运动除了在人工建设的国际极限运动场进行外，人们更加青睐于在自然环境中放飞自我，有些人从事极限运动是为了强身健体，有些人是想挑战自己，把自己从日常生活中带出来，在这个过程中获得乐趣。随着社交媒体的兴起，人们可以更便捷地分享极限运动的视频，这激励着更多的人去尝试，他（她）们认为：因为我们生活在一个"勇于尝试"的社会。尽管有大量的人们还是不认可这类运动，但是不可忽视的是，它极具惊险、刺激和震撼，无论是照片还是视频都极具美感，也使其展示出越来越强大的吸引力。

一、帆伞运动

帆伞运动（parasailing）又称拖拽伞，是一种类似于降落伞的运动，就是把绳子系在快船上，带你到数米高的天空，让你领略海洋的全景的同时享受速度与激情。

二、速降

1. **高山速降（山地自行车）** 是指使用山地自行车以极高的速度从山顶冲下来的运动。其道路路况复杂，活动多在山脊、矿洞、雪地等地带开展。奥地利人曾以每小时 201km 的成绩创造自行车速降世界纪录。世界顶尖速降高手在有着多个技术跳台、乱石段的有障碍山地道路上完成令人惊叹的完美竞速，可谓是一项令人胆战心惊的狂野竞技，属于高风险的运动项目。

德国人 1817 年发明带方向把手的自行车，发展到现今双肩前叉、极长后避震、粗壮外胎、超长车把及放掉链的导链器装置组装的速降自行车。

2. **高山速降（绳索）** 源自高山探险下撤保护技术，在抢险、运输和军事突袭行动中也经常使用，后来演化成与攀岩、蹦极类似的极限户外运动项目。是在教练的指导与保护下，借助高山的自然落差，利用绳索由岩壁顶端下降，参与者可以自己掌握下降的速度、落点，以到达地面。

速降分为崖降、楼降、桥降、溪降等类别。装备包括安全头盔、安全带、主锁、8 字环（下降器）、静力绳、手套等。

三、翼装飞行运动

翼装飞行又叫近距离天际滑翔运动，号称最危险的极限运动，分为高空翼装飞行和低空翼装飞行，起源于欧洲，并在世界各地得到快速发展。

翼装飞行的装备主要有翼装飞行服和降落伞，还需要头盔、定位器和眼镜。飞行者通过眼镜右下角的小屏幕知道飞行的速度和滑行率，以增加安全系数，通过双臂和双腿的调整和控制飞行的方向及在空中缓慢向下滑翔。

翼装飞行需要学习一系列的课程和考试，要有完成 200 次以上的跳伞才可学习高空翼装飞行，需要 300 次以上跳伞才可学习低空翼装飞行，并不断积累熟练技能，才可能获得资格。

四、潜水运动

潜水运动是一种集水下观光、水下摄影、水下探索为一体的新兴运动形式。如今，潜水运动逐渐发展成为一项以水下活动为主要内容，以锻炼身体、休闲娱乐为目的的运动项目。

潜水运动分为休闲水肺潜水和自由潜水。休闲水肺潜水是指以水下观光和休闲娱乐为目的的潜水活动,其中又分为浮潜和水肺潜水(即使用气瓶和水下呼吸器进行潜水)。自由潜水是不需要携带任何器具,靠人的调息和闭气,进行深度下潜的潜水运动。

潜水运动是一项极具挑战性和刺激性的水下活动,吸引了众多探险者和爱好者。潜水运动需要掌握潜水基本的理论知识和技巧,经过专业培训合格和认证才能安全地参与潜水运动,即便是休闲目的的潜水也必须在教练的指导和带领下才能参与。

第五节 ｜ 山地旅游

山地旅游是在山地旅游导游(户外领队)的带领下,在自然环境中开展的有一定探险性质的旅游活动,活动中可以使用各类机械装备、绳索等完成各种艰险的路段。

随着社会经济快速发展,旅游经济成为了我国经济快速发展的重要部分,传统旅游景点和形式越来越不能满足人们的需求,山地旅游因此而发展起来。

山地旅游形式多样,如徒步露营体验游、探险体验游、青少年户外教育活动,以及自驾游和户外运动项目(如皮划艇、漂流、山地车、自然岩壁攀登、登山、洞穴探险等)体验游。

一、山地旅游项目特点

1. 自然环境是没有人或少有人去的环境,景色宜人但有险恶之地。
2. 山地活动极具风险,多数人对自然环境的风险认知不足。
3. 山地旅游导游专业性强,具备户外活动知识、技能和经验,要求较高。
4. 山地旅游体验感强,收获更大。

二、山地旅游项目

1. **徒步穿越之旅**　根据目标、山地旅游线路、团员状况、时间等设计。
2. **户外露营之旅**　选择营地适宜,满足快速救援条件。
3. **登山之旅**　难易适中,突显体验感。
4. **溯溪之旅**　水道不复杂。
5. **冰川之旅**　难易适中,突显体验感。
6. **森林之旅**　难易适中,突显体验感。
7. **水上运动之旅**　难易适中,突显体验感。
8. **滑翔之旅**　专业带领,突出体验感。

三、山地旅游的发展目前面临的几个问题

首先就是山地旅游导游的缺乏系统培训和认证,山地旅游导游相当于户外领队,需要有山地活动的知识、技能和经验,拥有在遇见突发事故、天气突变、游客的身体突发疾病时要有一定的处置能力;其次现阶段的山地旅游线路不够丰富,影响了其发展;再次,我国的山地旅游管理存在不规范的情况,导致风险较大。

(国　伟)

第一节 | 传统养生概述

所谓"养生",可以理解为对生命的保养。在人类与大自然的长期斗争中,为了保护生命、保养身体、增强对环境的适应力,人们逐渐认识了生命运动的规律,归纳了一些自身保健的方法,以达到强身健体、调养生息、延年益寿的目的,这些观点、动作、方法等习惯上称为"养生之道"。中国的养生之道,历史悠久,风格独特,内容博大精深,愈来愈受到国内外学术界的关注。在其漫长的历史发展过程中,形成了众多学派,在历代哲学、文学、史学和医学等各种文化典籍和人民群众积累的经验中,都可以找到传统养生思想、理论和实践的方法。

一、中国传统养生

(一)战国时期

"导引"一词,目前文献最早能追溯到战国典籍《庄子·刻意》篇:"吹呴呼吸,吐故纳新,熊经鸟申(伸),为寿而已矣。此导引之士,养形之人,彭祖寿考者之所好也。"这里不仅表明导引的主要内容是"导气令和、引体令柔",还说明在战国时期已出现了专事导引的术士和致力养形的习练者。马王堆三号汉墓出土了现存最早的《导引图》。

"导引"一词出现以后,古人把许多健身养生方法都归入导引。《抱朴子·别旨》中记载:"夫导引不在于立名、象物、粉绘、表形、著图,但无名状也,或伸屈,或俯仰,或行卧,或倚立,或踯躅,或徐步,或吟,或息,皆导引也。"唐朝慧琳在《一切经音义》中,把自我按摩也包括在导引之内:"凡人自摩自捏,伸缩手足,除劳去烦,名为导引。"导引所包括的健身方法在古代是相当宽泛的,它所包含的内容虽各有不同,但都可以把它看作是一种自我调节身体气血运行、祛病健身的养生方法。《导引图》所描绘的动作大致可归为以下几类:

1.《导引图》仿生导引的动作 有沐猴-引炅中、鹞背、鹤(唳)、龙登、俛蹶、猿呼、螳螂、熊经、龟恨(咽)、(鸟)信(伸)、鹞等。

2. 在我国古代,"引"有治病之意 《导引图》中的很多动作名称以"引"字开头,说明其以治病为目的。这样的动作包括引腰痛、引膝痛、引目痛、引胠积、引背痛、引温病、引头风、引痹痛、引腹中、引项、引聋、引烦等。

3.《导引图》中可以明显辨析的行气动作 有仰呼、沐猴呼、龙息、胎息、燕息等。

4.《导引图》中有关壮力的动作 有踢脚、挽弓、折阴、俛蹶、堂狼以杖通阴阳、龟恨、捼肩等。

5. 可以归类于按摩术的《导引图》动作 有捶背、引胠积、坐引八维、引痹痛等。

从陶唐氏、阴康氏时代的"作为舞以宣导",到庄子所说的"吹呴呼吸""熊经鸟伸"导引养形之人,以及马王堆三号汉墓出土的帛画《导引图》,我们可以看出我国养生术发展的轨迹,到了秦、汉时代已有了较为完备的导引锻炼方法。既有伸屈俯仰的引体,又有或吟或息的导气,还有存想的行气及肢体的按摩。此后出现的易筋经、五禽戏、六字诀、八段锦等功法都能在《导引图》中找到印迹,在一定意义上可以把它们看作是《导引图》继承和发展的代表,与《导引图》有一定渊源关系。

《导引图》的绘制已有2000多年的历史,它的内涵和外延随着历史而发展,至今仍在不断丰富和扩大。今天,发掘和研究这一古老而仍然具有旺盛生命力的健身方法,不仅可以丰富养生史和体育史的内容,而且对当今的养生理论与实践,也具有重要的现实意义。

从历史的文献记载,养生学的始萌至少可以追溯到殷商时代。在甲骨文中可以发现有关个人卫生和环境卫生的文字记录。到了西周,人们对四季不同气候与疾病的关系也已有了认识,提出调理饮食要与四季相适应。

春秋战国时期,随着文化的发展,养生在学术上出现"百家争鸣"的局面。老子、庄子认为欲望太过能致疾损寿,主张清静养神。老子提出"人法地,地法天,天法道,道法自然"的顺其自然、知足常乐思想。孔子则认为饮食起居与寿夭有直接关系,曰:"人有三死而非命也者,人自取之。夫寝处不时,饮食不节,佚劳过度者,疾共杀之",更值得注意的是,战国思想家荀子首次提出"制天命而用之",认识到人之生死寿夭非"天命"注定,这对养生学的发展有积极意义。

(二)汉唐时期

从战国至隋唐时期,传统养生得到了明显的发展。特别是魏晋至唐300余年间,中国进入了一个战争频繁、社会动乱、政权更迭的历史时期,此时人们过着灾祸连绵的痛苦生活,在巨大的精神创伤刺激下,健康大大受到损害,使当时人的寿限十分短促。为了摆脱这种状况,讲求养生之术成为一种时尚。在意识修养方面,主张清虚无为,顺应自然。在方法上,重视导引吐纳,甚而服食。这阶段虽糟粕与精华相杂,但毕竟把古代相传的一些养生方面的理论与实践较为全面地继承下来。有学者提出,这一时期集养生学之大成。唐代养生家、药学家孙思邈在《道藏·保生铭》中指出:"人若劳于形,百病不能成";《黄帝内经·素问·上古天真论》对养生有"形与神俱,而尽其天年,度百年乃去"的观点。

(三)宋元时期

宋元时期涌现的养生学家主要有金元四大家和陈直、邹铉、丘处机、王圭等,撰著了《养老奉亲书》《保生要录》《摄生消息论》《泰定养生主论》等养生专著,并继承发展了《黄帝内经》的养生思想,使传统养生学日臻完美。

(四)明清时期

保养精、气、神为首务,寿夭与先天、后天有关等观点已为明清养生学家所推崇,并且涌现了深入浅出、通俗易懂的养生读物。在养生学术理论方面,明代李时珍的《本草纲目》对丰富发展饮食调养的论述,也有着无法估量的作用。

(五)近代

自1840年第一次鸦片战争到中华人民共和国成立的百年历史中,由于清政府的腐败,帝国主义的入侵,使得养生学也濒于夭折。这一时期养生著作寥寥无几,其中主要的养生书籍是伍廷芳的《延寿新法》、胡宣明的《摄生论》及一些气功著作等。

(六)现代

中华人民共和国成立后,社会安定,人民生活水平得到改善,中国养生学也同样获得了新生。尤其是改革开放后,人民的物质生活水平、精神生活需求层次都不断提高,健康与长寿已经成为人民群众的共同祈愿。因此,现代养生学以中国古代哲学和中医理论为基础的传统养生学,融合了日益发展的现代科学技术,日益显示其重要的价值和优势,也更为人们所欢迎。

二、中国传统养生理论的基础

中国传统养生学说发展至今,是理论与实践、考古与展望、自然与社会、生理与精神等多种复杂成分的综合。但是,其形成与发展更多是受到中国古代哲学思想的影响与制约,尤其是"元气论""阴阳学说""五行学说"等哲学思想和概念,一直启发和影响着传统养生理论的形成。相反,传统养生理论和实践的发展,也同样影响和丰富了中国古代哲学思想,两者有着密不可分的关系。

(一)元气论

"元"在古代哲学中是指本原。元气论,又称气一元论,是中国传统文化中占主导地位的自然观,体现着古代的唯物论和辩证法。早在先秦文献中,"气"就已作为哲学范畴出现了,认为"气"是构成宇宙的最基本物质。庄子在《知北游》中指出，"人之生，气之聚也。聚则为生，散则为死……故曰：通天下一气耳。"《鹖冠子·秦录》中说："天地成于元气，万物乘于天地。"

（二）阴阳学说

古代人们在生产劳动的社会实践过程中，观察到自然界有天地、日月、昼夜、寒暑、明暗、死生、雌雄及人类本身有男女等现象，逐步形成了阴阳这样两个哲学范畴。阳代表积极、进取、刚强等阳性特性和具有这些特性的事物；阴代表消极、柔软等阴性特性和具有这些特性的事物。古代朴素的唯物主义哲学家认为：世界是在阴、阳这两种"天地之气"的运动推移下发生、发展着。我国古代的阴阳观念最早出现在《周易》一书中。《周易》中的卦辞、爻辞中，虽然没有阴阳这个名词，但是构成八卦基础的两个主要的卦——乾卦和坤卦，即为天地、阴阳的象征。乾为天，属阳；坤为地，属阴，它表示天地孕育生长着万物。后来人们的这些认识被用到医学和养生学中来，说明人们的生理现象。人体内部也有阴阳对立的两方面，这种对立是相对的，可分的，互相转化的，互相制约的。比如：在中医学中就将人体的气血归属于一对阴阳的物质。气属阳，血属阴，二者关系密切，互根互用，可用"气为血帅，血为气母"一语来概括。气血任何一方病变，都会影响另一方的正常，只有气血调和，才是健康无病的人。最重要的是，人体阴阳双方的制约关系，使阴阳双方平衡，从而保证人体的健康。因此，从养生方面看，要不得病或少得病，就必须"法于阴阳""春夏养阳，秋冬养阴"。在任何时候都要注意保持体内的阴阳平衡和重视人与自然环境的阴阳协调。

（三）五行学说

"五行"指水、火、木、金、土五种物质。我国古代朴素唯物主义哲学认为：世界就是由这五种物质构成的，"五行"在我国古代文献中最早见于《尚书·洪范》。《尚书·洪范》九畴的第一项就是："五行，一曰水，二曰火，三曰木，四曰金，五曰土。水曰润下，火曰炎上，木曰曲直，金曰从革，土曰稼穑。润下作咸，炎上作苦，曲直作酸，从革作辛，稼穑作甘。"《尚书·洪范》列举了构成世界的五种物质，并且对这五种物质的性质和作用进行了说明。

五行观念是在当时社会生产力发展和科学技术进步的基础上形成的。五行思想在春秋以前是有进步意义的。它对我国古代天文、历数、医学的发展曾经产生过重大的影响。五行相生相克的说法，在我国古代科学发展中起着积极作用。它把握了宇宙万物和人体持续不断的变化和转化规律，被当代国外学者视为"五行动力模型"，具有动静平衡的"负平衡调节法则"等内容。

五行学说认识到人的生命活动不是内在脏器的孤立活动，也不是与外在环境毫不相关，而是人体中的各种脏器，相互间具有相生相克的联系和控制关系，与周围事物有关，特别是自然四时节气的变化，也同样存在着滋生、制约的联系。它为中医学理论体系的形成奠定了理论基础，创立了"天人相应"的人体内外环境相统一的整体观念。因此，五行学说也为中国传统养生理论奠定了理论基础。

三、中国传统养生的学派

我国养生学的发展经历了先秦、汉唐、宋元、明清等几千年，形成了许多学派。其主要学派如下。

1. **精神养生学派**　该学派是以安静调养人体的精神思维活动作为主要途径来保养生命、益寿延年的学派。精神思想肇始于老子、庄子，他们提出"归真返璞""清静无为"的理论，并编制了导引、吐纳等一整套方法，对后世影响较大。继老子、庄子之后，《黄帝内经》最早从医学角度提出精神保养可以防病，并主张依据四时之气的特点来调养神气，这为该学派奠定了理论基础。该学派认为神是生命活动的主宰。静神可以抗衰延年，因为神主持生命，人的思想、智、志、意、魂等均由神所主，主张神气清静意守，不宜躁动妄耗。强调要少私寡欲，抑目静耳，调摄神志，顺应四时，常练静功，以保持神气清静，促进健康。

2. **动形养生学派**　该学派主张以运动形体来保养生命。《吕氏春秋·尽数篇》强调精气神与形体的统一，是生命的根本。如吕不韦主张动，其所著《吕氏春秋》卷三《季春纪·尽数》载："故精神安乎形，而年寿得长焉。"认为，"流水不腐，户枢不蠹，动也。形气亦然。形不动则精不流，精不流则气郁。郁处头则为肿为风;处耳则为挶为聋,处目则为矇为盲,处鼻则为鼽为窒;处腹则为张为疛;处足则为痿为蹶。"东汉末年名医华佗主张养生要有积极的体育锻炼,他对弟子吴普说:"人体欲得劳动,但不当使极耳,动摇则谷气消,血脉流通,病不得生。譬如户枢,终不朽也。"同时还根据古代导引法,创造出《五禽戏》的医疗体操。明代医学家李梴主张适度活动。《医学入门》一书中说:"终日屹屹端坐,最是生死,人徒知久行久立之伤人,而不知久卧久坐尤伤人也。"明代张景岳在《治形论》中指出"吾所以有大乐者,为吾有形,使吾无形,吾有何乐?",认为养生者应先养形,养生者应先养形。从而形成了传统养生文化中的动形养生学派。

3. **调气养生学派** 该学派的宗旨是以调气(调养真气)作为主要途径来保养身体,达到延年益寿的目的。该学派认为,气是生命的动力,充溢全身,无处不到,具有抗邪防病的功效。刘完素在《素问病机气宜保命集·原道论》中,强调气是生命的基本物质,他认为:"故人受天地之气,以化生性命也。是知形者生之舍也,气者生之元也。"指出常用的调息、导引、内视、咽津等,其机制即在于调气、定气、守气、交气,起灌溉五脏和阴阳的作用。气贵在运行不息,升降有常。升降出入是气在人体运动中的主要形式,其气机是否正常直接关系到人的盛衰寿夭。调节气机升降维持其正常功能,则可以达到强身健体、延年益寿的目的。调节元气的方法包括慎起居、顺四时、戒过劳、防安逸、调饮食、和五味、和七情、省言语、习吐纳等方面。

4. **固精养生学派** 该学派是主张通过固摄阴精,使之充盈内守,以摄肾精为主要途径,从而达到益寿延年的目的。先秦时养生学家管仲首先提出固精思想,他在《管子·内业》说:"精也者,气之精者也""精存自生,其外安荣,内脏以为泉源"。他还提出存精的具体方法:"爱欲静之,遇乱正之,勿引勿摧,福将自归",即节欲存精的思想,为该学派奠定了理论基础。同时认为,精是构成人体及促进生长发育的基础,阴精贵在充盈固秘,则人体得养,精力旺盛,强健长寿。肾精难成易失,依赖脏腑之精的充养才能旺盛不衰。固精的前提和关键是收心和正心。因而主张节情欲,以防阴精妄耗,倡导晚婚。龚廷贤在《寿世保元》一书中说:"弱男则节色,宜待壮而婚""男子破阳太早,则伤其精气,女子破阴太早,则伤其血脉"。

5. **合度养生学派** 该学派是主张通过合度去泰的方法,达到延年益寿的目的,战国后期思想家、养生家韩非提出:"谨修所事,待命于天,毋失其要,乃为圣人。"这就是说,谨慎从事本职工作,静待天命归,不要超过额定限度。反之要失去限度,任其纵横,最终必然会损伤身体乃至性命。所以养生必须"去泰",也就是舍弃某种安泰的享受。美味佳肴,吃起来很顺口,但往往于身体不利。修饰妆容,大可取悦于人,可又要损耗精力。"故而去泰,身乃无害"。合度,即是合乎尺度,度可视为计量标准,合度也可以说是适中不走极端。《孔子家语》所述"若夫智士仁人将身有节,动静以义,喜怒以时,无害其性,虽得寿焉,不亦宜夫。"孔子主张动静结合,要有节度。清代名医董凯钧十分重视调摄之术,主张切忌极端的"动"或"静",贵在静中寓动、动中寓静、动静结合、尺度适度。这些科学、辩证的养生保健观,对今人启示很大。对探讨养生学说有一定参考价值。

四、传统养生的特点与基本原则

(一) 传统养生特点

养生学认为"养生莫若养性"。所谓"养性"主要是指道德修养,如理想、情操精神生活。除去私欲杂念,保持乐观情绪、开朗性格、高尚涵养,是养生防病的要素。

1. **形神兼养,首重养神** 形,指形体,包括人体的脏腑、皮肉、筋骨、脉络及充盈其间的精血。神,指人体的精神思维活动,包括神、魂、意、志、虑、智等。养生学认为,只有形神健全,才是健康无病的人,才有可能长寿。

中国古代哲学理论认为,世间一切物质都可归属于阴阳这两大范畴,人的生命活动也不例外,不管是"形",还是"神",都有其不同的阴阳属性。因此,传统医学家们认为:人体阴阳的任何一方只要出现不平衡——偏盛偏衰,均会导致人体生理功能的紊乱,引起疾病。

2. **掌握适度，重视调节**　世间一切事物都有适度问题，超过一定的"度"，就会走向反面，所谓物极必反。传统养生法也要遵循适度的规律进行调摄。《黄帝内经》云："喜则气和志达，营卫通利"，说明喜悦能使人神气和调，志意畅达，心身健康。但喜悦过度，则暴喜伤阳，喜怒过多，神不归室。人的饮食也是如此，人体生命活动需要摄入一定的食物营养予以维持，但摄入过量或过偏，均可导致疾病的发生。如高热、高脂、高蛋白等食物摄入过量会引发胆囊炎、心血管系统等疾病，所以，在养生调摄的过程中必须掌握适度，掌握平衡以达到养生防病的目的。

3. **顺应自然，天人合一**　顺应自然进行养生，包括两重含义：①顺乎自然界的阴阳变化以保养调摄，所谓法于阴阳，和于术数（《素问·上古天真论》）。②顺乎自然之理，即认识和掌握人与自然界二者的自然规律，按其规律养生，才有益于健康。如《素问·四气调神大论》曰："故阴阳四时者，万物之终始也；死生之本也；逆之则灾害生，从之则苛疾不起，是谓得道。"《素问·生气通天论》曰："春伤于风，邪气流连，乃为洞泄。夏伤于暑，秋为痎疟。秋伤于湿，上逆而咳，发为痿厥。冬伤于寒，春必病温。四时之气，更伤五脏。"如违反这一规律进行养生，就会发生"逆春气则少阳不生，肝气内变；逆夏气则太阳不长，心气内洞；逆秋气则太阴不收，肺气焦满；逆冬气则少阴不藏，肾气独沉"的病变。顺应自然规律进行养生，是其重要原则。

4. **注重先天因素，强调后天调摄**　明代张景岳说："先天强厚者多寿，先天薄弱者多夭；后天培养者，寿者更寿，后天斫削者，夭者更夭……两天俱得其全者，耆艾无疑也。"（《传忠录·先天后天论》）说明从养生角度考虑，先天遗传因素与后天保养都是非常重要的。

5. **根据年龄，注重分阶段养生**　人体在不同的年龄阶段，生理、心理表现出的机制变化不同，因此养生学家王珪将人生分为：婚孕、婴、幼、童、壮、衰老6个阶段。要求人们在不同年龄阶段，遵循不同的养生原则。

（二）传统养生

养生锻炼的基本原则是练习养生的人们在长期锻炼过程中不断摸索、长期实践、多年积累的经验和总结，是指导人们进行体育养生功法锻炼的法则。

1. **保养精神原则**　"精"有广义与狭义两种，广义的精指构成人体和维持生命活动的精微物质，包括精、血、津液在内；狭义的精是指促进人体生长、发育和生殖功能的基本物质。精充盈，生命力强，抵御外邪的能力亦强。"神"指精神意识、思维情感、知觉运动等。"神"是一切生命活动的主宰，是生命存亡的根本。《黄帝内经》曰："得神者昌，失神者亡也。"神的生成是以先天之精为基础，后天之精不断培育，"精"与"神"之间是相互滋生、相互影响的。因此，历代养生家们非常重视保养精神。明代著名医家张景岳在《类经》中说："欲不可纵，纵则精竭；精不可竭，竭则真散。益精能生气，气能生神。营卫一身，莫大乎此。故善养生者，必宝其精，精盈则气盛，气盛则神全，神全则身健，身健则病少。"所以保精养神是养生中的首要原则。

2. **顺应四时原则**　《黄帝内经》曰："和于阴阳，调于四时""夫百病者，多以旦慧、昼安，夕加夜甚……朝则人气始生，病气衰，故旦慧；日中人气长，长则胜邪，故安；夕则人气始衰，邪气始生，故加；夜半人气入藏，邪气独居于身，故甚也"。说明人体中的阳气随着晨、午、黄昏、夜半不同时辰变化，有着"生、长、收、藏"的不同规律，病邪也会引起"慧、安、加、甚"的不同反应。同样，随着春、夏、秋、冬一年四季不同的气候变化，万物形成了生长、繁荣、收获、潜藏的活动规律，而人体也会因此发生变化，所以"圣人春夏养阳，秋冬养阴，以从其根，故与万物沉浮于生长之门。逆其根，则伐其本，坏其真矣"。这是四时调摄的宗旨，也是顺应四时养生的原则。

3. **动静结合原则**　动以养形，静以养神，是传统养生的主要特点。《庄子·刻意》："吹呴呼吸，吐故纳新，熊经鸟申为寿而已矣。"华佗在创五禽戏时的理论依据是："流水不腐，以其逝故也，户枢不蠹，以其运故也。"《吕氏春秋·尽数》曰："流水不腐，户枢不蝼，动也。形气亦然，形不动则精不流，精不流则气郁。"说明动以养形的原理，不仅有助于肢体健壮，还有助于气血营卫的流畅，这对健康是有益的。

静以养神，《黄帝内经》认为：“静则神藏，躁则消亡”（《素问·痹论》），“清静则肉腠闭拒，虽有大风苛毒，勿之能害”（《素问·生气通天论》），“清静则生化治，动则苛疾起”（《素问·至真要大论》）。说明清静养神能使人体功能正常，抗病能力增强。然而，清静养神并非绝对静神不用，而是要求把注意力集中到一点上，以驱散烦恼，排除杂念，专心致志，钻研学问，创造发明，以致饥饱不和，寒暖不感，呼之莫应的静神境界。随着养生的实践与总结，人们逐渐由“动养”与“静养”的不同养生主张，转变为动静结合的新的养生观。如《庄子》所谓“水之性，不杂则清，莫动则平，郁闭而不流，亦不能清，天德之象也”，故曰：“纯粹而不杂，静一而不变，淡而无为，动而以天行，此养神之道也。”初步揭示了“动静兼养”更有利于健康长寿的道理。因此，在养生中应重视动静结合的基本原则。

4. 因人而异原则 由于每个人的先天条件和后天环境不同，人在体质和性格等方面存在较大的差异，加上性别、年龄、从事职业的不同，在养生时更需要重视因人而异的原则。比如，按中医学的辨证观点，人的体质可以分为平和质、气虚质、阳虚质、阳虚质、阴虚质、痰湿质、湿热质、血瘀质、气郁质、特禀质等，此在养生调摄时，必须根据不同人的实际情况制订调摄方案。对于阴虚型患者，应少食辣椒、大蒜、羊肉等，而阳虚型患者则应忌食生冷及寒性的食品。对于不同年龄阶段的养生要求差异更大。

（1）小儿期：是生长发育的旺盛阶段。各脏腑在物质需求与生理功能上都是幼稚而不成熟的，因此养育指导应注意合理喂养，品种要丰富，口味要偏清淡，不吃零食，不偏食。衣着以轻软衣料为宜，大小尺寸以能活动自如为标准。睡眠要充足，从小养成良好的卫生习惯，注意保护视力、牙齿，注意耳鼻卫生，接受预防接种，定期进行健康检查。

（2）青春期：是骨骼生长的高峰期。为使骨骼能正常生长发育，要注意培养正确姿势。另外，注意保护皮肤、头发、口腔，女青年还要注意保护乳房，改善早餐营养。

（3）青壮年期：主要掌握劳逸适度，做好自我调理，学会自我照顾。

（4）更年期：能够自我稳定情绪，保持愉快、豁达、乐观的情绪。如有异常反应及时去医院检查，以便早期发现或排除病患。饮食要粗细搭配，适当参加体育活动，克服消极的自我暗示。

（5）老年期：由于机体功能减退，为减轻肾脏负荷和血管阻力，应少食盐。应多素少荤，食醋有益，并在饮食中选用含钙量高的食品，如乳类、豆制品，以保持体内钙代谢平衡，防止骨质疏松。居住房间应安静为宜，家庭气氛要和谐，使心情保持舒畅。适当开展社交活动和参加运动锻炼，以扫除暮气，增加朝气，经常进行健康检查，对各种疾病进行积极治疗、预防。

因此在养生中必须贯彻因人而异的原则。

第二节 | 传统体育养生方法

健康长寿是人类长期追寻的目标。中华民族数千年来在生产劳动、生活和与疾病作斗争中，总结了大量的强身健体经验，已经成为我国优秀传统文化宝库中的瑰宝，它在预防疾病、强身益智、延年益寿、强盛民族方面起了重要作用。养生保健方法是依靠人体自身的能力，通过调养精神和形体，起到改善人体功能的作用，既能养生又能治病，动作简便，安全可靠，易被人们接受。

一、太极拳

太极拳是中华民族宝贵的文化遗产，是我国古代劳动人民在社会实践中创造并不断丰富和发展起来的。太极是以中国传统儒、道哲学中的太极、阴阳辩证理念为核心思想，集颐养性情、强身健体、技击对抗等多种功能于一体，结合易学的阴阳五行之变化、中医经络学、古代的导引术和吐纳术形成的一种内外兼修、柔和、缓慢、轻灵、刚柔相济的中国传统拳术。

太极拳还有一个重要特点，就是每个动作中都蕴含了丰富的哲学思想。17世纪的朴素唯物论和辩证法思想家王夫之（1619—1692年）说：“静者静动，非不动也”“静即含动，动不舍静”。辩证唯物主义认为，永恒的、绝对的物质运动中包含着各种各样的相对静止状态，肯定运动是物质存在的形式，同时也不否认物质世界中有某种静止状态,静止不是绝对的,而是相对的,它只是物质运动的特殊形式。太极拳中"静中触动动犹静""视动犹静""虽动犹静",正确地阐述了动与静对立统一的关系。太极拳中所指的静既是指打拳速度为匀速运动,同时也指相对的思想意识静止状态。所谓静是相对于某种特定的情况而言,因而是有条件的,静止不是绝对不动,实际上它不过是指个别的具体的特殊物质运动形式和过程,静止在任何情形下都不是永恒的,静止只能是暂时的、相对的,而运动都是永恒的、绝对的。绝对运动和相对静止的辩证统一,构成了物质世界的真实过程。在太极拳"左蹬脚"中,支撑脚较相对的蹬出脚就是静,反之,蹬出脚较相对的支撑脚就是动。太极拳犹如春蚕吐丝绵绵不断,像行云流水相连无间,动作徐缓,似乎在动,似乎又静,静还要思想入静,但静又不是思想空无一物,思维呆滞,而要求思想集中,要用意念,用意来指挥动作,在静中又动。

太极拳的拳式据不完全统计约有十几种,如十八式、二十四式、四十八式等,其中二十四式太极拳是按照由简到繁、由易到难的原则编排的,结构内容便于学习和掌握。二十四式太极拳共分八组,包括起势、收势等二十四个姿势动作(图7-2-1～图7-2-4)。

练习者可连续演练,也可选择单式练习。

1. **起势** 要点:两肩下沉,两肘松垂,手指自然微屈。屈膝松腰,臀部不可凸出,身体重心落于两腿中间。两臂下落和身体下蹲的动作要协调一致。

2. **左右野马分鬃** 要点:上体不可前俯后仰,胸部必须宽松舒展。两臂分开时要保持弧形。身体转动时要以腰为轴。弓步动作与分手的速度要均匀一致。

3. **白鹤亮翅** 要点:完成姿势胸部不要挺出,两臂都要保持半圆形,左膝要微屈。身体重心后移和右手上提、左手下按要协调一致。

4. **左右搂膝拗步** 要点:前手推出时,身体不可前俯后仰,要松腰松胯。推掌时要沉肩垂肘,坐腕舒掌,同时松腰、弓腿上下协调一致。搂膝拗步成弓步时,两脚跟的横向距离保持约30cm。

5. **手挥琵琶** 要点:身体要平衡自然,沉肩垂肘,胸部放松。左手上起时不要向上挑,要由左向上、向前,微带弧形。右脚跟进时,脚掌先着地,再全脚踏实。身体重心向后移和左手上起、右手回收要协调一致。

图7-2-1 二十四式太极拳1～5式

图 7-2-2 二十四式太极拳 6～9 式

图 7-2-3 二十四式太极拳 10～16 式

6. 左右倒卷肱 要点:前推的手不要伸直,后撤手也不可直向回抽,随转体仍走弧线。前推时,要转腰松胯,两手的速度要一致。避免僵硬。退步时,脚掌先着地,再慢慢全脚踏实,同时,前脚随转体以脚掌为轴扭正。退左脚略向左后斜,退右脚略向右后斜,避免使两脚落在一条直线上。后退时,眼神随转体动作先向左或右看,然后再转看前手。最后退右脚时,脚尖外撇的角度略大些,便于接做"左揽雀尾"的动作。

7. 左揽雀尾 要点:向前按时,两手须走曲线,腕部高与肩平,两肘微屈。注意:弓步时两脚跟之间横向距离不超过 10cm。

图 7-2-4　二十四式太极拳 17～24 式

8. **右揽雀尾**　要点:均与"左揽雀尾"相同,只是左右相反。

9. **单鞭**　要点:上体保持正直,松腰。完成式时,右肘稍下垂,左肘与左膝上下相对,两肩下沉。左手向外翻掌前推时,要随转体边翻边推出,不要翻掌太快或最后突然翻掌。全部过渡动作,上下要协调一致。如面向南起势,单鞭的方向(左脚尖)应向东偏北约 15°。

10. **云手**　要点:身体转动要以腰脊为轴,松腰松胯,不可忽高忽低。两臂随腰的转动而运转,要灵活,速度要缓慢均匀。下肢移动时,身体重心要稳定,两脚掌先着地再踏实,脚尖向前。眼的视线随左右而移动。第三个"云手"右脚最后着地时,脚尖微微向里扣,便于接"鞭"动作。

11. **单鞭**　要点:与前"单鞭"相同。

12. **高探马**　要点:上体自然正直,双肩要下沉,右肘微下垂。跟步移换重心时,身体不要有起伏。

13. **右蹬脚**　要点:身体要稳定,不可前俯后仰。两手分开时,腕部与肩平齐。蹬脚时,左腿微屈,右脚尖回勾,劲使在脚跟。分手和蹬脚必须协调一致。右臂和右腿上下相对。如面向南起势,蹬脚方向应为正东偏南(约 30°)。

14. **双峰贯耳**　要点:完成式时,头颈正直,松腰松胯,两拳松握,沉肩垂肘,两臂均保持弧形。双峰贯耳的弓步和身体方向与右蹬脚方向相同。弓步的两脚跟横向距离同"揽雀尾"式。

15. **转身左蹬脚**　要点:与右蹬脚式相同,只是左右相反。左蹬脚方向与右蹬脚成 180°(即正西偏北,约 30°)。

16. **左下势独立**　要点:上体要正直,独立的腿要微屈;右腿提起时脚尖自然下垂。

17. **右下势独立**　要点:右脚尖触地后必须稍微提起,然后再向下仆腿。其他均与"左下势独立"相同,只是左右相反。

18. **左、右穿梭**　要点:身体要先向右转,再向左转。完成姿势,面向正西。上体不可太前倾。避免低头和臀部外凸。左腿要微屈。

19. **海底针**　要点:插掌时,上体不可太前倾,不可低头、凸臀。

20. **闪通臂**　要点:完成姿势上体自然正直,松腰松胯;左臂不要完全伸直,背部肌肉要伸展开。

推掌、举掌和弓腿动作要协调一致。弓步时,两脚跟横向距离同"揽雀尾"式(不超过 10cm)。

21. **转身搬拦捶**　要点:右拳不要握得太紧。右拳回收时,前臂要慢慢内旋划弧,然后再外旋停于右腰旁,拳心向上。向前打拳时,右肩随拳略向前引伸,沉肩垂肘,右臂要微屈。弓步时,两脚横向距离同"揽雀尾"式。

22. **如封似闭**　要点:身体后坐时,避免后仰,臀部不可凸出。两臂随身体回收时,肩、肘部略向外松开,不要直着抽回。两手推出宽度不要超过两肩。

23. **十字手**　要点:两手分开和合抱时,上体不要前俯。身体自然正直,头微向上顶,下颌向后收。两臂环抱时须圆满舒适,沉肩垂肘。

24. **收势**　要点:两手左右分开下落时,要注意全身放松,同时气也徐徐下沉(呼气略加长)。呼吸平稳后,把左脚收到右脚旁,再走动休息。

【学练提示】

1. **意识引导动作**　人体的任何动作(除反射性动作外),包括各种体育锻炼的动作,都需经过意识的指挥。练习太极拳的全部过程,也要求用意识(即想象力)引导动作,把注意力贯注到动作之中去。如做太极拳"起势",两臂徐徐前举的动作,从形象上看与体操中"两臂前平举"的动作相仿,但在太极拳的练法上,不是随便地把两臂抬起来,而是按照要求想着两臂前平举的动作,随后再慢慢地把两臂抬起来;又如做两手前平举的动作,随后慢慢地把两臂抬起来;又如做两手向前按出的动作,首先就要有向前推按的想象。意欲沉气,就要有把气沉到腹腔深处的想象。意不停,动作亦随之不停,就好像用一条线把各个动作贯串起来一样。总之,练习太极拳从"起势"到"收势",所有动作都要注意用意识去支配。即有些练拳人所说的"神为主帅、身为驱使""意动身随"就是这个意思。为了掌握这个要领,必须注意以下两点。

第一,安静。练拳时从准备姿势开始,首先就要从心理上安静下来,不再思考别的问题,然后按动作的要求检查,头是否正直,躯干和臂是否放松了,呼吸是否自然通畅。当全部合乎要求时再做以后的动作。这是练拳前最要紧的准备功夫。这种安静的心情,应贯彻到练拳的全部动作中去。

练拳时,无论动作简单或复杂、姿势高或低,心理上始终要保持安静状态,这样才能保持意识集中,精神贯注到每个细小的动作之中,否则就会造成手脚错乱、快慢无序或做错了动作的现象。打太极拳要求"以静御动,虽动犹静""动中求静"。如能做到这些,即不会引起精神过分紧张而感疲劳。

第二,要集中注意力。在心理安静的前提下,要把注意力放在引导运输和考虑要领上,专心致志地练拳。不要一面打拳,一面东张西望或思考别的事情。初学太极拳的人,很容易忘掉这个"用意"的要求。经久练习,就可意动身随,手到劲发,想象力自然地与肢体的活动密切配合。

2. **注意放松,不用拙力**　这里所讲的放松,不是全身的松懈疲惫,而是在身体自然活动或站立情况下,使某些可能放松的肌肉和关节做到最大限度的放松;动作时避免使用拙力和僵劲。在练习中,要求人体的脊柱按自然的形态直立起来,使头、躯干、四肢等部分进行舒松自然的活动。

太极拳姿势要求上体正直安舒,不要前俯后仰或左右偏斜。所有的力,是维护姿势正确与稳定的自然的力,有的称它为规矩的力,也有称它为"劲"。两臂该圆的,必须做到圆满;腿该屈的,必须屈到所要求的程度。除按照要求所用的力量之外,其他部位肌肉要尽量放松。初学时比较难掌握"力"的界限,所以首先应注意放松,使身体各个关节都能舒展开,避免紧张,力求灵活。然后由"松"再慢慢地使力量集中起来,达到式式连贯、处处圆活、不僵不拘、周身协调的要求。

3. **上下相随,周身协调**　太极拳是一种身体全面锻炼的运动项目。有人说,打太极拳时,全身"一动无不动";又说,练拳时全身"由脚至腿至腰总须完整一气",这些都是形容"上下相随,周身协调"。

初学太极拳的人,虽然在理论上知道许多动作要以腰部为轴,由躯干带动四肢来进行活动,但因为意念与肢体动作还不能密切配合,想做到周身协调是有困难的。所以,最好先通过单式练习(如单练起势、云手等)，以求得躯干与四肢动作的协调，同时也要练习步法(如站虚步、弓步及移动重心、变换步法等)，以锻炼下肢的支撑力量和熟练掌握步法要领。然后再通过全部动作的连贯练习，使步法的进退转换与躯干的旋转、手法的变化相互配合，逐渐地达到全身既协调又完整，从而使身体各个部位都得到均衡的锻炼与发展。

4. 虚实分清，重心稳定　初步了解了太极拳的姿势、动作要领后，就要进一步注意动作的虚实和身体重心问题。因为一个姿势与另一个姿势的连接、位置和方向的改变，处处都贯穿着步法的变化和重心转移的活动。在锻炼中也要注意身法和手法的运用，由虚到实，或由实到虚，既要分明，又要连贯不停，做到势断意不断，一气呵成。如果虚实变化不清，进退变化则不灵，就容易发生动作迟滞、重心不稳和左右歪斜的毛病。

"迈步如猫行，运劲如抽丝"，就是形容太极拳应当注意脚步轻灵和动作均匀。要做到这一点，首先应注意虚实变换得当，使肢体各部分在运动中没有不稳定的现象。假如不能维持身体的平衡稳定，那就根本谈不到动作的轻灵、均匀。

太极拳的动作，无论怎样复杂，首先要把自己安排得舒适，这是太极拳"中正安舒"的基本要求。凡是旋转的动作，应先把身体稳住再提腿换步；进退的动作，先落脚尖而后再慢慢地改变重心。同时，躯体做到了沉肩、松腰、松胯及手法上的虚实，也会帮助重心的稳定。这样练习日久，动作无论快慢，都不会产生左右摇摆、上重下轻和稳定不住的毛病。

5. 呼吸自然　练太极拳要求呼吸自然，不要因为运动而引起呼吸急促。人们无论做任何体育活动，机体需要的氧都要超过不运动的时候。在练习太极拳时，由于动作轻松柔和，身体始终保持着缓和、协调，所以用增加呼吸深度就可以满足体内对氧的需要，对正常的呼吸影响并不太大。

初学太极拳的人，首先要注意保持自然呼吸，这就是说，在做动作时，练习者应按照自己的习惯和当时需要进行呼吸，该呼就呼，该吸就吸，动作和呼吸不要互相约束。

动作熟练之后，可根据个人锻炼体会的程度，毫不勉强地随着速度的快慢和动作幅度的大小，按照起吸落呼、开吸合呼的要求，使呼吸与动作自然配合。例如：做"起势"，两臂慢慢前平举时要吸气，而身体下蹲、两臂下落时则要呼气。这种呼吸方式是根据胸廓张缩膈肌活动的变化，在符合动作要求与生理需要的基础上进行的。这样能提高氧的供给量和加强膈肌的活动。但是，在做一般起落开合不明显的动作时，或在以不同的速度练习、不同体质的人练习时，动作与呼吸的配合不能机械勉强，要求一律。否则将违反生理自然规律，不仅不能得到好处，反而可能造成呼吸的不顺畅和动作的不协调。

以上要领不是彼此分离，而是相互联系的。如果心里不能"安静"，就不能意识集中和全神贯注，也就难以使意识与动作结合进行，更达不到连贯和圆活的要求。如果虚实与重心掌握不好，上体过分紧张，也不可能做到动作协调、完整一体，从而呼吸也就谈不上自然了。

二、八段锦

八段锦是我国民间广泛流传的具有保健作用的功法。在我国古老的导引术中，八段锦是流传最广，对导引术发展影响最大的一种。八段锦共由八节动作组成，简便易学，每节都与人体内脏相关联，因此历来深受人们喜爱，古人把这套动作比喻为"锦"，意为五颜六色，美而华贵，故名为八段锦。

(一) 双手托天理三焦

1. 两脚并拢，自然直立；肩臂松垂，两手轻贴在大腿外侧；头颈正直，用意轻轻上顶，下颏微内收，舌尖轻抵上腭，用鼻自然呼吸；眼向前平视；精神集中，意守丹田 2～3 分钟(图 7-2-5①)。

2. 两臂微屈，两手从体侧移向腹前丹田处，十指交叉互握，掌心朝上(图 7-2-5②)。

3. 随着吸气，两掌沿身体中线徐徐上举，至头顶时，臂内旋，翻掌向上，肘关节伸直，如托天状；同时，两腿伸直，脚跟上提；头朝后仰，眼视手背(图 7-2-5③、图 7-2-5④)。

4. 随着呼气，两臂向体侧左右分开，徐徐弧形下落，两掌至腹前时，十指交叉互握，掌心朝上；同

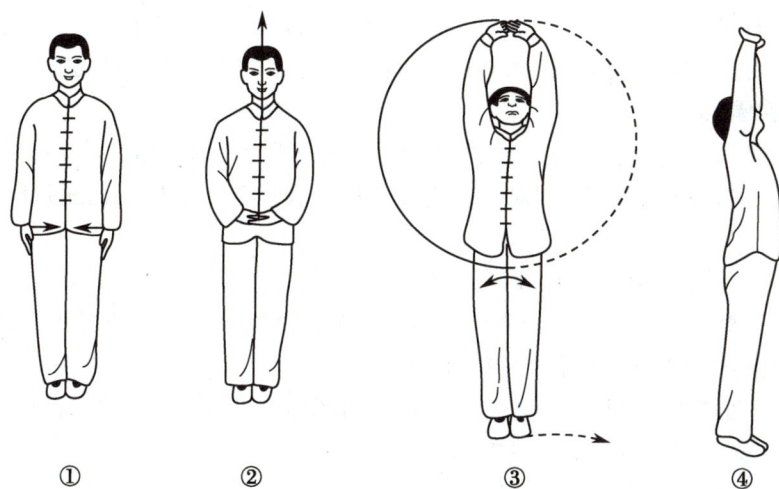

图 7-2-5 双手托天理三焦

时,脚跟轻轻着地;眼随左手下落,最后向前平视,恢复图 7-2-5①式。

要点:两手上托,掌根用力上顶,腰背充分伸展。脚跟上提时,两膝用力伸直内夹,可以加强身体平衡。眼神一次随左手,一次顾及右手,交替轮换。

功理和作用:三焦有主持诸气,总管人体气化的功能。两手上托承天,充分拔长机体,最主要是拉长胸腹部,使胸腔和腹腔容积增大,而头部后仰,更加扩张了胸部。此时吸气,具有升举气机、疏理三焦的作用;呼气时,两手分开从体侧徐徐落下,有利于气机的下降。一升一降,气机运动平衡。

(二) 左右开弓似射雕

1. 接上式。随着呼气,两臂向体侧左右分开,徐徐弧形下落,在腹前丹田处交叉,左臂在外,两掌心均朝里,脚跟轻轻落地后,左脚向左平跨一步,脚尖朝前;眼向前平视(图 7-2-6①)。

2. 随着吸气,两臂屈肘,沿身体中线上提至胸前膻中穴处。随之,左手握拳,示指上翘,拇指伸直外展,两指成八字撑开,左臂伸肘,向左缓缓用力推出,高与肩平,掌心朝左;与此同时,右手握拳,展臂扩胸,屈肘向右平拉,拳心朝下,两臂成拉弓势;同时,两腿屈膝半蹲,膝外展,脚尖内扣,成马步;眼视左手示指(图 7-2-6②,图 7-2-6④动作与②对称)。

3. 随着呼气,右臂伸肘,两拳变掌,在体侧徐徐落下至腹前丹田处交叉,右臂在外,两掌心均朝里,同时,两膝缓缓伸直;眼向前平视(图 7-2-6③)。

4. 以下动作同图 7-2-6①。

图 7-2-6 左右开弓似射雕

要点:两臂平拉,用力要均匀,尽量展臂扩胸,头颈仍保持正直。马步时,挺胸塌腰,上体不能前俯,要脚跟外蹬。

功理和作用:本节动作主要是扩张胸部。吸气时,双手似开弓的姿势左右尽力拉开,加大胸廓横径,能吸进更多的新鲜空气;呼气时,双手下落,然后向胸前合拢,帮助挤压胸廓,吐尽残余的浊气;由于两肺的舒张与收缩,对心脏也起到了直接的挤压和按摩作用,可以加强心肺功能。

(三) 调理脾胃须单举

1. 接上式。随着呼气,左臂外旋,拳变掌下落至腹前丹田处,掌心朝上;右臂屈肘,拳变掌向内收至胸前膻中穴处,掌心朝下;两掌心相对,成"抱球"状;左脚收至右脚内侧,两腿并步直立;眼向前平视(图 7-2-7①)。

2. 随着吸气,左掌向上沿身体中线,穿过右掌,至头前时,臂内旋,翻掌上举至肘直,五指伸直并拢,拇指分开,掌心朝上,指尖朝右;右臂伸肘,掌下按至右肋侧后,五指伸直并拢,拇指外分,掌心朝下,指尖斜朝下;头向后仰,眼视左手背(图 7-2-7②)。

3. 随着呼气,两臂外旋屈肘,两掌心相对,沿身体中线徐徐相合,左掌至胸前膻中穴处,右掌至腹前丹田处,呈"抱球"状;眼向前平视(图 7-2-7③)。

4. 以下动作同图 7-2-7②,唯左右相反(图 7-2-7④)。

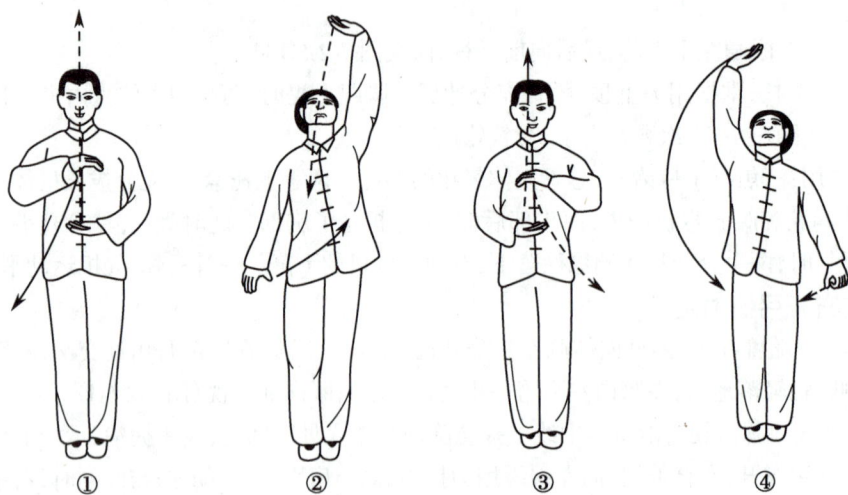

图 7-2-7　调理脾胃须单举

要点:两掌相合,似挤压气球,须缓缓用劲;两掌上撑下按,挺胸直腰,拔长脊柱。眼睛一次随视左手,一次随视右手,相互交替轮换。

功理与作用:本段动作吸气时一手上撑,一手下按,主要是充分扩张腹腔,呼气时双手相合,成"抱球"状于腹前,主要是压缩腹腔。所以主要作用是按摩腹腔脏器,特别是脾胃消化系统,能加强胃肠蠕动,增强脾胃消化吸收功能。

(四) 五劳七伤向后瞧

1. 接上式。随着呼气,右臂和身体向侧弧形下落,两臂自然垂于体侧,两手轻贴在大腿外侧;两腿并步直立,眼向前平视(图 7-2-8①)。

2. 随着吸气,身体左转;右臂屈肘上提,右掌心贴附脑后,示指按在左风池穴上;左臂屈肘向体后抬起,掌背贴靠命门处;右手肘头向左后旋转,眼视左后方(图 7-2-8②)。

3. 随着呼气,右掌向右侧下落,左掌向左下落,两臂自然垂于体侧,两手轻贴在大腿外侧;身体右转朝前,眼向前平视(图 7-2-8③)。

4. 以下动作同图 7-2-8②,唯左右相反(图 7-2-8④)。

要点:左右转头不宜太快,与呼吸配合一致,头平项直,躯干正直,转头时眼尽量向后注视。两脚踏地不能移动。

功理和作用:本段动作主要是整个脊柱的尽量蜷曲旋转,眼往后看,主要作用是调整中枢神经系统功能。能活络颈椎,松弛颈肌,改善头部供血供氧,从而提高大脑功能,发挥大脑对全身五脏六腑的

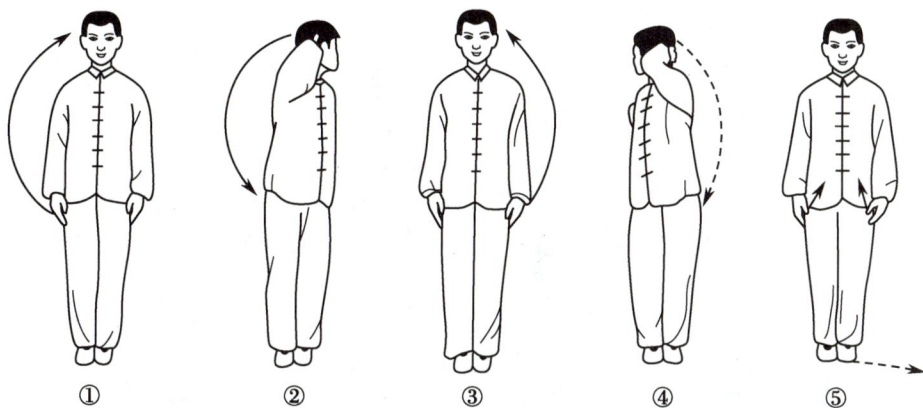

图 7-2-8 五劳七伤向后瞧

指挥功能;胸部的拧转有益于心肺两脏;腰部的拧转具有强腰健肾、调理脾胃作用。所以说本段动作具有治疗五劳七伤的作用。

(五) 摇头摆尾去心火

1. 接上式。左脚向左平跨一步,两腿屈膝半蹲,脚尖朝前,成马步;两掌按在膝上,虎口朝里;眼向前平视(图 7-2-9①)。

2. 随着吸气,头和身体向左以弧形旋转,头部尽量向左伸出,眼视后方,而臀部则相应地向右前摆动,尽量向右顶出;重心移向右腿,使右膝屈曲,左膝伸直;两臂随转体向左摆去,左掌心按在臀后尾闾穴处,指尖朝右;右掌心按在左膝上,虎口朝里(图 7-2-9②)。

3. 以下动作同图 7-2-9②,唯转为呼气,左右相反(图 7-2-9③)。

4. 左脚向右落至右脚内侧,两脚并步直立;身体左转朝前,两臂自然下垂,两掌轻贴在大腿外侧;眼向前平视(图 7-2-9④)。

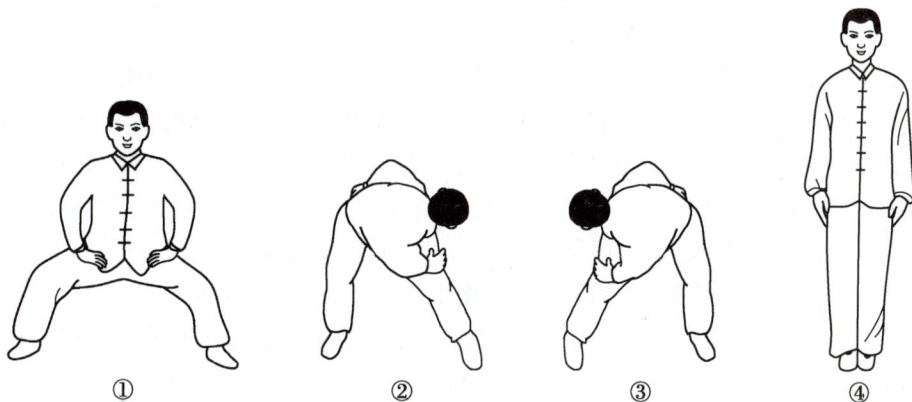

图 7-2-9 摇头摆尾去心火

要点:左右摆动运动量虽然较大,但仍要做到协调、轻松、自然,手、眼、身法、步、呼吸的变化要配合一致。头部和臀部的相对运动,对拉拔长。两脚始终不能离地移动。

功理和作用:本段功法是全身运动,而主要是头顶百会穴至盆底会阴穴的中脉运动,其主要作用是宁心安神,降低中枢神经系统的兴奋性,从而治疗因交感神经兴奋引起的"心火上炎"一类病证。

(六) 两手攀足固肾腰

1. 接上式。左脚收至右脚内侧,两脚并步直立;两臂自然下垂于体侧,两拳变掌,轻贴大腿外侧。随着吸气,两臂宽与肩同,向前、向上高举,掌心朝上;身体背伸(图 7-2-10①)。

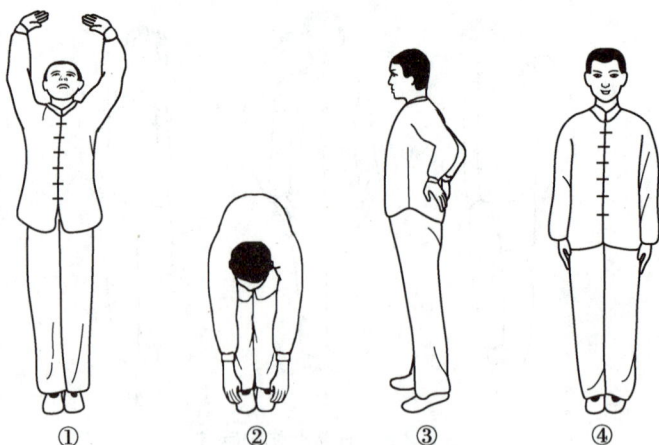

图 7-2-10　两手攀足固肾腰

2. 随着呼气,身体渐渐前俯深屈,两膝挺直,同时,两臂随屈体向前、向下,用手攀握脚尖(如做不到,可改为两手指尖触地);头略抬起,眼视两手(图 7-2-10②)。

3. 两手经脚外侧移至脚跟。随着吸气,身体缓缓抬起背伸,两膝伸直;同时,两掌心贴住两脚后面上行至背后,再用掌根按压在肾俞穴上;眼向前平视(图 7-2-10③)。

4. 随着呼气,两掌轻贴大腿外侧恢复初始动作;身体正直,眼向前平视(图 7-2-10④)。

要点:身体前屈和前伸,主要是活动腰部,因此两膝要始终伸直,速度缓慢均匀,幅度由小到大。

功理和作用:本段功法呼气时腰部后仰,双手掌心向上承接天阳;呼气时腰部前俯,双手攀足以吸地阴。然后再吸气时,双手将天阳地阴导引至背部肾俞穴,以补人体元阴元阳。腰部的运动,直接锻炼了腰部的肌肉和筋骨,因"腰为肾之府",所以腰强健则肾固秘。

(七) 攒拳怒目增气力

1. 接上式。随着吸气,左脚向左平跨一步,屈膝半蹲,成马步;同时,两臂屈肘上提,两掌变拳,抱于腰间,拳心朝上;眼向前平视(图 7-2-11①)。

2. 左拳从腰间向前猛力冲出,肘关节过腰后,臂内旋、转腰、顺肩、直肘,拳心朝下,高与肩平,力达拳面;同时右肘向后牵拉;随冲拳,用鼻快速呼气,以气催力;两眼瞪大,怒视左拳(图 7-2-11②)。

3. 随着吸气,左臂外旋屈肘,左拳缓缓收回,抱于腰间,拳心朝上;眼向前平视(图 7-2-11③)。

4. 右拳从腰间向前猛力冲出,肘关节过腰后,臂内旋、转腰、顺肩、直肘,拳心朝下,高与肩平,力达拳面;同时左肘向后牵拉;随冲拳,用鼻快速呼气,以气催力;两眼瞪大,怒视右拳(图 7-2-11④)。

5. 随着吸气,右臂外旋屈肘,右拳缓缓收回,抱于腰间,拳心朝上;眼向前平视(图 7-2-11⑤)。

6. 左拳从腰间向左猛力冲出,肘关节过腰后,臂内旋、顺肩、直肘,拳心朝下,高与肩平,力达拳面;同时右肘向后牵拉;随冲拳,用鼻快速呼气,以气催力;两眼瞪大,怒视左拳(图 7-2-11⑥)。

7. 随着吸气,左臂外旋屈肘,左拳缓缓收回,抱于腰间,拳心朝上;眼向前平视(图 7-2-11⑦)。

8. 右拳从腰间向右猛力冲出,肘关节过腰后,臂内旋、顺肩、直肘,拳心朝下,高与肩平,力达拳面;同时左肘向后牵拉;随冲拳,用鼻快速呼气,以气催力;两眼瞪大,怒视右拳(图 7-2-11⑧)。

要点:出拳要快速有力,做好拧腰、顺肩、急旋前臂动作,脚趾用力抓地,挺胸塌腰,全身用劲,并与呼气、瞪怒目配合一致;收拳时宜缓慢、轻柔,蓄气、蓄力待发。一张一弛,刚柔相济。

功理和作用:本段功法主要是锻炼中医概念中"肝"的功能,攒拳体现了"肝主血"的功能,肝血丰盈,则筋脉得以养,以致筋骨强健,久练攒拳,则气力倍增;怒目体现了肝的疏泄功能,因为"肝开窍于目""在志为怒,怒伤肝"。所以怒目可以疏泄肝气,从而调和气血,保证肝的正常生理功能。

(八) 背后七颠百病消

1. 接上式。两脚跟提起,头上顶,动作略停,目视前方。

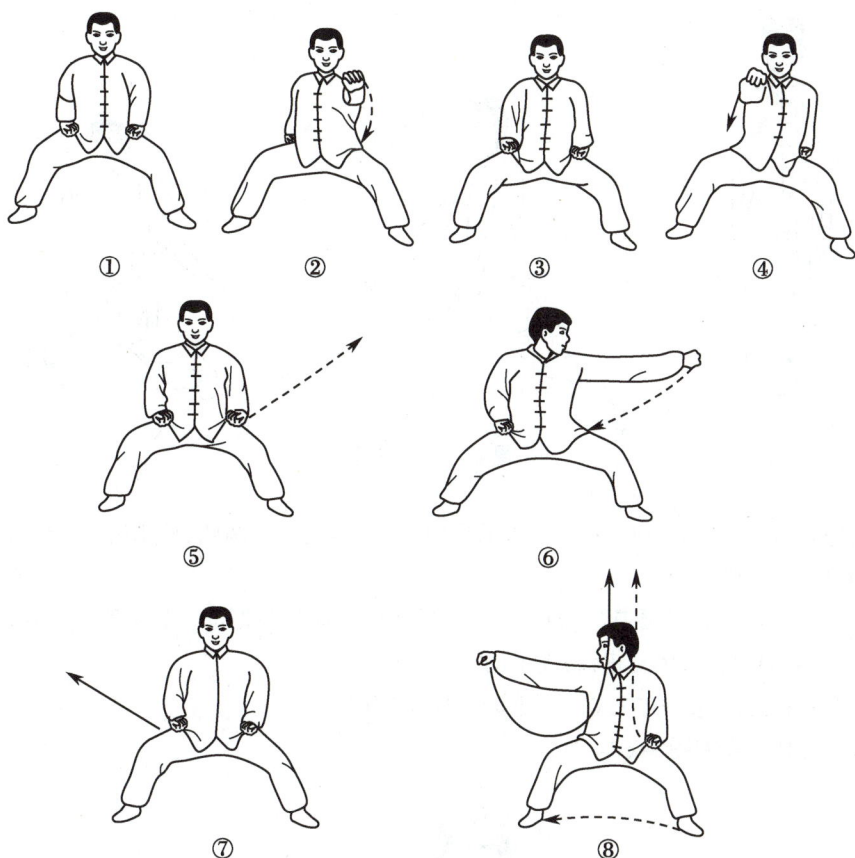

① ② ③ ④

⑤ ⑥

⑦ ⑧

图 7-2-11 攒拳怒目增气力

2. 两脚跟下落,轻震地面,目视前方(图 7-2-12)。

要点:脚跟上提时,百会上顶;脚跟下落时,着地震动宜轻,意念下引至涌泉,全身放松。

功理和作用:这是一节收功动作,意即通过以上各段功法的锻炼,再做脚跟轻微着地震动,将全身肌肉逐渐放松,并随着动作的落下,意将病气、浊气从身体上全部抖落,从而取得"百病皆消"的功效。

图 7-2-12 背后七颠百病消

三、五禽戏

五禽戏是东汉名医华佗根据古代导引、吐纳、熊经、鸟伸之术,研究了虎、鹿、熊、猿、鸟五禽的活动特点,并结合人体脏腑、经络和气血的功能,编成的一套具有民族风格特色的导引术。五禽戏寓医理于动作之中,寓保健、康复效益于生动形象的"戏"之中,这是五禽戏区别于其他导引术的显著特征。

根据中医的脏腑学说,五禽配五脏。虎戏主肝,能疏肝理气,舒筋活络;鹿戏主肾,能益气补肾,壮腰健胃;熊戏主脾,能调理脾胃,充实两肢;猿戏主心,能养心补脑,开窍益智;鸟戏主肺,能补肺宽胸,调畅气机。人体是一个有机整体,五脏相辅相成,所以五禽戏中任何一戏的演练,既主治一脏的疾病,又兼顾其他各脏,最终达到祛病强身、延年益寿的目的。

(一)虎戏

1. **虎窥** 虎窥动作如图 7-2-13 所示。

(1)两脚并拢直立,两手垂于体侧;眼平视前方,呼吸自然。

(2)身体重心移向右腿,左腿向上抬起,左大腿与地面平行;同时两手呈虎爪状沿体侧上举至胸前,掌心向下,配合吸气。

图 7-2-13　虎窥

（3）左脚向前跨出一大步成左弓步；同时两手由上下落至左膝两侧，稍比肩宽，掌心向下；眼平视前方，眼神威猛。配合呼气。

（4）身体向右后转动，以腰带臂，同时两手随转体向右后划弧摆动。配合吸气。再向左转体，以腰带臂，两手向体前划弧，身体转正；眼随手动。配合呼气。

（5）右脚向右前方迈步，做右式，动作同相，唯左右相反。

2.**虎扑**　虎扑动作如图 7-2-14 所示。

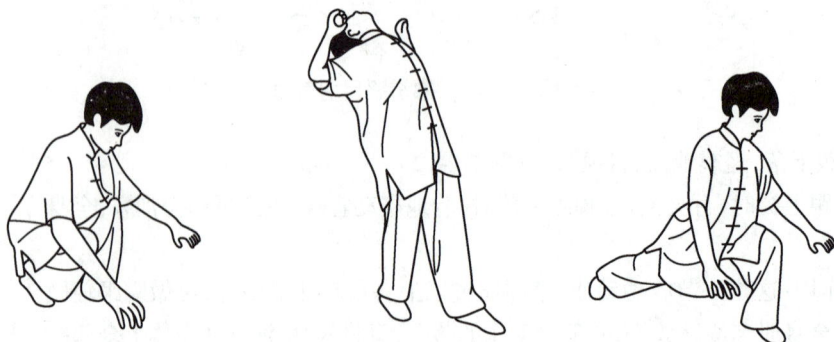

图 7-2-14　虎扑

（1）接上动作。以右脚为轴，向左转体 90°，左脚收至右脚内侧成左丁步；两腿屈曲，两手随转体摆至两脚前，稍比肩宽，掌心向下。

（2）上体抬起后仰，两腿由屈变伸，两膝微屈；两手沿体侧向上收至胸前侧，掌心向前。配合吸气。

（3）左脚快速向左前方跨出大步成左步；同时两手向前下猛扑至左膝下两侧，掌心向下；眼视前下方，配合快速呼气，并发出"嗨"声。

（4）以左脚为轴，向右转体 90°，右脚收到左脚内侧，做右式，动作相同，唯左右相反。

（二）鹿戏

1.**鹿兴**　动作如图 7-2-15 所示。

（1）右腿直立，左腿屈膝提起，小腿自然下垂成右独立式；同时两掌变鹿指，由体侧上举过头，两臂伸直，掌心朝

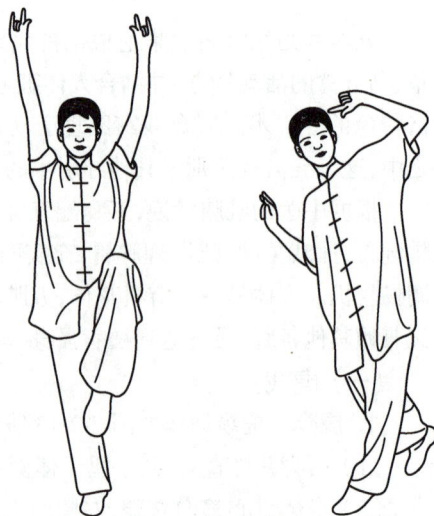

图 7-2-15　鹿兴

前,配合吸气。

（2）左腿向前迈出,挺膝踏实,右脚尖点地;两臂屈肘,大拇指架于头顶两侧呈鹿角状;眼向后看,配合呼气。

（3）右脚屈膝上提成左独立式,做右式,动作相同,唯左右相反。

2. 鹿盘 鹿盘动作如图7-2-16所示。

图 7-2-16 鹿盘

（1）接上动作。上体直立,转体向左,同时左脚由后向前上步至右脚前,前脚掌着地成左高虚步;两臂由头侧向下落,左臂屈肘,上臂靠近身体左侧,前臂约与地面平行,掌心向上,右手举至头顶右上方,两掌心斜相对;眼视左手。

（2）左脚稍回收,再向前迈一步,脚尖稍外展踏实,屈膝,右脚向前经左脚内侧,摩擦地面而过,脚尖略内扣,如此连续沿一圆圈走八步(即八卦步);眼始终注视圆心。

（3）走完八卦步,以两脚为轴,身体左转约270°后屈膝下蹲成左歇步;眼神和两手中指始终对圆心。

（4）身体直立,同时向右转体约270°成右高虚步,做右式,动作相同,唯左右相反。

（三）熊戏

1. 熊行 熊行动作如图7-2-17所示。

（1）左脚向前迈一步成左弓步;上体稍向前倾,含胸拔背,同时拧腰向左,左肩前靠内旋,松肩、松

图 7-2-17 熊行

肘、松髋,由腰带动向前下摆动至左膝前,右臂稍向前摆动,之后再后摆至右髋后侧,两手成熊掌状,配合呼气。

（2）身体转正,重心后移,拧腰晃肠,带动两臂前后摆动,配合吸气。

（3）身体重心前移成左弓步;左臂摆至体前,右臂摆至右后侧。配合吸气。

（4）右脚经左脚内侧向右前方一大步成步,做右式,动作相同,唯左右相反。

2. **熊拳**　熊拳动作如图 7-2-18 所示。

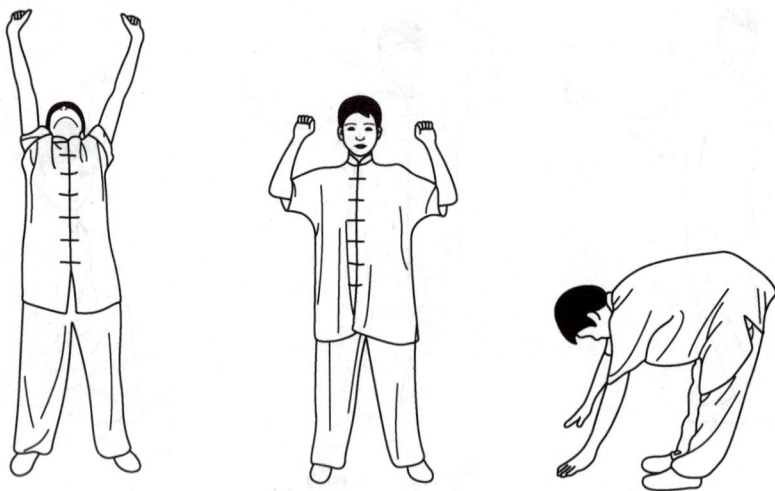

图 7-2-18　熊拳

（1）接上动作。左脚向前上步,与肩同宽成开立步;同时两掌收至体侧,再经体前上举至头上方,掌心向前成握物状,抬头,眼向上看。配合缓缓吸气。

（2）两臂屈肘,两手慢慢下拉至肩前;同时,身体上引,脚跟慢慢提起。

（3）脚跟慢慢落地,上体前屈同时俯身;两手变落至两脚前,配合缓缓呼气。

（4）上体徐徐抬起,同时两手成熊掌状经两腿前再上提至腹前,配合吸气;之后两拳变掌下落至体侧,配合呼气。

（四）猿戏

1. **猿采**　猿采动作如图 7-2-19 所示。

（1）左脚向左前方跳一小步,右脚快速跟至左脚内侧成右丁步;同时左手呈猿勾状收至左腰侧,勾尖向后,右手经体前弧形上举至额前,掌心向下,指尖向右;眼注视右前方,眼神机敏。

（2）左脚向左前方跨一步踏实,上体前倾,右腿向后平举过腰,脚掌心向上;同时,左勾手向右前方平伸屈腕,摆至头前呈采摘式,右手由额前向下划弧摆至身体右后侧,掌变勾手,勾尖向上。

图 7-2-19　猿采

（3）左脚蹬地,右脚下落向左后方跳回,右脚收至左脚内侧成右丁步;同时左臂屈肘,手收至左耳旁,掌心向上成托桃状,右臂屈肘,手掌捧托在左肘下。

（4）右脚蹬地,左脚向右前方跨一步,左脚快跟至右脚内侧成左丁步,做右式,动作相同,唯左右相反。

2. 猿摩　猿摩动作如图 7-2-20 所示。

（1）接上动作。左脚向左前方跳一步,右脚跟至左脚内侧成右丁步,上体稍前倾;同时两手向两侧划弧,收至背后,掌心向外,之后沿腰背部做上下按摩数次;同时做转眼动作。

（2）右脚向右前方跳一步,左脚跟至右脚内侧成左丁步;同时两手由背后向前划弧再收至背后,同时做左右转颈、眨眼动作。其余动作与（1）相同,唯左右相反。

图 7-2-20　猿摩

（3）身体直立,两脚并拢,两臂自然下垂呈站立姿势。

（五）鸟戏

1. 鸟伸　鸟伸动作如图 7-2-21 所示。

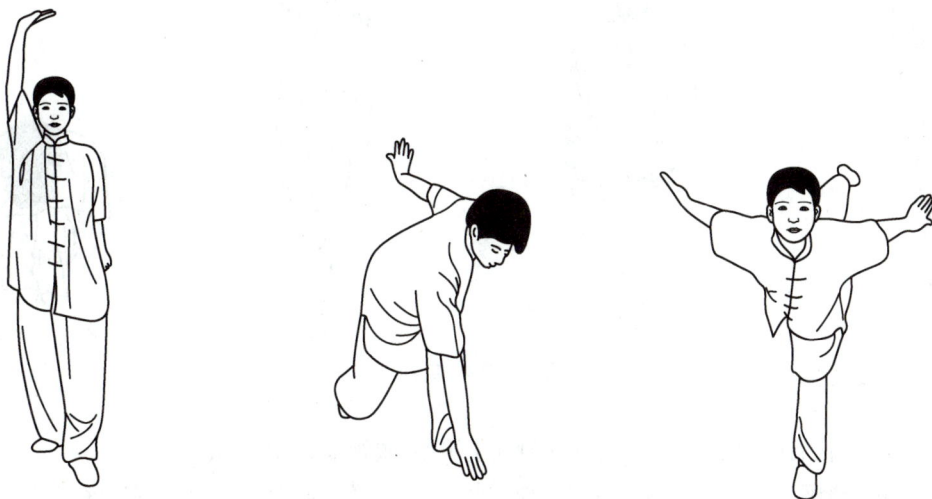

图 7-2-21　鸟伸

（1）左脚向前一步,身体重心前移,左脚跟抬起,脚尖点地;同时右手由体前向上撑起左手下按,两手呈鸟翅状;眼平视前方,配以吸气。

（2）两臂同时向前立一周,上体前俯,两腿屈膝,然后右手下落摸左脚尖,左手后抬;眼视右手,配以呼气。

（3）左腿挺膝蹬直,右腿伸直向后抬起,脚掌向上,抬头、挺胸、塌腰;两臂伸直后摆掌心向上,成燕式平衡;眼视正前方,呼吸自然。

（4）右脚落下,上步踏实,左脚跟抬起,左手上撑,右手下按,做右式,动作相同,唯左右相反。

2. 鸟翔　鸟翔动作如图 7-2-22、图 7-2-23 所示。

（1）接上动作。左腿下落,收至右脚内侧,脚尖点地,两腿稍屈;同时两手由体侧下落,左手在上;眼视两手,配合呼气。

（2）右腿伸直,左腿提起,大腿与地面平行,小腿自然下垂;同时两臂在体侧向上平举;眼视前方,配合吸气。

（3）左脚下落踏实,右脚跟抬起,脚尖点地;同时两手下落至体前交叉,右手在上;眼视两手,配合呼气。

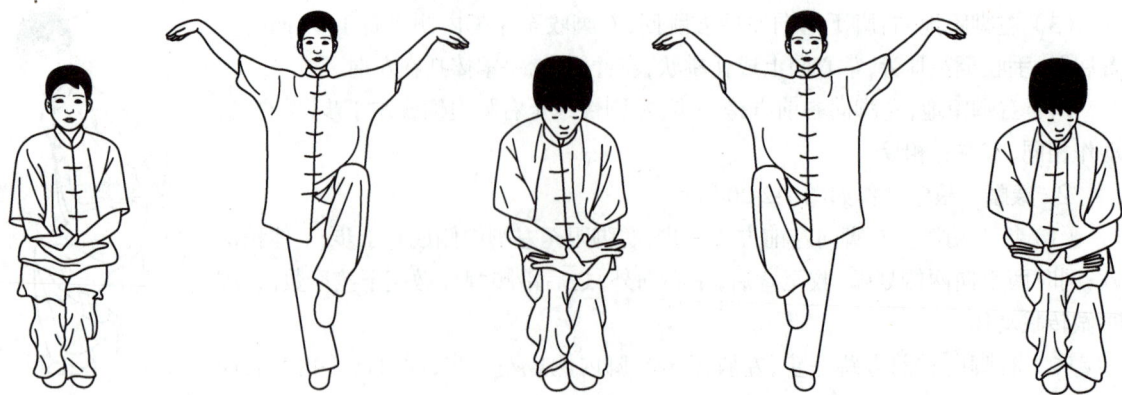

图 7-2-22　鸟翔 1

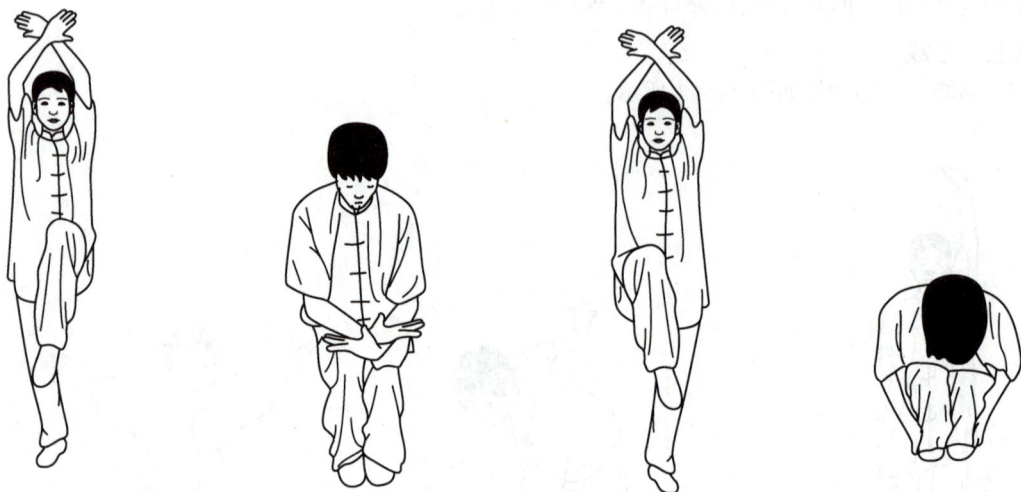

图 7-2-23　鸟翔 2

（4）左腿伸直,右腿向上提起;两臂在体侧向上平举;眼视前方,配合吸气。

（5）右脚下落踏实,左脚跟抬起,脚尖点地;同时两手下落回收至体前交叉,左手在上;眼视两手,配合呼气。

（6）右腿伸直,左腿向上提起,同时两手交叉,由体前举至头的前上方,右手在外。配合吸气。

（7）左脚下落踏实,右脚跟抬起,脚尖点地;同时两手由上向体侧弧形下落,至体前交叉,右手在上;眼视两手,配合呼气。

（8）左腿伸直,右腿向上提起,同时两手交叉由体前举至头的前上方,左手在外,配合深长吸气。

（9）右脚落于左脚内侧踏实,屈膝深蹲,上体前俯;同时两手弧形下落触摸脚外侧,配合深长呼气。

（10）身体直立,两臂自然下垂,成站立姿势;眼平视前方,呼吸自然。

四、保健按摩

保健按摩在古代属于"导引"范畴,是一种保健性质的自我按摩,以从中医的经络理论出发而形成的穴位按摩为主,同时也包括肌肉按摩。

（一）常用按摩手法

保健按摩利用专门的手法作用于人体,以提高人体功能,达到强身治病的目的,具有较高的实用价值。适应范围广,有病可以治疗,无病可以防病、强身,同时收效快。保健按摩简便易行,全套按摩一般只需 15～30 分钟,也可根据需要单独进行某一部分按摩。几种常用按摩手法如下。

1. 推摩

（1）轻推摩

1）手法：四指并拢，拇指分开，全手接触皮肤，沿淋巴流动方向轻轻向前推动。

2）作用：对神经系统有镇静作用。常在按摩开始、结束或按摩中间转换手法时使用。

（2）重推摩

1）手法：与轻推摩基本相同，但用力较重。要求掌根用力，虎口应稍抬起，否则会引起疼痛。

2）作用：加速静脉血及淋巴液的回流，多与拿法、揉法、擦法（图7-2-24）等手法交替使用。

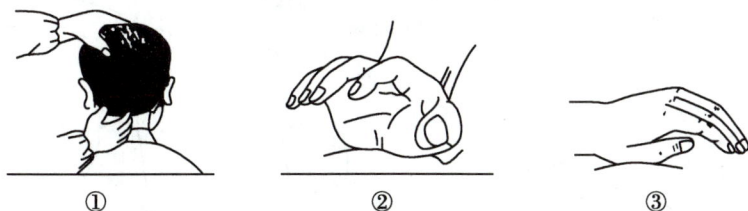

图 7-2-24　拿法、揉法、擦法

2. 擦摩

（1）手法：用拇指或四指指腹、大鱼际、小鱼际、手掌、掌根紧贴于皮肤上，做来回直线形的摩动或螺旋形的摩动。手法要轻缓而柔和，力量要均匀，不要速度过快和用力过猛。作用力在皮肤及皮下组织（图7-2-25）。

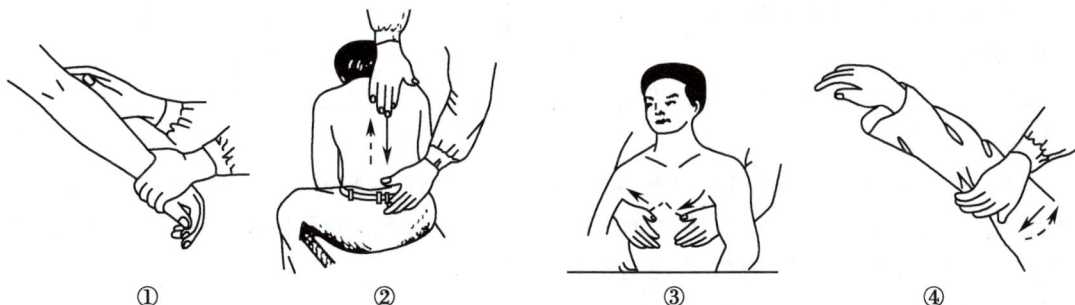

图 7-2-25　擦摩

（2）作用：使局部皮肤温度升高，加强局部的血液循环。可用于四肢、腰背、关节、切带和肌腱部，可根据不同部位采用不同手形。

3. 揉捏

（1）手法：四指并拢，拇指分开，手成钳形。掌心及各指紧贴于皮肤上，拇指与四指相对用力将肌肉略往上提，沿向上方向做旋转式移动。在移动过程中，掌指不应该离开被按摩的皮肤，手指不弯曲，用力均匀，避免仅指用力。拇指着重做圆形揉的动作，其他四指着重做捏的动作。

（2）作用：放松肌肉，促进局部血液循环，同时，促进运动后因肌肉活动带来的乳酸排出，加速疲劳恢复。

4. 搓

（1）手法：两掌相对置于被搓动肢体的两侧，相对用力，方向相反，来回搓动，双手用力均匀、连贯、动作轻快。搓动的频率由快到慢，又由慢而快；反复交替做几遍。

（2）作用：使肌肉放松，血液流畅，有利于消除肌肉酸胀。适用于四肢肌肉，尤其是大腿、上臂部位。常在每次按摩的后阶段，紧接揉捏之后使用。

5. 按压

（1）手法：一手或双手的手掌和掌根（双手并列、重叠或相对）按压被按摩的部位，停留一段时间（约30秒）。用力由轻到重，然后由重到轻。作用点在肌肉或关节（图7-2-26①②）。

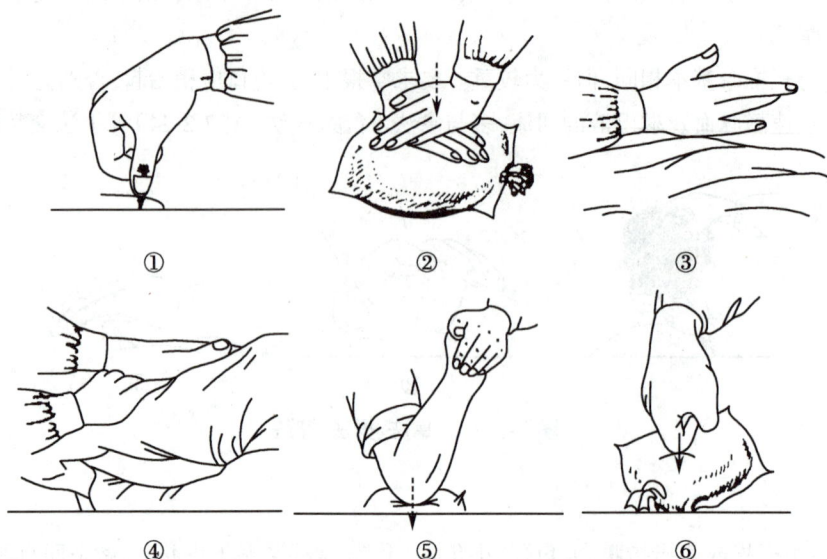

图7-2-26　按压法

（2）作用：使肌肉放松，消除疲劳和腰痛等，对关节能起到整形作用。常用于腰背部、肩部及四肢肌肉僵硬或发紧时，也常用于腕关节。

6. 叩打

（1）手法：叩打可分为叩击、轻拍、切击三种手法。无论哪种手法，手指、手腕都要尽量放松。（图7-2-26③）

（2）作用：作用于深层组织或肌肉肥厚的部位，如腰背、肩、臀肌等。叩打能提高肌肉张力，调节神经肌肉的兴奋性，改善肌肉及深层组织的血液循环，促进物质代谢过程，消除疲劳，缓解肌肉的酸痛反应。常用于腰背肌、三角肌、臀肌、大腿肌、小腿后部的肌肉。

7. 抖动

（1）手法：抖动手法分为肌肉抖动和肢体抖动两种。①肌肉抖动：令被按摩者取放松肌肉的位置。按摩者用掌、指轻轻地抓住肌肉，进行短时、快速的抖动。②肢体抖动：被按摩者的肢体放松，按摩者用双手拉住被按摩者肢体的末端，如手腕或足踝，进行前后或上下快速地抖动。抖动时，对肘、膝关节稍加牵引力，否则会有不舒服的感觉。抖动速度由快而慢，又由慢而快，用力要均匀、适当，反复抖动5～10次。

（2）作用：放松肌肉、牵拉关节。多用于按摩快结束的后阶段。

8. 运拉

（1）手法：被按摩者采取适当的体位。按摩者一手握住关节近端肢体，另一手握住关节远端肢体。根据关节的运动范围，使关节屈伸、收展、内外旋及绕环活动（图7-2-26④⑤⑥）。

（2）作用：牵拉关节周围的肌腱、关节囊及韧带，增加柔韧性，加大关节运动范围。结合其他按摩手法使用，对防治肩周炎、关节炎、肌肉酸痛等有良好疗效。

（二）穴位保健按摩方法

按摩手法可以单独使用，也可以结合使用。运用恰当有较好的保健强身作用。

1. 保健按摩常用穴位及作用　按摩与穴位关系密切，了解常用穴位的位置及其防治病的作用，根据需要进行有目的的点穴按摩会起到事半功倍的效果。点穴按摩常用的取穴法为指量法：以被按摩者的手指宽度为标准,拇指的横度为 1 寸(1 寸=3.33cm,下文同),示指、中指两指为 1.5 寸,四横指为 3 寸。常用穴位的作用见表 7-2-1～表 7-2-4,常用穴位的位置示意图见图 7-2-27、图 7-2-28。

表 7-2-1　头部常用穴位

穴名	位置	主治
百会	头项正中线与两耳尖连线的交点	头晕、头颈痛、昏迷
印堂	两眉内侧端连线的中点	头晕、前头痛、鼻病
太阳	眉梢与目外眦延长线的交点	偏头痛、眼病
人中	人中沟的上 1/3 与下 2/3 交界处	昏迷

表 7-2-2　颈背部和腰部常用穴位

穴名	位置	主治
风池	胸锁乳突肌与斜方肌之间凹陷处,平耳垂	头晕、后头痛、眼病、落枕
大椎	第 7 颈椎与第 1 胸椎棘突之间	发热、颈痛、中暑
天宗	肩胛冈下缘正中与肩胛下角连线的上 1/3 与下 2/3 交界处	肩胛部疼痛
肾俞	第 2、3 腰椎棘突间旁开 1.5 寸	腰痛、肾炎
大肠俞	第 4、5 腰椎棘突间旁开 1.5 寸	腰痛、肠炎

表 7-2-3　上肢常用穴位

穴名	位置	主治
肩髃	在肩部三角肌上,臂外展,或向前平伸时,在肩峰前下方凹陷处	肩痛、臂痛、上肢瘫痪
肩内陵	垂肩,于肩部腋前皱襞上方,肩锁关节内侧凹陷与腋前皱襞连线中点处	肩痛、臂痛、上肢瘫痪
曲池	半屈肘,肘横纹头与肱骨外上髁的凹陷处	肘痛、肩臂痛、上肢瘫痪、发热
扭伤	稍屈肘,半握拳,掌心向内,曲池与腕背横纹中央	急性腰扭伤
支沟	腕背横纹上 3 寸,尺、桡之间	肋痛、肩臂痛
外关	腕背横纹上 2 寸,尺、桡之间	腕痛、上肢瘫痪、落枕
内关	腕背横纹上 2 寸,尺、桡侧腕屈肌腱之间	手指痛、心痛、上腹胸闷、胃痛、失眠
合谷	第 1、2 掌骨之间,靠近第 2 掌骨体的中点	上肢痛、手麻、头痛、牙痛、咽痛
落枕	手背,第 2、3 掌骨间,掌指关节后 5 分	落枕、手指痛、手指麻木
后溪	握拳,第 5 掌骨小头后,掌横纹尽头处	落枕、急性腰扭伤、手指痛

表 7-2-4　下肢常用穴位

穴名	位置	主治
环跳	侧卧屈股,在股骨大转子最高点与骶骨裂孔的连线上,外 1/3 与中 1/3 的交点处	髋痛、腰痛、坐骨神经痛
委中	腘横纹中点	腰痛、坐骨神经痛、膝痛
承山	腓肠肌肌腹下方人字纹处正中	腰痛、腓肠肌痉挛、痔疮
膝眼	屈膝垂足,髌骨下缘两旁凹陷处	膝痛
阳陵泉	腓骨小头前下方凹陷处	膝痛、下肢瘫痪、肋痛
足三里	外膝眼下 3 寸,胫骨外侧 1 横指	腹痛、膝痛、下肢麻木

续表

穴名	位置	主治
悬钟	外膝眼下 3 寸、腓骨前缘	外踝扭伤、落枕
昆仑	外踝与跟腱之间	踝痛、腰痛、坐骨神经痛
三阴交	内踝尖上 3 寸、胫骨后缘	下腹痛、月经不调
太溪	内踝与跟腱之间	踝痛、神经衰弱
涌泉	足底第 2、3 趾蹼缘与足跟连线的前 1/3 与后 2/3 交点凹陷处	昏迷、中暑、腿底抽筋

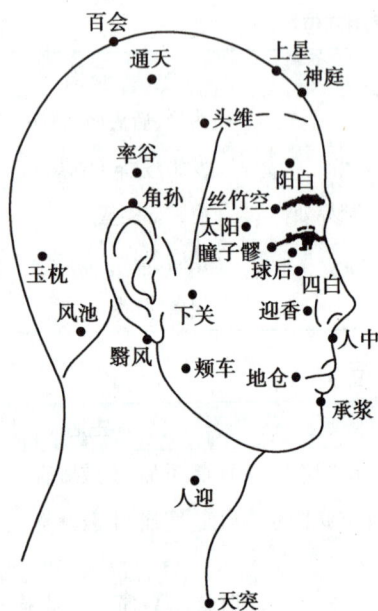

图 7-2-27　头部常用穴位　　　　图 7-2-28　腰背部常用穴位

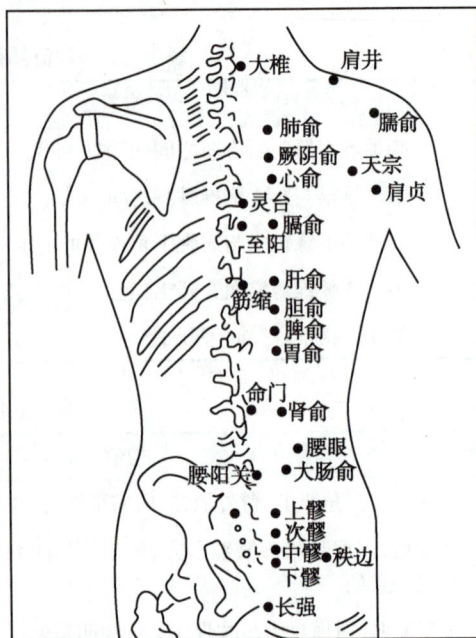

　　2. 全身穴位保健按摩法　此套按摩,动作简单易学,适宜于各种年龄和体质的人练习。按摩中各种不同手法的叩击、震动、深入、激发,可疏通全身经络血脉,调节体内器官功能,使机体活跃,精神振奋。经常练习此法,对强健肌肉、促进骨骼生长、坚实脏腑、健美体形,以及治疗因气血瘀滞不畅而产生的各种疾病,都有较明显的辅助效果。

　　基本姿势:两脚开立与肩同宽,脚尖朝前,两膝微屈,头部正中,舌顶上腭,下颌内收,牙齿、嘴唇轻轻闭合,两手重叠(右上左下)按于"丹田"(即脐下一寸五分的腹部深处,一分=0.33cm,下文同),眼睛微视"丹田"。

　　要领:全身放松,专注"丹田",做到神聚气顺,身体松弛、精神安逸即可。

　　(1) 手臂按摩方法

　　1) 左臂略抬起,左手轻握。右手以叩拳(以拳心部为力点)沿左臂外侧,从上至下,即肩部"肩穴"至腕部"阳池穴",再从下至上做反复的叩击,以 9 次为宜。

　　2) 右拳变掌,沿左臂外侧上、下按摩(用掌心稍用力捋擦),共 9 次。

　　3) 左臂外旋,右掌变拳沿臂内侧,从上至下从肩部"肩髃穴"至腕部"大陵穴",再从下至上做反复叩击,以 9 次为宜。

　　4) 右拳变掌,沿左臂内侧上下共按摩 9 次。

　　要领:左臂叩击、按摩后即换右臂练习,方法同上。在叩、按过程中,要注意轻、重适中,叩击点细密,尽量使臂内、外侧均匀接触到。初学此功时,要按照自己的实际情况,做到轻、重、快、慢适宜,应以自我感觉良好和适度为宜。

治疗：肩、臂、腕、指的伤痛，不举、麻痹，以及胸肋痛、感冒、肠胃不舒、神经衰弱、眩晕、神经痛、肌肉萎缩、半身不遂等症。

（2）脸部按摩方法

1）双手成掌，以掌根部为力点，从面部前额发际处"神庭穴"依次向下，经眼部顺鼻而下，轻微按打至下颏处"廉泉穴"。

2）两掌分别沿下颏两侧向上，经耳部、太阳穴再回至前额发际处。共循环按击9次。

3）两掌以掌心为力点，从前额发际处顺序沿眼部、鼻部、口部至下颏，然后分别向上经耳部、太阳穴按摩至前额，共9次。

4）分别用掌根由眼部（闭眼）向两侧横向按摩至"太阳穴"，共9次。

要领：脸部是三叉神经的区域，因此用力要轻缓、慎重（尤其按、打眼部周围时），要做到闭眼、叩齿。按打耳部时，要使其产生轻微共鸣。待按摩手法完后，可配合做上下、左右交错的叩齿练习各9次。

治疗：以面部、头部疾病为主。如面部神经麻痹、鼻炎、眼疾（视力减弱）、齿病、耳鸣、头痛、眩晕、脑充血、神经性疾病、感冒、三叉神经痛等。经常练习，还可使面部皱纹减少，固齿明目，听力清晰，皮肤光润，推迟衰老。

（3）头部按摩方法

1）双手五指弯曲，以十指端从前额发际处同时向上，经头顶向后有节律地叩击、啄点至头后颈处（风府穴、风池穴），然后从左右分别向前沿头周围啄击至前额。循环反复共9次。

2）两手变掌，同时从前额发际处向上，经头顶向后捋按至颈处（风池穴）。

要领：头部啄击要轻缓，手法要细密，以使头部各穴位均能得到点啄刺激为宜。在进行头部练习时，也要采用手指的拍打法，以加强锻炼的力量和接触面积。头部啄击、叩打时意念要守于两脚"涌泉穴"或脚趾趾端"大敦穴"。脑缺血、高血压的患者，要少啄多按摩，次数按自己的感觉灵活掌握。以练功后舒适，头脑清爽为宜。

治疗：头痛、头晕、感冒、神经衰弱、贫血、低血压、颈椎病等症。头部锻炼不仅可以增强大脑皮质的功能，使供血得到改善，使头脑感到清醒，劳累得到消除，而且也会使脱发得到控制，使中年时期产生的白发逐渐变黑。按摩对治疗高血压、脑缺血有较好疗效。

（4）胸腹部按摩方法

1）两手握拳，以拳心依次相继由颈下"天突穴"沿身体中线向下相继叩击至腹下"曲骨穴"，上下反复做9次。

2）两拳分别由两胸上部（缺盆穴）向下同时叩击至两大腿根部（府舍穴），以拳心为力点，上下反复9次。

3）两拳变掌，分别由两胸上部（即中线"天突穴"及两侧锁骨处）向下同时稍用力按摩，推至小腹"曲骨穴"和腿部"府舍穴"，以掌心、掌指为力点。从上至下推按，共做9次。

要领：击至"天突穴"时，为防意外，注意不要触到喉管上。击至胃部时用力要轻。胸腹部按摩时，方向由上至下稍用力推按。应使上述部位都能充分、均匀地按摩到。并配合动作一按一呼。

治疗：以胸、腹疾病为主。如喉痛、肠胃炎、腹腔积液、阳痿、遗精、痛经、遗尿等病症。对泌尿、生殖系统、上呼吸道感染及内脏器官病症，如肺、肝、肾、胃、胆部发炎及食欲缺乏、头痛、发热、胸肋胀痛、腹痛、便秘等病症也有疗效。

（5）肋部按摩方法

1）将左臂抬起，拳心朝内；右手握拳，屈肘沿体侧腋下至胯部（约"渊腋穴—带脉穴"）进行上下反复叩击，以掌心为力点，共9次。

2）右拳变掌，仍沿体侧腋下至侧胯处进行由上至下的按摩，以掌心为力点，共9次。

要领:左侧叩击、按摩后,即用同样姿势、顺序进行右侧叩击、按摩。叩击、按摩的位置应沿体侧腋下中线进行,用力要适当。呼吸方法是随叩拳一上一下而一吸一呼,随按摩一呼一按。

治疗:胸肋胀满,臂不举,腰、肋、腹疼痛,腋下肿,不得俯仰或久立等病症。

（6）颈、背部按摩方法

1）两臂屈肘向左,左臂绕至体后用手掌背部击拍上体背部(约"肺俞穴、心俞穴"),右臂同时绕过体前向左颈后用掌心、掌指部击拍颈后"大椎穴",头部可随势向右转。

2）击拍左侧后,两臂随之向右,屈肘抛摆。右臂内旋向右下方绕至背后,屈肘用掌背部击拍上体背部,左臂同时向左绕道体前向斜上方右颈后用掌心、掌指部击拍颈后"大椎穴",头部可随势向左转。

3）两掌变拳,以拳轮为力点,同时叩击颈后两"风池穴"(位于颈后区,枕骨之下,胸锁乳突肌上端与斜方肌上端之间的凹陷中),唇闭齿叩、低头、下颏内收,共做9次。

4）两拳变掌,五指张开,由颈后"内府穴、哑门穴"分别经两侧向前,沿颈部向喉前揉按,五指端相交后,再向后揉按,头部随揉按的位置进行适当调整(如低头、仰头等),反复练习共9次。

要领:背部按摩时全身要放松,后抛抡臂时要尽量向后伸展,使自己不易接触的背部得到按摩。颈部按摩叩击"风池穴"时,要使穴位有明显酸、麻、胀感觉。揉按时可用推按法,也可用揉按法,以感到自然、舒适为宜。

治疗:主治流行性感冒、头痛、颈椎病、腰背痛、咳嗽、神经衰弱、胸肋痛、肩胛麻木、肺炎、气短、气管炎等症。

（7）腰背部按摩方法

1）两臂屈肘,两手握拳,同时向背后沿腰背正中线上、下交叉反复叩击(神道穴至长强穴),以拳背为力点,共9次。

2）两拳分别沿腰背两侧至臀部进行上、下反复叩击(心俞穴、神堂穴至白环俞穴、秩边穴),以拳背为力点,共9次。

3）两拳变掌,分别屈肘沿腰背脊两侧至臀部上、下反复进行按摩(肝俞穴至膀胱俞穴),以掌心、掌指为力点,共9次。

要领:向体后屈肘叩击时,要使拳背着力点尽量上移,两拳叩击要有节律,协调,用力适当。如果增加锻炼强度,可用拳背指骨进行叩击。双拳叩击至"肾俞"穴位时,要用力轻缓。双掌按摩至"肾俞"穴位时,掌心要适当用力,应使腰背部感到"热能"的传导。两手按摩腰背时,要尽量屈肘上抬,五指分开,扩大按摩的范围,使中间、脊椎两侧都能得到均匀的按摩。向下叩击、按摩时,应到达臀部(即"长强穴"至"环跳穴"一线)。

治疗:以腰、背、腿疾病和内脏、神经性病症为主。如腰部伤痛、坐骨神经痛、半身不遂、神经衰弱、腰背神经麻痹、风湿、肝病、肾病、脾胃虚寒、便秘、脱肛等病症。

（8）腿前按摩方法

1）两手握拳,分别以拳轮为力点,同时从两大腿根胯部("冲门穴")向下,沿腿部前中线经膝、前胫骨至脚踝("解溪穴")进行叩击。上体随势前俯,两拳上、下方向叩击9次。

2）两腿略屈,两掌同时以掌心、掌指为力点,拍击膝顶部("犊鼻穴、膝眼穴"),共9次。

要领:沿腿中线上下叩击时,可适当扩展叩击范围,击点要细密。向下屈体叩击时,两膝可不必完全挺直。拍击膝关节时,膝部略屈,并做一前一后晃动。此动作幅度较大,贫血、高血压患者练习时要慎重、轻缓,也可采用坐式练习,或将一腿放置高处练习。

治疗:能促进腿部血液和淋巴循环,起到通络化瘀的作用;帮助治疗腰胯痛、膝寒痿痹、腿无力麻木、膝关节风湿伤痛、足部麻木、坐骨神经痛、半身不遂等,同时对肠胃病、感冒、眩晕、失眠等症也有较好疗效。

（9）腿后按摩方法

1）两臂屈肘向后,两手握拳以拳为力点,分别由腿后中线,即臀部("环跳穴")至后中踝部("昆仑穴、大钟穴"),上下反复叩击9次。上体随之前俯。

2）两拳变掌,两手抱腿,以两掌心、掌指为力点,分别在腿前、后,同时由胯根、臀部至踝关节,上下反复按摩9次。

要领:在叩击"环跳、委中、承山"等重点穴位时,可采用拳背击打,以增强疗效。腿后侧肌肉群较发达,叩击或按摩可适当加重力量。击点要细密,按摩要充分,以使腿部产生"热感"为宜。贫血、高血压者要慎重,可由助手协助,俯卧床上进行。

治疗:对腰胯疼痛,腰以下至足麻木、坐骨神经痛、腰背不能后仰、项部强直、腿部风湿、麻痹,气血流通障碍及损伤引起的肌肉萎缩均有较好的疗效。

（10）腿内外侧按摩方法

1）上体前俯,两手握拳,分别以拳心为力点,沿腿内、外两侧同时由大腿根胯部（"阴廉穴、居髎穴"）下至足踝部两侧（"申脉穴、商丘穴"),上、下反复叩击9次。

2）两拳变掌,分别以掌心、掌指为力点,沿腿内、外两侧,同时由大腿根胯部（"阴廉穴、居髎穴"),向下至足踝部内外两侧（"商丘穴、申脉穴"),进行上、下反复按摩,共9次。

要领:叩击点要密集、均匀。呼吸要自然,向上叩时吸气,向下叩时要呼气。前后左右两侧双掌按摩时,五指要分开,并用力紧握肢干,移动速度不宜过快。贫血、高血压者慎用,可靠床、树、墙、窗等为依托练习。

治疗:对腹痛,遗尿,下肢麻痹、疼痛,肌肉萎缩,扭闪挫伤,腹、腿、膝冷痛,神经衰弱,腰痛肾虚,男女生殖系统疾病,坐骨神经痛,高血压,颈项病痛,脑卒中瘫痪,半身不遂,步履艰难等症,都有较好的辅助疗效。

（11）足部按摩方法

1）一腿屈膝将足部放在矮凳上,两手握拳,以拳轮为力点,同时由足踝部上侧（"解穴"）和两侧（"昆仑穴、大钟穴"）向前至脚趾端进行叩击,共9次。

2）两拳变掌,由踝部向脚趾端按摩,共9次。

3）成坐姿,左脚内翻,脚心朝上,脚背搁放于右大腿上侧。左掌扶按于左膝内上侧,以右拳拳轮为力点,击打足心"涌泉穴",共9次。

4）右拳为掌,以四指为力点搓按"涌泉穴",共9次。

要领:可早、晚各按摩一次,先按摩左脚,再按摩右脚。搓按"涌泉穴"的次数可视情况增加,如发热、高血压等患者,可进行数倍于9次的按摩和捶打,以提高疗效。

治疗:促进肢体末梢经络、气血顺通,对头痛、眩晕、腰腿膝足的疾病和伤痛,肌肉萎缩,动脉硬化,感冒,胃、肝、脾、肾、心脏疾病,半身不遂等都有较好的疗效。

（杨巨峰 汪伟）

第八章 运动中的医务监督

第一节 | 概　述

医务监督是指用医学的知识和方法,对体育参加者的健康和功能进行监护,预防锻炼中各种有害因素可能对身体造成的危害,督导和协助科学锻炼,使之符合人体生理和功能发展规律。

通过进行医务监督,能更有效地运用体育的手段,促进体育活动参加者的身体发育,增进健康和提高运动技术水平;能培养科学的体育锻炼方法和良好的卫生习惯,遵守体育锻炼的卫生原则,避免与减少运动伤病的发生;保证体育教学和运动训练的顺利进行。

一、运动中医务监督的主要内容

医务监督的主要内容包括:体质测试与健康检查,体育教学和运动训练的医学观察,训练和比赛的保健指导,运动性伤病的防治,营养状况的监测,运动环境和场地设备的卫生监督,建立自我监督制度,卫生宣传教育。

二、运动中医务监督的一般方法

(一) 自我监督

自我监督是指体育锻炼者(包括运动员)采取简单易行的医学检查方法,对自己的健康状况和身体反应进行观察。自我监督主要通过主观感觉和客观检查两个途径进行医务监督。

1. 主观感觉

(1)运动心情:正常时锻炼者精神饱满,体力充沛,渴望训练。如健康状况不佳或发生了过度训练时,即出现心情不佳、厌烦训练的现象,尤其惧怕参加紧张训练和比赛。例如,游泳运动时怕水,田径运动时怕跑道,球类运动时怕球等。

(2)自我感觉:正常时自我感觉良好,身体无不适感觉。如果在运动中或运动后,出现异于寻常的疲劳,感到恶心甚至呕吐、头晕,以及身体某些部位感觉疼痛,说明体力不佳或身体出现了问题。

(3)睡眠:良好时睡眠状态是入睡快,醒后精力充沛。如入睡迟、夜间易醒、失眠,睡醒后仍感觉疲劳,表明睡眠失常。

(4)食欲:参加体育运动时能量消耗大,所以运动后食欲良好,想进食,食量大。如果运动后不想进食,食量减少,并在一定时期内不能恢复食欲,表明胃肠消化和吸收能力下降,可能与运动量安排不合适、锻炼者身体功能和健康状况不良有关。

(5)排汗量:运动时排汗量的多少与运动量大小、训练程度、饮水量、气温、气候、衣着厚薄,以及神经系统状态有密切关系。在外界条件相同情况下,未经训练者的排汗量多,随着训练程度的增长,排汗量可减少。如果在相同情况下,排汗量比过去明显增多,特别是夜间睡眠中出现大量冷汗,表明身体极度疲劳或是自主神经紊乱的表现,也可能是内脏器官患病的征象,应加以注意。

2. 客观检查

(1)脉搏:测脉搏时除注意频率外,还应注意节律。基础脉搏是清晨起床前的脉搏,也叫晨脉。基础脉搏平稳或逐渐下降,说明机体功能状况良好。测晨脉对了解身体功能变化有重要意义。

在训练时期,若每分钟晨脉比过去减少或无明显改变,节律齐,表明运动员身体功能反应良好,有潜力;若每分钟比过去多12次以上,表明功能反应不良,可能与疲劳未消除或身体患病有关。如果晨脉数比过去增加明显,且长期不恢复原数,可能是早期过度训练的表现,应进一步检查。如发现脉搏跳动不规律、微弱、表浅或停跳,则应及早请医生诊治。

运动员的晨脉状况与自我感觉有一定联系。当晨脉每分钟增加6次时,20%的人自我感觉不良;增加12次时,40%的人自我感觉不良;增加18次时,60%的人自我感觉不良。如果发现脉搏节律不齐或停跳现象,可能是心脏功能异常的征象,应采用心电图等方法做进一步检查。对运动员的脉搏,通常以30秒钟为计数单位,但要分别记下10秒钟的数值。

运动时的即刻脉搏,是指在完成某一练习后,立即测量脉搏10秒钟。再换算每分钟脉搏。即刻脉搏达180次/分以上为大强度运动,150次/分左右为中等强度运动,120次/分为小强度运动。

运动后恢复期,脉搏逐渐恢复。脉搏恢复的快慢与运动负荷的大小、体质状况成正比。一般大负荷锻炼后5~10分钟时的脉搏,比锻炼前快6~9次/10秒,中等强度负荷锻炼后5~10分钟的脉搏,比锻炼前快2~5次/10秒。小负荷锻炼后5~10分钟时脉搏即可恢复到锻炼前的脉搏。

体育锻炼中应有目的地监控脉搏,确保其在规定数值之内。若连续几天超出规定数值,身体又有不适感,说明运动量大了,应进行调整;若几天均未达到规定数值,身体感觉良好,可适当增加运动量。

(2)体重:体育锻炼初期体重会逐渐减轻,尤其是身体肥胖者,这是由于机体的水分和脂肪减少的缘故。随后体重应逐渐趋于稳定。若出现体重不断减轻,并有其他不良感觉,可能与过度训练或患有慢性消耗性疾病有关,应减少运动量并到医院检查。体重每周测1~2次,测体重应在每天的同一时间进行,穿的衣服也应一致。

在训练期,体重出现"进行性下降"现象,并伴有其他异常现象(睡眠失常、情绪不稳定等)时,可能为早期过度训练或身体有慢性消耗性病变(肺结核、营养不良等)的表现。儿童少年的体重如长期不增长,甚至下降,是健康状况不良的表现,应查明原因。

(3)血压、肺活量、心电图:长期从事体育锻炼的人的血压应较为稳定。锻炼后收缩压上升20~25mmHg,舒张压下降5~10mmHg,应视为正常。测肺活量时应连续5次,每次测的结果是逐渐上升的,说明呼吸功能良好,若逐渐下降或前后显著下降,说明呼吸功能耐力差,是反应不良好的表现。若血压突然升高、肺活量明显下降、心电图异常则应降低运动量并到医院进行检查。

(4)运动成绩:运动成绩长期不增长或下降,可能是身体功能状况不良的反应,也可能是早期过度训练的表现。

在客观指标中,除上述几种外,还可根据设备条件和专项特点,定期测握力、呼吸频率以及其他的生理指标。

(二)定期体格检查

体育锻炼者尤其是参加系统训练的运动员,应定期进行比较全面的体格检查,以了解身体发育水平、健康状况和身体功能的变化,以及锻炼方法是否正确、运动量是否合适等。

1. 初检　首次参加体育锻炼的人,包括将入队参加系统训练的新运动员,在开始训练前都应进行体格检查。通过检查,对被检查者过去和现在的健康状况、身体发育、功能水平进行全面的了解。初检结果,对制订训练计划、选择训练方法有重要参考价值。

初检的内容:

(1)既往史:记载病史和运动史。

(2)医学检查

1)一般检查:应包括身体各系统物理检查、胸部X线检查、血尿常规化验,以及心电图检查。根据设备条件,还可采用其他现代化医学检查,如超声心动图、脑电图等。

2)直立姿势检查和形态测量:除三项基本发育指标(身高、体重、胸围)为必测项目外,对青少年和不同专项运动员,可根据要求选测其他指标。

3)功能检查:重点是心肺功能检查。可根据专项特点,选择检查方法。

（3）生化检查

2. 复查 对一般学生可每学期或每年检查一次身体。运动员经一定时期训练后,需进行复查。检查时间可依训练期而定,一般可安排在每一训练期结束时。复查体格的时间应与身体素质和专项成绩测验安排在同一时期,这样便于将医学生理指标检查结果与技术测验结果作对比。

复查的内容最好与初查时相同。但也可根据设备条件和需要,选择几种主要指标进行检查。补充检查的内容,可根据具体情况而定。如果只是想了解运动员身体功能状况(是否达到竞技状态或疑为过度训练),则只进行简易的心血管系统功能检查和心电图检查即可,必要时再进一步仔细检查。

3. 补充检查 学生健康分组转组时、运动员在参加重大比赛前、伤病痊愈重新参加训练前,都应做补充检查。

第二节 | 运动中的营养与配餐

科学合理的营养是促进生长发育,强身健体,益智防病,保证健康的生活基础。科学合理的营养,更是提高运动效果的重要途径。不同的年龄特点、不同的身体状况、不同的体育运动项目、不同的运动负荷,人体的能量消耗和三大能源物质的分配也不同,因此要科学地进行营养与配餐。

一、青少年运动中的营养与配餐

(一) 青少年时期的营养特点

1. 对热能的需要 青少年正处于生长发育期,每天的脑力和体力活动比较多,能量消耗也比较大,需要摄入充足的热量,以满足身体功能的需求。尤其是参加耐力性锻炼或夏季运动时,体内消耗热能较多的情况下,应增加热能供给,否则将会出现疲劳、消瘦、抵抗力下降,导致发育不良。碳水化合物是人体供能的主要营养素,谷类是碳水化合物主要来源,青少年每日应摄入 400~500g 的谷类食物。

2. 对蛋白质的需要 蛋白质是体内组织细胞生长修复的重要成分,处于生长发育阶段的青少年蛋白质供给要充足,尤其是参加发展力量性的锻炼,肌纤维体积增大,必须供给蛋白质。一般每日蛋白质的推荐摄入量青少年男性为 75g,女性为 60g。鱼、蛋、豆制品中含蛋白质量较高。

3. 对矿物质和维生素的需要 体育锻炼能积极促进青少年骨骼发育,骨组织的增长对钙、磷、铁的需求量较大。我国青少年矿物质的每日供给标准量为 100mg。钙与磷的比例是 2∶1 或者 1∶1。

钙是建造骨骼的主要材料,儿童少年是生长的旺盛时期,其对钙的需要量远远超过成人,据我国膳食调查资料表明,儿童和青少年每日钙的摄入量仅为供给量的 50% 左右,所以钙是机体中一种容易缺乏的营养素。骨骼中的钙要不断更新,幼儿骨骼约每 1~2 年更新一次,以后随年龄的增长而减慢,成人更新一次则需要 10~12 年,所以要通过食物不断补充钙才能使儿童青少年的骨骼健康发育。此外,钙对维持心脏正常搏动、肌肉收缩、神经冲动的传导、血液凝固和保护视力等都有着重要作用。奶类是含钙丰富的食品,多吃些豆制品,如豆腐、豆腐干、豆腐脑、千张、素鸡等。小干鱼、虾皮等也是钙的良好来源,尤其是小鱼,如做成酥鱼连骨一起吃更佳。

铁是自然界最丰富的元素之一,然而缺铁性贫血是儿童少年中常见的营养缺乏症。在我国铁缺乏的主要原因是铁的食物来源主要是植物性食源,铁的吸收利用率较差。儿童青少年时期生长发育迅速,血量不断增多,对铁的需求量较大。儿童青少年为了预防缺铁性贫血应当尽量增加肉、禽、鱼、动物内脏的摄入量。这些食物含铁量高。膳食中维生素 C 能促进铁的吸收,所以多吃维生素 C 丰富的蔬菜水果也有预防缺铁性贫血的作用。必要时还可选择一些强化铁的食品以补充铁之不足。

青少年为满足骨骼等组织的生长发育,对钙、磷、铁、锌、碘等矿物质的需求量增加,青少年钙、磷的每日推荐摄入量男性女性均为 1 000mg,铁的每日适宜摄入量男性为 20mg、女性为 25mg,锌的每日推荐摄入量男性为 19mg、女性为 15.5mg。

维生素 A、D、C 及 B 族维生素对青少年的发育具有重要作用。维生素 A 的每日推荐摄入量男性为 770μgRAE、女性为 600μgRAE。青少年维生素 D 的每日推荐摄入量男性、女性均为 10μg;维生素 D 有促进钙吸收的作用,所以儿童青少年应多在户外活动,每日保证一定的活动量,同时运动对增强骨质也有良好的作用,儿童时期骨质良好有利于防止老年骨质疏松。维生素 C 的每日推荐摄入量男性女性均为 100mg。B 族维生素随能量摄入及代谢增加的需求及时补充。维生素的供给要从新鲜的水果和蔬菜中摄取。

(二) 平衡膳食的基本原则

平衡膳食是指每天的饮食中,主、副食品各占比重的多少。即我们每天饮食中,摄入的热量和各种营养素的量,以及总热量中脂肪、糖类、蛋白质所提供的热量分别占的比例。食物搭配要"多""远""杂"。多就是食物品种越多越好,最好每天吃 25 种左右的食物。远就是一天内所吃食物的属性越远越好,要广泛。杂是指一天当中的食物要有一定量的粗粮。在平衡膳食中做到搭配合理,才能达到营养均衡的效果。

《中国居民膳食指南 2022》中提出平衡膳食八准则:

1. **食物多样,合理搭配**　食物多样是平衡膳食的基础,单一的天然食物不能满足我们日常所需的全部营养要素,少量多样,粗、细、荤、素合理搭配,推荐平均每天摄入 12 种以上食物,每周 25 种以上,同时同种类型的食品,可以经常替换。

2. **吃动平衡,健康体重**　食物的摄入量和身体的活动量是保持能量平衡、维持健康体重的两个关键因素,当摄入量与人体消耗不均衡时就容易出现肥胖或消瘦等情况,增加患病风险。《中国居民膳食指南 2022》推荐每周至少进行 5 天中等强度身体活动,累计 150 分钟以上,主动身体活动最好每天 6 000 步。

3. **多吃蔬果、奶类、全谷、大豆**　应注意选择新鲜的蔬菜水果,避免食用霉变的食物,保障食品安全。《中国居民膳食指南 2022》推荐量蔬菜类为 300～500g,蔬果种类繁多,推荐选择应季的新鲜蔬果,每日保证深色蔬菜和浅色蔬菜搭配,深色蔬菜占蔬菜总摄入量的 1/2。奶类及奶制品为 300～500g,如牛奶、羊奶、酸奶、奶粉、奶酪等,其所含蛋白质浓度不同,风味也不同。

日常食用时可经常替换,既可保障摄入量,也可保障饮食多样性。谷类为 200～300g,其中包含全谷和杂豆 50～150g,全谷物与精制谷类相比,膳食纤维、矿物质、B 族维生素含量更高。大豆及坚果类为 25～35g,豆制品营养素丰富,豆制品发酵后,维生素 B_{12} 等营养素含量增加,对素食人群尤为重要,坚果有益但不能过量食用。

4. **适量吃鱼、禽、蛋、瘦肉**　《中国居民膳食指南 2022》推荐量为动物性食物 120～200g,每周至少 2 次水产,一天 1 个鸡蛋,同种类型的食品,如牛肉、鸡肉、猪肉、羊肉等可相互替换。鱼、禽、蛋和瘦肉均属于动物性食物,其含有较高的优质蛋白质、脂类、B 族维生素等,但应避免过多食用含有较多的饱和脂肪酸和胆固醇的食物。避免长期食用加工肉制品,如烤肠、火腿、各种火锅肉丸等。

5. **少盐少油,控糖限酒**　饮食中钠盐含量过高可增加心脑血管等疾病的患病风险,健康成人每日食盐量不应超过 5g,烹调油不超过 25～30g,烹调油包括动、植物油,在家庭烹饪中还应少放酱油,少食腌制酱菜等高盐食物,推荐使用定量盐勺。

6. **规律进餐,足量饮水**　规律进餐是平衡膳食的前提。三餐定时定量,规律进食,早餐提供的能量应占全日的 25%～30%,午餐占 30%～40%,晚餐占 30%～35%。在温和气候条件下,低身体活动水平成年男性每日饮水量 1 700ml,成年女性每日饮水量,且应当遵循少量多次原则,推荐饮用白开水。

7. **会烹会选,会看标签**　了解食物营养特点,均衡搭配。食品添加剂与食品安全密切相关,我国食品添加剂有 2 300 余种,23 个类别,在选购食材时可参考预包装食品上的营养成分和配料表,避免选择含有人造奶油、人造黄油、代可可脂等添加剂的食物。减少外出就餐及预制菜品的食用,其脂肪含量、钠含量普遍偏高,推荐在烹饪时多选蒸、煮、炒的烹饪方式,少煎、炸。

8. **公筷分餐,杜绝浪费**　公筷公勺,分餐份餐,可以有效避免食源性疾病的发展和传播。按人、按需备餐,避免浪费。

(三) 合理的膳食制度

1. 蛋白质的补充　对于经常进行耐力性较强的体育锻炼者,身体能量消耗比较大,膳食应注重营养平衡,包括蛋白质、脂肪、碳水化合物等营养素的合理比例。蛋白质应占总热量的 12%～15%,脂肪约占 25%～30%,碳水化合物约占 55%～60%。

2. 维生素和矿物质的补充　由于运动过程中身体大量排汗,使机体对维生素和矿物质的需求量增加,特别是维生素 B_1、维生素 C 和氯化钠。当维生素缺乏时,机体会出现运动能力下降、疲劳、免疫力减弱等现象。氯化钠缺乏时会出现肌肉无力、消化不良、食欲缺乏等。因此经常进行长时间运动时,应适当补充维生素和氯化钠,但不要补充过多。

体育锻炼者对维生素的需求量因运动项目不同而有所区别,长时间的耐力性运动项目,对维生素 E、维生素 B、维生素 C 的需求量较多。一旦维生素得到补充,失去的能力将会随之而得到恢复。

过度服用某一种维生素会影响维生素之间的平衡,长期过度服用维生素,不但不能提高运动能力,还会产生不良的影响,只有各种维生素摄入量保持适当的比例,才能使各种维生素在体内发挥良好的作用。

3. 饮食的质量和食物搭配　食物的合理搭配,能充分利用食物之间的互补作用。通过混合食用几种含蛋白质的食物能提高蛋白质的生理价值,使其更容易被机体吸收,并为机体蛋白质的组成提供支持。

不同食物在体内消化吸收后,可表现为酸性、碱性和中性,因而食物可分成酸性、碱性和中性三类,如肉、鱼、蛋、谷物、乳酪、白糖、甜品等是酸性食物,蔬菜、水果、乳类、大豆和菌类等是碱性食物,油、盐、咖啡等是中性食物,酸性食物可能导致体内酸性物质增加,机体容易产生疲劳,碱性物质能起到缓解疲劳的作用,因此饮食时要注意食物酸碱性的合理搭配,达到酸碱平衡。

运动后饮食要远离鱼、肉。这是因为运动后体内的糖、脂肪、蛋白质大量分解,在分解过程中产生乳酸、磷酸等酸性物质,乳酸堆积过多会导致人体酸碱平衡失调,从而引起肌肉酸痛疲劳的等问题。此时若单纯食用富含酸性物质的肉、鱼、蛋等,会使体液变得酸性化加强,不利于缓解疲劳。而食用蔬菜、甘薯、苹果之类的水果及蔬菜、豆制品等碱性作用的食物,可以调节体内酸碱度基本平衡,尽快消除运动带来的疲劳。

4. 养成良好的饮食习惯　饮食时间为早、中、晚,分别是 3 : 4 : 3 的食物量。早餐的质量很重要,如果摄入的营养和热量不足,不仅影响上午的学习和运动,长此以往对健康会产生不利影响。早餐中要适当增加一些优质蛋白质,如牛奶和鸡蛋等食物,以提高食物的质量。饮食要长期坚持定时定量,饮食有节,这样会更有效地促进体内食物的消化和吸收。饭后不做剧烈运动,运动后不宜立即进食,合理安排一日三餐,空腹不宜长时间剧烈运动。

(四) 青少年一天的营养配餐

1. 吃一个健康的早餐　自由搭配下列食物:

(1) 粮谷类食物:如全麦面包、早餐五谷、汤面、白面包。

(2) 奶类:如低脂芝士、低脂奶、加钙豆浆、乳酪。

(3) 水果:如橙、苹果、香蕉。

(4) 肉类:如火腿、牛肉,烹饪时用少量或不用油。

(5) 蔬菜:如在汤面中加些蔬菜。

2. 在学校时吃健康的小食(即加餐)　苹果、饼干或面包;豆浆、水、果汁、低脂奶。

3. 丰富的午餐　以碳水化合物食物为主。多吃米饭、粉、面,不要只吃牛扒、鸡肉或薯条;尽可能吃蔬菜,在中式食物中选绿叶菜。在西式食物中选番茄汁或番茄汤,不选炸的食物,选水果作甜品;选较低脂肪的食物,如烧猪扒、牛扒、蒸鸡等。

4. 合理的晚餐　白天所吃蔬果不足,晚餐则需多吃,以碳水化合物食物为主;若肉类在白天已吃得足够,在晚餐宜少吃,以少油、煮食为佳。

二、中老年人运动中的营养与配餐

随着年龄的增长,中老年人由于体力日渐衰弱,人体各种器官的生理功能都会有不同程度的减退。尤其是消化和代谢功能的减退,直接影响人体的营养状况,如牙齿脱落、消化液分泌减少、胃肠道蠕动缓慢,使机体对营养成分吸收利用率下降。因此老年人必须从膳食中获得足够的各种营养素,尤其是维生素和矿物质的摄入量要充足。中老年人营养不足固然有害,也并非多多益善,而是贵在合理。

(一) 中老年人的生理变化特点

1. **代谢功能降低**　老年人的基础代谢率比青年人低 15% 以上。

2. **身体成分的改变**　体内脂肪组织随着年龄的增长而增多,非脂肪组织的比例则降低。如肌肉量含量降低,肌肉萎缩;体内水分减少;骨骼内矿物质减少,尤其是钙,容易出现骨质疏松。

3. **消化功能减退**　随着年龄的增长,消化液分泌减少,消化功能减退,营养素的吸收率降低。胃肠蠕动减慢,容易出现便秘。

4. 呼吸系统、免疫系统、神经系统等功能都出现衰退。

(二) 中老年人适宜的运动

中老年人的体育锻炼应选择一些低强度的耐力性内容,如健身慢跑、小球类运动、体育舞蹈、步行、太极拳、健身气功、按摩等。

(三) 中老年人运动中的应激反应

当中老年人或慢性病患者在进行运动时,体温升高到一定程度,全身各系统器官就会产生热应激反应。

1. **水盐代谢失调**　大量出汗可导致机体高渗性脱水,汗内水多盐少,体内盐多水少,血液浓度就会增高。例如高血压患者大多控制盐的摄入,但是参加运动出汗较多时摄入的盐量仍低,就会导致低渗性脱水。

2. **蛋白质代谢失调**　体温增高导致蛋白质代谢分解增加,但同时食欲的减退、消化能力的降低,摄入的能量与蛋白质就会减少。

3. **水溶性维生素缺乏**　汗量的增多容易导致水溶性维生素丢失增多。

(四) 中老年人运动中的营养配餐

1. **摄取适量的蛋白质**　蛋白质是生命的物质基础,是人体组织的重要成分,人体中与生命活动有关的活性物质,如与代谢有关的酶、抵抗疾病的抗体、与生理功能有关的激素等都是蛋白质的衍生物。此外,蛋白质还参与体内酸碱的调节、体液的平衡和遗传信息的传递等。

中老年人每天需摄取70～100g蛋白质,其中优质蛋白不得少于1/3,含蛋白质丰富的食物有牛奶、蛋、瘦肉、鱼类、家禽、豆类及豆制品等。

2. **糖类不宜过多**　吃糖过多,不仅容易肥胖,而且会增加胰腺负担。特别是蔗糖、果糖和葡萄糖。

3. **饮食要低脂肪、低胆固醇**　动物脂肪、内脏、鱼籽和贝类含胆固醇多,若进食过多,容易诱发胆石症和动脉硬化。植物脂肪能促进胆固醇的代谢,使之不致沉积在血管壁上,可防止心血管疾病的发生。中老年人每天摄入脂肪量以 50g 左右为宜。

4. **加强补水**　一日三餐中应提供汤、羹、粥类食物。多吃新鲜蔬菜和水果。这对预防贫血、增强血管韧性、降低胆固醇有一定作用。

三、慢性疾病患者运动中的营养与配餐

(一) 高血压患者运动中的营养与配餐

1. **高血压**　高血压的发病与高盐饮食、肥胖、过量饮酒、吸烟、年龄增长,以及遗传等因素有关。

高血压典型症状有头痛、头晕、失眠、胸闷、气短、嗜睡、颈部僵硬感、眼胀、注意力不集中、记忆力下降等。

2. 高血压患者运动中的营养配餐　高血压患者运动中的营养配餐是以减少钠盐、减少膳食脂肪,并补充适量优质蛋白、注意补充钙和钾、多吃蔬菜和水果、戒烟戒酒,以及科学饮水为原则。

（1）饮食宜清淡,提倡素食为主。高血压患者饮食宜为高维生素、高纤维素、高钙、低脂肪、低胆固醇饮食。总脂肪小于总热量的30%,蛋白质占总热量15%左右。食用优质蛋白饮食,如牛奶、瘦肉、鸡蛋、海产品。食用富含纤维素的食物,如海带、紫菜。食用蔬菜和低糖水果,如草莓、番茄、黄瓜等。增加钾、钙、镁等矿物质和维生素的摄入,如豆类、玉米、腐竹、芋头、竹笋、花生、核桃等。

忌食高糖类等高能量食物,如糖果、糖糕点、冰激凌及含糖饮料等。少食高胆固醇食物,如蛋黄、动物的皮和肝脏。

（2）限制食盐量。钠盐摄入过多是高血压的致病因素,控制钠盐摄入量有利于降低和稳定血压。世界卫生组织建议:一般人群每日食盐摄入量不超过6g。

（3）戒烟限酒,适量饮茶,多吃能降血压的食物,如芹菜、胡萝卜、番茄、黄瓜、冬瓜、木耳、海带、香蕉、橘子、苹果、西瓜等。

（4）饮食有节。做到一日三餐饮食定时定量,少量多餐,不可过饥过饱,不暴饮暴食。

（5）科学饮水。水的硬度与高血压的发生有密切的联系,研究证明,硬水中含有较多的钙、镁离子,它们是参与血管平滑肌细胞舒缩功能的重要调节物质,如果缺乏,易使血管发生痉挛,最终导致血压升高,因此对高血压患者,要尽量饮用硬水,如泉水、深井水、天然矿泉水等。

（二）糖尿病患者运动中的营养与配餐

1. 糖尿病　糖尿病是由于体内胰岛素缺乏或者胰岛素在靶细胞不能发挥正常生理作用而引起的糖、蛋白质及脂肪代谢紊乱的一种综合征。糖尿病的基本特征是长期的高血糖、尿糖。糖尿病有"三多一少"症状,即多饮、多尿、多食及体重减轻,如果控制不好就有可能引起体内多种代谢紊乱,并发心血管、视网膜、神经病变和加速动脉硬化等疾病。

2. 糖尿病患者运动中的营养配餐

（1）平衡膳食:每天必吃四大类食品。

1）谷薯类,即常说的谷类与薯类。他们主要提供热能和膳食纤维,维持人体生理活动和体温的需要。

2）蔬菜水果类,可提供矿物质、维生素及膳食纤维。

3）肉、禽、鱼、乳、蛋、豆类,可提供优质蛋白和矿物质及维生素。

4）油脂类,主要供给热能和提高饮食口感。

（2）食物多样化,谷类为主。不吃主食是有危害的,有很多患者将所有的碳水化合物(糖类)都视为血糖的"罪魁祸首",一味地强调限制主食,每天摄入极少甚至不吃。反而因为饥饿,大量食用高脂肪的肉类、油脂或零食,结果血糖不但没有控制好,还容易发生各种急性、慢性并发症,特别是高脂血症、心血管疾病等。

（3）限制脂肪摄入量。

（4）适量选择优质蛋白质。优质蛋白质容易被人体吸收利用,含有优质蛋白质的食物一般有鸡蛋、猪肉、牛肉、羊肉、鸡肉、鸭肉、鱼肉、虾肉、动物内脏、酸奶、奶酪、大豆、黑豆、豌豆、豆腐等。

（5）减少或禁忌含单糖和双糖的食物。如注意在点心、面包、饼干、水果罐头、软饮料、巧克力中的蔗糖。

（6）富含膳食纤维的食物。膳食纤维有促进胃肠道消化和肠道蠕动的作用。尤其是可溶性膳食纤维可以控制降低血糖的生成,有助于控制血糖的水平。富含膳食纤维的食物主要包括:蔬菜类,如菠菜、韭菜、油麦菜、茼蒿菜等;水果类,如香蕉、苹果、火龙果、人参果等。另外,海带、黑木耳、平菇、鸡腿菇、金针菇、玉米、燕麦、荞麦面、糙米等都含有丰富的膳食纤维。

（7）减少食盐的摄入。

（8）坚持少量多餐,定时定量:进食餐次在总量不变的前提下,要做到少量多餐,每日应在4～6餐,甚至更多。

（9）多饮水,限制饮酒:水可以溶解多种营养物质,使其易于吸收利用。要养成定时饮水的好习惯,不要等口渴的时候再喝水。

（三）骨质疏松患者运动中的营养与配餐

1. **骨质疏松**　骨质疏松即骨质疏松症,是多种原因引起的一组骨病,骨组织有正常的钙化,钙盐与基质呈正常比例,以单位体积内骨组织量减少为特点的代谢性骨病变。在多数骨质疏松症中,骨组织的减少主要由于骨质吸收增多所致。以骨骼疼痛、易于骨折为特征。

2. **骨质疏松患者运动中的营养配餐**

（1）合理膳食营养,保持膳食平衡。

（2）多食用含钙、磷高的食品,但要注意钙、磷的比例。钙与磷合适的比例为1.5:1或2:1。含钙、磷较高的食品有鱼、虾、虾皮、海带、牛奶、乳制品、鸡蛋、豆类、粗杂粮、芝麻、瓜子、绿叶蔬菜等。

（3）不挑食,不偏食。每天进食1～2个水果,其中以橙、柑、西柚、奇异果较佳,因其含有丰富维生素C,有助骨骼健康。

（4）坚持科学的饮食习惯,多接受日光浴。

（5）不吸烟、不饮酒,少喝咖啡、浓茶及含碳酸的饮料,少吃糖及食盐,以免影响钙、磷的吸收。

（6）不宜摄入过多动物性蛋白质。因为锻炼后体内酸度增加,蛋白质过多摄入会使尿呈酸性,会增加钙的排泄。

四、运动员竞赛期间的营养与配餐

在进行运动时,体内会发生一系列的生理生化反应:中枢神经系统功能提高,酶系统活跃,新陈代谢旺盛,单位时间内的能量消耗较安静状态时增加数倍,体内的糖和脂肪被大量分解,蛋白质代谢加快,由于大量的维生素、矿物质参与分解代谢,从而大大增加损耗。这些变化使机体对各种营养物质的需求量增多。因此,营养与运动关系密切,对锻炼效果有着很大的影响。

体育锻炼造成的能量消耗,需要在运动结束后通过合理营养配餐得到补充,如果缺乏合理的营养保证,消耗得不到补充,机体处于一个"亏损"状态,久而久之,对健康不利,会使运动员生理功能及运动能力下降,出现疲劳乏力甚至疾病状态。在这种情况下,要提高锻炼效果或运动成绩是很困难的。

（一）赛前

比赛前10天左右,一般处于减小运动负荷的调整期。此时训练强度突出,而负荷较小,热量供给应适当减少,以防止增加体重,影响比赛成绩。此期间应多吃蔬菜水果,以供给充足的维生素和微量元素,尽量使之在体内达到饱和状态。

（二）赛中

1. 不能空腹参加比赛,食物应体积小、含高能、易消化、合胃口,以糖为主。尽量不吃难消化、纤维多、产气多造成腹胀的食物。耐力性运动项目,食物应热量充足,还应吃蛋白质和脂肪性食物,维持饱腹感;运动时还要补糖,以免糖过多消耗,而出现疲劳现象。

2. 赛前30～90分钟内不服用糖,过早服用会在比赛时出现胰岛素低糖,反而影响比赛。但赛前20分钟左右服用糖,能防止比赛时低血糖的发生。

3. 科学安排用餐时间,一般在赛前2～3小时用餐,但饮食量较少的人,可以在赛前1.5小时完成用餐。

4. 可适当服用维生素,维生素在赛前30～40分钟服用,长时间运动项目应在赛前服用。一般用量为150～200mg。

5. 耐力性运动项目,运动员能量消耗大,水盐丢失多,为了维持运动能力,中途要补充能量、水和盐。摄入量视气温而定,原则是少量多次,饮料通常由鲜果葡萄糖、食盐加水配制。

6. 可以根据运动项目的特点选择饮料,从事耐力项目的人,可用含糖较多的饮料、高能运动饮料;水和盐丢失过多的项目,可选择矿泉水和含盐饮料,有利于恢复水盐平衡;短时间的剧烈运动、人体缺氧、酸性物质生成增多,可以选用碱性电解质饮料;体力下降、身体功能不佳、血红蛋白低时可选择滋补强身的饮料。

(三)赛后

长时间运动项目,如足球、马拉松赛后恢复期营养,主要是尽快消除疲劳,恢复体液平衡和体能平衡。比赛结束后即可饮用一杯含100～150g葡萄糖的果汁,可消除神经中枢疲劳,促进肝糖原恢复。再按照补水的原则,逐步使身体恢复水盐平衡。休息2～3小时后可补充一些精细的高热量食物,以促进热量和其他营养素恢复平衡。

因为比赛所消耗的热量和营养素不会在一天内得以恢复,所以赛后两三天内的膳食,仍需维持较高的热量和营养素,恢复期要注意控制热量平衡,防止体重过度增长。

第三节 ｜ 运动过程中的疲劳与恢复

体育锻炼、运动训练和比赛到一定程度的时候,人体就会产生工作能力暂时降低的现象,这种现象称为运动性疲劳。许多著名学者从多种视角采用不同手段广泛研究疲劳,并在不同时期提出了对疲劳的不同概念。

我国运动生理学教材中将疲劳定义为人体工作或运动到一定时候组织器官甚至整个机体工作能力暂时降低的现象。

运动性疲劳是运动本身引起的机体工作能力暂时降低,经过适当休息和调整可以恢复的生理现象,是一个极其复杂的身体变化综合反应过程。疲劳时工作能力下降,经过一段时间休息,工作能力又会恢复,只要不是过度疲劳,并不损害人体的健康。所以,运动性疲劳是一种生理现象,对人体来说是一种保护性机制。

体育锻炼者经常处于疲劳状态,前一次运动产生的疲劳还没来得及消除,而新的疲劳又产生了,疲劳就可能积累,久之就会产生过度疲劳,影响运动员的身体健康和运动能力。如果运动后能采取一些措施,就能及时消除疲劳,使体力很快得到恢复,消耗的能量物质得到及时的补充甚至达到超量恢复,有助于不断提高训练水平。

一、运动性疲劳产生的原因和表现

(一)运动性疲劳产生的原因

发生疲劳的原因有能源物质的耗尽、代谢产物在肌肉内堆积、氧气不足、身体内部环境稳定性失调或破坏、体力或脑力的疲劳等不同的解释。下列几种情况也是产生运动疲劳的重要原因。

1. **强度训练**　持续进行无明显节奏的大运动量训练,并在进行了一段时间训练后没有进行必要的调整,或是在每一训练周期间缺乏必要的调整,当运动员出现不良症状时,仍然坚持原训练计划。大强度训练会加速体内蛋白质的分解、酸性代谢产物的堆积和血红蛋白的降解,同时体内自由基生成增加,使机体的功能状况下降,加速疲劳的发展。

2. **患病期间训练**　在运动员患病期间仍然参加大运动量练习,或病后未痊愈进行训练,也可导致运动疲劳,甚至是加重病情的主要因素。

3. **连续比赛**　比赛期间赛事繁多,由于没有足够的赛后休息,加之比赛旅途的劳累和精神的紧张,都易引起运动疲劳。

4. **训练不系统**　在训练中,缺乏系统的训练计划,运动员情况好时就猛练一阵,不好时就完全停止训练,或对运动年限、年龄、训练程度等不同方面的运动特点注意不够,对个别运动员的运动量过大,也会导致疲劳产生。

5. 精神状态不佳 运动员在情绪低落、心理负担过大的情况下,参加运动量较大的训练和比赛也易产生疲劳。

6. 赛前较长时间降体重 此类运动项目常为举重、摔跤,运动员在赛前为达到降体重目的,一般进行近半个月的以饥渴为主要方式的降体重训练。

(二)运动性疲劳的表现

运动性疲劳的产生是由于人在进行重体力劳动、大运动量锻炼或比赛时,肌肉过度紧张,机体能量消耗过多,身体就会产生疲劳感。

主要表现在三个方面:

1. 肌肉疲劳 表现为肌肉力量下降,收缩速度放慢,肌肉出现僵硬、肿胀和疼痛,动作慢、不协调。

2. 神经疲劳 表现为反应迟钝、判断错误、注意力不集中。

3. 内脏疲劳 呼吸变浅变快、心跳加快等。

运动后产生疲劳感是正常的,由于运动量不同,每个人情况不一样,产生的疲劳感也有不同程度之分。一般将疲劳分成3个层次:轻度、中度和重度疲劳。轻度疲劳可以在短时间内消除。中度疲劳通过采取一系列手段也能很快消除,不会影响身体。但如果重度疲劳不能及时消除,就会影响学习和生活,损伤身体。研究证明,运动员提高成绩的两个关键因素是运动训练的科学性和恢复手段的有效性,由此可见消除疲劳、恢复体力的重要性。

二、运动性疲劳恢复过程的一般规律

运动疲劳的恢复过程是指人体在体育运动过程中和结束后,各种生理功能和能源物质逐渐恢复到运动前水平的变化过程。

运动中和运动后供能物质量的变化,是消耗和恢复保持平衡的结果。运动中以消耗过程为主,恢复过程跟不上消耗过程,表现为能源物质数量下降。运动后休息期,以恢复过程为主,消耗过程下降,能源物质逐渐恢复,达到或超过原来水平。

恢复过程和运动过程是提高机体功能的两个重要方面,运动中所消耗的营养物质,必须在运动后的恢复阶段才能得到补充,人体功能才能提高。如果在没有完全恢复的情况下继续运动,会使疲劳积累,不仅导致机体工作能力下降,还容易引起某些伤病的发生。

(一)能源物质消耗和恢复过程可分为三个阶段

1. 第一阶段 运动中消耗多于恢复,能源物质逐渐减少,各器官系统工作能力逐渐下降。

2. 第二阶段 运动后消耗减弱,恢复占优势,能源物质和各器官系统的功能逐渐恢复到原来水平。

3. 第三阶段 运动中消耗的能源物质及各器官系统功能状态在运动后的这段时间内不仅恢复到原来水平,甚至超过原来水平,这种现象称为"超量恢复"或"超量代偿",随后又回到原来水平。超量恢复是客观存在的规律。

(1)超量恢复的程度和出现的时间与所从事的运动负荷有密切的关系,在一定范围内,肌肉活动量越大,消耗过程越剧烈,超量恢复越明显。如果活动量过大,超过了生理范围,恢复过程就会延缓。

(2)超量恢复出现的原因,国外有研究者认为是因为运动时能量消耗大,肌肉中无氧代谢产物(如乳酸、酮体等)增多,使细胞内有氧代谢旺盛的线粒体处于抑制状态,运动后抑制线粒体的条件解除,引起过量能量的产生。这种过多的能量用于合成磷酸肌酸、糖原,蛋白质等。这一研究仅是初步的,因为超量恢复与物质代谢的相互调节、神经和激素的调节、年龄、性别及营养等因素密切相关,还需进一步研究。

(二)机体几种能量储备的恢复

1. 磷酸原的恢复 磷酸原的恢复很快,在剧烈运动后被消耗的磷酸原恢复的半时反应 20～30秒,2～3分钟可以达到基本恢复,完全恢复则需要 2～5分钟。

2. 肌糖原储备的恢复　肌糖原是有氧氧化系统和乳酸能系统的供能物质,也是长时间运动延缓疲劳的一个因素。

（1）影响肌糖原恢复速度的主要因素有两个。

1）运动强度和运动持续时间。

2）营养膳食:长时间运动（连续 3 天长跑）致使肌糖原耗尽后,如用高脂肪与蛋白质膳食 5 天后肌糖原还未完全恢复,如用高糖膳食 46 小时即可完全恢复,而且前 10 小时恢复最快。短时间、高强度的间歇训练后,无论食用普通膳食还是高糖膳食,肌糖原的完全恢复都需要 24 小时,而且在前 5 小时恢复最快。

（2）在长时间运动后应安排数天的恢复时间,并食用高糖膳食,如不能保持数天高糖膳食,至少也要保持 10 小时。在大强度间歇训练后,至少要有 1 天的休息时间。

3. 氧合肌红蛋白的恢复　氧合肌红蛋白存在于肌肉中,每千克肌肉约含 11ml 氧,在肌肉工作中氧合肌红蛋白能迅速解离释放氧被利用,而运动后几秒钟可完全恢复。

4. 乳酸的消除　乳酸消除的速度与其产生的数量和恢复方式有关,工作时形成的乳酸越少,消除越快。在极量负荷后为了完全消除堆积的乳酸,采用平卧休息的方式需要 60～90 分钟,而采用轻微活动方式则消除速度大大加快。轻微活动的强度,未受过训练的人约为最大摄氧量的 30%～40%,受过良好训练的人为最大摄氧量的 50%～60%。

消除乳酸的运动生物化学途径主要有:

（1）氧化成 CO_2 和 H_2O:约占全部乳酸的 70%;

（2）转化成糖原和葡萄糖:约占 20%;

（3）从尿和汗中排出:占 1%～2%。

(三) 生理功能恢复过程的一般规律

1. 强度依赖性　大多数生理功能指标恢复的速度和持续时间直接取决于工作强度,工作强度越大功能变化也越大,相应恢复速度就越快。例如,在极量无氧强度工作后,大多数功能的恢复时间为几秒钟。而长时间持续工作后（如马拉松跑）,则需几天。

2. 不同时期　各种生理功能的恢复以不同的速度进行。例如,血压和摄氧量比心率恢复快;摔跤运动员在比赛后呼吸节律恢复最快,其次是心率,肌力恢复最慢。另外,氢离子浓度和碱储备比白细胞和血小板数量恢复快。因此,整个恢复过程的完成不能根据一个或几个指标,而是根据最慢恢复到原来水平的指标及各指标恢复状况做全面判定。

三、运动性疲劳的恢复途径

(一) 对运动性疲劳恢复的研究

加速机体恢复是采用大运动量训练重要的前提,而运动性疲劳的恢复是一个复杂的过程,要做到全面、系统、科学。运动性疲劳的恢复已经成为人体运动科学研究的重要内容。

1. 从运动医学角度看　用各种方法使肌肉放松、改善肌肉血液循环、加速代谢产物排出及营养物质的补充。如整理活动、水浴、蒸汽浴、桑拿浴、理疗、按摩等。

2. 从运动训练学角度看　为了加速运动员在运动过程中及运动后的恢复,应根据负荷的性质,决定间歇的时间、间隔方式。在训练课中穿插和采用一些轻松愉快、富有节奏性的训练手段有利于恢复。整理活动是运动训练不可缺少的内容,整理活动的质量直接影响恢复的效果。

3. 从运动心理学角度看　通过调节神经系统功能状态来消除疲劳。如睡眠、气功、心理恢复、放松练习、音乐疗法等。主要是利用自我暗示、放松训练、气功、生物反馈等手段,进行自我恢复。还可利用运动员的业余爱好丰富其文化生活来转移精神紧张。

4. 从运动营养学角度看　通过补充机体在运动中失去的大量物质,促进疲劳的消除。如吸氧、补充营养物质及利用某些中药来调节等。在采用运动营养因素促进恢复时,要注意机体在承受不同负荷之后缺什么补什么,而不是吃得越多越好。体育科研工作者也在试图寻找既能提高运动能力又对身体无副作用的营养剂。

5. 从运动生理学角度看 人体的各种生理功能并不是在运动结束以后才开始恢复的。实际上,他们在运动时,随着能量物质分解后的再合成,恢复过程就已经开始了,但是分解过程超过了再合成过程时,能量物质不能完全恢复,而只有当运动结束之后,剧烈运动的消耗停止了,合成过程超过了分解过程,人体功能才逐步得到了完全的恢复。因而运动后的休息,实际上是恢复过程的一部分,而休息的方式又直接影响着恢复的速度。作为一个优秀教练,应根据各方面的情况,对运动员的身体状况及时作出正确的判断,调整运动量,加速其疲劳的恢复,促进其体能的提高。

(二)运动性疲劳的消除方法

1. 养成良好的生活习惯

(1)休息:休息是疲劳恢复的最重要的也是最有效的手段。只有休息得好才能学习得好,锻炼得好。休息包括睡眠和活动性休息(或称积极性休息)。

1)睡眠:睡眠是消除疲劳、恢复体力的好方式。睡眠时大脑皮质的兴奋过程降低,体内分解代谢处于最低水平,而合成代谢过程则相对较高,有利于体内能量的蓄积。成年运动员在平时训练期间,每天应有8~9小时的睡眠。在大运动量和比赛期间,睡眠时间应适当增加。青少年运动员的睡眠时间,应比成年运动员长,必须保证每天有10小时睡眠。如果上、下午都安排训练,中午应有适当时间午睡(1.5~2小时)。为提高睡眠质量要做到就寝前洗脚,尽量使精神状态趋于平静,避免外界刺激,室内空气保持新鲜。

2)活动性休息:活动性休息就是指在休息时进行其他活动,也叫积极性休息。当局部肌肉疲劳后,可利用未疲劳的另一些肌肉进行一些适当活动,借以促进全身的代谢过程,加速疲劳的恢复。当全身疲劳时,也可通过一些轻的、兴趣高的体力活动,来达到加速消除肌肉乳酸堆积的目的。因此,我们在体育课中应多采用转换活动内容的方法作为休息的手段。

(2)每天有规律地进行各种活动,会在大脑皮质中形成动力定型,动力定型的建立使机体的活动自动化和节省化,可以减轻机体的生理负担,有利于身体的健康和工作效率的提高,有利于疲劳的消除。

(3)生活中避免吸烟和饮酒的不良嗜好,也是保持良好的生理功能、促进身体健康、防止疲劳的有效途径。

2. 整理活动 运动后的整理活动是消除疲劳、促进体力恢复的一种良好方法。剧烈运动后进行整理活动,可使心血管系统、呼吸系统仍保持在较高水平,有利于偿还运动时所欠的氧债。整理活动使肌肉放松,可避免由于局部循环障碍而影响代谢过程。运动后内脏器官需要高工作水平,以补偿运动时缺少的氧,如果身体由运动状态转为突然不动,会妨碍剧烈的呼吸动作,从而影响氧的补充;同时由于静止不动,影响了静脉回流,则心输出量骤然减少,血压急剧下降,会造成暂时的脑缺血,就会有一系列不舒适的感觉,严重时甚至休克,所以应重视运动后的整理活动。

整理活动要尽量选择一些使工作肌群放松的练习。包括慢跑、呼吸体操及各肌群的伸展练习。运动后的伸展练习可消除肌肉痉挛,改善肌肉血液循环,减轻肌肉酸痛和僵硬程度,消除局部疲劳,对预防运动损伤发生也有良好作用。如剧烈奔跑后,逐渐转为慢跑和走,同时进行深呼吸,腿部屈伸,放松摆动,按摩等。进行负重练习后可以安排轻跳、慢跑等放松肌肉的练习。

3. 合理补充营养 大运动量的运动训练会消耗运动员大量的能量,营养对运动员的训练水平、功能状态、承受负荷能力、恢复过程都有直接的影响。如果营养不良或缺乏营养必将影响运动员的健康,导致身体功能的下降,使疲劳过早产生,影响正常的训练和运动能力的发挥。因此运动营养膳食必须引起高度重视。

运动时消耗的物质需要靠饮食中的营养物质来补充,不同的运动项目需要不同的营养。速度性运动项目的膳食应含较多易吸收的糖、维生素 B 和维生素 C,还应多吃蔬菜、水果等碱性食物。耐力性运动项目的膳食要多供给糖、维生素 B、维生素 C 和磷。力量性运动项目的膳食需增加蛋白质和维

生素 B_2 的供给量,此外,钠、钾、钙、镁的补充也很重要。灵敏性运动项目的膳食热量不宜过多,要多供应蛋白质、维生素 B_2、维生素 C 和磷。根据不同运动项目的需要,在运动中适时补充营养物质,既能提高身体抗疲劳能力,又能帮助消除运动后疲劳。

4. 用物理恢复法　物理恢复法能促进疲劳肌肉的代谢过程,加速疲劳的消除。物理恢复的方法很多,其常用方法有以下几种。

(1)温水浴:训练后进行温水淋浴是最简单易行的消除疲劳的方法。温水浴可促进全身的血液循环,调节血流,加强新陈代谢,有利于机体营养物质的运输和疲劳物质的消除。水温以 42℃左右为宜,时间为 10~15 分钟,勿超过 20 分钟。训练结束半小时后,还可进行冷热水浴。冷水温为 15℃,热水温为 40℃。冷水淋浴 1 分钟,热水淋浴 2 分钟,交替 3 次。最长不超过 20 分钟,每天不要超过 2 次。另外,热敷也可以消除肌肉的疲劳。

(2)按摩:按摩可促进毛细血管扩张,改善肌肉的血液循环,消除在肌肉内的代谢产物,对中枢神经系统起安抚和镇静作用,有助于大脑正常功能的恢复,有助于消除局部肌肉的疲劳,达到促进恢复的目的。

按摩的方法多种多样,可进行全身或局部肢体的按摩,有损伤的还可以兼做治疗,均有良好效果。有条件的还可以采用机械按摩,目前国内外使用的有气压按摩、振动按摩和水力按摩等,对放松肌肉、消除肌肉酸痛和恢复体力效果极佳。

按摩部位应根据运动项目的特点和疲劳的情况来选择,负荷量最大的部位是按摩的重点。肌肉部位以揉捏为主,交替使用按压、抖动、叩打等手法,在肌肉发达的部位也可用肘顶、脚踩。关节部位以摩擦为主,穿插使用按压、搓和运拉。在按摩肢体时,先按摩大肌肉群,后按摩小肌肉群。如按摩下肢,先按摩大腿肌肉,后按摩小腿肌肉,以提高肌肉韧带的工作能力,加速疲劳时的肌僵硬紧缩和酸胀痛代谢产物的消除,改善血液循环和心脏收缩功能。

按摩开始和结束用推摩和擦摩手法。按摩一般在训练或比赛后进行,当运动员十分疲劳时,需让运动员休息 2~3 小时后再按摩。

(3)负氧离子:这种方法是通过负氧离子发生器生成大量负氧离子,人将其吸入呼吸道后,通过神经、体液调节机制对机体产生影响。大量负氧离子进入人体后能改善和提高肺的换气功能,增加氧吸收量,加快二氧化碳的排出速度,刺激造血功能,使红细胞、血红蛋白、血小板、嗜酸性粒细胞增加,心搏出量加大,血流速度加快,从而提高机体运动后的"氧债"偿还速度。

5. 心理恢复　心理恢复主要是意念活动,通过一定的套语暗示进行导引,使肌肉放松,心里平静。从而调节自主神经系统的功能,然后再运用带有一定愿望的套语进行自我动员。如暗示性的睡眠休息、肌肉松弛、心理调节训练。实践证明,采用上述方法能促进身体疲劳的尽快消除,加快身体的恢复过程。另外,舒适幽雅的环境、听音乐等也可以减弱田径训练的枯燥、单调刺激,消除疲劳。

6. 药物　为了尽快消除疲劳,可适当应用一些药物,如中药黄芪、刺五加、参三七等,其都有调节中枢神经系统功能、扩张冠状动脉、补气壮筋等作用,对消除疲劳有一定效果,蜂王浆、人参、鹿茸等对养血补气效果较好,在赛前服用药物可延缓机体疲劳和迅速消除运动后疲劳。药物方面有维生素类、腺苷三磷酸(ATP)和某些矿物质类制剂,可调节中枢神经系统功能,扩张冠状动脉,促进血液循环,改善生物氧化过程和能量代谢,有利于消除疲劳恢复体力。

第四节 ｜ 运动场地器材的卫生监督

一、运动场地器材的安全风险

(一)场地器材使用的事故风险

1. 体育场地存在安全隐患会导致学生受伤　学校的体育场地多以塑胶场地和水泥场地为主,材质较硬,学生在日常锻炼时容易忽略体育场地上存在的一些安全隐患,如场地湿滑、不平整、异物未及时清理等,容易导致摔伤事故的发生。

2. 学生使用体育器材时缺乏安全意识导致受伤 学生在使用体育器材时对其用法不熟悉、缺乏他人保护、在没有充分热身的情况下使用如投掷类器材、体操器材时容易造成伤害自己或他人的情况。铅球、标枪、实心球等都具有一定的重量和危险性,学生在拿取时方法不当,或在拿取过程中使用器材嬉戏打闹,都可能会造成伤害事故。

3. 球类和投掷类器材难以控制造成砸伤学生 学生不规范地使用和错误的动作会造成砸伤自己或他人,球类场地在进行教学活动和日常锻炼时,由于场地限制,在同一场地会进行多项球类教学活动,容易出现篮球、足球、网球难以控制击中学生的面部、眼部、裆部等人体脆弱部位导致学生受伤甚至残疾等事故的发生。

4. 体育器材放置不规范导致学生受伤 田径运动中跨栏栏架和跳高架的摆放不稳定导致栏杆脱落或栏架倒塌会绊倒或砸伤学生。由于田径场地跑道数量有限,短跑、长跑和跨栏项目之间的相互影响容易引起学生之间的碰撞而导致受伤事故的发生。

5. 学生私自使用器械导致受伤 学校对体育设施缺乏管理,使得一些具有危险性的投掷类器材、体操馆中材质坚硬的固定器械等,在无人保护和看管的情况下学生私自使用不熟悉的运动器材导致伤害事故的发生。

(二)场地器材损坏的事故风险

1. 田径场地损坏导致学生受伤 田径场地可能因为长时间使用,出现跑道塌陷、不平整等现象而导致学生摔倒;跳远的沙坑土质过硬而导致摔伤等情况。

2. 球类器材损坏导致学生受伤 球类场地中篮球架缺乏维护倒塌和篮板破碎导致学生被砸伤;篮球、足球、排球表面出现破损对手部、眼部等都会造成损伤;羽毛球、网球出现磨损、断裂,使得球拍很可能在挥拍时部分脱落而飞出,对他人造成伤害。

3. 体育器材缺乏维护导致学生受伤 体育器材使用年限长,若缺乏定期维护和检查,器材各部位连接处松动和生锈,使用时容易发生摇晃甚至断裂等情况,从而造成学生受伤。

4. 保护措施损坏导致学生受伤 在进行跳高或体操类项目时,保护学生落地的海绵垫子发生破损或缺乏弹性,无法有效保护学生的安全导致伤害事故的发生。

二、运动场地器材安全防护措施

(一)加强场地器材管理

1. 合理安排使用田径场地 学校要根据田径场地的面积大小合理安排体育课程,协调好各个班级之间的教学活动,避免出现多个班级占用跑道或同时进行投掷类,如实心球、铅球等教学活动,做到班级之间互不干扰。

2. 加强学生的安全意识和课堂纪律 教师应该重点关注课堂纪律和安全意识的教育,做出正确示范,并让学生认识到错误动作的危险性,避免他们在课堂或者日常锻炼中出现伤害事故。在田径场地进行教学活动时要求教师严格约束学生的行为,强调安全和纪律的重要性,不得离开教师视线范围进行活动和私自进出田径场地。

3. 严格体育场馆出入管理 避免在课中和课后有学生私自进入体育场馆,在没有教师的监督和指导下,在无保护情况下,做出一些危险的尝试和动作,导致出现伤害事故。值日生和体育委员应严格按照教师的要求,认真摆放体育器材,并阻止其他学生课前私自使用体育设施。

(二)场地器材使用事故的防护措施

1. 合理规范使用体育器材 教师要根据教学安排合理规范体育器材的使用,器材摆放要合理,摆放的范围不宜过大,如跳高、跳马等,必须要有符合标准的器材和相应的保护措施。

2. 严格管理体育器材 严禁任何学生在未经教师允许下使用如铅球、实心球、标枪等具有一定危险性的体育器材,在拿取时要在教师的监督和帮助下组织学生进行,避免因器材过重而不正确拿放,导致伤害事故发生。

3. **正确示范使用体育器材**　教师应重点关注课堂纪律和安全意识的教育,做出正确示范,让学生了解错误运动可能带来的危险,以最大限度避免学生在课堂或平时锻炼中出现运动伤害事故。

4. **保证体育器材的质量和数量**　进行球类运动教学时要根据学生的年龄和身高选用适合的器材,成人化的器材和场地可能影响学习效果,容易引发伤害事故。器材的短缺会造成教学质量的下降,同时会引发不必要的争抢而导致学生受伤。

5. **禁止尝试危险动作**　在使用如单杠、双杠、跳箱、跳马等器械时必须经教师允许并在保护下进行,不允许使用不熟悉的器材或者轻易尝试危险动作,以免伤害事故发生。

(三) 场地器材损坏事故的防护措施

1. **定期维护体育设施**　学校要定期派专业人员检查所有体操器材的安全状况,做到定期检查和维护,并且要求有专人管理和维护,保障体育场地的干净、平整。如整修跑道、填平场地坑洼、清除杂物等。在活动前要对场地环境、器械提前进行仔细检查,若不能及时维修,则应立即暂停使用。

2. **保障体育设施质量安全**　学校应该选择对质量和信誉都有保障的厂家和企业,同时要定期进行场地的维护和质量评估,学校必须派专人负责,定期检查、维护和更换磨损严重的器材设施。体育教师或器材管理人员应做好损坏器材、设施的记录,无法使用者需要及时更换并登记报损,避免再次使用而造成不必要的伤害。

3. **标注使用体育设施时的安全警示和规范使用**　固定在室外的器械,需要有明确的文字或图片警示标识,避免学生在课间或课后活动时,随意使用而出现意外事故。教师和学生都要增强安全意识,在遇到有器材不安全的现象时须立即停止使用并报告管理人员。

教师要在体育教学活动中培养学生的安全防护意识,将安全知识和防护技巧贯穿整堂课程教学。让学生了解体育课中可能存在的运动风险、如何进行防护、在发生伤害事故后如何处理。

(王旭东)

第九章 | 常见运动损伤的预防与处理

第一节 | 运动损伤的概念与性质

一、运动损伤的概念

运动损伤是指在运动过程中或在平时生活中由于身体状态、身体姿势不当及冲撞、场地、器材等原因造成的身体损伤。因此,在体育运动中要注意运动损伤发生的各种因素,坚持以预防为主的原则;在运动中采取有效的安全措施,有许多运动损伤是可以避免发生的。

二、运动损伤的性质

1. 损伤的性质　运动损伤从解剖角度可分为:肌肉损伤、关节损伤、骨质损伤等。在损伤中,肌肉损伤占第一位,关节损伤占第二位,骨质损伤占第三位。

在肌肉损伤中,肌肉拉伤占第一位,主要发生在腰骶、臀、大腿等肌肉较多的部位;肌腱损伤占第二位,主要发生在小腿、肩等部位;肌腱骨膜附着处损伤占第三位,主要发生在小腿、臀等部位;腱鞘损伤占第四位,主要发生在足踝、手腕等部位。

在关节损伤中,关节囊韧带损伤最多,主要发生在足踝关节、手腕关节、膝关节等部位。

骨膜损伤主要发生在足踝、腰骶等部位,骨折主要发生在手腕、足踝、肘关节等部位。

从损伤的部位看,下肢损伤最多,其次是躯干和上肢,最少的是头颈部。

2. 运动性损伤的一般规律　不同的运动项目有不同的运动损伤规律性。如铁饼运动员易患髌骨软骨病;跳高运动员易患髌尖痛;射击运动员易患脊柱侧弯;自由体操运动员易患跟腱断裂等。这种规律性损伤由两个因素决定,即运动技术的特殊要求和局部解剖的特点。

第二节 | 运动损伤的直接原因

一、思想上不够重视

在进行体育运动时,对运动损伤的风险缺乏认知、轻视潜在的运动损伤风险、忽略身体信号等都是思想上不重视的表现。缺乏必要预防措施及适当的训练方法,容易导致运动损伤的发生。受伤后不会紧急处理、不能及时分析受伤的原因,会使运动损伤反复发生。

(一)缺乏相关理论知识

缺乏预防运动损伤的相关理论知识,导致训练方法不正确、技术动作运用不合理,难以识别潜在运动损伤风险,如热身、拉伸、适当休息、采取正确的身体姿势和运动动作等。运动者缺乏运动损伤处理理论认识、受伤后采取不当治疗措施和恢复手段,导致严重的二次损伤或反复受伤。

(二)过度自信

思想不重视会引起运动员过度自信。过度自信可能会使运动员对准备活动的作用不明确,忽视包括热身、适当地休息在内的准备工作,错误地认为做准备活动是浪费体力,往往急于参加运动而损伤。另外不正确穿戴运动装备和不采取恰当的保护措施,也会增加运动损伤的风险。

（三）忽视身体信号

对运动损伤的认识不足，缺乏合理训练和休息，缺乏自我保护的超负荷训练，可能忽视身体发出的疲劳、不适和疼痛的信号，误以为自己可以承受更多的运动负荷，继续进行剧烈运动，增加受伤的风险。

二、缺乏合理的准备活动

运动前缺乏准备活动或准备活动不充分时，人体神经系统没有被激活和内脏器官的功能没有被充分动员，肌肉伸展能力欠佳，关节不够灵活，动作不协调，容易导致运动损伤的发生。缺乏合理的准备活动造成运动损伤的原因有以下几种。

（一）血液黏滞

缺乏合理准备活动，会造成肌肉血液黏滞。人体长时间静止不动或运动前缺乏热身运动，肌肉活动减少可能会导致血液在特定肌肉群内循环减弱，血液黏度增加，血流速度变慢，突然的运动量增加使人体肌肉和器官难以快速激活，缺乏充分的血液循环，造成肌肉中氧气和养分供应不足。血液黏滞还会影响肌肉组织的灵活性和柔软性。

（二）肌肉僵硬、伸展性不足

运动前缺乏准备活动引起血液循环不畅可能导致肌肉缺氧，从而降低了肌肉的功能和抵抗力，导致肌肉更容易受伤。某些肌肉群没有得到充分的锻炼，肌肉的柔韧性下降，缺乏弹性和可伸展性，而在运动时又过度使用，将增加肌肉拉伤的风险。

（三）关节柔韧性降低

运动前拉伸活动有助于提高关节和肌肉的柔韧性，在缺乏热身和拉伸的情况下，运动员可能没有足够的体能和关节适应，柔韧性不足，从而可能执行错误的动作和姿势，极大地增加运动损伤的可能性。

三、技术动作错误

技术动作要领掌握不牢、动作不规范、存在缺点和错误等非常容易违反身体结构的特点和运动时的生物力学原理，从而引起损伤。技术动作错误可能导致运动损伤的原因包括以下几点。

（一）肌肉承担的运动负荷分布不均

不正确的技术动作可能导致不良的肌肉配合和协调，使某些肌肉群受到过度拉伸或紧张承受过大的负担，而其他肌肉群则参与较少，导致负荷分布不均，阻碍肌肉发展并降低运动表现。如果训练者的水平不足，突然增加运动强度或进行过度训练，容易导致肌肉疲劳、过载和损伤。

（二）韧带和关节受力不当

错误的动作可能使韧带和关节承受超出其正常范围的力量，这可能导致扭伤、脱臼或关节损伤。长期使用错误技术动作可能导致慢性伤害。例如：错误的跑步姿势、蹲跳动作不当或在承重运动中扭伤膝盖等动作可能导致膝关节韧带扭伤、半月板撕裂或髌骨脱位等损伤。

（三）身体姿势不正确

错误的姿势或动作可能导致不正确的身体对位，增加因姿势不当而引起的损伤风险。例如：错误的举重动作、脊柱过度弯曲或不正确的重量训练可能导致腰椎间盘突出、颈椎扭伤或关节炎。

（四）技术动作不规范影响动作效率

不规范的技术动作可能使运动员在执行动作时效率降低。导致部分肌肉群的不必要使用或增加额外的耗能，在执行动作时浪费了更多的体力和能量，减缓运动员的速度或力量输出，从而降低了整体表现水平，还可能导致某些肌肉群承受过大负荷，其他肌肉群得不到充分使用，增加了疲劳和整体受伤的风险。

四、运动负荷过大

运动负荷是指在进行体育运动或体育锻炼过程中，身体所承受的力量、速度、耐力等多方面因素的综合作用,一般分为外部负荷和内部负荷,外部负荷是指运动过程中施加在身体上的外界力量,如运动的强度、速度、持续时间等。内部负荷是指身体自身对外界力量的适应性反应,包括心率、呼吸频率、肌肉疲劳等。运动负荷过大可能导致以下运动损伤。

(一)加重心脏负担

如果人体没有足够的时间来适应运动负荷的增加,运动负荷过大会让身体难以适应,高强度运动容易诱发心绞痛、心肌梗死等危险,长期不锻炼或有潜在动脉疾病的人容易增加脑血管意外的风险。

(二)肌肉疲劳

两次运动之间没有足够的时间休息,让身体功能恢复,长时间或过度的运动会导致肌肉疲劳,使肌肉无法维持正常功能失去稳定性,容易发生受伤。

(三)关节韧带受损

过大的运动负荷会让身体承受超出正常范围的压力,韧带和关节在长时间或过度运动下会受到超出其正常负荷的压力,增加受伤的可能性。例如:过多地跳跃和蹲杠铃,导致膝部负担过大,易患髌骨疲劳;过多地跳、跑会引起胫腓骨疲劳性骨膜炎。

五、身体功能和心理状态不良

睡眠或休息不好、患病或新伤未愈及身体疲劳时,身体生理功能和运动能力下降,受训练比赛情绪影响,心理状态不良,此时参加训练和比赛很容易因肌力较弱、反应迟钝、分心、身体协调性差而受伤。

(一)身体功能不佳

身体功能不佳可能导致运动时的反应速度减慢,协调性下降,特别是肌肉力量或肌肉支撑能力不足,可能使肌肉无法支撑运动过程中的压力,动作变形或完成质量不佳,增加因不当动作或姿势引起的受伤风险。

(二)心理状态不良

不良的心理状态也是导致运动损伤的重要原因,如过度兴奋、情绪低落,心情急躁、不合理的期望、急于求成等都是不良的心理状态表现。不良的心理状态可能导致运动时分心、注意力不集中,造成动作错误或决策失误,以至引起运动损伤。

六、组织方法不当

训练教学中的组织不当包括违反教学原则、内容安排不当、运动负荷不合理、纪律管理松散、组织方法不当、场地器材布局不妥善等方面。

(一)过度训练和不合理的训练计划

错误的组织方法可能导致动作幅度过大、训练过于频繁或负荷强度过人,使运动员无法充分恢复,在运动过程中肌肉、韧带或关节容易产生损伤。

(二)错误的技术指导

根据运动技术形成的规律,在运动技能形成的泛化阶段和分化阶段的组织教学和训练过程中,不正确的技术指导或错误的动作示范,会让初学者对运动技术概念理解不深刻,姿势不正确,练习中出现僵硬、不协调或多余的动作,技术掌握不稳定,教学中遇到一些技术较复杂、难度较大的运动项目或在运动量、强度加大的情况下可能会增加损伤风险,造成肌肉、韧带或关节的损伤。

(三)缺乏适当的热身和拉伸

运动前没有组织运动者热身,身体快速动员容易肌肉拉伤,运动结束后也没有组织拉伸、放松活动,给运动后休息带来负面影响,不利于机体快速恢复。也会增加训练比赛中受伤风险。

(四)不合适的装备或场地

使用不合适的运动装备或在不合适的场地进行训练可能增加受伤的可能性,缺乏紧急救援措施导致在紧急状况下无法对伤员进行及时救护。

七、动作粗野或违反规则

粗野的动作和违反比赛规则除了可能导致自身运动损伤,还会对他人带来危害。

(一) 失控和降低稳定性

粗野的动作常常伴随着躯干姿势异常,身体处于不自然的姿势或位置,降低稳定性和平衡,应变不力,导致失控,这会增加摔倒、扭伤或其他损伤的风险。

(二) 增加的碰撞和冲击概率

违反规则或粗野的动作往往伴随着更多的碰撞和冲击,强制性的肢体接触、非规范动作或一些犯规行为增加了肌肉、韧带和关节受伤的可能性。例如激烈的身体接触可能引发扭伤、撞击伤或韧带受伤。

(三) 对他人造成伤害

在激烈的比赛环境下,运动员因胜利欲望过大而存在情绪激动、对他人和自身安全造成了忽视;有时会存在缺乏运动素养和合作精神、不遵守比赛规则,甚至粗野和违规的动作等可能,进而危及其他运动员和自身的安全,增加了意外受伤的可能性。

八、场地设备的缺陷

场地设备缺陷,保护用具使用不规范,运动服装、装备穿戴不合理等问题不仅会影响训练比赛效果,甚至会导致不必要的运动损伤。以下是场地设备缺陷造成运动损伤的原因。

(一) 场地设施设计欠合理或维护不到位

运动设备或体育场地缺乏保养或设计不符合安全标准,可能会导致使用不便或功能不完善,存在隐患。例如:骑行护具设计不合理,可能影响运动员的舒适度和保护性能,降低其提供的保护效果,无法有效减轻运动时的冲击或压力,增加受伤的风险。

(二) 不按要求穿戴运动装备和服装

不按要求穿戴保护用具可能会失去保护用具原有的保护效能,无法提供应有的保护,不仅可能增加运动损伤的风险,还会直接威胁运动员的生命安全。运动时不按要求穿着运动服,穿着高跟鞋、牛仔裤等进入运动场不仅会影响运动效果,容易对自己造成损伤,也可能对运动设施造成损坏。

九、不良气象的影响

天气突变可能使得原本安全的运动环境转为不利的运动环境,增加了受伤的风险。不良天气突变可能导致运动损伤的原因包括降雨或冰冻、温度短时间显著变化、风速增加、能见度不足,以及天气变化导致运动者心理出现波动,可能影响运动者的专注力和注意力,增加失误和受伤的风险。

第三节 │ 损伤的发病规律和潜在原因

一、发病规律

运动损伤的性质和程度有一定的规律性,即不同部位组织的损伤类型和严重程度也存在一定的差异。总的来说,肌肉筋膜、肌腱腱鞘、韧带、滑囊等各种组织的小损伤多,慢性伤多;骨折、关节脱位等严重损伤少,急性伤多。这些慢性小损伤虽然不影响一般人的日常生活,但是却在一定程度上影响体育教学和锻炼,严重时影响运动员的日常训练、运动成绩的提高和运动寿命。

二、潜在原因

造成运动损伤的潜在因素有两个方面:一方面,运动项目及其技战术动作的不同导致其对人体的损伤部位、损伤程度具有明显差异;另一方面,人体自身所包含的生理性弱点通过运动得到表现。

潜在原因导致的运动损伤分为急性损伤和慢性损伤两种。急性损伤的原因为技术动作错误、技术动作不合规范、技术训练违反人体解剖学和生物力学规律;慢性损伤的原因为人体局部运动长期超负荷,超出该组织所能承受的最大程度,而逐渐发生退行性病理改变。

例如,在篮球运动训练中,运动员多在膝关节半蹲位下滑步进攻、防守、踏跳、上篮、落地、缓冲;排球训练多在半蹲位发力起跳拦网或扣杀。这些动作都要求膝关节处于半屈曲位(30°)状况下,进行伸、扭转活动,而当关节处于此位置时需要迅速变向伸膝、发力,以适应篮、排球运动项目对人体的特殊要求,而此时的膝关节恰恰处于它自身的解剖生理弱点的位置,一旦翻转超出了人体解剖学和生物力学所能容许的程度时,就会发生膝关节韧带或半月板的急性损伤。

再比如吊环、单杠、高低杠运动员的大幅度的转肩活动,使关节承受极大的牵扯力。由于肩关节的肩胛骨关节盂小而浅,骨头大而圆,二者之间的容积、体积比例约为1∶3,加之肩关节囊较为松弛,其周围韧带又较为薄弱,这些因素均构成了肩关节灵活度大、牢固性差的解剖生理弱点。因此,运动员在错误的技术动作情况下,极易造成肩关节的急性损伤。维持肩关节稳定的辅助装置是肩袖,由于长期大幅度的转肩活动,会使肩袖的肌腱组织局部承受很大的挤压、摩擦负荷。久而久之,会使其出现退行性病理改变,引发慢性损伤。

认识了运动损伤的发病规律,自觉地在教学、训练中,有意识地引导两个潜在因素向有利的方面转化,以期达到积极预防运动技术损伤发生的目的。因此应提出克服运动损伤潜在因素的措施。

(一) 应加强易伤部位的准备活动

在做好常规的准备活动的同时,对于易受伤部位应有针对性地进行准备活动的加强与热身,进而避免易受伤部位因准备活动不足而受伤。

(二) 平日应加强易损伤部位的肌肉力量练习

例如,为预防膝部损伤、髌骨劳损,就应加强股四头肌的力量练习;为预防肩袖损伤就应加强肩部周围肌肉力量、关节灵活性和柔韧性的练习。

(三) 不断地改进技术动作

例如,学习投掷动作时,应重点注意:肘部要高于肩,肩关节外展角度应大于120°,为上肢的活动提供核心稳定并传递力量,产生更大的力量和速度,同时减轻远端关节所承受的负荷,进而避免不必要的运动损伤。

第四节 ｜ 运动损伤的预防

一、预防运动损伤的意义

运动损伤的出现会损害身体、降低运动表现、制约运动水平的提高。因此,预防运动损伤对运动个体的意义有以下三点。

(一) 保护身体健康

预防运动损伤可以帮助个体保持身体健康,降低患病风险。运动损伤往往会导致疼痛、不适及功能障碍,严重的损伤甚至可能导致长期的康复过程。通过采取预防措施,可以减少运动损伤的发生率,保护个体的身体健康。

(二) 提高运动表现

运动损伤会影响个体在运动中的表现。受伤后,个体可能会出现力量下降、灵活性减弱、耐力下降等问题,从而影响运动表现。通过预防运动损伤,可以减少这些不利因素的影响,提高个体在运动中的表现水平。

(三) 保持积极心态

运动损伤往往会给个体带来负面情绪,如焦虑、失望、挫败感等。这些负面情绪会影响个体的运动动力和积极性,甚至可能导致运动放弃。预防运动损伤可以减少负面情绪的发生,保持个体的积极心态,使其更愿意坚持运动。

二、运动损伤的预防原则

运动损伤的预防原则主要有合理安排运动负荷,认真做好准备活动,合理安排教学、训练和比赛,加强医务监督,加强和培养良好的心理能力,增强自我保护意识,认真做好整理活动。

(一) 合理安排运动负荷

在进行体育活动时应根据个体的身体状况、运动水平和目标来设计运动计划,遵循循序渐进的训练原则,逐渐地增加运动强度和时间,避免突然的高强度运动,可以有效地防止损伤的发生。

(二) 认真做好准备活动

在进行任何体育活动之前,进行适当的热身活动是非常重要的,运动前进行充分的准备活动可以使身体血液循环加快,提高体温,有效地预防肌肉拉伤和关节损伤。同时可以提高中枢神经的兴奋性,提高神经系统对肌肉的协调控制能力及肌肉收缩的效率,使机体处于良好的赛前状态,为进入训练或比赛做好功能上的准备。

(三) 合理安排教学、训练和比赛

在对青少年的力量训练时应以动力性训练为主,尽量少做或不做静力性训练。在设计训练内容时要合理地安排运动负荷,同时避免单一的训练方式,以预防引起局部负担过大,增加受伤的风险。

(四) 加强医务监督

对学生或经常锻炼的人要定期进行体格检查,同时对于患有疾病的运动员要加强医学观察,禁止伤病患者及身体不合格的人参加比赛。医务人员合理安排患者伤后训练,保证运动员获得良好训练状态,防止因伤后突然停训而引起停训综合征,加强局部治疗与锻炼,科学安排运动量,提高身体素质。

(五) 加强和培养良好的心理能力

适当的焦虑可以给予运动员一定的紧张感,激发运动员获胜的动机。过度的焦虑则会使运动员感到恐慌,害怕不能完成心中的目标及辜负教练和家人的期望,从而产生沮丧等不良的情绪,这样会严重影响运动员的运动表现,增加出现损伤的风险,因此在训练和比赛中,教练员应积极地引导运动员把思想集中于比赛,减少外界对运动员自身的影响,充分发挥自己的运动水平。

(六) 增强自我保护意识

任何一项运动都有出现运动损伤的风险,学习有关运动损伤的知识,可以有效避免运动损伤的出现。同时还应了解一些受伤后的应急处理措施,如在关节扭伤时进行冷敷,使毛细血管收缩、受伤部位肿胀等症状减轻,而不是一味地静养,延误最佳治疗时期。

(七) 认真做好整理活动

整理活动又称放松活动,是指在剧烈活动后使身体恢复到安静状态,运动后充分地进行放松活动可以促进血液循环,加速血液循环的重新分配,缓解神经肌肉的紧张,使运动后僵硬、紧张的肌肉松弛下来,减少乳酸堆积,缓解肌肉酸痛,促进疲劳的消除及体能恢复。

第五节 | 运动损伤的急救

一、急救的概述

急救,又称紧急救治,是指当有任何意外或疾病发生时,施救者在医护人员到达前,按医学护理的原则,利用现场适用物资临时及适当地为伤病者进行的初步救援及护理,然后快速送往医院的过程。

(一) 急救的目的

1. 保存生命 恢复呼吸、心跳,止血,救治休克。

2. **防止伤势恶化**　处理伤口、固定骨部。

3. **促进复原**　避免非必要的移动、小心处理、保持最舒适的坐/卧姿势、善言安慰。

（二）急救的原则

1. **注意环境安全**　确认现场及周边环境安全,若现场环境不安全或存在隐患,立即转移至安全地点,避免在急救时引起次生损伤。

2. **救护者的自我保护**　迅速观察现场,确认环境安全后再进入。在条件许可的情况下,救护者应采取必要的防感染措施,例如戴口罩、眼罩、手套,使用人工呼吸膜等。

3. **及时、合理地进行抢救**　现场如果存在危险因素,在条件允许的情况下,应首先将患者运送到安全处再进行救治。反对盲目冒险坚持原地急救,也反对不采取任何救护措施盲目搬动患者。

4. **紧急呼叫救护车**　拨打"120"急救电话,告知患者的性别、大致年龄、现在所在的详细地址、目前主要症状,若了解既往病史,也可告知医生,有利于诊断和带相应的急救设备,在救护车到来前,联系电话保持畅通,并提前等候,便于救护车尽快接到患者。

二、出血的急救

止血技术是急救术中非常重要的技术,其目的在于控制出血、维持有效循环血量、防止休克发生。应根据伤员的出血部位、出血量、伤口情况选择合适的止血方法。常用的止血方法有指压止血法、直接压迫止血法、包扎止血法、填塞止血法和止血带止血法等。

（一）指压动脉止血法

常用指压点及按压方法如下。

1. **头顶部出血**　压迫同侧耳屏前方颧弓根部的搏动点(颞浅动脉),将动脉压向颞骨。

2. **颜面部出血**　压迫同侧下颌骨下缘、咬肌前缘的搏动点(面动脉),将动脉压向下颌骨。

3. **头颈部出血**　用拇指或其他四指压迫同侧气管外侧与胸锁乳突肌前缘中点之间的强搏动点(颈总动脉),用力压向第五颈椎横突处。压迫颈总动脉止血应慎重,绝对禁止同时压迫双侧颈总动脉,以免引起脑缺氧。

4. **头后部出血**　压迫同侧耳后乳突下稍后方的搏动点(枕动脉),将动脉压向乳突。

5. **肩部、腋部出血**　压迫同侧锁骨上窝中部的搏动点(锁骨下动脉),将动脉压向第1肋骨。

6. **上臂出血**　外展上肢90°,在腋窝中点用拇指将腋动脉压向肱骨头。

7. **前臂出血**　压迫肱二头肌内侧沟中部的搏动点(肱动脉),将动脉压向肱骨干。

8. **手部出血**　压迫手掌腕横纹稍上方的内、外侧搏动点(尺、桡动脉),将动脉分别压向尺骨和桡骨。

9. **大腿、小腿出血**　压迫腹股沟中点稍下部的强搏动点(股动脉),可用拳头或双手拇指交叠用力将动脉压向耻骨上支。

10. **足部出血**　压迫足背中部近脚腕处的搏动点(胫前动脉)和足跟内侧与内踝之间的搏动点(胫后动脉)。

（二）止血带止血法

使用止血带前,应先在止血带下放好衬垫物。常用的止血带止血法如下。

1. **橡皮止血带止血法**　在肢体伤口的近心端,用棉垫、纱布、毛巾或衣物等作为衬垫缠绕肢体,以左手的拇指、示指和中指持止血带的头端,将长的尾端绕肢体一圈后压住头端,再绕肢体一圈,然后用左手示指和中指夹住尾端后将尾端从两圈止血带下拉出,形成一个活结。如需放松止血带,只需将尾端拉出即可。

2. **卡式止血带止血法(也称表带式止血带止血法)**　将松紧带绕肢体一圈,然后把插入式自动锁卡插入活动锁紧开关内,一只手按住活动锁紧开关,另一手拉紧松紧带,直到不出血为止。放松时用手向后扳放松板,解开时按压开关即可。

3. 旋压止血带止血法　源于战场急救,有使用方便、止血效果可靠、便于携带等优点,由摩擦带扣、旋棒、固定带、自粘带和 C 型锁扣组成,主要通过旋转旋棒增加布带局部压力以达到止血目的。

4. 布带止血带止血法(也称绞棒止血带止血法)　将三角巾、围巾或领带等布料折成 10～15cm 宽的带状,绕伤肢两圈后打个活结,取绞棒(木棍、筷子、笔等)穿在布带的外圈内,提起绞棒拉紧,将绞棒按顺时针方向拧紧,将绞棒一端插入活结环内,最后拉紧活结并与另一头打结固定。

三、急救包扎的方法

包扎是外伤现场应急处理的重要措施之一。及时正确地包扎,可以达到压迫止血、减少感染、保护伤口、减少疼痛,以及固定敷料和夹板的目的。

(一) 包扎器材

常用三角巾急救包、绷带;紧急条件下,干净的毛巾、头巾、手帕、衣服等可作为临时的包扎材料。

(二) 包扎原则

包扎时,要做到快、准、轻、牢。快,即动作敏捷迅速;准,即部位准确、严密;轻,即动作轻柔,不要碰撞伤口;牢,即包扎牢靠,不可过紧,以免影响血液循环,也不能过松,以免纱布脱落。

(三) 包扎注意事项

1. 包扎伤口应了解有无内在损伤　有骨折时,包扎应考虑到骨折部位的正确固定;若合并内部脏器的损伤,如肝破裂、腹腔内出血、血胸等,则应优先考虑内脏损伤的救治。

2. 对于与体腔相通的开放性伤口　现场一般只需对伤口进行简单的覆盖,然后尽快送医院或紧急联系医务人员前来救治。

3. 在有出血的情况下,以止血为前提　如不及时给予止血,则可造成严重失血、休克,甚至危及生命。

4. 包扎时,应该把关节固定在"功能位置"上　保持在功能位置上的关节,最大限度地保留原关节的一些生理功能。

(四) 不同部位包扎方法——三角巾篇

1. 头面部包扎法

(1)帽式包扎法:此法适用于颅顶部伤的包扎。①将三角巾底边折叠约2横指宽,放于前额眉上;②顶角拉至枕后,左右两底角沿两耳上方往后,拉至枕后下方交叉,压紧顶角;③然后再绕至前额打结;④拉紧顶角,并向上反折,将角塞进两底角交叉处。

(2)风帽式包扎法:此法除适用于颅顶部伤包扎外,还适用于面部、下颌和伤肢残端的包扎。①将三角巾顶角和底边中央各打一结,形似风帽,顶角结放于前额,底边结置于枕后;②然后将两底角拉紧,包绕下颌;③至枕后打结固定。

(3)面具式包扎法:此法适用于面部包扎。①将三角巾顶角打一结,套住下颌并罩住头面部,拉紧两底角交叉绕至前额打结;②包好后根据伤情可在眼、口、鼻部位,将布提起,小心剪洞,使眼、口、鼻外露。

(4)下颌带式包扎法:①将三角巾叠成 4 横指宽,取 1/3 处托住下颌;②长端经耳前绕过头顶至对侧耳前上方,与另一端交叉;③然后分别绕至前额及枕后,于对侧打结固定。

2. 四肢包扎法

(1)手(足)三角巾包扎法:①将三角巾底边向上横置于腕(踝)部,手掌(足跖)向下,放于三角巾的中央;②再将顶角折回盖在手背(足背)上,然后将两底角交叉压住顶角;③再于腕部(踝部)缠绕一周打结,打结后,应将顶角再折回打在结内。

(2)膝(肘)部三角巾包扎:①根据伤情,将三角巾折成适当宽度的条带状,将带的中段斜放于膝(肘)部;②取带两端分别压住上下两边,包绕肢体一周打结。

3. 胸(背)部包扎法

(1)将三角巾底边横放于胸前部,顶角从伤侧越过肩上折向背部。

（2）三角巾的中部盖在胸部的伤处,两底角拉向背部打结,顶角结带也和这两底角结打在一起。

4. 腹部包扎法

（1）将三角巾顶角朝下,底边横放于上腹部。

（2）两底角拉紧于腰部打结,确保三角巾的底边平整地横放在上腹部,两底角紧贴腰部打结,以固定三角巾并防止其移动。

（3）经会阴拉至后面,同两底角的余头打结。

（五）不同部位包扎方法——绷带篇

1. 环形包扎法　此法是各种绷带包扎中最基本的方法,此法用于绷带包扎的起始和结束,也用于手腕部、肢体粗细相等的部位的包扎。①伤口用无菌或干净的敷料覆盖,固定敷料;②将绷带打开,第一圈环绕稍作斜状,大致倾斜 45°,并将第一圈斜出一角压入环形圈内环绕第二圈;③加压绕肢体 4～5 圈,每圈盖住前一圈,绷带缠绕范围要超出敷料边缘;④最后将多余的绷带剪掉,用胶布粘贴固定,也可将绷带尾端从中央纵行剪成两个布条,然后打结。

2. 螺旋包扎法　此法多用于粗细相同的肢体、躯干处。①伤口用无菌或干净的敷料覆盖,固定敷料;②先按环形法缠绕两圈;③从第三圈开始,缠每圈盖住前圈 1/3 或 1/2,呈螺旋形;④最后以环形包扎结束。

3. 螺旋反折包扎法　此法应用肢体粗细不等处。①伤口用无菌或干净的敷料覆盖,固定敷料;②先按环形法缠绕两圈;③然后将每圈绷带反折,盖住前圈 1/3 或 2/3,依次由下而上地缠绕;④折返时按住绷带上面正中央,用另一只手将绷带向下折返,再向后绕并拉紧,绷带折返处应避开患者伤口;⑤最后以环形包扎结束。

4. "8" 字绷带包扎法　手掌、踝部和其他关节处伤口常用。①屈曲关节后在关节远心端环形包扎两周;②右手将绷带从右下越过关节向左上绷扎,绕过后面,再从右上(近心端)越过关节向左下绷扎,使呈 "8" 字形,每周覆盖上周 1/3～1/2;③环形包扎 2 周固定。

5. 回返包扎法　用于包扎没有顶端的部位,如指端、头部、截肢残端。①环形包扎两周;②右手将绷带向上反折与环形包扎垂直,先覆盖残端中央,再交替覆盖左右两边,左手固定住反折部分,每周覆盖上周 1/3～1/2;③再将绷带反折环形包扎 2 周固定。

四、骨折的急救（固定）

固定是对骨折或怀疑骨折的伤员所采取的局部或全身的制动措施,可以限制受伤部位的活动,从而减轻疼痛,避免骨折断端再移位或摩擦而损伤周围重要的血管、神经乃至脏器,同时固定也有利于防止休克,便于伤员搬运。

（一）固定的适应证

所有的四肢骨折、脊柱骨折。

（二）固定的注意事项

1. 先救命后治伤,呼吸、心脏停搏者立即进行心肺复苏。有人出血时,应先止血,再包扎,最后再固定骨折部位。

2. 对于大腿、小腿和脊柱骨折,应就地固定,不要随便移动伤员。

3. 骨折固定的目的,只是限制肢体活动,不要试图整复。如患肢过度畸形不便固定时,可依伤肢长轴方向稍加牵引和矫正,然后进行固定。

4. 对四肢骨折断端固定时,先固定骨折上端,后固定骨折下端。若固定顺序颠倒,可导致断端再度错位。

5. 固定材料不能与皮肤直接接触,要用棉花等柔软物品垫好,尤其骨突出部和夹板两头更要垫好。

6. 夹板要扶托整个伤肢,将骨干的上、下两个关节固定住。绷带和三角巾不要直接绑在骨折处。

7. 固定四肢时应露出指(趾),随时观察血液循环,如有苍白青紫、发冷、麻木等情况,立即松开重新固定。

8. 肢体固定时,上肢屈肘,下肢伸直。

9. 开放性骨折禁用水冲,不涂药物,保持伤口清洁。外露的断骨严禁送回伤口内,避免增加污染的风险和刺伤血管、神经。

10. 疼痛严重者,可服用止痛剂和镇静剂,固定后迅速送往医院。

(三) 不同部位骨折的固定方法

1. **锁骨骨折**　用敷料垫于两腋下前上方,骨折处放一个薄垫,绷带从健侧背部经腋下、肩前、肩上绕至背后,再经患侧腋下、肩前、肩上绕至背后,使绷带在背后交叉呈 8 字形,缠绕 2～3 周后将绷带两端打结或用胶布粘贴好。

2. **肱骨骨折**　在上臂外侧放一个夹板,在骨折部位上下两端固定,再将前臂吊于胸前,最后用一块三角巾将上臂固定;如无夹板,可用一条宽带将上臂固定,宽带的中央要正对骨折处,绕过胸部,在对侧腋下打结,再用三角巾将前臂吊起。

3. **前臂骨折**　用两块合适的夹板,超过肘关节至腕关节的长度,置于断骨内外两侧,上下两端扎牢固定,然后屈肘 90°,用悬臂带吊起,呈功能位。

4. **大腿骨折**　取一个长夹板放在伤腿的外侧,长度自足跟至腰部或腋窝部,另用一个夹板置于伤腿内侧,长度自足跟至大腿根部,然后用绷带或三角巾分段将夹板固定。

5. **小腿骨折**　取长短相等的夹板(从足跟至大腿)两块,放在伤腿内外侧,分段扎牢;如无夹板,可置患者于仰卧位,两下肢并紧,两脚对齐,然后将健侧肢体与伤肢固定在一起。在关节和两小腿之间的空隙处垫上棉花,以防止绑扎后骨折部弯曲。

6. **足部骨折**　将夹板放于足底,用绷带或带子扎牢。

7. **脊柱骨折**　凡受伤后,颈、背或腰等脊柱部疼痛或伴有肢体麻木者,不论有无明确骨折损伤,均不可任意搬动或扭曲脊柱。在明确诊断前,均按脊柱损伤处理原则进行,以免再损伤。

8. **骨盆骨折**　用三角巾或大被单折叠后环绕骨盆,亦可用宽腰围或腹带包扎固定骨盆,置担架或床板上,两膝半屈位(膝下或小腿部垫枕)。

五、关节脱位的急救

关节脱位又称为脱臼,指的是组成关节的骨之间部分或完全失去正常的对合关系。关节脱位多由于外力撞击或肌肉猛烈牵拉引起。关节脱位多见于肩关节、肘关节、颞下颌关节和指关节,常合并韧带损伤。

(一) 关节脱位的分类

1. **根据病因分类**　外伤性、病理性、习惯性、先天性。

2. **根据脱位的方向**　前脱位、后脱位、上脱位、下脱位及中心脱位。

3. **根据有无合并损伤分类**　单纯性、复杂性。

4. **根据脱位关节是否与外界相通分类**　闭合性、开放性。

(二) 关节脱位的诊断要点

1. 有明显外伤史。

2. 临床表现为关节疼痛与肿胀、畸形、弹性固定及关节盂空虚,以及由此所导致的功能障碍。

3. X 线检查可明确脱位的部位、程度、方向及有无骨折及移位。

(三) 关节脱位的症状

1. **疼痛**　脱位发生后,有剧烈疼痛,难以忍受,不能改变肢体姿势。部分患者因习惯性脱位,疼痛可不明显。

2. **肿胀**　脱位后,表浅的关节(如肩、膝、踝)逐渐肿胀,而位置较深的关节(如髋)肿胀可不明显。

3. **畸形**　大多数关节脱位后有不同程度的关节畸形和特殊姿势,这与脱位的方向有关。有时可摸到关节腔空虚,也可摸到脱出的骨头。

4. 功能障碍　脱位后,骨骼之间的纽带丧失,肢体和躯干无法活动。

5. 开放性脱位　脱位后,关节腔外露,可以看到骨骼、外溢的关节液和血液。

(四)关节脱位的急救措施

1. 扶伤员坐下或躺下,尽量舒适。

2. 不要随意搬动或揉受伤部位,以免加重损伤。

3. 用毛巾浸冷水冷敷肿胀处,每次时间不能超过 20 分钟。

4. 按骨折固定的方法固定伤处。在肿胀处可用厚布垫包裹,用绷带或三角巾包扎固定时应适当加压。

5. 在可能的情况下垫高伤肢。

6. 每隔 10 分钟检查一次伤肢远端血液循环。

7. 尽快送伤员到医院检查、治疗,必要时拨打急救电话。

8. 受伤后 72 小时内不要热敷受伤部位。

(五)不同关节脱位的处理

1. 肩关节脱位　首先要固定患侧的上肢,使用腰带、绷带或三角巾将患侧的上肢前臂悬吊在胸前,在疼痛部位使用冰块冷敷并尽早去二级以上医院骨科就诊。

2. 肘关节脱位　应避免活动,用木板、柳条等固定以减轻疼痛,可以冰敷患部或抬高患肢以减轻肿胀,就诊后进行常规拍片检查,必要时可进行 CT 检查。

3. 下颌关节脱位　首先将患部固定在舒适位置,让伤者靠紧墙壁坐稳,头呈低位,双手拇指缠以纱布,放置在患者两侧的下颌第二磨牙牙合面上,其余手指固定在性缘、下颌角切迹之前,双手拇指从口内在脱位的下颌磨牙处用力向下后方按压,其余手指将颏部缓慢上推,即可复位;自己无法复位应避免活动,及时到医院治疗。

六、心肺复苏

心搏骤停(sudden cardiac arrest)是指各种原因引起的,在未能预计的情况和时间内心脏突然停止搏动,从而导致有效心泵功能和有效循环突然中止,引起全身组织细胞严重缺血、缺氧和代谢障碍,如不及时抢救会很快失去生命。心搏骤停不同于任何慢性病终末期的心脏停搏,若及时采取正确有效的复苏措施,患者有可能被挽回生命并得到康复。

心搏骤停一旦发生,如得不到即刻及时的抢救复苏,4～6 分钟后会造成患者脑和其他人体重要器官组织的不可逆的损害,因此心搏骤停后的心肺复苏(cardiopulmonary resuscitation,CPR)必须在现场立即进行,为进一步抢救直至挽回心搏骤停伤病人员的生命赢得最宝贵的时间。

(一)评估判断与呼救

1. 评估环境　确认现场安全。

2. 判断患者意识　双手轻拍患者,并在患者两侧耳旁大声呼唤,检查患者有无反应。

3. 判断颈动脉搏动、呼吸　用右手的中指和示指从气管正中环状软骨划向近侧颈动脉搏动处检查脉搏(喉结旁开 1～2cm),耳贴近患者的口鼻部,观察患者胸部起伏 5～10 秒。

4. 启动急救系统　拨打"120"急救电话及就近取得自动体外除颤器(automated external defibrillator,AED)。

5. 摆放体位　使患者仰卧于硬板床或地上,去枕、头后仰,保持头、颈、肩、髋必须在一条轴线上,松解领口、领带、围巾及腰带。

(二)启动复苏环节

1. 胸外心脏按压(C,circulation)

(1)按压部位:两乳头连线与胸骨交叉处(胸骨中下 1/3 处),也可采用右手示指与中指并拢沿着右侧肋弓向上滑到剑突下,按压部位为胸骨下段。

(2)按压方法:双肘关节伸直,有节律地垂直下压;放松时使胸廓充分回弹且手掌根不离开胸壁。

(3)按压深度:成人5~6cm,儿童、婴儿至少胸部前后径的1/3,儿童大约5cm,婴儿大约4cm。

(4)按压频率:每分钟100~120次。

2. 开放气道(A,airway)

(1)清除口腔、气道内分泌物或异物,有义齿者应取下。

(2)开放气道方法:

1)仰头抬颈法:操作者一手抬起患者颈部,另一手以小鱼际部位置于患者前额,使其头后仰,颈部上托。使下颌角与耳垂的连线和地面垂直。

2)仰头提颏法:操作者一手的小鱼际置于患者前额,用力向后压使其头部后仰,另一手的示指和中指置于患者下颌骨下方,将颏部向前上抬起。

3)双下颌上提法:操作者双肘置于患者头两侧,持双手示、中、无名指放在患者下颌角后方,向上或向后抬起下颌。

3. 人工呼吸(B,breathing)　成人可采用口对口人工呼吸法、口对鼻人工呼吸法,婴幼儿可采用口对口鼻人工呼吸法。每5~6秒1次呼吸,需给予患者足够的通气,每次须使胸廓隆起。

4. 除颤

(1)开启AED,打开AED的盖子,依据视觉和声音的提示操作(有些型号需要先按下电源)。

(2)给患者贴电极,在患者胸部适当的位置上,紧密地贴上电极。通常而言,两块电极板分别贴在右胸上部和左胸左乳头外侧。

(3)将电极板插头插入AED主机插孔。

(4)开始分析心律,在必要时除颤。当有除颤指征时,不要与患者接触,同时告诉附近的其他任何人远离患者,由操作者按下"放电"键除颤。

(5)除颤结束后,AED会再次分析心律,如未恢复有效灌注心律,操作者应进行5个周期CPR,然后再次分析心律、除颤、CPR,反复至急救人员到来。30次胸外按压和2次人工呼吸完成1个周期。中途停顿时间不超过10秒。

(三)复检

判断复苏是否有效:

1. 能触及大动脉搏动。

2. 呼吸逐渐恢复。

3. 瞳孔由散大转为缩小,有时可有对光反应。

4. 收缩压维持在60mmHg以上。

5. 口唇、面色、甲床等由发绀转为红润。

6. 昏迷变浅,出现反射或挣扎等,室颤波由细小变为粗大,甚至恢复窦性心律。

七、搬运伤员的方法

搬运伤员的方法主要分为两大类:徒手搬运法和器械搬运法。徒手搬运法是指在搬运伤员过程中凭人力和技巧,不使用任何器具的一种搬运方法。该方法适于伤势轻和搬运距离较短的伤员。它又可分为单人、双人和多人搬运法。器械搬运法是指在搬运伤员过程中使用担架或车辆等工具的一种搬运方法。该方法适于伤势重、不能徒手搬运或需要转送远路途的伤员。

(一)徒手搬运法

1. 扶持法　适用于伤势轻、神志清醒而又能自己站立步行的伤员。急救者位于伤员的体侧,一手抱住伤员腰部。伤员的手绕过急救者颈后至肩上,急救者的另一手握住其腰部。两人协调缓行。

2. 抱持法　适用于年幼或体轻的伤员,没有骨折,伤势不重,是短距离搬运的最佳方法。急救者一手抱住伤员的背部,另一手托住伤员的大腿及腋窝,将伤员抱起,伤员的一侧臂挂在急救者的肩上。

3. **背负法**　适用于老幼、体轻、清醒的伤员,更适用于搬运溺水患者。急救者背朝向伤员蹲下,让伤员将双臂从急救者肩上伸到胸前,两手紧握。急救者抓住伤员的大腿,慢慢站起来。如有上、下肢或脊柱骨折不能用此法。

4. **拖行法**　适用于体重体型较大的伤员。自己不能移动,现场又非常危险需要立即离开时,可用此法。非紧急情况下,勿用此种方法,以免造成伤者另一次的伤害,加重伤害。救护者抓住伤员的踝部或双肩,将伤员拖出现场。

5. **托椅式搬运法**　适用于神志清醒、足部损伤而行走困难的伤员。两名急救者站立于伤员两侧,各以一手伸入伤员大腿下方而相互十字交叉紧握,另一手彼此交替支持伤员背部。伤员坐在急救者互握的手上,背部支持于急救者的另一臂上,伤员的两手分别搭于两名急救者的肩上。

(二)器械搬运法

使用器材搬运伤病者,不但会让伤病者感觉较为舒适,而且保护性强。对于搬运意识不清、脊椎受伤或肢体骨折的伤病者尤其重要。

搬运伤员常用的器材及使用方法如下。

1. **升降担架、走轮担架**　为目前救护车内装备的担架,符合病情需要,便于伤病者躺卧。因担架自身重量较重,搬运时较费力。

2. **铲式担架**　铲式担架是由左右两片铝合金或其他抗压材料构成。搬运伤员时,先将伤员放置在平卧位,固定颈部,然后分别将担架的左右两片从伤员侧面插入背部,扣合后再搬运。

3. **负压充气垫式固定担架**　负压充气垫式固定担架是搬运多发骨折及脊柱损伤伤员的工具。充气垫可以适当地固定伤员的全身。使用时先将垫充气后铺平,将伤员放在垫上,抽出袋内空气,气垫即可变硬,同时伤员身体就被固定在其中,搬运途中可始终保持稳定。

4. **硬脊板担架**　专门用于怀疑脊柱骨折的患者。脊柱板应配合颈托、头部固定器、固定带使用。

(三)搬运伤员时伤员常采用的体位

1. **仰卧位**　可以避免颈部及脊椎的过度弯曲,从而防止椎体错位的发生。适用于腹壁缺损的开放伤的伤员,当伤员喊叫、屏气时,肠管就会脱出,所以让伤员采取仰卧的屈曲下肢体位,可防止腹腔的内脏脱出。

2. **半卧位**　对于普通胸部损伤的伤员在排除合并胸椎、腰椎损伤及休克时,可以采用这种体位,可减轻疼痛,有利于呼吸。

3. **侧卧位**　在排除颈部损伤后,对有意识障碍的伤员,可采用稳定的侧卧位。以防止伤员在呕吐时,发生异物进入呼吸道导致窒息。

4. **伤侧半卧位**　胸壁被广泛损伤,出现反常呼吸严重缺氧的伤员,可以采用伤侧半卧位,以限制反常呼吸;血气胸而致严重呼吸困难者亦可采取这种体位。

5. **坐位**　适用于双侧胸腔积液、心衰的患者。

6. **左侧卧位**　怀孕的伤者宜采取左侧卧位,防止长时间仰卧位压迫骨盆内的大血管,影响血液循环。

八、休克的急救

休克是一种危急的临床综合征,由于各种原因导致有效循环血容量急剧减少,引起全身微循环功能障碍,导致组织缺氧、代谢紊乱和器官功能衰竭的综合征。休克的预防和治疗是抢救危重患者的重要内容,应及时识别休克的危险因素和早期征兆,采取有效的措施阻断休克的发展,保护重要器官的功能。

(一)分类

根据休克的病因和发病机制,可将休克分为以下几种类型。

1. **低血容量性休克**　由于大量失血、失水或失血浆所致,导致血容量不足,血压下降,灌注减少。

2. 心源性休克　由于心脏泵血功能严重障碍所致,如急性心肌梗死、心律失常、心脏压塞等,导致心输出量下降,灌注不足。

3. 分布性休克　由于全身或局部血管扩张或阻塞所致,如感染性休克、过敏性休克、神经源性休克等,导致有效循环血容量相对不足,灌注减少。

4. 混合性休克　由于多种原因同时或先后作用所致,如创伤性休克、严重烧伤等,既有血容量不足又有血管扩张或阻塞。

(二) 休克的预防和救治

休克的急救原则是及时去除或控制致病因素,恢复有效循环血容量,改善微循环和组织灌注,防止并发症和多器官功能障碍综合征(MODS)。具体措施包括:

1. 立即脱离危险环境,保持呼吸道通畅,给予高流量吸氧。

2. 平卧位或头低脚高位(除非有颅内高压、心力衰竭等禁忌),保暖但勿过热。

3. 立即建立静脉通路,给予适当的液体复苏。根据休克类型和严重程度,选择晶体液、胶体液或全血等输液。监测中心静脉压(CVP)、动脉压(ABP)、尿量等指标,调整输液速度和种类。

4. 应用药物治疗。根据休克类型和机制,选择适当的药物。如低血容量性休克可用多巴胺、间羟胺等增加心输出量和外周血管阻力;感染性休克可用正性肌力药,如多巴酚丁胺、米力农等增加心输出量,并用硝普钠等扩张外周血管降低后负荷。

5. 积极治疗原发病和并发症。如止血、清创、排脓、抗感染、去除异物、解除梗阻等,防止或纠正酸中毒、水电解质紊乱、凝血功能障碍等。

6. 及时转运至医院进行进一步的救治。

九、运动损伤的处理原则

运动损伤是指在运动中或因运动而导致的身体组织的损伤,包括软组织损伤(如肌肉、肌腱、韧带、关节囊等)和硬组织损伤(如骨折、脱臼等)。运动损伤不仅会影响运动员的身体健康和运动水平,还会增加患上慢性病或残疾的风险。因此,正确地处理运动损伤是非常重要的。

运动损伤的处理原则主要有以下几个方面。

1. 保护　保护(protection)是指在损伤发生后,立即停止运动,避免二次损伤或加重损伤。如果损伤部位有明显的变形、肿胀或出血,应及时就医。如果损伤部位是关节或骨骼,应用绷带、夹板或支架固定住,防止移动或扭曲。保护的目的是减少损伤部位的进一步受损,为后续的治疗和恢复创造有利条件。

2. 休息　休息(rest)是指在损伤后应充分休息,避免对受伤部位施加压力或负荷。一般来说,损伤后的前24小时至48小时是最关键的,这段时间内应尽量减少活动,让受伤组织有时间愈合。如果过早地恢复运动,可能会导致出血、肿胀、炎症或纤维化等并发症,延长恢复时间或留下后遗症。休息的目的是促进受伤组织的修复和再生,恢复其正常功能。

3. 冰敷　冰敷(ice)是指在损伤后立即用冰袋或冰水对受伤部位进行冷敷。冰敷可以收缩血管,减少出血和肿胀,缓解疼痛和炎症。冰敷的时间一般为15~20分钟,每隔2至3小时重复一次,持续24~48小时。冰敷时应注意用毛巾或塑料袋包裹冰袋或冰水,避免直接接触皮肤,防止冻伤。冰敷的目的是控制损伤部位的局部反应,减轻其不良影响。

4. 压迫　压迫(compression)是指在损伤后用弹性绷带对受伤部位进行适当的压迫包扎。压迫可以限制出血和肿胀,稳定受伤组织,防止水肿和血肿形成。压迫时应注意从远端向近端进行包扎,力度要适中,不能过紧或过松。包扎时应注意留出手指或脚趾尖端,以观察皮肤颜色和温度变化。压迫时应注意定期松开绷带,以恢复血液循环。压迫的目的是维持损伤部位的正常压力,防止其过度扩张或萎缩。

5. 抬高　抬高(elevation)是指在损伤后将受伤部位抬高于心脏水平,利用重力作用促进血液回流。抬高可以减少出血和肿胀,改善血液循环,缓解疼痛和炎症。抬高时应注意用枕头或垫子支撑受伤部位,保持其舒适和稳定。抬高的目的是利用重力作用,减轻损伤部位的负担。

以上五个方面通常被称为 PRICE 原则,是运动损伤处理的基本方法。运动损伤处理应根据损伤的类型、程度和部位,灵活运用这些原则,同时配合药物、物理疗法、按摩、康复训练等手段,以达到最佳的治疗效果。

第六节 ｜ 常见运动损伤及防治

一、运动猝死及猝死的预防

猝死是指几小时内发生死亡。猝死的具体时间界定,目前医学界尚缺乏统一的标准,大多数学者倾向于将猝死的时间限定在发病 1 小时内;世界卫生组织对猝死的定义为发病后 6 小时内死亡;还有学者将发病到死亡在 24 小时内的均列为猝死。猝死往往来不及救治,症状发生时如果不及时进行心脏复苏抢救,患者可很快(4～6 分钟)进入不可逆的生物学死亡。导致运动猝死最常见的原因是心源性猝死,包括心肌梗死、先天性心脏病、心肌炎等,此外脑出血、中暑、呼吸系统疾病等都有导致运动猝死的可能。运动猝死一旦发生要第一时间进行急救,包括紧急呼救和心肺复苏等。

(一)猝死的抢救

一旦发生猝死,呼吸心跳停止,使血液循环中断、周身乏氧,必将造成体内重要器官的损害。一般情况下,大脑耐受缺氧的时间仅为 5 分钟左右,如果超过这个时间就会有生命危险。所以,在患者猝死的现场应进行争分夺秒的抢救,这对患者的复苏起关键作用,具体方法是采用心脏按压术和口对口人工呼吸。

1. **心脏按压术**　按压部位在胸骨的下 2/3 处。按压时用力要均匀。方法是一只手以掌根放在患者胸骨下端,另一只手压在那只手的手背上,上下起伏垂直按压。向下按压时,要稍停片刻再放松,这样有助于心脏腔内血液的排空。心脏按压是否有效,以能按到大动脉如股动脉搏动为准。成人每分钟按压至少 100 次。

2. **口对口人工呼吸**　在用心脏按压术抢救猝死患者的同时,要进行口对口人工呼吸。具体方法是使患者平卧,清除患者口中的异物,如呕吐物或义齿等,解开患者领口和腰带,使患者头部尽量后仰,救护者一手托起患者下颌,另一只手捏紧患者双侧鼻孔,深吸一口气,以口唇与患者的口唇紧密接触后进行吹气。单人心脏按压时,按压与人工呼吸比为 30∶2,即做 30 次心脏按压做 2 次人工呼吸,每次吹气过程中可见患者胸部隆起。

(二)运动猝死的预防

运动猝死虽然可怕,但不等于要停止运动,不应影响人群身体锻炼的积极性。相反,不参加活动,可能使心脏功能下降,这将加大发生问题的概率。所以,人们应该合理地参加运动,只要做到定期检查身体,注意科学锻炼,增强自我保护意识,加强现场医务监督与急救,就可以避免。患有心脑血管疾病或其他严重疾病的人群,在医生或运动专家的指导下也可以积极地从事体育锻炼,这对恢复健康大有好处。毕竟,生命在于运动。

二、软组织损伤

软组织损伤通常指皮下组织、筋膜、肌肉、肌腱、韧带、滑膜、关节囊等软组织及部分软骨、周围神经和血管的损伤。分闭合性软组织损伤和开放性软组织损伤两种,其中闭合性软组织损伤给组织细胞造成一定的损害,是运动中的主要伤害。

(一)闭合性软组织损伤

1. **原因与机制**　闭合性软组织损伤常见钝性暴力所致,受伤部位局部皮肤保持完整且无开放性伤口。如拉伤、扭伤、外力碰撞伤等。

2. **症状**　表现为局部疼痛、肿胀、皮肤青紫、皮下淤血或血肿,患肢或患部功能活动受限。

3. **处理**　较轻的挫伤一般不需特殊处理,若挫伤较重,早期可作局部冷敷,局部亦可用弹力绷带加压包扎,抬高伤肢,24 小时(重者 48 小时)后改为热敷、理疗、按摩、中药烫洗或红外线照射等,同时口服消炎止痛药。

（二）开放性软组织损伤

1. **原因与机制** 开放性软组织损伤是指皮肤或黏膜的完整性受到破坏，伤口与外界相通的软组织损伤。运动中开放性软组织损伤一般可分为擦伤、刺伤、切伤和撕裂伤几种类型。

2. **症状** 擦伤仅损伤表皮，撕裂伤等较重的，不仅皮下组织撕裂，还可能该处的肌肉、肌腱、神经、血管等组织出现合并损伤。

3. **处理** 开放性损伤的伤口有出血和渗液，又与外界相通，容易造成感染。因此，开放性软组织损伤应以止血、清洁、保护伤口、预防和治疗感染为主。

三、肌肉拉伤

（一）原因与机制

体育训练中做各种动作时，肌肉主动猛烈地收缩，超过了肌肉本身的负荷，造成过度拉长，从而发生肌肉拉伤。

（二）症状

1. 局部疼痛、压痛、肿胀。
2. 肌肉紧张、发硬、痉挛。
3. 功能障碍。

（三）处理

1. 冷敷、加压包扎。
2. 48 小时后按摩、理疗。

（四）预防

1. 加强屈肌和易受伤部位肌肉的力量和柔韧性练习。
2. 做好准备活动，纠正错误动作。

四、肩关节脱位

肩关节脱位占全身关节脱位的 40% 以上，在运动中占脱位的第二位。肩关节脱位分前脱位和后脱位两种，以前脱位较多见。

（一）原因与机制

1. 直接或间接暴力均可引起，以间接暴力多见。当上臂外展跌倒时手掌先着地，暴力经手掌传至肱骨头，使其冲破关节囊前壁，致使肩关节半脱位。

2. 直接暴力所致的脱位，均为暴力在肱骨头外后部直接打击，使肱骨头向前脱位，这种脱位较少见。

（二）症状

1. 患肩疼痛、肿胀及活动受限等功能障碍。
2. 肩峰突出，呈方形肩，上臂呈明显的外展，内旋畸形。
3. 患肢肘部贴近胸部时手掌不能摸到对侧肩部。
4. 患侧肩峰至肱骨外上髁的长度较健侧长。

（三）处理

肩关节脱位要及时用手法复位。

1. **转复位法** 患者仰卧位，患者肘关节屈曲 90°，如右肩脱位，术者右手握患者肘部，左手握腕部，右手向下牵引患肢上臂，在持续牵引下，将患肢上臂外旋内收，肘部与前胸部接触，听到响声即证明已复位，再将上臂内旋。若患肢手掌能搭到对侧肩部，复位成功。操作中要注意手法轻柔，切忌用力过猛。

2. **手牵脚蹬复位法** 患者侧卧位，术者立于患侧，面向患者头部，两手握住患肢腕部外旋牵引，同时将自己靠近患者的足跟伸到患者腋窝部，渐渐用力蹬腋窝。术者手牵、足蹬同时用力，足跟挤压肱骨头，使其复位。操作中要避免牵引时过早内收，以防肱骨发生骨折。

五、肘关节后脱位

(一)原因与机制

跌倒时手着地,肘关节伸直位前臂旋后,来自地面的反作用力使肘关节过伸,造成尺骨鹰嘴向后移位,而肱骨下端向前移位形成肘关节后脱位。

(二)症状

1. 肘关节痛,关节强直于半屈位状,伸屈活动受限。

2. 肘关节变形,前臂缩短。

(三)处理

损伤发生后应先按脱位的急救方法进行紧急处理,随后送医院治疗。下文介绍一种肘关节脱位的复位方法。

复位:患者正坐靠墙,术者立于伤侧前面,用同侧膝部顶在肘窝内,一手握住并固定上臂,一手握住腕部向下牵引,先使鹰嘴离开肱骨下部,再逐渐屈曲肘部,鹰嘴与桡骨小头即渐渐滑回原位,听到复位声,伤肢手可触及同侧肩,即为复位成功。

(四)预防

防止前臂肌肉疲劳积累,做好准备活动,提高肌肉的反应,正确掌握技术动作。

六、腰部扭伤

(一)原因与机制

首先,腰部扭伤常见于负荷重量过大,强行用力,肌肉突然剧烈收缩引起关节韧带、肌肉附着区的损伤。其次见于脊柱过度前屈,突然转体,脊柱超常范围运动而扭伤。再者为技术动作错误导致。

(二)症状

1. 轻度扭伤,患处隐痛,随意运动受限,24~28小时后疼痛达到最高峰。

2. 棘上韧带与棘间韧带扭伤,受伤当时即感到局部突然撕裂样疼痛。

3. 筋膜破裂,伤处有明显的压痛点,弯腰和腰扭转时疼痛较重。

4. 小关节交锁,受伤当时即有腰部剧烈疼痛,呈保护性强迫体位,不敢做任何动作。

(三)处理

1. 卧于有垫子的木板床短期休息。

2. 按摩、理疗、局部泼尼松龙注射。

3. 服活络止痛药,外贴活络止痛膏。

(四)预防

1. 运动时注意力集中,对所承担的负荷和动作要有思想准备,做好准备活动。

2. 掌握正确技术动作。

3. 加强腰腹肌的力量与伸展性训练。

4. 必要时用宽腰带保护。

七、膝关节损伤

(一)膝关节侧韧带损伤

1. **原因与机制**　膝关节的侧副韧带主要包括内侧副韧带和外侧副韧带,分别位于膝关节的内侧和外侧,它们在稳定膝关节方面起重要作用。膝关节在半屈位因动作力量过大或暴力撞击,小腿突然外展和外旋或大腿突然内收内旋,可伤内侧副韧带。小腿突然内收或内旋或大腿突然外展外旋,可伤外侧副韧带。导致:①部分纤维过度牵扯;②部分断裂;③完全断裂。

2. **症状**

(1)局部疼痛(膝关节不敢伸直)。

（2）肿胀（伤侧明显）。

（3）功能障碍。

（4）局部剧痛并见瘀斑。

3. 处理

（1）做内、外翻试验，确定内侧或外侧韧带损伤。

（2）韧带轻微撕裂，同急性软组织损伤处理。

（3）部分断裂可冷敷、局部固定（小夹板或弹力绷带），2～3 天后除去压迫材料，开始热敷，按摩，理疗，外敷创伤药，口服活血化瘀、消肿止痛药。

（4）全断裂，及时送医院手术缝合。

4. 预防　加强膝部肌肉力量练习，掌握动作要领，加强保护，禁止粗野动作。

（二）半月板损伤

1. 原因与机制　由于摔倒、动作落地不稳或暴力，膝关节在屈曲位突然拧转挤压造成，膝关节猛力过伸如足球正脚背踢球时"漏脚"也可引起。在篮球、排球、足球、体操、铁饼、链球、举重等项目中多见。

2. 症状

（1）走路时，特别是在上下楼梯时，膝关节发软。

（2）行走时，突然出现"交锁"现象，即膝关节被卡住不能伸屈。

3. 处理

（1）症状轻微，理疗、按摩、泼尼松龙局部注射，并改变错误的技术动作。

（2）症状明显，应尽早手术治疗。

4. 预防

（1）加强膝部肌肉力量训练。

（2）加强膝关节灵活性和协调性训练。

（3）做好准备活动。

八、踝关节扭伤

踝关节扭伤在关节韧带损伤中占第一位，多在田径、球类、冰雪、体操运动中常见。

1. 原因与机制

（1）内翻型：因足部强力内翻而损伤踝部的外侧副韧带。在运动中身体失去重心或在运动中被踩、被绊等都可能产生内翻损伤踝部的韧带。

（2）外翻型：足部强力外翻而损伤踝部的内侧三角韧带。此损伤尽管比较少见，但一旦损伤常同时合并其他韧带损伤或骨折，伤情比较严重。

（3）外旋型：足部猛力外旋所致，常见于滑雪运动项目中。

2. 症状

（1）疼痛、肿胀。

（2）皮下淤血、压痛明显。

3. 处理

（1）用拇指指腹压迫痛点止血、局部冷敷、加压包扎。

（2）24 小时以后（重者 48 小时后）可外敷中药，每 24 小时换 1 次，并可口服消炎及跌打损伤药物。

（3）理疗、针灸、按摩。

（4）韧带断裂或骨折，经现场急救处理后及时送医院治疗。

4. 预防

（1）加强踝部周围肌肉力量和关节协调性训练，做好准备活动。

（2）保护关节，防止反复损伤导致足球踝。

（3）有扭伤病史者在运动时用弹力绷带做"8"字包扎保护。

（徐百超）

第十章 | 运动与健康促进

第一节 | 运动促进健康

一、运动促进健康理念的产生及发展

(一)人类运动与健康促进的历史渊源

放眼历史的长河,运动促进人类健康、运动康复的发展历史悠久,甚至可以追溯到古代文明时期。早在公元前,被誉为西方医学之父的希波克拉底就指出:"如果我们能够给每一个人适当的营养和适量的运动,既不是太少,也不是太多,我们会发现这是通往健康最安全的路径。"可见,当时的人们已经认识到运动对人的健康的重要性。古代医学家还研究了运动对身体的益处,并提出了一些运动康复的方法。

在我国,运动康复的发展与中华传统养生项目密切相关。中国的传统养生学注重身体的调理与修复,强调"治未病",与现代运动康复理念在某些方面是相契合的。运动康复在现代医学体系下得到了更为系统的发展,它的根基可以追溯到中华传统文化中的养生实践。中华传统养生项目历史悠久,从先秦时期的导引术、武术等养生手段到后来的中医理论,都在不断发展,形成了独特的健康维护体系。它在保障中华民族的健康方面发挥了重要作用。中华传统养生项目是中国古代养生学说与强身健体的锻炼方法相结合的宝贵的民族文化遗产。它依靠人体自身的能力,通过姿势的调整、呼吸的锻炼、意念的运用,来调节和增强人体各部分功能,起到防病、治病、益智、延年的作用。

(二)现代运动康复的产生及发展

运动康复是一门新兴的,来源于体育和医学交叉结合、运动科学与康复医学相互融合而形成的前沿性、应用型学科。它是以运动为主要的方法与手段,结合临床康复治疗,应用于各种伤病和功能障碍的预防、治疗、康复,达到促进患者身体健康、恢复运动功能并重返社会的实用性治疗方法与技术。

现代运动康复兴起于19世纪末、20世纪初,在全球战争频发环境下因人类伤病、残疾急剧增加而应运而生;至20世纪初,德国的医生和科学家开始研究运动对康复的作用,并提出了一些康复运动的方法;20世纪50年代,美国的物理治疗师开始应用运动康复的方法来治疗运动损伤和疾病,他们将运动训练和康复治疗结合起来,提出了一套系统的康复方案。至20世纪70年代,运动康复在世界范围内得到了广泛的认可和推广。到了近现代,又随着医学、体育科学的飞速发展而兴盛。

(三)中国运动康复的发展历程及应用前景

1952年,随着国家开始对体育和运动的重视,一些关于运动健康、运动科学的学术活动逐步展开。20世纪70年代,中国在运动康复领域逐渐有所发展,国家体委开始重视运动员的伤病防护和康复训练,开展相关的培训和研讨会。1986年,中国运动康复协会的成立促进了中国运动康复理论和实践的研究,推动了运动康复在中国的发展。进入21世纪,运动疗法在理论体系上更加深入发展。同时,中国还加强了运动康复的科研和技术创新,提高了运动康复的治疗效果和服务质量。

随着《"健康中国2030"规划纲要》《健康中国行动(2019—2030年)》等国家战略的实施,"体医融合""非药物治疗""非医疗健康干预"理念被大力提倡,运动作为健康促进的重要手段,以其"正向、积极、绿色"等关键特征,成为新时代健康目标达成的重要途径和必然选择,成为大健康治理体系中的核心要素,将运动康复与临床医学紧密联系起来。同时,时代的发展与大健康医疗卫生事业的建设也需要深入探索运动治疗疾病的理论、方法与手段,对我国运动康复专业人才的培养数量和质量都提出了更高的要求,也为运动康复的未来发展提供了更加广阔的空间,走进新时代,我国的运动康复事业发展前景远大。

二、运动是良医项目

(一)运动是良医项目介绍

2007 年 11 月,"运动是良医"(exercise is medicine,EIM)作为一种新的学术理念,以及一项健康促进项目由美国运动医学会(American College of Sports Medicine,ACSM)和美国医学会(American Medical Association)正式提出。其核心为从医生角度倡导民众重视体力活动和适当运动。2010 年,首次召开以"全世界的健康处方"为主题的"运动是良医"全球大会,旨在指导临床医生为患者提供运动处方服务。

"运动是良医"作为一个全球性的健康促进项目,大力倡导体力活动和运动是预防和治疗慢性疾病不可或缺的理念,使体力活动对疾病预防和治疗成为多个国家卫生保健系统的重要组成部分。"运动是良医"项目鼓励医生在为患者拟定治疗计划时,同时审查和评估他们的运动情况,要求医生每次接诊患者后都要问两个问题:"你吸烟吗?""你运动吗?"并为患者提供有关锻炼计划的咨询(运动处方),指导公众通过科学运动预防和治疗慢性病。

经过数十年的积极推广,"运动是良医"的倡议已经得到世界多国的响应与参与,目前,该项目已经在全球50多个国家/地区启动和实施。在美国,该项目已纳入美国的医疗系统,作为医疗处方手段之一。

(二)EIM 倡导的运动与健康理念

1. 运动的益处 EIM 研究证明运动对健康的益处多多,在人的身体健康、心理调节、社会适应力、生活质量提升等多方面得到体现。

(1)运动可以改善心血管和呼吸功能,可以改善最大摄氧量,提高肺活量,简单来说运动可以使心肺耐力提高。

(2)运动可以降低冠状动脉疾病危险因素,延缓动脉粥样硬化的发展。

(3)运动可以预防高血压、缓解轻度高血压、与药物共同治疗轻中度高血压。

(4)运动有明显的降血脂的作用,可以改善脂代谢。

(5)运动可以提高靶细胞对胰岛素的敏感性,调节血糖,延缓或阻止糖尿病的发生。

(6)运动结合饮食可以有效控制体重,减少体内脂肪蓄积。

(7)运动可以改善情绪,缓解焦虑与抑郁,促进心理健康。

(8)运动可以改善睡眠,增加工作、娱乐和生活能力。

(9)运动可以增强老年人的体质和独立生活能力,降低老年人摔倒、受伤的风险。

(10)运动有益于社交、提高生活乐趣、提高生活质量。

2. 来自 ACSM 的健康生活方式建议

(1)有规律的中等强度或大强度运动。

(2)健康饮食。

(3)仅靠饮食和运动来改善有风险的治疗是不够的,疾病期临床治疗是必需的。

(4)有氧运动时每提高一个代谢当量,患心脏病的概率下降 20%,全因死亡率也下降 20%。

3. 对成年人科学运动的指导意见

(1)每周 150 分钟的中强度有氧运动(如快步走或园艺工作)。

(2)每周 75 分钟的高强度有氧运动(如慢跑或游泳)。

(3)每周至少运动 3~5 天,热身练习、有氧运动、抗阻训练、柔韧练习应该贯穿始终。

(三)EIM 项目在中国

2012 年 6 月,下设在中国疾病预防控制中心的国际生命科学学会(International Life Sciences Institute)中国办事处(ILSI Focal Point China)加入 EIM 项目,成立了"运动是良医中国工作组",建立了运动是良医中国网站和微信工作号,工作组致力于在我国大力倡导体力活动和运动是预防和治疗慢性疾病不可或缺的理念,促进医护人员、健身指导人员和大众之间的连接,鼓励初级保健医生与健身指导人员合作,为患者制定治疗计划时应包括运动处方,推进临床多科室多种疾病的运动康复、运动处方、医体结合的健康管理模式研究。至今,"运动是良医"的理念已经深植于包括我国在内的世界民众心中,成为我国促进运动健康发展的科学指导和助力。

三、运动与健康促进的相关概念

(一)体力活动

体力活动(physcial activity)也叫身体活动。指任何由骨骼肌收缩引起的导致人体能量消耗的身体活动。日常生活中的体力活动包括工作、交通、家务、体育锻炼、娱乐活动等。

(二)体适能

体适能(physcial fitness)指机体有效与高效执行自身功能的能力,也是机体适应自然环境和心理环境的一种能力。体适能与是否能够充满活力和警觉地执行日常任务、是否存在过度疲劳、是否有充足的能量享受休闲时光和应对紧急情况密切相关。体适能分为与健康相关体适能和与竞技相关体适能。与健康相关体适能反映了机体的健康状况,包括心肺耐力、肌肉力量、肌肉耐力、柔软性和身体成分。竞技相关体适能并不是每个健康人都具有的,而是需要通过训练获得,具备这些良好技能素质的人能够完成高水平的技术动作,包括灵敏、协调、平衡、反应时、速度和爆发力。

(三)适量运动

人体通过体育运动增进健康的作用是遵循生物体在自然界生存的基本法则,即刺激-反应-适应原理。体育运动对人体是一种刺激,机体对这种刺激会产生相应的反应。适宜强度和运动量的运动,可以使机体受到刺激,但对运动刺激产生的反应程度在可承受范围内,有益于机体健康,我们称为适量运动(moderate exercise)。如果运动强度过大或过量,可能出现运动损伤甚至猝死等意外,反而对健康有害。

(四)康复医学

1978年,世界卫生组织将康复医学与临床医学、预防医学和保健医学共同列为现代医学领域的4个组成部分,确立了康复医学在现代医学的地位。

康复医学(rehabilitation medicine)主要运用医学的措施,治疗因外伤或疾病而遗留的功能障碍导致独立生活有困难的躯体性残疾者,使其功能达到可能达到的最大限度,为他们重新融入社会创造条件的医学分支。

康复医学是一门跨学科的应用科学,也是一门有着专科理疗和专门技术的医学科学。其主要内容包括康复医学基础、康复评定学、康复治疗学、临床康复学和社区康复学。其中康复治疗是康复医学中最有特点的部分,通过康复训练来促进功能恢复、代偿和补偿。康复治疗主要包括物理治疗(physical therapy,PT)、作业治疗(occupational therapy,OT)、言语治疗(speech therapy,ST)、心理治疗及假肢矫形器应用等。

(五)物理治疗

物理治疗(physical therapy,PT)是借助声、光、电、热、磁、水、力来治疗伤、病、残患者,恢复、改善或重建躯体功能的一种专门学科。

物理治疗主要手段包括:手法治疗、运动疗法和仪器治疗。其中手法治疗、运动疗法借助的物理因子是机械力,而仪器治疗则利用声、光、电、热、磁、水等物理因子,又称理疗。手法治疗、运动疗法和理疗均属于物理治疗方法,各有侧重。运动疗法技术多为主动性的康复治疗技术,需要患者通过主动运动来配合,而手法治疗和仪器治疗则多是被动性的康复治疗技术。运动疗法在国际物理治疗工作中占比最大,是最具特色的核心内容。

(六)运动康复

运动康复(sports rehabilitation)是物理治疗的一个重要分支,是物理治疗的主体内容之一。运动康复技术包括针对关节、肌肉、神经、心肺的功能促进技术，运动疗法是其主要技术手段。

运动康复是集临床医学、康复医学、物理学、体育学等多学科交叉优势，利用力学元素，通过徒手或器械进行主动或被动运动来防治疾病或损伤，通过系统的具有针对性的功能运动训练促进身体功能恢复，帮助运动员重返赛场、非运动员回归社会的交叉应用型科学。

运动康复是一个主动康复的过程，是根据症状发生的规律和特点，通过运动的方式进行伤病预防、康复和加快身体功能的恢复。需要注意的是，运动康复不仅仅是使患者"全面恢复"的康复手段，也是通过运动训练来避免受伤的预防措施。

四、运动康复的基本原则

(一) 目的明确，针对性强

应根据明确的目的来制订康复计划和实施运动治疗方案，突出不同时期的治疗重点。例如，在损伤早期，主要康复目的是减轻炎症和肿胀反应、消除疼痛、预防肌肉萎缩等，应针对这一目的选择有针对性的练习方法。同时也应明确患者的诉求和康复目标，根据患者实际情况开展治疗。如髌股关节疼痛（patellofemoral pain，PFP）患者既可以是专业运动员，也可以是普通白领。就普通人而言，其职业不要求较高的运动表现，康复目标也可以是缓解疼痛和提高日常生活质量。

(二) 早期介入，无痛原则

在不加重损伤、不影响损伤愈合的前提下，要尽早介入康复治疗，这对减轻后期疼痛、预防关节粘连和肌肉萎缩有重要意义。同时，缓解和消除疼痛是运动康复的一个重要目标。康复治疗全程不应该出现疼痛。如出现疼痛，需要调整运动的类型或强度。

(三) 循序渐进原则

运动康复治疗的过程应让患者逐步适应，运动强度由低到高、运动时间由短到长、动作内容由简到繁，在适应中不断提高能力。避免任何突然增加的运动强度和运动量，防止二次损伤。应定期对患者进行功能评定，判断是否达到进阶标准，做到进退有节。

(四) 超负荷原则

为了促进生理功能改变，达到治疗效果，运动应遵循超负荷原则。即患者对某一负荷刺激基本适应以后，必须通过调整运动的内容、频率、强度和持续时间来适当增大运动负荷，使之超过原有负荷，机体功能能力才能继续改善。注意要准确把握负荷量，训练次日无疲劳感。

(五) 个性化原则

不同个体的功能障碍特点、疾病情况、康复需求均不同，应根据病情、康复目标、年龄、性别、兴趣、经济差异，制订出因人而异且科学有效的康复运动方案。

(六) 持续性原则

功能锻炼的效果是短暂且可逆的，训练停止 1～2 周后，疗效将逐步消退。大多数康复治疗需要持续一定的时间才能获得显著的效应，所以治疗过程应持续，不可随意间断，以免影响治疗效果的积累。应尽可能鼓励患者培养终身锻炼的意识和习惯。

(七) 整体性原则

运动治疗要突出重点，但不能只局限于干预某一两个部位。局部运动和全身运动要相结合。因为躯体功能障碍通常是多器官、多组织、多系统功能障碍的综合，要运用整体性思维寻求功能障碍的根本原因，全面审视，全面锻炼。如腰椎间盘突出患者可能不仅存在骨关节异常，还存在肌肉失衡、本体感觉减退和姿势异常等问题。康复训练的方法和目标应完整全面，以改善、代偿、补偿等多渠道恢复功能。

(八) 主动性原则

运动康复是一个主动康复的过程，要求患者积极主动地参与。治疗前应通过宣传教育，向患者和家属清楚地介绍治疗内容，让他们意识到康复治疗和运动干预的重要性，争取患者和家属的主动配合。康复师的态度应和蔼诚恳，声音亲切坚定，增强患者和家属康复的信心。要经常性更新治疗内容和手段,提高患者的新鲜感和依从性。

(九)安全性原则

康复师要正确示范动作,治疗手法应轻柔准确,训练场所应干净整洁防滑,器材摆放有序。时刻注意患者安全,避免再次损伤。

五、运动康复的风险与预防

(一)运动康复的风险

运动康复治疗技术属于自然疗法,可以防治关节疼痛、运动损伤,维持和改善关节活动度,增强肌肉的肌力和耐力,提高心肺功能、平衡功能和运动协调性。适度并经过科学指导的运动干预风险较低。过度的、不恰当的运动易造成机体疲劳和运动损伤,常见的运动性损伤和病症包括扭伤、拉伤、低血糖等,严重者出现运动性心血管事件,引发猝死。过度运动还会降低免疫系统功能,增加患病的风险。

(二)运动康复风险的预防

1. **明确禁忌证** 为防止在运动中出现意外事件,存在以下症状的人群不得进行运动康复治疗。

(1)病情危重者。

(2)病情处于急性期且病情不稳定者。

(3)休克、神志不清或有明显精神症状不合作者。

(4)运动器官损伤未做妥善处理者。

(5)运动过程中有可能发生严重并发症者,如有大出血倾向、静脉血栓脱落、运动时血压急剧升高超过标准者。

(6)存在明确急性炎症者,如体温超过38℃、白细胞计数明显升高者。

(7)剧烈疼痛,运动时加重者。

(8)严重骨质疏松者和癌症有转移倾向者需谨慎。

(9)严重心血管疾病者:持续发作的冠心病,安静时舒张压≥110mmHg及收缩压≥180mmHg;重症的心律不齐、心室室壁瘤、心电传导异常、呼吸困难、全身水肿、胸腔积液、腹腔积液者。

2. **注意事项** 运动康复治疗技术的阶段过程中,有不同的禁忌证,且患者的具体症状表现不同,在具体实施时要具体分析。

(1)在运动治疗开始前,康复师应认真检查康复器材设施及场地,向患者讲明器材的使用方法和注意事项;运动治疗中,应当强化安全防范措施,对技术难度较大的动作应当详细分解、亲自示范,并采取正确的保护与帮助。

(2)充分做好准备活动和放松活动。在运动前应进行充分准备活动。充分活动关节、肌肉,增加身体柔韧性和灵活度,使机体做好运动准备,以最佳状态投入运动中,减少运动损伤。在运动后应充分进行放松活动,减少疲劳累积。

(3)遵循科学运动方法,循序渐进、先易后难,运动量由小到大逐步增加,局部运动与全身运动相结合。注重身体基本素质锻炼,加强肌肉力量练习和运动安全教育。

(4)定期开展运动风险评估。

第二节 | 运动康复治疗技术

一、运动康复治疗技术概述

(一)概念

运动康复治疗技术是在康复治疗师的指导下主动或被动、徒手或应用器械进行各种运动训练来治疗伤、病、残患者,改善病变,恢复或改善患者功能障碍的方法,是一种重要的康复治疗手段。在实施运动治疗的过程中所应用的各种方法和技术,即为运动康复治疗技术。随着康复医学基础理论研究的深入,运动疗法已经获得了极大的丰富和发展,形成了针对各种运动功能性疾病的独具特色的治疗技术体系。

(二) 分类

1. 根据是否借助外力　分为被动运动、主动助力运动和主动运动三种。

(1)被动运动:由治疗师徒手或借助器械帮助患者进行的身体活动。在此过程中,患者不做主动肌肉收缩活动。

(2)主动助力运动:在治疗师的帮助下或借助器械,部分借助于外界力量,同时患者也通过自己主动的肌肉收缩完成的活动。

(3)主动运动:不借助任何外力,患者依靠自身肌力主动完成的活动。

2. 根据运动功能恢复　运动康复治疗的核心是改善患者功能。人体的基本功能可分为:肌肉工作能力、灵活性、稳定性、平衡性、协调性等方面。因此,运动康复治疗的基本种类也可以分为肌肉力量训练、关节活动训练、稳定性训练、平衡功能训练、协调训练等主动运动训练方法,以及关节松动术、淋巴引流技术、筋膜松解技术、肌肉放松技术等被动运动训练方法。

二、具体运动康复治疗技术

(一) 肌肉功能康复技术——肌力训练

1. 定义　肌力训练是通过主动或被动的运动方式,采用不同的肌肉收缩形式恢复或增强肌肉力量的训练。按照肌肉收缩的方式分为等长训练、等张训练和等速训练;按照肌力大小可分为被动训练、助力训练、主动训练、抗阻力训练及渐进抗阻训练等。

2. 训练原理

(1)抗阻训练:阻力主要来自抵抗肌肉的自重、外加的阻力等。当肌力在3级以上时,采用抗阻训练的方法才能达到增强肌力的目的。

(2)超量恢复:是指肌肉或肌群在进行适度训练后产生疲劳有一个疲劳恢复期,在恢复过程中,人体内被消耗的能量物质(ATP、蛋白质、糖和无机盐等)不仅能恢复到运动前的原有水平,而且在一段时间内可出现超过原有水平的现象,这个现象即称为超量恢复。如果我们在前一次训练的超量恢复阶段安排下一次的训练,并以前一次超量恢复阶段的生理生化水平为起点制订更高要求的训练计划进行训练,从而在后一次训练的超量恢复期再次提高肌肉、肌群的生理生化水平,人体就会在这种巩固和叠加超量恢复的状态下逐步实现肌肉形态的发展及功能水平的增强与提高。

(3)适度疲劳:肌肉训练时会引起肌肉的适度疲劳,如果超量恢复出现,说明训练量适度、训练效果显著。但训练中切忌运动量、运动强度过大导致过度疲劳而造成肌肉损伤。

3. 训练方法　肌力训练前需了解患者的肌力水平,根据评定结果和治疗目的,进行针对性的肌力训练。常用的肌力训练方法如下(表10-2-1)。

表 10-2-1　常见肌力训练方法

肌力大小	训练方法
0 级	被动运动、传递神经冲动训练
1~2 级	传递神经冲动训练、等长训练、助力训练
3 级	主动训练、等长训练、等张训练、助力训练
4~5 级	主动训练、抗阻训练、等长训练、等张训练、等速训练

(1)传递神经冲动训练:通过语言等方式鼓励患者努力配合,尽力引发瘫痪肌肉的主动收缩。适用于肌力0~2级。

（2）助力训练:适用于肌力 1～3 级。

训练方法:

1）徒手助力训练:治疗师徒手提供助力,不借助器械,当肌力为 1～2 级时,治疗师帮助患者减重进行主动运动。该训练方法的优点是治疗师可以提供精准的助力,缺点是治疗师与患者呈一对一的训练模式,费时费力。

2）滑面上助力训练:在光滑的板面上利用滑石粉或小滑车等设备或器材,减少肢体与滑板之间的摩擦力,进行滑面上的辅助训练;同时,也可通过增大滑板的倾斜度等方法,加大摩擦力在滑板上做滑动训练。

3）滑车重锤的助力训练:以上两项运动均在水平面上进行,而滑车重锤训练是在垂直面上利用滑车、重锤来减轻肢体的自重。此方法主要适用于髋、肩、膝等大关节的肌力训练,不适用于手指、腕、肘和踝等关节的训练。

4）浮力助力训练:指在水中进行的辅助运动,借助漂浮物或利用水对肢体的浮力,以减轻肢体重力的影响,但助力的大小不便调节。

5）悬吊助力训练:适用于肌力 1～3 级。

训练方法:利用挂钩、悬吊带、滑轮等简单装置,将肌力低下的肢体悬吊起来,以减轻肢体的重量,然后在治疗师的指导下在水平面上进行训练。

（3）主动训练:适用于肌力达 3 级及以上。根据患者的实际情况调整训练的强度、频次和间歇。

训练方法:训练中取正确的体位和姿势,将肢体置于抗重力位,防止代偿运动。

（4）抗阻训练:适用于肌力 4～5 级,能克服重力和外来阻力完成活动的患者。利用徒手、滑车、重锤、弹簧、重物、摩擦力、流体阻力等作为阻力训练肌力。

（5）等长训练:根据肌力的恢复程度,1～5 级肌力的患者均可进行等长收缩运动训练。常用于制动患者,如骨折内固定术术后早期和骨折石膏外固定后等。

训练方法:研究证明,20 次/组、每次肌肉持续 6～10 秒的等长训练效果较好。

1）"tens"方法:即每次肌肉收缩 10 秒,然后休息 10 秒,重复 10 次为一组,每次训练 10 组,这种训练方法对肌力恢复更为有效。

2）多角度等长训练(multi-angle isometric exercise,MIE):是在整个关节活动范围内,每隔 20 秒做一组等长练习。优点是可克服等长训练的角度特异性,扩大练习范围,能在可任意设定关节角度的等速训练器上进行;可在训练时避开"疼痛弧",选择在非疼痛部位进行训练;可通过等长训练的生理溢流作用促进对"疼痛弧"处的康复。多角度等长训练可采用"tens"原则,即每间隔 10°～30° 选择一个角度,每个角度用力收缩 10 秒,休息 10 秒;重复用力收缩 10 次,共训练 5～10 个角度(依据不同的关节而定)。用力收缩时,尽可能在刚开始的 2～3 秒迅速达到所需力矩值,然后保持收缩 5～6 秒,最后 2 秒逐渐放松。

训练的形式:

1）徒手等长运动:受训肢体不承负荷,而保持肌肉的等长收缩活动,如上肢的推、压动作训练。

2）肌肉固定训练:适用于骨折、术后需要固定的肢体,不引起关节的活动,如肱二头肌在屈肘位石膏固定的情况下,前臂和手指进行等长收缩练习。

3）利用器具:可利用墙壁、地板、杯子桌面等各种固定不动的器械和物品进行等长训练。

（6）等张训练:3 级肌力及以上的患者,均可进行等张收缩运动训练。

训练方法:

1）等张训练的基本方法:通过滑轮举起重物的训练,如哑铃、沙袋、拉力器等训练。其特点是所用重物的绝对重量不变,但由于运动中肢体杠杆位置不断改变,作用于肢体的阻力也相应不断变化,所以应结合患者的肌力水平选择较小负荷。

2）渐进性抗阻训练法:增强肌力的关键在于较大的阻力,遵循大负荷少重复的原则。

例如,Delorme 渐进抗阻训练法:先测出训练肌肉连续 10 次等张收缩所能承受的最大负荷,称为 10RM(10 repetition maximum)。每次训练 3 组,组间休息 1 分钟,每组重复 10 次。第 1、2、3 组训练负荷依次为 1/2、3/4 及 1 个 10RM。每周复测 10RM 值,并相应调整负荷量。

Oxford 渐退抗阻训练法:与 Delorme 法类似,但把负荷顺序颠倒,使第 1、2、3 组训练负荷分别为 1、3/4、1/2 个 10RM。

(7)等速训练:可根据患者的肌力水平,选择不同的训练模式。肌力 1～3 级,可进行持续被动活动(CPM)的助力运动,防止肌肉萎缩,兴奋神经肌肉;对于肌力在 3 级以上的患者,可采用等速向心肌力训练、等速离心肌力训练和短弧等速肌力训练。

训练方法:包括等速向心肌力训练、等速离心肌力训练和短弧等速肌力训练。常用的训练系统包括 Cybex、Biodex、Contrex、Kin-Com 和 Lido。

1)等速向心肌力训练:最为常见。结合患者的康复需求,在等速训练仪上选择一系列不同的运动速度进行训练,这种训练方法又称为运动速度谱训练。运动速度谱分为 4 档:慢速(1°～60°/s)、中速(60°～180°/s)、快速(180°～300°/s)及功能性运动速度(300°～1 000°/s)。运动速度谱训练法包括肌力训练和功能适应性训练两种形式。运动系统伤病康复治疗的早期及中期常选用慢速、中速来组成运动速度谱。1 次运动速度谱训练为 1 个训练单位。根据肌力水平,逐渐增加训练次数到 2 个或 3 个训练单位。功能适应性训练主要用于运动系统伤病康复的后期治疗,以恢复功能为主。这个阶段应进行快速、次大收缩强度及多次重复收缩的训练,训练速度接近日常活动或竞技运动时的收缩速度(300% 左右)。

2)等速离心肌力训练:等速仪器可提供向心-离心收缩、离心-离心收缩两种训练方式。在前一种训练方式中,主要训练一组肌群,如屈曲运动是肌群的向心收缩,伸展运动则为同一肌群的离心收缩,从而形成一组肌群向心-离心收缩连续的收缩方式;后一种训练方式,可同时训练主动肌和拮抗肌的离心收缩肌力,提高两组肌群的肌力;在临床中可根据患者具体情况加以选择。在等速离心收缩中,运动速度的生理溢流作用要大于等速向心收缩,约为 60%;因此,训练中运动速度之间相隔可略大。另外,离心训练的间歇时间一般也要长于等速向心肌力训练。

3)短弧等速肌力训练:是指限定运动范围进行等速肌力训练的方法,主要适用于关节及周围软组织损伤后关节疼痛或活动受限的患者。运动系统伤病常导致关节及周围软组织的损伤,当关节活动至一定角度时,由于损伤、粘连等造成局部疼痛,在力矩曲线上表现为"疼痛弧";如在疼痛弧内进行运动有时会加重损伤,对关节康复不利。训练时,可在等速仪上选用短弧等速肌力训练。限定运动范围,选择非疼痛弧区域进行等速肌力训练。选择合适的训练速度,先选择慢速及中速(60°～150°/s),如果速度过快,关节活动不易在短时内迅速增速,常感受不到阻力而影响训练效果;随着治疗的跟进和肌体恢复,疼痛症状得到改善,训练范围可逐渐扩大,训练速度也可逐渐增加。

(8)振动力量训练(vibration training):振动力量训练是一种新兴的肌肉力量训练方法(图 10-2-1),通常与抗阻训练同时进行。其方法是在肌肉收缩时施加振动,通过振动刺激引起 I a 型感觉传入神经纤维兴奋,同时激活快肌纤维(白肌纤维)和慢肌纤维(红肌纤维),最大限度地募集运动单位参与活动。振动力量训练分为局部振动力量训练和全身振动力量训练。局部振动力量训练将振动器直接放置在肌腹或肌腱的位置上,多用于上肢;全身振动力量训练一般利用振动训练平台,患者通过站立在振动训练平台上,进行单腿或双腿的训练。振动力量训练能够提高肌肉的最大力量、爆发力

图 10-2-1 振动力量训练示意图

NOTES

及平衡控制能力,常用于体育竞技项目训练,临床上也可将其应用于肌力下降和脑卒中后康复训练。

4.注意事项

(1)选择正确的运动量和训练节奏。

(2)掌握正确的负荷。

(3)无痛训练。

(4)给训练者正确讲解和口头正向鼓励。

(二)肌肉放松技术

1.定义　肌肉放松技术是运动康复治疗技术的基本技术,是针对骨骼肌紧张造成的疼痛或功能障碍而实施的治疗技术。

2.分类　肌肉放松技术包含肌肉牵伸技术、泡沫轴放松技术、筋膜松解技术三种常见的治疗技术。

(1)肌肉牵伸技术:牵伸技术(stretching)是运用外力拉长短缩或挛缩的软组织,做关节活动范围内的轻微超过软组织阻力的运动,恢复关节周围软组织的伸展性、降低肌张力、改善关节活动范围的技术。肌肉牵伸技术包括被动牵伸技术与主动抑制。被动牵伸技术有手法牵伸、机械牵伸、自我牵伸等。主动抑制包括收缩-放松法、收缩-放松-收缩法、拮抗肌收缩法。

(2)泡沫轴放松技术:泡沫轴放松技术的方法如下。

1)将需要进行放松的肌肉(不要直接放于骨或关节下方)置于泡沫轴之上,利用自身体重反复在泡沫轴上缓缓进行滚动1~2分钟。先从疼痛敏感点附近逐步转移到疼痛区域。

2)滚动过程中如果有疼痛的感觉,应在疼痛点上停留20~30秒,直到疼痛程度下降50%~75%。

3)在进行训练过程中保持腹部收紧,以确保在动作过程中核心部位的稳定。

4)动作的过程中保持正常呼吸,不要憋气。

5)可在每次训练的热身及整理部分加入此练习。

(3)筋膜松解技术:利用筋膜松解技术进行肌肉放松时局部与全身相结合手法缓慢进行,采用先下后上、先外后里的治疗顺序。

先找到疼痛部位,从触发点开始松解;在正确体位沿着筋膜的走向进行放松,注意询问患者的感受,不同的部位有不同的松解方法。

(三)核心区稳定训练

1.概念　人体的机体核心区主要是指脊柱和骨盆及其周围的肌肉群所构成的区域。依其功能和属性,核心肌群可分为两大群:深层核心肌群,又称为局部稳定肌群(local stabilizing muscles);表浅核心肌群,又称为整体稳定肌群(global stabilizing muscles)(图10-2-2)。

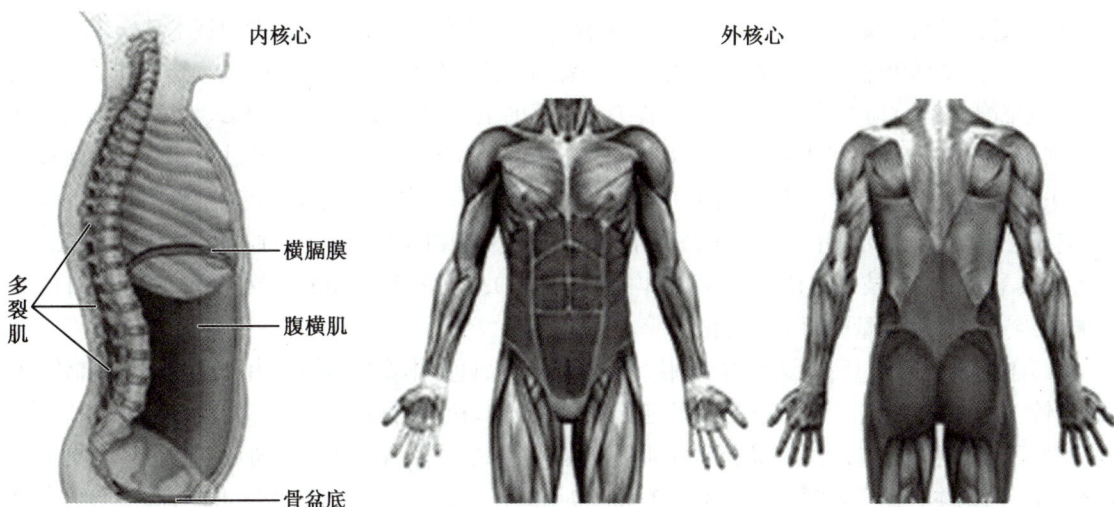

图 10-2-2　人体核心肌群的内外核心

2. 核心区与协调稳定的关系　核心力量是核心部位稳定性的主要和主动因素。专项运动技能的优劣主要取决于参与运动肌肉之间的协作水平和对高速运动中身体重心的控制能力,有人将核心部位视为人体运动链的枢纽,其起着衔接、传递和整合作用。

人体核心部位的主动稳定的实现取决于多块肌肉的协同工作,该工作是在神经支配下的一个复杂和精细的过程,对于复杂的竞技运动来说,核心部位的稳定并不是运动的目的,稳定是给不同肢体(如上下肢)的运动创造支点,为不同部位肌肉力量的传递建立通道。

3. 训练特点　核心专门性力量训练是核心力量训练的高级阶段,也即核心力量训练重点和关键,具体是指根据项目技术特点所设计和进行的专项动作模式下的力量练习。在力量训练中必须具备以下三大特点:①从核心向四肢放射;②提高力在运动链上的整合、传递与功能性放大,构建符合专项力学规律的运动链;③重视神经支配和控制能力的培养。

核心专门性力量训练综合了上述三大特点,突出提高力量的传递、协调组合和神经支配控制肌肉的能力,表现在全身多肌群整体性在多个维度内同时参与运动,为运动员专项力量的提高和专项技术的改造,提供了专门性的力量储备和动作支持,也是运动员进行整体力量训练的第一步,核心强大才能保证运动链上力量的有效传递,才能使已获得的整体力量发挥出应有的水平。在此"专门性"是指专项技术对核心力量的特殊需求,而不是专项技术或专项力量本身。

4. 核心专门性力量　是一种在神经肌肉、生理结构、能量代谢、心理适应等方面与专项技术动作相适应的力量能力,它在核心稳定性能力提高的基础上与专项需求主动适应和对接,把所获得的基础性力量和功能性力量通过协调性力量的整合而顺畅地在专项竞技中表达出来,简单地说就是突出的动态稳定性和强大的腰髋收缩力量。

(1)核心功能性力量:核心功能性力量是一种专门性力量能力在生理结构和神经肌肉适应等方面,与专项技术动作结构相适应,是在神经肌肉协调配合及在多肌群间的协同配合作用下产生的力量,是核心稳定性(力量)和专项力量之间的桥梁。通过整合核心协调性力量,高效地向专项力量转化,从而实现和解决以往在训练过程中,无法完成核心稳定性训练与专项力量训练之间的衔接与转化。而专项力量则是指完成专项技术动作本身所发挥出的力量,更侧重于专项技术动作的完整性和用力的协调性,专项力量可以说是一种异化了的功能性力量。功能性力量是对核心稳定性的升华与有效利用,是以提高核心肌群的整体工作能力和功率输出为主要目的,强调核心区小肌群稳定辅助作用。功能性力量由功能性力量能力(力量基础)、功能性力量表现(功率输出)和功能性力量技术(专项技术)3个不同的层次表现组成功能性力量金字塔模型。

功能性力量能力位于金字塔的底端,是功能性力量的基础,可以通过肢体动作的幅度、身体平衡与控制及一般稳定性来反映其水平的高低,功能性力量能力的不足必然导致金字塔模型的异化发展;功能性力量表现也即我们所说的功率输出如爆发力等;功能性力量技术是指专项技术动作模式下的力量需求,又常指专项技术。因此,功能性力量训练涉及关节稳定性、平衡能力、功率输出和动作模式训练等方面的内容。动作模式训练是功能性力量训练的主体,可分为单一动作模式训练(又称功能性剥离训练或环节分解模式训练)和整体动作模式(多模式组合)训练。由此,通过单一动作模式和整体动作模式训练,发展专项技术所需的力量、能量、神经、肌肉和本体感觉等。在功能性力量训练设计中,应根据不同专项技术特征来选择训练内容和方法,规划负荷安排与节奏,通过负重、加阻、减阻、快频等形式来模仿专项技术动作(或技术动作的某个环节),强化神经冲动的发放频率和对肌纤维的募集能力,突出与专项力量的衔接和转化。

(2)核心协调性力量:协调性力量训练是指通过克服自身体重或运用自由力量器械(如杠铃、哑铃、壶铃、实心球、弹力带等),进行的无固定轨迹的加速、减速等的核心专门性力量训练形式。在此,"协调性"是指对核心稳定性和功能性力量及其他相关系统的整合与优化。协调性力量训练更强调神经肌肉系统、本体感觉及呼吸调节系统之间的协调配合,强调主动肌、对抗肌和协同肌之间兴奋、协同、抑制与放松。协调性力量在训练实践中,又常被教练员称为"活力量",是大量地紧紧围绕着专项技术所做的协调性和控制性的力量练习,多以徒手和轻负重方式进行,突出解决如何去使用力量而不是获得更大力量的问题,这也是当前运动员力量训练的新趋势。

5. 注意事项

(1)核心是整个身体的核心,是由许多小的肌群组成的运动系统。

(2)核心训练不能单独进行,必须与其他运动系统一起配合来完成整个动作。

(3)正确动作是保证动作质量的基础。正确动作是指动作正确、呼吸自然、用力适度。

(4)锻炼核心肌肉的训练方式主要包括传统训练方法和新型技术两种。传统训练方法是通过一系列的运动训练,如杠铃卧推、硬拉等,来提高身体稳定性及核心肌群的力量。而新型技术主要指平板支撑等,其能够使肌肉充分锻炼、充分放松,增强肌群力量、协调性与柔韧性。

(四)步行功能训练

步行(walking)是指通过双脚的交互移动来安全、有效地转移人体的一种活动,是上肢、躯干、骨盆、下肢各关节及肌群的一种规律、协调的周期性运动。

1. 基本概念

(1)自然步态:人在正常自然的条件下移动身体,交替迈出脚步的定型姿态称为自然步态。人在学会步行以后,首先是在父母或其他人的保护下完成步行,经过不断强化,最后形成动力定型。当动力定型形成非常巩固的时候,改变也是非常困难的,所以在步态训练时,一旦发现错误动作,一定要及时纠正,防止动力定型的形成。

(2)基本要素:合理的步行周期、步长、步宽、步频、足偏角;躯干平衡稳定;降低能量消耗及省力;等等。

(3)生物力学因素:具有控制人体向前运动的肌力或机械能;当足触地时能缓冲对下肢各关节的撞击力;充分的廓清;髋膝踝合理的关节运动等。

2. 步行周期　步行周期(gait cycle)是指完成一个完整步行过程所需要的时间,即指从一条腿向前迈步该足跟着地时起,至该足跟再次着地时止所用的时间,称为一个步行周期。在每个步行周期中,每一侧下肢都要经历一个与地面由接触到负重,再离地腾空向前挪动的过程,因此,根据下肢在步行时的位置,又可分为支撑相和摆动相(图10-2-3)。

3. 肌肉活动　步行时下肢各肌群在不同的步行周期参与工作(表10-2-2),在支撑相早期主要是

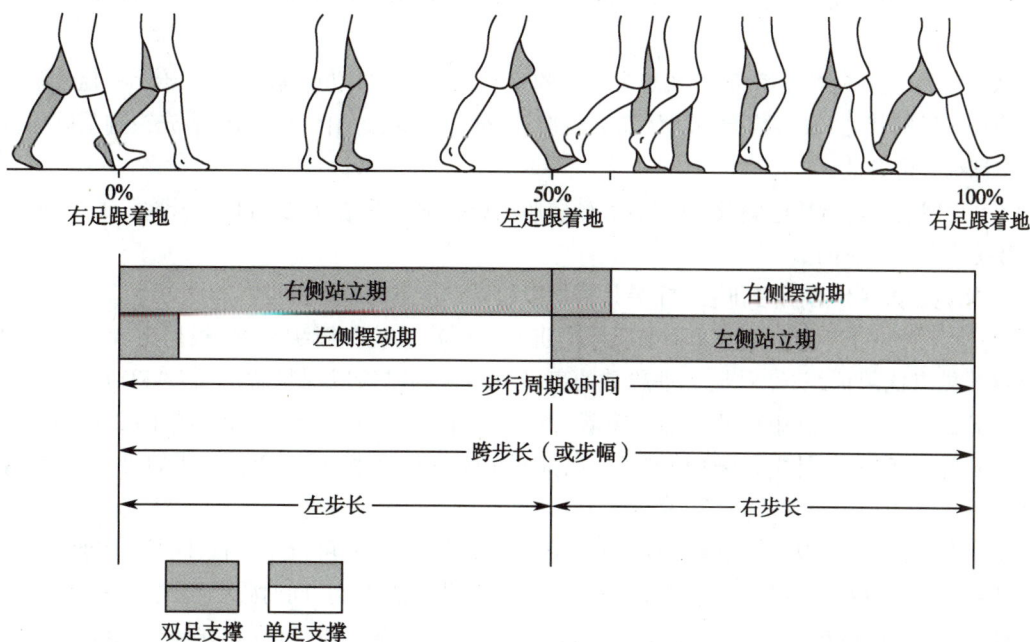

图 10-2-3　步行周期

臀大肌、腘绳肌、股四头肌向心性收缩,胫前肌离心性收缩,控制伸髋、伸膝和足平放速度;小腿三头肌的离心性收缩主要是控制小腿前倾,对抗踝关节背屈,推动身体重心向上向前运动;臀中肌、臀小肌等外展肌群主要在站立相早期工作,以稳定骨盆向对侧倾斜。腘绳肌主要在摆动相中期屈膝伸髋以减速,当足跟着地后与股四头肌协同工作,控制膝屈曲在15°以内。

表 10-2-2　正常步行周期中主要肌肉的作用

肌肉	步行周期
腓肠肌和比目鱼肌	支撑相中期至蹬离、首次触地
臀大肌	摆动相末期,首次触地至支撑相中期
臀中肌和臀小肌等	支撑相早期
腘绳肌	摆动相中期,首次触地至承重反应结束
髂腰肌和股内收肌	足离地至摆动相早期
股四头肌	摆动相末期,首次触地至支撑相中期 足离地至摆动相早期
胫前肌	首次触地至承重反应结束 足离地至再次首次触地

4. 步行训练　步行训练是以矫治异常步态、促进步行转移能力的恢复、提高患者的生活质量为目的的训练方法之一。异常步态的矫治是一个较为复杂而困难的问题,所以要在训练前进行全面的步态分析,找出步态异常的原因和机制,从而采取有针对性的措施改善步态。

主要采取综合性措施:包括步行训练、药物、手术治疗、物理治疗。

(1)基础训练:主要针对关节挛缩、肌肉软弱无力、关节活动度受限、平衡协调障碍等进行训练。

(2)辅助具使用:对于两腿长度不一,可用垫高鞋矫正;而对于关节挛缩畸形或肌肉软弱无力,造成下肢支撑障碍的患者,可配以适当的矫形器或辅助及各种拐杖、助行推车等。

(3)手术矫治:对严重的关节挛缩、关节畸形的患者,可进行关节松解、肌腱延长、截骨矫形等手术;对某些肌性异常还可进行肌肉移位或重建手术,对某些严重的内收肌痉挛者,可行选择性脊神经根切断等手术。

(4)药物:主要是对症用药,针对患者存在的痉挛、疼痛、认知功能障碍,配合给予中枢性解痉药、止痛药和促进脑代谢、改善脑循环及认知类药物等;对疼痛步态、帕金森步态,应先控制基础病,再结合步态训练方可有效。

(5)物理治疗功能性电刺激:针对各种软弱肌肉或痉挛肌的拮抗肌所进行的训练,通过刺激达到解痉和提高肌力的目的。

5. 常见的异常步态矫治训练　主要是根据引起异常步态的原因所进行的针对性训练。

(1)足下垂步态矫治方法:①胫前肌肌力训练,坐位、站位勾脚尖练习,根据患者情况,脚背上可放置沙袋以抗阻训练;②对足下垂严重的患者有条件的可给以踝足矫形器(AFO);③对中枢性损伤所致的足下垂及合并有足内翻的患者,除上述训练外,可配合站斜板(图 10-2-4)牵伸小腿三头肌及胫后肌、功能性电刺激(FES)等,以抑制小腿三头肌张力,提高胫前肌的肌力和运动控制能力。

(2)膝塌陷矫治方法:①对腘绳肌痉挛导致的伸膝障碍,首先可行站斜板和手法牵伸训练、功能性电刺激(FES)或肌电触发功能性电刺激等,以抑制腘绳肌肌张力,同时强化小腿三头肌肌力训练,如踮脚步行、前脚掌踏楼梯上下训练等;②对痉挛严重的,有条件的可行局部肌肉神经阻滞,必要时有条件的可给予伸膝矫形器以辅助治疗;③加强拮抗肌股四头肌肌力训练,如靠墙马步蹲、功率自行车训练、登山器踏踩训练、直腿抬高训练、上下楼梯训练等。

（3）代偿改变性膝过伸：如股四头肌肌力不足、膝塌陷步态或伸髋肌肌力不足时采用膝过伸代偿；支撑相伸膝肌痉挛；躯干前屈时重力线落在膝关节中心前方，促使膝关节后伸以保持平衡。

矫治方法：①股四头肌牵伸训练（图 10-2-5）；②股四头肌肌力训练；③膝关节控制训练（图 10-2-6）；④臀大肌肌力训练。

（4）臀大肌无力步态：臀大肌是主要的伸髋及脊柱稳定肌。臀大肌无力的步行特征表现为仰胸挺腰凸肚，矫治方法为臀大肌肌力训练，如伸膝后踢腿、抗阻后踢腿；俯卧背飞；靠墙伸髋踏步；倒退步行，随患者能力的提高，可上活动平板上训练退步走，并可逐步增加坡度和速度等。

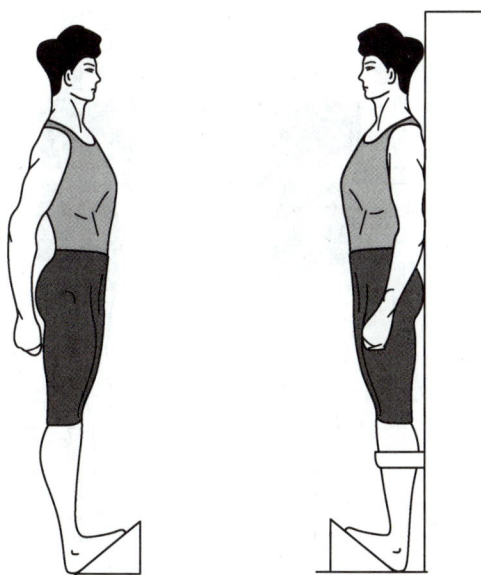

图 10-2-4 斜板牵伸小腿三头肌及胫后肌

图 10-2-5 股四头肌牵伸训练

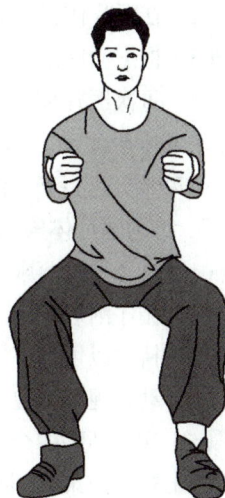

图 10-2-6 膝关节控制训练

（5）臀中肌无力步态：典型的双侧臀中肌无力步态特征表现为鸭步。矫治方法为加强臀中肌肌力训练，如侧踢腿、抗阻侧踢腿等；侧方上下楼梯训练，如为一侧肌无力，训练时采用患侧腿先上楼梯，健侧腿先下楼梯的方法；提降骨盆训练（图 10-2-7）等；站立位姿势调整训练，应在矫正镜前训练调整姿势，包括单腿站立时，躯干保持稳定不许动；侧方迈步（横行）步行训练，开始横行训练时，可让患者背靠墙走，以增加安全性，随患者能力的提高，可上活动平板上训练横行，并可逐步增加坡度和速度。

（五）医疗体操

1. **概念** 医疗体操（therapeutic gymnastics），是根据身体情况通过特定的功能锻炼，达到预防、治疗及康复目的一种体育疗法，是专门用来防治疾病的体操，对创伤、手术后及瘫痪的功能恢复及内科疾病的康复均具有良好的效果，在临床上得到广泛应用，八段锦、易筋经、五禽戏、六字诀等健身气功都属于医疗体操，是医疗体育的重要内容之一。

2. **适应证**

（1）内脏疾病：高血压、冠心病、心肌梗死恢复期、慢性心力衰竭等。

（2）代谢障碍疾病：肥胖症、糖尿病、胃肠功能紊乱、胃下垂等。

（3）神经系统疾病：神经衰弱、周围神经损伤、偏瘫。

（4）骨关节及运动系统疾病：骨折行固定术后、膝半月板切除术后、颈椎病、腰椎间盘突出症、创伤及胸腹腔手术后、断肢及断指再植术后、截肢术后、肌腱移植术后、烧伤、肌萎缩症、肩周炎、关节运动功能障碍等。

（5）呼吸系统疾病：慢性支气管炎、支气管哮喘、肺气肿、慢性阻塞性肺疾病、结核性渗出性胸膜炎、肺结核。

（6）妇科疾病：产后骨盆倾斜、漏尿、腹直肌分离等。

3. 禁忌证

（1）各种疾病的急性/亚急性期患者。

（2）高热患者、病情严重需严格卧床休息者。

（3）恶性肿瘤及手术后有转移倾向、恶病质、出血倾向、剧烈疼痛者。

（4）不能完成体操动作者。

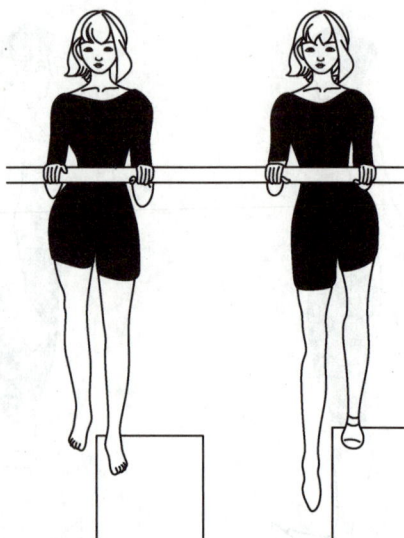

图 10-2-7 提降骨盆训练

4. 编排方法

（1）根据患者的年龄、全身情况、疾病的特点和平时锻炼的程度来选择医疗体操的内容和运动量。

（2）在医疗体操中起局部作用的专门性运动，应与全身性一般健身运动相结合。

（3）根据循序渐进的原则，体操由简单逐渐到复杂，运动量逐渐增加。

（4）每次医疗体操应包括准备部分、基本部分和结束部分。准备部分一般采用运动量较小的健身运动和呼吸运动。基本部分中针对疾病特点的专门运动应占较大比重，而且运动量要达到应有水平。结束部分进行必要的放松练习和整理活动，使运动量逐渐降下来。

5. 练习医疗体操的注意事项

（1）有条件可穿戴监护设备。

（2）循序渐进训练。

（3）持之以恒训练。

（4）动作规范到位。

（5）注重训练的全面性。

（6）观察记录，定期复查，评定疗效。

6. 临床实用医疗体操

（1）呼吸操

1）呼吸操的编排原则：呼吸操主要是以腹式呼吸和缩唇呼吸相结合的模式进行呼吸锻炼，动作编排要点是通过各种动作牵拉挤压胸廓和呼吸肌以达到增强膈肌、腹肌和下胸部肌肉的活动度，加深呼吸幅度，增大通气量有利于肺泡残气排出，从而改善肺通气功能。

2）呼吸操演练：共八节，推荐每天至少一遍，每遍 30 分钟左右。

第一式缩唇呼吸：呼吸训练随时都可以练习，每天至少三次，每次 1～3 分钟。要常练习才能够运用自如，在呼吸急促时可保持自己呼吸的稳定，缩唇呼吸可以锻炼呼吸肌肉的力量，提高患者的肺功能同时增加外周气道的阻力，避免小气道反复塌陷。

方法：用鼻子慢慢深深地吸气，从 1 数到 3，再如吹口哨般噘起嘴巴向外缓慢呼气，默数 1 到 6。保持呼气时间与吸气时间的比值为 2 : 1。

第二式腹式呼吸：一手放在胸部胸骨柄位置限制胸部的扩张，以加强腹式呼吸，一手放于腹部肚脐上感受腹部扩张，此时用鼻吸气（横膈下降，腹肌放松，腹壁自然膨胀），然后腹壁收缩，噘嘴呼气，此时腹肌收缩，腹壁内陷，横膈放松，自然上升。

第三式有效咳嗽：进行数次缓而深的腹式呼吸后，双臂在胸前环抱，双手掌交叉置于对侧的肋弓下缘,同样用鼻子深而慢地吸气,然后缓慢呼气后,屏住气从胸腔进行短促而有力的咳嗽三声,咳嗽时双手掌用力按压胸廓,双上臂紧贴于胸部帮助咳嗽,此动作有利于肺的残气量呼出,从而改善肺气肿的严重程度,并提高呼吸效率。

第四式肩部运动:双手指交叉握于枕后部,吸气时抬头、外展肩部,呼气低头、含胸、内收肩部,此动作可锻炼肩周及颈背部肌肉,有利于增强呼吸。

第五式扩胸运动:双臂先屈肘,吸气做振臂扩胸动作,呼气手臂回收置于正前方,手臂要与肩齐平。

第六式摆臂运动:弯腰垂臂,以肩关节为中心,双侧上肢同时摆动,上举时吸气,下放时呼气,先顺时针摆动,然后逆时针摆动,此动作可增加前臂运动能力,改善通气需求。

第七式全身运动:包括腹式呼吸、扩胸、弯腰(双手指尖够地面)、下蹲(双手置于膝盖)四个动作结合在一起的锻炼方法。

第八式吐故纳新:全身放松,吸气时双臂缓慢向前伸直,然后双臂向上抬起指尖朝上,眼睛跟随上臂方向时头抬起,呼气时双臂从两侧垂直侧平举缓慢放下,头回位。

(2)脊柱侧弯:脊柱 "S" 形侧凸(胸右腰左)矫正操

1)矫正操演练:共十式。

第一式:仰卧位,左手向头顶方向伸,右手向小腿方向伸,同时挺胸。

第二式:仰卧位,左手向头顶伸,右手自然放于体侧,同时左腿做直腿抬高。

第三式:仰卧位,左手向头顶方向伸,右手向小腿方向伸,右腿平行于躯干做左腿臀桥。

第四式:左侧卧位,腰间垫一个小枕头,右手向右小腿方向伸,左手向头顶方向伸,同时做躯干右倾。

第五式:右侧卧位,右手自然放于体前,右侧腋下放一个小枕头,左手向头顶方向伸,同时做左腿侧方位直腿抬高。

第六式:俯卧位,左手举过头顶平行于躯干带动头颈躯干向后伸。

第七式:上半身保持动第六式,同时右腿直腿向后伸。

第八式:俯卧位,左手向头顶伸直,头、躯干贴于床面,右腿做直腿后伸。

第九式:跪位,右肘支撑,躯干保持水平,做左手向后伸的动作。

第十式:左腿跪位,手臂伸直双掌支撑,头向后仰,同时右腿做直腿向后伸动作。

2)练习脊柱侧弯运动矫正操应注意以下要点:①改善呼吸方式。脊柱侧弯导致胸廓变形,易压迫心肺,引起呼吸障碍。因此需进行缩唇呼吸纠正凹侧吸气量少的症状,增强心肺功能。②改善不良姿势。姿势不良是特发性脊柱侧弯最常见的病因。因此为避免脊柱侧弯的家中需重视不良姿势的纠正。端正坐姿,抬头挺胸,勿弯腰驼背,尽量避免长时间跷二郎腿等不良姿势。③手法治疗和物理因子治疗。专业医务人员可以根据脊柱侧弯的情况,通过手法矫正来恢复受到限制的关节和肌肉组织的运动,同时可通过声、光、电、热、磁等物理因子治疗来帮助脊柱侧弯患者改善功能。④改善肌力不平衡。脊柱侧弯患者两侧肌力不平衡,可进行对称性训练来放松紧张肌肉,来改善功能、缓解症状、控制病情发展,这也是医疗体操的作用。

第三节 | 常见运动系统疾病的运动康复

一、颈痛的运动康复

(一)概述

颈痛是指颈部区域的疼痛,其发病率可达到 71%,是慢性病中最为常见的健康问题之一。随着社会节奏的加快和生活工作环境的变化,颈痛病例呈逐年增多的趋势。颈痛不仅影响患者的身体功能、生活与工作质量,还会增加直接医疗成本与间接社会成本。国际上颈痛按病程被分为慢性颈痛、亚急性颈痛和急性颈痛;按病因可分为非特异性颈痛与特异性颈痛。根据美国物理治疗协会 2017 年发布的颈痛临床实践指南,颈痛分为颈痛伴活动度受限、颈痛伴运动协调障碍、颈痛伴头痛(颈源性头痛)、颈痛伴放射痛(神经根性)。

本部分内容,将重点介绍慢性非特异性颈痛(如:颈痛伴活动度受限,常见肩颈劳损)与慢性特异性颈痛(如:颈痛伴放射痛,常见颈椎间盘突出症)。

(二)颈痛伴活动度受限

1. **概念**　根据国际功能、残疾和健康分类等级的国际功能、残疾和健康分类(ICF)代码,将颈椎解剖结构与多关节的活动度发生改变且影响颈椎正常的活动的颈痛归为颈痛伴活动度受限。如:常见的斜方肌、肩胛提肌、斜角肌等颈部肌肉劳损,颈部活动时激发这些劳损的肌肉就会引起疼痛。

2. **临床表现**　常见症状是颈椎中央和/或单侧颈部疼痛,可稳定重现症状的颈部活动受限,引起或牵涉至肩带或上肢疼痛。相应的检查可见:颈椎活动范围测试(+)、颈椎屈曲旋转试验(+)、颈胸椎节段活动性试验(+)、颈部疼痛在主动和被动运动的末端发生、颈部及牵涉疼痛是由受累的颈椎或胸椎上段或颈部肌肉受到激惹造成的、在亚急性或慢性颈痛的患者身上可能出现颈肩胸部肌肉的力量和运动控制方面的缺陷。

3. **运动康复**　根据美国物理治疗协会2017年发布的颈痛临床实践指南,慢性的颈痛伴随活动度受限可采用以下运动康复措施。

(1)胸椎/颈椎关节松动术。

(2)颈椎/肩胛胸壁部位的复合运动,包括神经肌肉练习(如协调性、本体感觉和姿势训练)、拉伸、力量训练、耐力训练、有氧练习和认知情感因素。

(3)干针、激光、间歇性机械、手动牵引。

(4)颈部或肩带或躯干耐力练习及患者教育和咨询,以促进其积极的生活方式并改善不良情绪。

(5)综合干预方案:11周,累计20小时运动康复干预,每次包括15分钟的颈椎胸椎冲击性关节松动手法、45分钟康复训练。

4. **后期康复宣教**　对于大多数类型的颈痛,推荐运动锻炼与手法治疗,并通过这两项措施来减轻疼痛与恢复功能。而具体针对慢性颈痛伴随活动度受限,则是鼓励患者做胸椎关节松动治疗、胸椎灵活训练及上背部与上肢的力量训练。

(三)颈痛伴放射痛(神经根性)

1. **概念**　根据国际功能、残疾和健康分类初级的ICF代码,伴有神经根问题的椎关节病与伴有神经根问题的颈椎间盘疾病归为颈痛伴放射痛(神经根性)。如:常见的颈椎间盘突出症等。

2. **临床表现**　常见症状是颈部疼痛伴受累的肢体放射疼痛(狭窄带上的刺痛感)、上肢皮肤感觉异常、麻木、肌节肌无力。相应的检查可见:上肢神经张力试验(+)、椎间孔挤压试验(+)、颈椎分离试验(+)、颈部关节活动范围检查,还可考虑颈部MRI检查结果。

3. **运动康复**　根据美国物理治疗协会2017年发布的颈痛临床实践指南,颈痛伴放射痛(神经根性)可采用以下运动康复措施。

(1)颈椎间歇性力学牵引,结合其他措施,如:拉伸、力量训练,再加上颈胸椎松动术或手法整复。

(2)患者教育与咨询,并鼓励其参与工作和体育活动。

综合干预方案:4周×2次/周,采用联合干预,包括姿势教育、关节松动手法、运动锻炼、牵引。

4. **后期康复宣教**　对于大多数类型的颈痛,都推荐运动锻炼与手法治疗,并通过这两项措施来减轻疼痛与恢复功能。而具体针对颈痛伴放射痛(神经根性),则是鼓励做颈椎牵引、牵拉与肩背力量训练及一些手法治疗。

二、腰痛的运动康复

(一)概述

腰痛是成年人普遍存在的健康问题,具体指肋骨下缘、腰骶和骶髂部的疼痛,有时伴有下肢放射痛,是成年人普遍存在的健康问题,发病率高达 84%,且呈现逐年增多的趋势。国际上腰痛按病程可分为急性腰痛(小于 4 周)、亚急性腰痛(4~12 周)和慢性腰痛(大于 12 周)。腰痛按病因可分为非特异性腰痛与特异性腰痛。

本部分内容,将重点介绍慢性非特异性腰痛(如:腰肌劳损)与慢性特异性腰痛(如:腰椎间盘突出症)。

(二) 腰肌劳损

1. **概念**　腰肌劳损又称腰背肌筋膜炎,主要指腰骶部肌肉、筋膜、韧带等软组织的慢性损伤,导致局部无菌性炎症,从而引起腰骶部一侧或两侧的弥漫性疼痛。腰肌劳损是骨科门诊最常见的疾病,是下腰痛的常见病证之一,其发病率占腰痛的 70%。根据美国物理治疗协会骨科分会发布的 2021 版临床实践指南《急性和慢性腰痛的干预管理》,腰肌劳损这类慢性非特异性腰痛,可具体归为慢性腰痛伴随运动控制障碍。

2. **临床表现**　根据慢性非特异性腰痛的诊断标准,腰肌劳损存在以下典型的临床症状:①腰部酸痛、肌肉僵硬发板、有沉重感,疼痛常与天气变化有关,阴雨天及劳累后可使症状加重;②腰部有固定压痛点或压痛较为广泛;③有外伤后治疗不当,劳损或外感风寒等病史;④X 线检查无阳性体征。

3. **运动康复**　根据美国物理治疗协会骨科分会发布的 2021 版临床实践指南《急性和慢性腰痛的干预管理》,强烈鼓励医疗保健从业人员在管理腰痛时减少对药物的依赖,特别是阿片类药物,而是支持非药物干预作为急性与慢性腰痛的一线治疗。同时,指南进一步为临床医生管理腰痛提供一系列实质性的非药物干预措施的建议与指导,主要包括运动锻炼、手法治疗和其他被动治疗、腰痛分类系统、患者教育。

以慢性腰痛伴随运动控制障碍(腰肌劳损归为此类)的非药物干预(运动锻炼与手法治疗)为例:

(1) 躯干肌肉强化与耐力训练:目标是恢复或提升躯干肌肉或肌肉群的力量、耐力。训练安排,训练 12 周,每周 2~3 次,每次 1 小时的渐进性腰部特定训练。

(2) 特异性躯干激活训练:目标是针对特定的躯干深部肌肉(如腹横肌、多裂肌),通过协同收缩来改变或恢复对腰椎骨盆区域协同的控制。训练安排,训练 8 周,每周 1~2 次,每次 1 小时的运动控制训练。

(3) 手法治疗干预:采用触发点压力释放疗法以减轻和消除患者相应症状。可采用 6 周,每周 2 次,每次 10~15 分钟的治疗。可采用关节松动术治疗,以 Mulligan 动态关节松动术为例,可采用单次治疗,每个动作做 3 组,每组做 6 次。

4. **后期康复宣教**　根据美国物理治疗协会骨科分会发布的 2021 版临床实践指南《急性和慢性腰痛的干预管理》,对于慢性腰痛患者,物理治疗师可采取标准化教育策略,但不推荐将其作为唯一治疗手段。标准化教育策略包括与锻炼相关的指导和保持活跃的建议;在进行物理治疗干预(如运动或手法治疗)的同时,提供有关疼痛神经科学方面的患者教育,并结合积极的干预手段(例如:瑜伽、牵伸、普拉提和力量训练)。

(三) 腰椎间盘突出症

1. **概念**　腰椎间盘突出症是在腰椎间盘突出的病理基础上,由突出的椎间盘组织刺激和/或压迫神经根、马尾神经所导致的临床综合征,表现为腰痛、下肢放射痛、下肢麻木、下肢无力、大小便功能障碍等。属于临床常见病,发病率 2%~3%,至少 95% 的腰突位于 L_4~L_5、L_5~S_1,病因包括腰椎间盘退行性改变(基本因素)、不良劳作导致劳损、腰骶先天异常(腰椎骶化、骶椎腰化等),妊娠、肥胖等也是腰椎间盘突出的危险因素。腰椎间盘突出症的整体预后较好,绝大多数经过康复治疗可缓解症状与改善功能,但可能复发。

2. **临床表现**　基于患者年龄和病程、突出椎间盘的位置和大小、对神经的压迫及神经的炎症反应程度不同,腰椎间盘突出症常见的症状有放射性神经根性痛、受累神经根支配的肌肉无力和/或神经支配区感觉异常,可伴有急性或慢性腰背部疼痛、腰部活动受限或代偿性侧凸,儿童及青少年腰椎间盘突出症患者常表现为腘绳肌紧张、马尾综合征等。

3. 运动康复 根据美国物理治疗协会骨科分会 2021 版临床实践指南《急性和慢性腰痛的干预管理》,鼓励医疗保健从业人员在管理腰痛时减少对药物的依赖,尤其是阿片类药物,支持非药物干预作为急性与慢性腰痛的一线治疗。同时,指南进一步为临床医生管理腰痛提供一系列实质性的非药物干预措施的建议与指导,主要包括运动锻炼、手法治疗和其他被动治疗、腰痛分类系统、患者教育。

以慢性腰痛伴随下肢放射性疼痛(腰椎间盘突出症归为此类)的非药物干预(运动锻炼与手法治疗)为例:

(1)特异性躯干激活训练:针对特定的躯干深部肌肉,如腹横肌、多裂肌等,通过协同收缩来改变或恢复对腰椎骨盆区域协同的控制。训练安排,训练 8 周,每周 2 次,每次训练 1 小时。

(2)手法治疗干预:可采用神经松动、关节松动、软组织松解(肌筋膜释放技术、触发点治疗技术)的联合治疗,具体方案是 2 周,每周 3 次,每次 50 分钟。

三、膝痛的运动康复

(一)概述

膝关节是人体中较复杂的关节之一,它具有典型滑膜关节的所有结构(关节面、关节腔和关节囊)。另外还具有各种辅助结构,如:由纤维软骨形成半月板,以及前、后交叉韧带,内、外侧副韧带,滑囊,滑膜皱襞,脂肪垫等。膝关节内任何结构的损伤或病变,均可引起膝痛。无论是年轻人还是老年人,膝痛都是较常见的痛症。

本部分内容,将重点介绍常见的有代表性的两种膝痛,分别是髌股关节疼痛、半月板损伤。

(二)髌股关节疼痛

1. 概念 髌股关节疼痛综合征属于特发性膝前痛,是引起膝关节疼痛的主要原因之一,其发病机制与髌骨周围肌力不均衡,导致膝关节屈伸时髌骨运行轨迹不良有关。

2. 临床表现 典型症状是存在髌后或髌周疼痛。在排除其他可能导致膝前痛的情况下,可通过下蹲、上下楼、久坐或其他髌股关节屈曲负荷时髌后或髌周疼痛再现来进行诊断。

3. 运动康复 根据美国物理治疗协会 2019 年发布的髌股关节疼痛临床实践指南,针对四种亚分类采用的对应运动康复措施包括:

(1)肌力表现不足时侧重训练臀肌与股四头肌。

(2)运动协调障碍时侧重步态与动作再训练。

(3)活动度障碍(活动度过大)侧重于足踝的矫形鞋垫与贴扎。

(4)活动度障碍(活动度不足)侧重于髌骨支持带或软组织松解、下肢相应肌肉牵伸。

(5)过度使用或过度负荷但无其他障碍时侧重于贴扎、活动调整与相对休息。

运动疗法方案:可采用无痛渐进式抗阻训练,以髋部(后外侧肌群)与膝部(伸膝肌群)为主的联合训练,训练 6 周,每周 3 次训练,每次 1 小时。

4. 后期康复宣教 根据美国物理治疗协会 2019 年发布的髌股关节疼痛临床实践指南,年龄、身高、BMI、体脂率都不是形成髌股关节疼痛的风险因素,而膝关节伸肌薄弱可预测髌股关节疼痛的发展。因此,指南鼓励应加强臀部与大腿肌肉的力量训练,这是最佳的治疗与预防方案。

(三)半月板损伤

1. 概念 半月板损伤是膝关节第二常见的损伤,占所有膝关节损伤的 1/4。半月板是稳定膝关节的重要结构之一,具有承重、润滑关节、缓冲震荡等功能。半月板损伤后往往会出现膝关节疼痛、弹响、交锁等。而前交叉韧带损伤导致的半月板撕裂发病率很高。

2. 临床表现 半月板损伤主诉存在扭伤史、受伤时有撕裂感、迟发性水肿(受伤后 6~24 小时)、膝关节卡住或锁住的经历。在检查查体时可见:关节间歇压痛、最大幅度的被动屈膝时疼痛、膝关节用力过伸时疼痛、McMurray 试验(+)、Thessaly 试验(+)。

3. 运动康复　根据美国物理治疗协会 2018 年发布的半月板损伤临床实践指南，年龄超过 45 岁的更有可能进行半月板切除术，而年龄小于 35 岁更有可能进行半月板修复。关节镜下半月板部分切除术（APM）是治疗半月板撕裂的主要手术方法。

（1）半月板损伤的保守运动康复干预方案：方案是 6 周，每周 2 次训练，采用综合训练，包括有氧训练（如：自行车、椭圆机或跑步机）、本体感觉和平衡训练、膝关节渐进式关节活动度改善的运动、膝关节或髋关节肌肉渐进式力量训练。

（2）半月板损伤的术后运动康复策略：

1）早期康复策略：在半月板术后进行主动和被动的渐进性膝关节活动。

2）从早期到晚期的康复策略：早期时渐进式负重、早期渐进式逐步恢复活动、监督指导下康复与运动疗法。运动疗法包括在监督下进行膝关节渐进式关节活动度改善的运动、膝关节或髋关节肌肉渐进式力量训练、神经肌肉训练、神经肌肉电刺激或生物反馈。

4. 后期康复宣教　运动中的变向和旋转是急性半月板撕裂的危险因素。年龄增加和前交叉韧带重建延迟是未来内侧与外侧半月板撕裂的危险因素。女性、老年人、较高的体重指数、较低的体力活动和延迟的前交叉韧带重建是内侧半月板撕裂的危险因素。因此，针对性地减少以上风险因素是重要的预防措施。而针对半月板损伤后，鼓励早期保护下循序渐进地负重、加强早期运动锻炼和有监督的康复（包括治疗性运动和神经肌肉刺激）。

四、肩痛的运动康复

（一）概述

肩痛是指肩关节疼痛，也可以是肩胛骨及其周围肌肉等软组织受损或者劳累产生的疼痛蔓延至肩部产生的感觉。日常生活中导致肩部疼痛的原因有很多，整体上可以分为疾病因素与非疾病因素两大类。

本部分内容，将重点讲述肩袖损伤与肩关节周围炎。

（二）肩袖损伤

1. 概念　肩袖是由 4 块肌肉组成的复杂结构。肩胛骨前方是肩胛下肌，肩胛骨后方由上到下依次是冈上肌、冈下肌和小圆肌，该复合体附着于肱骨大结节和解剖颈的边缘。肩袖肌群可加强肱骨头与盂唇的连接，以利于肩关节的稳定状态。由于退行性变或外力等因素导致肩袖肌群发生病变及受损，进而导致肩关节局部疼痛、活动受限及功能障碍等一系列临床症状的疾病称为肩袖损伤。

2. 临床表现　肩袖损伤可表现为无临床症状或有相关临床症状两种情况。有症状的肩袖损伤常表现为患肩疼痛、肩关节功能障碍、肌肉萎缩和肌肉力量下降等。其中肩关节疼痛常为患者就诊的主要原因。肩关节功能障碍表现为患者多存在肩关节外展、前屈、外旋等受限，比如有"梳头困难"等症状。

3. 运动康复　根据 2019 年美国骨科医师协会发布的肩袖损伤的处理临床实践指南，肩袖损伤的运动康复干预措施主要是非药物干预，具体包括运动锻炼、手法治疗和其他被动治疗、患者教育。

以肩袖损伤的非药物干预（运动锻炼与手法治疗）为例：

（1）肌筋膜手法治疗：患者采用俯卧位，术者立于其患侧。术者先用中等力度点或按冈上肌肌腹部及其肌腱附着处的疼痛点，时间约 3 分钟；再弹拨冈上肌，然后用中等力度揉捏冈上肌，并用拇、示、中指轻度按压疼痛点，时间 1～2 分钟。最后采用指推法自外侧向内侧推冈上肌 3～5 次，时间约 6 分钟。

（2）运动锻炼：肩袖损伤需循序渐进，在不同的康复阶段，使用相应的关节灵活与稳定训练、肌力与肌耐力训练等，从而恢复肩关节正常的肌肉长度与张力关系、正常的肩关节周围肌肉的力偶关系、肩关节的静态排列与动态排列，从而康复损伤并预防复发。

肩袖损伤的运动康复方法见表 10-3-1。

4. 后期康复宣教　对于肩袖损伤患者，物理治疗师可采取标准化教育策略，但不推荐将其作为唯一治疗手段。标准化教育策略包括与锻炼相关的指导和保持活跃的建议。对于肩袖损伤患者，物理治疗师应在进行物理治疗干预（如：运动或手法治疗）的同时，提供有关疼痛神经科学方面的患者教育。

表 10-3-1　肩袖损伤的运动康复

阶段	目标	具体措施
第一阶段（0～6周）	逐渐恢复全关节活动范围、增加肩部力量、减少疼痛	0～3周 1. 三角巾舒适悬吊（1～2周） 2. 摆动练习 3. 主动助力 ROM 练习 4. 滑轮系统:仅前屈练习 5. 肘关节活动,握力练习 6. 等长练习(亚极量、非疼性):①外展;②外旋;③内旋;④屈肘;⑤肩前屈 7. 止疼手段(冰敷、高频电刺激) 4～6周 1. 继续以上练习;并主动练习外旋、内旋(肩外展45°) 2. 开始肱骨头稳定练习
第二阶段（7～12周）	无疼全关节活动、改善肌力、增加功能活动、减少残余疼痛	7～10周 1. 主动助力关节活动度练习 a. 前屈到 170°～180° b. 肩外展 90° 做内外旋活动:外旋到 75°～90°;内旋到 75°～85° c. 0° 外展位做外旋活动:外旋至 30°～40°,8～10 周达全关节活动范围 2. 肩关节肌肉练习 a. 臂垂体侧用胶皮管做内外旋练习 b. 哑铃等张练习:三角肌、冈上肌、肘屈肌、肩胛下肌 11～12周 1. 继续以上练习;并开始侧卧哑铃练习:内旋或外旋 2. 开始神经肌肉肩胛控制练习
第三阶段（13～21周）	保持全范围无痛活动、强化肩部力量、改善神经肌肉控制、逐渐回到功能活动	13～18周 1. 肩关节主动牵拉练习 主动助力:外旋或内旋 2. 关节囊牵拉 3. 渐进强化程序:①肩前屈;②肩外展;③冈上肌;④肩外旋或肩内旋;⑤肘关节伸屈肌;⑥肩胛下肌 19～21周 继续以上所有练习;并开始间断体育活动
第四阶段（22～26周）	逐渐恢复娱乐性体育活动	1. 继续间断体育活动 2. 继续肌力和柔韧性的 10 项基本活动

注:ROM 练习应在无痛范围进行,宜轻柔,在能耐受情况下减缓增加活动。

(三) 肩关节周围炎

1. **概念**　肩关节周围炎是肩关节周围病变的总称,指因肩关节及其周围的肌腱、韧带、腱鞘、滑囊等软组织退行性、炎症性病变而引起的以肩部疼痛和功能障碍为主症的一类疾病。广义的肩关节周围炎包括:肩关节滑囊病变,如肩峰下滑囊炎;盂肱关节囊病变,如冻结肩;肌腱及其腱鞘的病变。狭义的肩关节周围炎是指冻结肩,又称粘连性关节囊炎、肩凝症等,因为其多发生在 50 岁左右的患者,故又被称为"五十肩"。

2. **临床表现**　急性期主要表现为肩关节周围的疼痛。疼痛剧烈,夜间加重,甚至影响睡眠。冻结期时疼痛症状减轻,但压痛范围仍较为广泛。肩关节周围软组织广泛粘连、挛缩,呈"冻结"状态。各方向的活动范围明显缩小,肩关节以外展、外旋、后伸受限最明显,影响日常生活,如:梳理头发、穿脱衣服、举臂抬物、向后背系扣、后腰系带等动作均有一定程度的困难。

3. **运动康复**　以肩关节周围炎的非药物干预(运动锻炼与手法治疗)为例。

(1) 针对特定的肌肉(如:三角肌、冈上肌、冈下肌、小圆肌),通过协同收缩来改变或恢复对肩部协同的控制。具体方案是训练 8 周,每周 2 次,每次 1 小时,包含以下训练动作:肩外展运动、肩外旋运动、肩内旋运动、肩摆臂运动、爬墙运动、水平内收、外展运动。

（2）关节松动术:在治疗肩关节周围炎患者时,关节松动术能很好地缓解肩关节周围炎患者的疼痛。具体方案是训练 2 周,每周 3 次,每次 50 分钟,共计 6 次。

第四节 ｜ 常见心理与精神疾病的运动康复

一、抑郁症的运动康复

（一）概念

抑郁症又称抑郁障碍,是各种原因引起的以情绪低落为主要表现的一组症状,其情绪低落的程度不等,可以从闷闷不乐一直到悲痛欲绝,常伴有兴趣丧失、思维迟缓、注意困难、疲劳、自罪感、自杀观念和失眠、食欲减退或缺失、闭经等,并有其他的认知、行为和社会功能的异常,严重时甚至悲观厌世、自伤和自杀。

抑郁症严重困扰患者的生活和工作,给家庭和社会带来沉重的负担,每年全球有约 15% 的抑郁症患者死于自杀。世界卫生组织、世界银行和哈佛大学的一项联合研究表明,抑郁症已经成为中国疾病负担的第二大疾病。

（二）临床表现

抑郁症临床上以抑郁状态为主要症状群。抑郁状态的主要特点是抑郁心境、思维迟缓、言语动作减少。具体表现为以下症状。

1. **抑郁心境程度不同**　可从轻度心境不佳到忧伤、悲观、绝望。患者感到心情沉重,生活失去兴趣,郁郁寡欢,度日如年,痛苦难熬,不可自拔。

2. **丧失兴趣或不可以体验乐趣**　是抑郁患者常见症状之一,患者丧失既往生活、工作的热忱和乐趣,对任何事都兴趣索然。

3. **精力丧失**　无任何原因主观感到精力不足。疲乏无力,洗漱、衣着等生活小事困难费劲,力不从心。患者常用“精神崩溃”“泄气的皮球”来描述自我状态。

4. **自我评价过低**　对自我、既往和未来的认知歪曲,患者往往过分贬低自我能力、才智,以批判、消极和否定的态度看待自己。

5. **精神运动迟滞**　是抑郁症典型症状之一。患者呈显著、持续、普遍抑郁状态,注意力困难、记忆力减退、大脑迟钝、思路闭塞、联想困难、行动迟缓,但有些患者则表现为不安、焦虑、紧张和激越。

6. **消极悲观**　内心十分痛苦、悲观、绝望,感到生活是负担,不值得留恋,以死求解脱,可产生强烈的自杀观念和行为。

7. **躯体或生物学症状**　抑郁患者常有食欲减退、体重减轻、睡眠障碍、性功能低下和心境昼夜波动等生物学症状,非常常见,但并非每例都会出现。

（三）分类

1. **隐匿性抑郁症**　隐匿性抑郁症患者情绪低卜,他们偶尔也会感到忧郁,但是这些症状不是很明显。常有各种躯体不适症状,表现如纳呆、心悸、胸闷、中上腹不适、气短、出汗、消瘦、失眠。在中青年和儿童中比较常见。

2. **内源性抑郁症**　内源性抑郁症患者常见的表现为“五征”,即懒、呆、变、忧、虑(产生原因为大脑生物胺相对或绝对不足)。患者的动作减少,思维迟钝,构思困难,记忆力、注意力下降,脑功能减退;性格明显改变;情绪抑郁悲观,精力、体力不足;多思多虑,焦躁不安,心神不宁等。

3. **反应性抑郁症**　反应性抑郁症是我们生活中常见的抑郁症,在生活中突遇天灾人祸、失恋婚变、生病、事业挫折等,心理能力差的人容易患反应性抑郁症。此类抑郁症为“有因而生”,去除病后能迅速康复。

4. 继发性抑郁症 如有的高血压患者,服用降压药后,导致情绪持续忧郁、消沉。

5. 青少年抑郁症 会导致学生产生学习困难,注意力涣散,记忆力下降,成绩全面下降或突然下降,厌学、恐学、逃学或拒学。

6. 产后抑郁症 女性产后对婴儿产生强烈内疚、自卑、痛恨、恐惧、厌恶的反常心理,产妇自身容易哭泣、失眠、吃不下东西、忧郁,这些都是产后抑郁症的常见症状。

7. 白领抑郁症 工作中的男女最常见的精神疾病之一,患有抑郁症的青年男女神经内分泌系统紊乱,正常的生理周期也被打乱,症状多种多样,除了精神压抑、情绪低落、无所事事、爱生闷气、思虑过度、失眠、多梦、头昏、健忘等主要的精神症状外,厌食、恶心、呕吐、腹胀等消化吸收功能失调症状,月经不调、经期腹痛等妇科症状也不少见。

(四)运动康复

在中国,仅有 2% 的抑郁症患者接受过治疗,大量的患者得不到及时的诊治,导致病情迅速恶化,甚至出现自杀等严重后果。另外,由于人们缺乏有关抑郁症的知识,对出现抑郁症状者误认为是闹情绪,未能给予应有的理解和情感支持,给患者造成更大的心理压力,使病情进一步恶化。

抑郁症最常用的治疗方法为药物治疗和心理治疗。对严重抑郁症患者,应首选抗抑郁药物,其疗效确切,被临床医生广泛使用。然而,即使经过充分的药物治疗,有一半的患者仍无法痊愈,存在部分残留症状。此外,抗抑郁药可能导致胃肠道不适、头痛、睡眠障碍和性功能障碍等不良反应,影响患者对治疗的依从。多个国家的抑郁症治疗指南推荐心理治疗作为轻中度抑郁的一线治疗方法。心理治疗通常没有不良反应,但有些患者因病耻感而不愿接受;同时心理治疗也需要个体持续地接受治疗并具有一定程度的心理知识才能有效。

既往众多研究表明,运动是一种有效治疗抑郁症的非药物方法。基于抑郁症高复发率的特点,运动疗法还可以作为药物治疗和心理治疗的补充,用于康复和预防复发。

英国国家卫生与临床优化研究所(NICE)的指南针对不同年龄段的抑郁症患者给出了详细的运动建议和指导:建议患者进行有氧运动和力量训练。有氧运动可改善心肺功能,力量训练能增加身体力量和协调性,两者结合能有效提升治疗效果。成人(18~64 岁)患者每周至少要进行 150 分钟中等强度运动或 75 分钟高强度运动;并合并每周至少 2 次提高肌肉力量的力量训练;并尽量减少久坐。中等强度的有氧运动推荐健步走、蛙泳、骑自行车、网球双打、徒步旅行、滑滑板、滑旱冰、打排球、打篮球等。高强度的有氧运动推荐慢跑、自由泳、快速骑行或骑车上坡、网球单打、踢足球、跳绳等。力量训练推荐健身器械、使用阻力带训练、俯卧撑和仰卧起坐、做农活、瑜伽等。NICE 指南中还强调,为了使运动疗法对抑郁症有效,需要进行有监督的 1 周至少 3 次中等强度的有氧运动,并持续至少 9 周。

运动疗法可被用于各个年龄段的抑郁症患者。综合分析显示,无论是儿童、青少年还是老年抑郁症患者,有氧运动训练均可以显著改善抑郁症状。对于老年抑郁症患者,虽然抗抑郁药可以有效改善抑郁症状,但相较于青壮年人群,药物通常会增加老年患者的不良事件风险,因为老年患者往往服用降压药、降糖药等其他药物,在多药联用的情况下,可能会出现多种医学并发症和药物间相互作用。如果老年患者(包括高龄患者)愿意积极参与运动计划,抑郁症状能得到有效缓解。此外,研究表明,一旦明确怀孕期间没有产科禁忌,为健康孕妇设计的运动计划也应及早开始,以预防围产期抑郁症的发生和减少抑郁症状的出现。

总体而言,运动疗法对于食欲下降、睡眠障碍、性欲下降等生理症状突出的抑郁症患者更加有效。睡眠障碍作为抑郁症的一个常见症状,不仅增加了患者的痛苦,影响患者的生命质量,而且增加了治疗的难度。而运动疗法,尤其是高强度运动对抑郁症患者的睡眠质量也有改善。

(五)康复宣教

1. 生活方式的管理 抑郁症的治疗目标,不仅包括缓解症状和预防复发,还在于消除功能障碍,以提高患者的生命质量。对患者的整体生命质量加以评估,了解抑郁症对他们最困扰的情况,以确定如何调整他们目前的生活活动和娱乐方式。培养良好的健康行为,如良好的睡眠卫生和减少咖啡的摄入,远离烟酒和其他有害物质。对大多数人而言,锻炼有益于健康。经常运动锻炼在提高身体抵抗力的同时,也可以提高心理的承受能力,防止一般人群抑郁症状的发生,对于老年人群和伴发躯体疾病的人尤其有益,有氧运动还可以一定程度地改善患者的抑郁情绪。

2. 家属健康教育 家属是患者康复过程中最有力的天然联盟。在治疗过程中,应与患者家属建立密切的合作关系,让家属参与进来,最大程度调动患者的支持系统,包括对家属宣教抑郁症是一种疾病、自杀风险的评估、药物的规范使用原则、非药物的干预手段、抑郁症可能复发和复发预防的相关知识等,借此让患者得到最全面的干预。

音乐疗法可以缓解各种疾病的状态,对于抑郁也有很好的缓解效果。原因在于,人处于优美悦耳的音乐环境里的时候,神经系统、心血管系统、内分泌系统和消化系统的功能都会得到改善,并且人体还会分泌出一种有利于健康的活性物质。而音乐声波的频率和声压也会唤起人心理上的反应,帮助人改善情绪,振奋精神,消除悲伤、焦虑等不良情绪。

二、紧张型头痛的运动康复

(一) 概念

紧张型头痛(tension type headache,TTH)是原发性头痛中的一种,在神经内科门诊中最为常见,表现为慢性头部紧束样或压迫性疼痛,通常为双侧头痛,疼痛强度由轻度至中度疼痛不等,常规体育锻炼不会加剧的复发性疼痛为特征,无恶心、呕吐、畏光和畏声等伴随症状。

紧张型头痛是最常见的头痛疾病,全球每年患病率为26%~38%,大多数TTH为发作性,且具有自限性。由于其病理生理学机制尚不明确,因此,以往又被称为紧张性头痛、肌肉收缩性头痛、心因性肌源性头痛、日常性头痛、压力性头痛等。

(二) 临床表现

根据国际头痛疾病分类(the internationa classification of headache disorders,ICHD)的最新版(ICHD-3),紧张型头痛临床表现主要如下。

1. 持续时间 头痛时间在30分钟~7天;

2. 下列4项特征中至少有2项:①双侧头痛;②头痛性质为压迫性或紧箍性(非搏动性);③疼痛程度为轻到中度;④一般躯体活动如走路或登楼等不会加重头痛。

3. 符合以下2项:①无恶心或呕吐;②无畏光或畏声。

4. 不能用ICHD-3中其他头痛疾病更好地解释。

(三) 分类

根据紧张型头痛诊疗专家共识,紧张型头痛按发作频率和持续时间分为以下三种类型。

1. 偶发性紧张型头痛

(1)发作频率:每月发作小于1天,至少发作10次,每年小于12天。

(2)持续时间:每次发作持续时间在30分钟至7天。

2. 频发性紧张型头痛

(1)发作频率:每月发作≥1天,但<15天,至少持续3个月,且累计发作10次及以上。

(2)持续时间:每次发作持续时间在30分钟至7天。

3. 慢性紧张型头痛

(1)发作频率:每月发作≥15天(每年≥180天),3个月以上。

(2)持续时间:数小时或呈持续性不缓解。

因为疾病诊断的复杂性,若不能直接确诊,可诊断为很可能的偶发性紧张型头痛、很可能的频发性紧张型头痛、很可能的慢性紧张型头痛。此三种类型的紧张型头痛每个类型又按触诊时有无颅周压痛增强分为两个亚型:即伴颅周压痛和不伴颅周压痛。

（四）运动康复

目前针对紧张型头痛的治疗主要是药物治疗和非药物治疗,非药物治疗如:松弛治疗、物理治疗、生物反馈、针灸及运动康复等。

运动康复是一种有效的缓解紧张型头痛的方法,它通过适度的锻炼减轻肌肉紧张,增强身体素质,提高免疫力,从而有助于减少头痛的发作。

进行运动康复时应注意以下几点。

1. **选择适合自己的运动项目**　根据个人的兴趣和能力选择适合的运动项目,如散步、慢跑、游泳、瑜伽等。这些运动有助于促进血液循环,缓解肌肉紧张,增强身体的柔韧性和抗压能力。

2. **控制运动强度和时间**　在进行运动时,要逐渐增加运动强度和时间,以避免突然的剧烈运动引起身体不适。建议初始阶段每次运动时间控制在 20～30 分钟,每周进行 2～3 次,随着身体的适应逐渐增加运动时间和强度。

3. **保持安全**　在运动过程中要注意安全,避免因不正确的动作或过度疲劳引起受伤。进行高风险的运动时,应在专业教练的指导下进行。

4. **配合其他放松方法**　除了运动之外,还可以结合其他放松方法,如深呼吸、冥想、按摩等。这些方法有助于缓解紧张情绪,减轻头痛症状。

（五）康复宣教

1. **避免过度劳累**　在进行运动时要注意避免过度劳累,以免加重头痛症状。

2. **避免在头痛急性期进行剧烈运动**　在头痛急性期,应适当休息,避免剧烈运动,以免加重症状。

3. **注意调整饮食和睡眠**　良好的饮食和睡眠习惯有助于提高身体的免疫力和抵抗力,减少紧张型头痛的发作。

4. **及时就医**　如果头痛症状持续加重或长时间不缓解,应及时就医,以便寻求专业的治疗建议。

紧张型头痛多因头颈部长期处于某种不良姿势,如长期低头看电脑,导致头颈肩胛部姿势不良,引起斜方肌、胸锁乳突肌、肩胛带肌等持续收缩痉挛,游离出乳酸、缓激肽、五羟色胺等致痛物质,从而导致头痛。因此在工作中需保持良好的头部和颈部姿势,切勿"坐没坐相",同时要利用休息时间做一些颈椎保健操。建议每隔一个小时左右,就活动一下双臂、肩膀和脖子,左右弯头以促进血液循环。

三、慢性失眠的运动康复

（一）概念

根据《国际睡眠障碍分类》(第 3 版),持续失眠时间 3 个月以上,有入睡困难、睡眠维持困难、比预期早醒、抵触按正常时间表睡觉及无父母或照料者时难以入睡等情况中至少一项,并每周至少 3 天,称之为慢性失眠。慢性失眠给人们的正常生活和工作带来严重的不利影响,甚至会造成严重的意外事故。

（二）临床表现

慢性失眠临床表现体现在多方面。

1. **入睡困难**　睡眠维持困难;比期望的时间早醒;在适当的作息时间拒绝就寝;无父母或照护者干预时,入睡困难。

2. **出现多项与夜间睡眠困难相关症状**　如:疲劳、不适;注意力、专注力或记忆力受损;情绪不稳,易怒;白天嗜睡;积极性、精力或动力不足等等。

3. **睡眠或觉醒困难**　主诉不能单纯以睡眠机会不充足(如分配了充足的睡眠时间)或睡眠环境不佳解释(如环境安全、黑暗、安静、舒适)。

4. **睡眠紊乱和相关日间症状**　每周至少 3 次。

（三）分类

1. 按病程分类

（1）短期失眠:病程持续时间 1～3 个月,多数患者可逐渐自行缓解。

（2）长期失眠：病程持续时间 3 个月以上，多数患者需经过一定的治疗才能缓解。

（3）慢性失眠（伴有抑郁症状）：病程持续时间 3 个月以上，患者伴有抑郁症状，睡眠质量差，多数需经过治疗才能缓解。

（4）周期性失眠：患者在一段时间内反复出现失眠症状，但每次持续时间较短，多数可自行缓解。

2. 按病因分类

（1）原发性失眠：病因不明，患者无明显的生理或心理疾病，失眠症状持续存在。

（2）继发性失眠：由其他疾病或因素所引起的失眠，如抑郁症、焦虑症、慢性疾病等。

（3）睡眠行为障碍：如睡眠呼吸暂停、梦魇、夜间不宁腿综合征等，导致患者睡眠质量下降。

（4）药物滥用和戒断症状所致失眠：如长期使用咖啡因、酒精、毒品等，或戒断这些药物后出现的失眠症状。

3. 按严重程度分类

（1）轻度失眠：患者睡眠时间减少，但不影响日常生活和工作。

（2）中度失眠：患者睡眠时间明显减少，影响日常生活和工作，但尚能维持基本生理需求。

（3）重度失眠：患者睡眠时间严重不足，日常生活和工作受到严重影响，出现生理功能紊乱。

4. 按发生时间分类

（1）青少年期失眠：在青少年时期出现的失眠症状，可能与学习压力、生活环境等因素有关。

（2）更年期失眠：在更年期出现的失眠症状，可能与激素水平变化、心理压力等因素有关。

（3）老年期失眠：在老年期出现的失眠症状，可能与慢性疾病、药物副作用等因素有关。

各种类型的慢性失眠都具有以下共同特点：睡眠质量差、睡眠时间减少、日间功能障碍等。

（四）运动康复

针对不同的类型和病因，需采取不同的治疗方法，包括药物治疗、认知行为治疗、心理治疗、运动康复治疗等。

据国外最新研究，睡前 4～5 小时里规律性地进行 3 分钟的轻至中度抗阻运动，不仅能有效延长近 30 分钟的睡眠时间，还不会破坏睡眠质量以及随后的 24 小时体育活动模式，有规律的晚间活动能有效改善睡眠。

针对慢性失眠推荐的运动康复方法如下。

1. 瑜伽　瑜伽练习能够放松身体和心灵，提高睡眠质量。推荐进行夜间瑜伽或睡前冥想练习。

2. 慢跑或快走　适度的有氧运动能够增加身体疲劳感，提高睡眠质量。但应注意避免运动过于剧烈，以免过度兴奋影响睡眠。

3. 静坐冥想　静坐冥想能够帮助患者放松身心，缓解压力，改善睡眠质量。建议在睡前进行。

4. 太极拳或剑术　中国传统武术能够调节身体内分泌和神经系统功能，改善睡眠质量。推荐在早晨或傍晚进行太极拳或剑术练习。

（五）康复宣教

1. 对环境因素引起的睡眠障碍　应为患者创造一个安静、清洁、空气新鲜、温度适宜、光线幽暗、柔和、床铺等睡具舒适的睡眠环境。

2. 因习惯改变引起的睡眠障碍　应给予疏导，婉转地强调睡眠对身心健康的重要性，与患者共同分析对睡眠不利的因素，并提出相应的措施，帮助患者逐步地改变不适应的或不良的睡眠习惯。

3. 由于心理因素诱发的睡眠障碍　应及时地消除患者紧张、焦虑、兴奋、激动、抑郁、思虑等不良的情绪和精神刺激，维持心理的平衡。

4. 指导患者养成良好的饮食与习惯

（常青）

推荐阅读

[1] 曲绵域,高云秋,浦钧宗,等.实用运动医学[M].北京:北京科学技术出版社,1996.

[2] 全国体育学院教材委员会.体育保健学[M].北京:人民体育出版社,1995.

[3] 杨静宜,徐峻华.运动处方[M].北京:高等教育出版社,2005.

[4] 刘纪清,张锦明,陆明.自我保健运动良方[M].哈尔滨:黑龙江人民出版社,2000.

[5] 刘静波.青少年营养配餐[M].北京:化学工业出版社,2006.

[6] 刘静波.中老年人营养配餐[M].北京:化学工业出版社,2006.

[7] 王琳,王安利.实用运动医务监督[M].北京:北京体育大学出版社,2016.

[8] 邢文华,李晋裕,马志德,等.体育测量与评价[M].北京:北京体育大学出版社,1985.

[9] 张全成,陆雯.高级体适能与运动处方[M].北京:国防工业出版社,2013.

[10] 阮伯仁,沈剑威.体适能基础理论[M].北京:人民体育出版社,2008.

[11] 于再清.奥林匹克文化[M].南京:南京大学出版社,2019.

[12] 崔乐泉.奥林匹克运动通史[M].青岛:青岛出版社,2008.

[13] 程志理,薛雨平.奥林匹克文化教程[M].南京:江苏教育出版社,2007.

[14] 张孝平.体育竞赛组织编排[M].16版.北京:北京体育大学出版社,2022.

[15] 何本祥.健康教育学[M].北京:人民体育出版社,2023.

[16] 李育林,李亚楠.啦啦操运动[M].北京:高等教育出版社,2021.

[17] 杨文轩,陈琦.体育概论[M].3版.北京:高等教育出版社,2021.

[18] 钱俊伟,方翔.户外探索:户外运动认知及基础技能[M].兰州:甘肃人民出版社,2022.

[19] 国家体育总局职业技能鉴定指导中心.户外运动[M].北京:高等教育出版社,2012.

[20] 董范,刘华荣,国伟.户外运动组织与管理[M].武汉:中国地质大学出版社,2009.

[21] 陈晓松.现场救护医学[M].广州:中山大学出版社,2020.

[22] 苟波,王刚,王启荣.学校体育运动安全防护手册[M].北京:人民体育出版社,2023.

[23] 体育赛事管理编写组.体育赛事管理[M].北京:北京体育大学出版社,2017.

[24] 谢曼青,王含.慢性失眠的诊疗进展[J].英国医学杂志中文版,2017(5):263-273.

[25] 赵富学,李壮壮.习近平总书记体育重要论述融入体育课程思政建设研究[J].武汉体育学院学报,2021,55(3):12-19.

[26] 吴向宁.高校体育课程思政建设的内涵、困境与推进策略[J].首都体育学院学报,2022,34(4):384-392.

[27] 何永飞.对人体核心区力量训练的探究[J].运动,2014(22):18-19.

[28] 燕铁斌.物理治疗学[M].3版.北京:人民卫生出版社,2018.

53检